审计名著译丛
（第一辑）

王家新　晏维龙　主编

# 立法监督与预算
## ——基于全球视角

LEGISLATIVE OVERSIGHT AND BUDGETING
A World Perspective

里克·斯塔彭赫斯特　里卡尔多·佩利佐
戴维·M.奥尔森　莉萨·冯·特拉普　编著
Edited by Rick Stapenhurst, Riccardo Pelizzo,
David M.Olson, Lisa von Trapp
庄尚文　夏飞　译

中国财经出版传媒集团
经济科学出版社
Economic Science Press

**图书在版编目（CIP）数据**

立法监督与预算：基于全球视角/（美）里克·斯
塔彭赫斯特等编著；庄尚文，夏飞译 .—北京：经济
科学出版社，2020.7
（审计名著译丛.第一辑）
书名原文：Legislative Oversight and Budgeting：
A World Perspective
ISBN 978 - 7 - 5218 - 1503 - 0

Ⅰ.①立…　Ⅱ.①里…②庄…③夏…　Ⅲ.①审计
监督 - 研究　Ⅳ.①F239.2

中国版本图书馆 CIP 数据核字（2020）第 069691 号

责任编辑：刘战兵　张庆杰
责任校对：刘　昕
版式设计：齐　杰
责任印制：李　鹏　范　艳

# 立法监督与预算
## ——基于全球视角

### Legislative Oversight and Budgeting：
### A World Perspective

里克·斯塔彭赫斯特　里卡尔多·佩利佐　戴维·M. 奥尔森　莉萨·冯·特拉普　编著
Edited by Rick Stapenhurst, Riccardo Pelizzo, David M. Olson & Lisa von Trapp
庄尚文　夏　飞　译

经济科学出版社出版、发行　新华书店经销
社址：北京市海淀区阜成路甲 28 号　邮编：100142
总编部电话：010 - 88191217　发行部电话：010 - 88191522
网址：www. esp. com. cn
电子邮箱：esp@ esp. com. cn
天猫网店：经济科学出版社旗舰店
网址：http：//jjkxcbs. tmall. com
北京密兴印刷有限公司印装
710 × 1000　16 开　24.5 印张　390000 字
2020 年 10 月第 1 版　2020 年 10 月第 1 次印刷
ISBN 978 - 7 - 5218 - 1503 - 0　定价：89.00 元

WBI Development Studies

# Legislative Oversight and Budgeting

## A World Perspective

Rick Stapenhurst, Riccardo Pelizzo,
David M. Olson, *and* Lisa von Trapp,
*Editors*

**THE WORLD BANK**
Washington, DC

Legislative Oversight and Budgeting: A World Perspective

Edited by Rick Stapenhurst, Riccardo Pelizzo, David M. Olson, and Lisa von Trapp

ISBN: 978 - 0 - 8213 - 7611 - 9

# 译者序

里克·斯塔彭赫斯特（Rick Stapenhurst）、里卡尔多·佩利佐（Riccardo Pelizzo）等学者编著的《立法监督与预算——基于全球视角》是一部研究不同制度环境下立法监督效力、预算问责过程的不可多得的文献汇编。这些文献研究了具有不同政府体系、政治体制、历史和文化的国家立法监督效力衡量指标、影响因素等重大理论与现实问题，所总结的经验教训无疑对于我国加强现代预算制度建设具有重要的启示意义，也为理论工作者提供了宝贵的跨国比较研究素材。例如，里卡尔多·佩利佐和里克·斯塔彭赫斯特向我们展示了 83 个国家有关监督工具的数据情况，并分析得出：议会制度下的立法机构在对政府行为进行监督时，通常比总统制下或半总统制下对政府行为的监督更加有力。在总统制下的预算体系中，立法机构通常执行预算编制的职能，而在议会制下通常执行预算审批的职能。

国家治理的主要目标之一就是建立一个透明化、负责任、高效率的政府。杰里米·波普（Jeremy Popper，2003）曾指出，"最强大的反腐机制就是建立健全财务管理制度"。从某种意义上看，公共预算制度构成了财务管理制度的核心，是防范腐败的重要屏障。对政府预算进行问责，其直接目标是公开预算的信息，保障政府的权力在法定的范围和限度内行使，其最终目标是促使政府对人民负责，从而推进国家治理体系和国家治理能力现代化。实现上述目标的过程离不开特定的制度背景分析，哪些制度可以防止预算机会主义行为的发生？哪些制度可以保障预算问责效力？立法监督、审计机关在预算问责框架内扮演什么样的角色？这些问题值得在理论上深入探讨，并在实践中予以解决。

1999 年，我国进行了公共预算改革，建立了公共预算管理制度。为了适应现代国家治理的需要，原有的公共预算管理制度不断改革与完善。然而，经过近 20 年的探索与实践，推进预算制度现代化仍然存在诸多制约因素。例如，预算过程中公众参与机制不健全、信息共享机制不完善、问责主体权力制约功能有限等。从世界各国预算监督能力的分析比较来看，我国人大的预算监督力度相对较弱（王淑杰，2009）。从预算权力配置来看，我国预算权力缺乏完善的监督和制约机制，只有重构预算权力结构，才能有效地推进预算的法治化和民主化（周劲松，2012）。学者们运用交易费用理论研究发现，在横向预算权力分配过程中，通过改革人大审议制度、强化支出部门预算硬约束、分离财政部门职权等路径改变预算交易特征，能够减少预算交易费用，进而提高政府预算效率（李淑芳、张启春，2016）。

在中国经济迈向高质量发展的关键阶段，更好地规范地方政府的预算支出行为，逐步构建起适应新时代发展要求的责任政府，从而更好地发挥政府作用，成为中国式分权背景下推进国家治理现代化的必然要求。为此，中共十八届三中全会提出，要推进国家治理体系和治理能力的现代化。中共中央、国务院出台的《关于完善审计制度若干重大问题的框架意见》提出，"到 2020 年基本形成与国家治理体系和治理能力现代化相适应的审计监督机制"。党的十九大报告提出了"建立全面规范透明、标准科学、约束有力的预算制度，全面实施绩效管理"。

　　从国外来看，在 20 世纪 80 年代中期以后，大多数 OECD 国家在公共管理过程中引入了审计控制手段，政府审计通过审计结果公告、提高预算透明度对公共预算产生了显著影响，从而促进了公共资源的有效配置（Schelker & Eichenberger，2008）。在发展中国家，审计监督和公众参与的协同治理能够有效遏制权力腐败问题（Olken，2007）。如果地方政府在改进审计体制的进程中缺乏法律保障和政治意愿，那么在公共物品供给、财政资金使用等方面就容易出现腐败等问题（Yilmaz et al.，2010）。国外学者逐步开始应用问责框架研究预算、审计与治理问题（Santiso，2007；Osisioma，2013）。

　　当前，国家权力的强制性运用效果日益受到社会公众需求的多元化、官僚机构的规模化以及全球政治经济联系的广泛化等复杂因素的影响，现代国家建设由强制性逐步转向公共性，制度化与规则化的国家权力运用需要获得社会层面的合法性认可，国家权力沿官僚系统的传递与渗透需要有效回应社会公众利益的诉求，并建立适应各层级权力范围的责任约束。在这一过程中，构建、规范官僚系统运用国家权力的监督约束机制是促进国家权力向国家治理能力转化的制度保障，从而政府和社会公众通过合作实现资本积累的共同条件构造。

　　综上所述，立法监督、预算及其问责制的构建与政府审计问题密切相关。作为研究政府审计的学者，只有着眼全球，深入了解不同体制下建立责任政府所需要的条件以及可能受到的影响，才能更深刻地理解政府审计功能，提出完善政府审计制度的政策建议。能够有机会翻译这部宝贵的文献汇编，得益于南京审计大学郑石桥教授的指导和引荐，在此表示感谢。郑石桥教授曾对笔者说："作为研究政府审计问题的青年学者，不懂预算是不行的。"笔者深以为然。在接受任务之后，笔者带着研究生夏飞花了 1 年的时间进行文稿的翻译工作。在此过程中，经济科学出版社的编辑给予了大力支持和无私帮助，在此一并感谢！努力终有回报，在翻译中学习，在学习中提高，夏飞同学撰写了一篇学术论文。然因学识有限，虽几易其稿，但错漏在所难免，恳请学界同仁批评指正。

庄尚文

于南京审计大学沁园 1 号楼

2019 年 6 月 28 日

# 目录

## 第一部分　概　　论

# 第二部分　监督与预算程序

## 第5章　评估钱袋子的权力：立法预算机构的指数

约阿希姆·韦纳（Joachim Wehner）

## 第6章　立法机构在预算起草过程中的作用：比较评估

凯瑟琳·巴拉克洛　　比尔·多罗廷斯基
（Katherine Barraclough & Bill Dorotinsky）

# 第三部分 国家案例研究

viii

ix

## 第20章　捷克共和国的立法预算

兹登卡·曼斯菲尔多娃　彼得拉·拉库沙诺娃

(Zdenka Mansfeldová & Petra Rakušanová)　　　　297

## 第21章　预算问责和转型期立法监督：后苏哈托时代的印度尼西亚

维什努·尤沃诺　塞巴斯蒂安·埃卡特

(Vishnu Juwono & Sebastian Eckardt)　　　　311

# 前言

有效的立法机构是促进善治（good governance）的基础，也是一个国家 xv
整体治理框架的关键组成部分。尽管政府各系统之间存在差异，但是立法机
构通过宪法的授权，履行三大核心职能：代议、立法和监督。改进问责机
制、提高透明度和参与度的国家治理目标正好与这三个职能直接相关。而
且，立法机构尤其要确保行政机关及其代理机构或授权机构保持回应性和负
责性。

本书着眼于把监督作为一个连续和持续的周期活动。政府政策在生成或
生效的过程中，立法机构可以检查政策以确保项目的有效实施与管理，这在
一定程度上与立法的宗旨一致。此外，本书强调了在预算周期内为监督提供
的重要机会。同时，各位作者认识到，立法者所面临的许多影响因素和激励
措施可能会促进或阻碍监督作用的发挥。

世界银行研究所（World Bank Institute，WBI）的议会加强计划，连同
其主要合作伙伴，旨在通过预算加强立法机构的监督职能。具体来说，WBI
开发了讲习班、研讨会和在线课程，主要针对公共会计委员会、财务或预算
委员会及其工作人员和质询者——来自最高审计机关和其他监督机构的代
表，以及行政分支机构和市民组织的成员。

WBI 还促进对立法监督能力建设的应用研究。例如，世界银行在南方
政治科学协会（Southern Political Science Association）年会期间协助举办了
两次圆桌会议："立法强化：理论与实践"（2004 年）和"议会在预算程序

中的作用"（2005 年与立法政治学会共同发起）。最近，WBI 与立法研究专家委员会合作，召开了一次关于"议会立法的最新趋势"的圆桌会议（属于美国政治学会 2007 年度会议的一部分）。本书中的部分章节来自与会代表（包括学者和实践者）在这些圆桌会议期间提交的论文，部分来自世界银行研究所出版的关于当代议会发展问题的一系列工作论文。

虽然立法监督常常因为未被透彻研究而令人遗憾，但是本书相关章节提供了更新的观点以及关于这个主题的更多文献。有关立法监督的文献往往特别重视研究那些已经工业化的民主国家，尤其是美国，但是本书通过案例研究了具有各种政府体系、政治体制、历史和文化的国家。它们的各种经验和教训对于立法者、立法强化实践者以及与立法机构合作的其他团体（如市民组织）、支持立法强化工作的捐助者以及在这一领域开展研究的学者都是有用的。

芬兰议会及其外交部、加拿大国际开发署、日本财务省和挪威外交部对WBI 的议会加强计划和本书的出版提供了大力支持，在此对他们表示感谢。

**罗米·伊斯拉姆**

（**Roumeen Islam**）

世界银行研究所减贫和经济管理部主任

# 导论

在立法机构的三个核心职能（代议、立法和监督）中，有关监督的研 1
究和实践应该是最少的。无论做得好坏，代议都有野心推动政党组织化、选
举测试定期化以及在人们想要什么和他们认为得到了什么之间所表现出来的
绩效标准。不管是例行参与立法活动还是充分参与治理，几乎在任何体制
下，甚至是在假装法治的体制下，立法都是宪政统治的要事。相比之下，监
督通常并未受到外部机构或必要事件的同等重视，或未取得相同的紧要性和
清晰性。此外，监督涉及评估实施的过程，这些活动通常发生在公众视野之
外以及分散在不同时空。

尽管存在这些概念上的以及实际的困难，但本书表明，立法监督领域确
实有论述其多样性及其功效的学者，有倡导其在善治实践中地位的民主化鼓
吹者，还有通过其活动提升立法监督功能的选任官员。

我对立法监督的看法来自我对政策执行的学术兴趣，以及我作为支持民
主化的实践者改进治理实践的兴趣。大卫·奥尔森（David Olson）在本书
的结论中指出，在执法过程中，监督发生在政策进程的尾声。在许多体制
下，即使那些立法政策制定和行政管理权力正式分离的国家，立法者也有机
会参与执法。在执法文献中用于衡量政策执行情况的诸多评价标准在立法监
督的任务中同样适用：忠于法律、支出诚实、选择效率、有效生产出合意结
果，以及过程的可接受性和合法性。由于立法机构是审查行政行为的工具，2
因此监督也是用于制约系统中最强大的政治行为者行为的手段。本书中的许

多章节都涉及批判行政机构执行法律的一个或多个不同的层面。虽然政策制定和立法经常被视为立法任务的核心，但对执法的关注是立法监督的范围。

正如政策过程的完整性包括政策制定和实施那样，立法机构要想更充分地参与治理，就可能需要知道什么是人们的需求，怎样才能使人们得到他们想要的。最近我在尼日利亚指导立法援助项目期间，这一教训使我感同身受。2008年，尼日利亚众议院委员会调查显示，在前总统奥巴桑乔（Obasanjo）执政的尼日利亚花了100多亿美元用于提升发电能力，却得到了零千瓦时的回报。许多立法代表认为，尼日利亚已经拥有了他们所需要的许多法律，他们因为石油而享有财富，他们用钱购买了人们名义上想要的许多东西，包括发电。问题是，当行政部门没有实施项目时（大笔款项因为无力支出而归还国库），这些花费并未获得相应的价值。资源通过腐败、低效率的选择而被转移，而且即使支出增加，他们所寻求的许多结果也会恶化。关于民主和经济增长的文献强调了民主优势在于可以给予领导者关于他们做得怎么样的反馈；立法监督是一种重要但未得到充分利用的手段，以一种通常难以忽视的形式向他们提供信息。

本书在很大程度上源自实践者对如下问题的关注：增加和改进立法监督在发展中民主国家治理中的作用。作为其治理项目的一部分，世界银行研究所的减贫和经济改革司（WBIPR）力求加强议会监督，以促进高水准的政府可问责性和透明度。WBI支持这方面的早期工作，并从2004年开始与立法专家研究委员会（RCLS）合作，一起组织了一系列圆桌会议，最初是在南方政治科学协会的年会中，最近是在美国政治学会的相关会议上。本书中的许多章节最初是在这些圆桌会议期间发表的。

WBI – RCLS合作的目标是将从许多不同角度和在许多不同立法环境中从事监督的学者和实践者聚集在一起。因此，本书在编纂过程中采用了折中主义，汇集了各国的实践和学术研究，而这两个领域都是在不断变化的。

## 监督手段的区域分布与应用

本书首先介绍了一系列的监督工具及权力手段，以及这些监督工具和权力手段在不同政体中的分布情况。在第1章中，里卡尔多·佩利佐（Riccardo

Pelizzo）和里克·斯塔彭赫斯特（Rick Stapenhurst）向我们展示了 83 个国家有关监督工具的数据情况，该数据是由议会间联盟和世界银行联合调查获得的。对这些数据进行分析后发现，议会制度下的立法机构在对政府行为进行监督时，通常比总统制下或半总统制下对于政府行为的监督更加有力。在总统制下的预算体系中，立法机构通常执行预算编制的职能，而在议会制下通常执行预算审批的职能。然而，单独的监督工具无法预测立法机构的监督效力，也无法预测监督工具在实践中的运用潜力。

在第 2 章中，佩利佐认为，由各个国家的议会能够获得监督工具的数量所决定的议会监督潜力，会影响该国形式民主或自由民主的可能性。佩利佐通过统计分析支持了其提出的观点。与此同时，他还发现，与国家自由民主地位显著相关的唯一监督工具就是将巡视或监察官职能制度化。

## 监督和预算程序

知晓内部消息的"深喉"（Deep Throat）建议记者调查尼克松政府的错误行为来"跟踪资金"，公共政策学者尤金·巴尔达赫（Eugene Bardach）认为这是追踪实施过程中事件进展的最好方法。预算程序为立法监督提供了关键的机会。因此，第二部分（第 3 章至第 10 章）从预算的制定和批准到执行和事后审查公共账目的角度探讨了预算监督。在第 3 章中，斯塔彭赫斯特描述了立法机构在财政监督方面的不同角色，并总结了立法发展和改革十年来所出现的一些经验教训。在第 4 章中，凯瑞·雅各布斯（Kerry Jacobs）从会计师的角度展示了预算的性质和作用对那些实行预算监督的人有多少实际意义。然后在第 5 章中，约阿希姆·韦纳（Joachim Wehner）使用了 2003 年预算程序调查中的 36 个国家的数据构建了一个指数。该指数涵盖了立法控制的六项制度先决条件，涉及修订权、恢复预算、实施期的执行灵活性、预算时序、立法委员会和预算信息。结果显示，在当代自由民主国家中，立法机构对政府的财务审查水平具有显著的差异，这意味着财政的力量是自由民主治理的一个离散且非基本的要素。

根据世界银行—经济合作与发展组织（OECD）预算程序数据库，以及预算和政策优先中心关于国际预算项目的开放预算调查数据，凯瑟琳·巴拉克洛（Katherine Barraclough）和比尔·多罗廷斯基（Bill Dorotinsky）在第 6 章中检验了立法机构在预算起草阶段的作用，并确定了不同立法参与度的影响因素。本章还重点介绍了一些优化立法机构在这一阶段中发挥作用的良好做法，以改善财务制度、资源的战略配置和运营效率。

在第 7 章中，多罗廷斯基再次使用世界银行—经合组织预算程序数据库来描述在财政年度开始之前没有预算通过的情况，并概述了未能达成协议的潜在成本。作者比较了经合组织和非经合组织国家的数据，以及议会和总统政府制度下的若干差别。

一般来说，专家委员会已成为预算程序尤其是公共财政支出的基本监督工具。在许多议会中，公共账目委员会（Public Accounts Committee，PAC）担任议会的审计委员会，成为公共财政问责的核心机构。尽管其他几个议会已经采纳了 PAC，其中包括芬兰、埃塞俄比亚和卢旺达等，但更多的是英联邦国家奉行威斯敏斯特模式的议会采用这一模式。在第 8 章中，佩利佐和斯塔彭赫斯特更细致地分析了英联邦各国和全国各级议会中 PAC 的具体监督工具。他们利用对 33 名 PAC 主席的问卷，研究了 PAC 如何能够有效监督政府账目以及促进 PAC 运作良好和成功的条件。

有效的监督委员会通常是来自官僚机构和公民社会的支持者、有益的合作伙伴和盟友。额外的议会问责机构（如最高审计机关和监察人员）经常协助立法机构及其委员会履行监督职能。议会预算办公室也可能为议会提供独立的技能和支持。巴里·安德森（Barry Anderson）在第 9 章中讨论了这种独立分析预算单位在将立法机构与行政机构置于更加平等的地位以及提高预算程序的整体透明度、可信度和问责性等方面的潜在价值。他认为，只有这些单位无党派偏见、独立和客观，才能成功地实现其核心职能。

在第 10 章中，约翰·K. 约翰逊（John K. Johnson）和里克·斯塔彭赫斯特（Rick Stapenhurst）研究了六个已建预算办公室和两个计划预算办公室之间的差异和相似之处。他们认为，未来十年将出现更多的财政预算办公室，特别是在具有长期传统的无党派议会服务的国家。在这本书的后面，比阿特丽斯·比让吉·基拉索（Beatrice Birungi Kiraso）深入研究了约翰逊和斯塔彭赫斯特的文章中提到的乌干达议会财政预算办公室（PBO）。乌干达PBO 是由一名普通议员议案倡导成立的，同时也设立了一个预算委员会，重新确定了乌干达议会参与预算程序。即使政府反对，该组织的成立还是获得了通过。基拉索展示了议会如何启动自己的立法，以确保他们能够在预算程序中充分地、有意义地参与。乌干达 PBO 的成功和面临的挑战为其他议会提供了许多有益的经验教训。

## 国家经验研究

5

在最后一部分，我们转向关注监督在具体国家或地区背景下的运作机制。第 11 章至第 22 章，即第三部分，展示了世界上多个国家和地区立法监督实践的案例研究。大卫·奥尔森（David Olson）认为，在监督和行政审查方面，原社会主义国家波兰议会最为活跃。他认为，鉴于波兰的经验，原社会主义国家的议会由于预算程序和对政策选择的国际影响日益增加，其监督能力将不断提升。在第 12 章中，托马斯·雷明顿（Thomas Remington）探讨了俄罗斯联邦议会使用事实上的监督机制，并将其与苏联的制度绩效相关联。他指出，与 20 世纪 90 年代初相比，政策制定变得更加有效。

在第 13 章中，马克·谢泼德（Mark Shephard）认为，尽管下议院知晓其对行政审查和监督方面的限度，但宪法框架、行政霸权以及联合王国议会中强有力的党派使得变革一直很慢。虽然最近已经做出了一些重要的让步，但许多成功的改革侧重于提高监督的效率，而不是确保监督的有效性。在第 14 章中，斯科特·德斯波萨托（Scott Desposato）调查了立法机构参与有效监督活动的能力如何与正式的制度框架和非正式制度激励联系在一起。他展示了非正式制度激励如何影响国家议会对巴西行政活动的监督能力。

爱德华·施奈尔（Edward Schneier）在第 15 章中探讨了为什么印度尼西亚议会改革后没有有效运用立法监督机制。他引用地方性腐败及其他政治过程的案例，揭示了立法机构监督作用被削弱的动机。在第 21 章中，维什努·尤沃诺（Vishnu Juwono）和塞巴斯蒂安·埃卡特（Sebastian Eckardt）更细致地观察了印度尼西亚议会在预算监督方面的作用。他们指出，当今议会在制定国家预算和监督执行方面拥有更强大的力量。但是，除其他事项外，他们发现，立法过于深入地参与目前的预算编制过程消耗了大量的时间和资源，而对详尽名目的关注可能会分散对于预算中更多总体支出优先事项的注意力。

在第 16 章中，陈·弗里德伯格（Chen Friedberg）通过观察第七届、第十届、第十三届议会会议上国家控制委员会和教育文化委员会的功能，讨论了以色列议会（Knesset）的立法监督。她专注于刻画以色列议会委员会制度的结构和程序问题及其对监督有效性的可能损害。

在第 17 章中，罗伯特·J. 格里菲斯（Robert J. Griffiths）讨论了后种族隔离时代的南非议会对国防政策的监督。基于战略性防务采购方案的案例分析，他为国防政策透明度和问责制的发展提供了洞见，同时强调了议会监督有效性面临的挑战，如党纪律政、行政立法关系以及议会委员会充分监测政府政策复杂性的能力。

虽然立法预算机构重新被作为政府财政管理第二波改革的一部分，但在第 18 章，卡洛斯·桑蒂索（Carlos Santiso）指出，拉丁美洲的议会往往因机构能力有限或政治激励不足，过于薄弱和缺乏信任，以至于无法影响预算。这种情况是由于行政主导以及议会自身的缺陷。桑蒂索最终认为，预算的治理必须反映行政特权和立法监督之间的微妙平衡。

在第 19 章中，卡洛琳·弗利斯迪尔（Carolyn Forestiere）和里卡尔多·佩利佐（Riccardo Pelizzo）研究了制度和政治条件如何影响意大利议会对预算的权力。根据制度和政党体系理论，他们认为，程序和意识形态为议员提供了最大的动力，从而使其在国家预算通过期间偏离单方面支持政府。

在第 20 章，兹登卡·曼斯菲尔多娃（Zdenka Mansfeldová）和彼得拉·拉库沙诺娃（Petra Rakušanová）分析了捷克共和国立法机构的讨价还价过程。近年来，预算程序发生了很大变化。虽然议会和预算委员会的党派力量分配仍然至关重要，加入欧盟使得议会为了争取更大的利益而加强其审计职能。与此同时，预算委员会代表的职业化发展大大增加了委员会的影响力和声望。

在结论中，奥尔森指出，本书中在不同时期、利用不同数据、出于不同目的编写的各个章节并非来自一项无所不包的研究设计。在某种程度上，本书中的各个章节说明了建立一个有限且可行的立法监督定义存在多种困难。此外，虽然监督的政策应用具有潜在的重要性，值得进行更多的研究，投入更多的努力，但监督的政策后果需要与监督职能本身明确区分开来。案例研究表明，立法机构不仅可以支配不同的监督手段，而且可以通过不同方式去使用这些手段。各种各样的外部和内部因素开始发挥作用，这可能限制或赋予特定立法机构的监督能力。在考虑立法机构的监督职能时，重要的是要考察时间、社会背景以及作为实现和限制监督的行政分支机构。

**罗伯特·T. 纳卡穆拉**
**（Robert T. Nakamura）**
国际事务国家民主研究所
尼日利亚驻在国主任
纽约州立大学奥尔巴尼分校政治学教授

# 第一部分　概论

# 第1章
# 立法监督工具：一项经验调查

里卡尔多·佩利佐　里克·斯塔彭赫斯特

（Riccardo Pelizzo & Rick Stapenhurst）

罗伯塔·马菲奥（Roberta Maffio）在《政治科学季刊》（2002 年）上 9 刊登了一篇比较视角下关于立法监督的详尽且富含信息的讨论性文章。她的文章证实了曾长期被忽视的行政活动立法监督研究开始复兴，并提供了关于立法监督工具的类型、多样性和运作的大量内容。

马菲奥开发了关于监督工具的概念图谱，讨论了其特征，并检验了立法机构采用监督工具是否与民主模式（多数同意、一致同意或两者的结合）有关。她认为民主与监督潜力之间没有相关性。"有一些采取多数同意模式的民主国家（如希腊）具有强监督潜力，而另一些则具有弱监督潜力（如爱尔兰、新西兰和英国）。同样，在一致同意的民主国家中，她发现既存在高监督潜力（比利时、德国和荷兰），也存在低监督潜力（如日本）"（原文 361 页）。

本章在马菲奥的研究基础上进行了拓展分析。使用 2001 年议会间联盟（Inter – Parliamentary Union，IPU）和世界银行研究所（WBI）为 82 个国家和欧洲议会收集的数据（见表 1 – 1）[1]，本章检验了立法机构的监督潜力与三个变量——政府的类型（总统制、半总统制或议会制）、国民总收入水平（低、中、高）、民主程度（不民主、准民主或民主）——之间的关系。约翰·利斯（John Lees，1977）给出了立法监督的广义概念，即"立法者及其工作人员个人或集体的行为，不管有意还是无意，都对官僚行为产生影响"（原文 193 页）。

10 表 1－1　　　　　　　　　　　立法监督的工具

| 国家（地区） | 委员会听证会 | 全体听证 | 调查委员会 | 询问 | 询问时间 | 质询 | 监察员 |
|---|---|---|---|---|---|---|---|
| 安道尔 | 是 | 是 | 是 | 是 | 是 | n. a. | 是 |
| 安哥拉 | 是 | 否 | 是 | 是 | 否 | 是 | 否 |
| 亚美尼亚 | 是 | 是 | 否 | 是 | 是 | 否 | 否 |
| 澳大利亚 | 是 | 否 | 是 | 是 | 是 | 否 | 是 |
| 奥地利 | 是 | 是 | 是 | 是 | 是 | 是 | 是 |
| 阿塞拜疆 | n. a. | n. a. | n. a. | 否 | n. a. | 是 | 是 |
| 白俄罗斯 | 是 | 是 | 是 | 是 | 是 | 是 | n. a. |
| 比利时 | 是 | 是 | 是 | 是 | 是 | 是 | 是 |
| 贝宁 | 是 | 是 | 是 | 是 | 是 | 是 | 否 |
| 巴西 | 是 | 是 | 是 | 是 | 否 | 是 | 是 |
| 保加利亚 | 是 | 是 | 是 | 是 | 是 | n. a. | 否 |
| 喀麦隆 | 是 | 是 | 是 | 是 | 是 | 否 | 否 |
| 加拿大 | 是 | 是 | 是 | 是 | 是 | 是 | 否 |
| 乍得 | 是 | 否 | 是 | 是 | 是 | 是 | 是 |
| 中国 | 是 | 是 | 是 | 是 | n. a. | 否 | n. a. |
| 刚果民主共和国 | n. a. | n. a. | n. a. | 是 | 否 | 是 | 是 |
| 哥斯达黎加 | 是 | 是 | 是 | 是 | 是 | 是 | 是 |
| 科特迪瓦 | 否 | 否 | 是 | 是 | 是 | 否 | 是 |
| 克罗地亚 | 是 | 是 | 是 | 是 | 是 | 是 | 是 |
| 塞浦路斯 | 是 | 是 | 是 | 是 | 是 | 否 | 是 |
| 捷克共和国 | 是 | 是 | 是 | 是 | 是 | 是 | 是 |
| 爱沙尼亚 | 是 | 是 | 是 | 是 | 是 | 是 | 是 |
| 欧洲联盟 | 是 | 是 | 是 | 是 | n. a. | 是 | 是 |
| 法国 | 是 | 是 | 是 | 是 | 是 | 是 | 是 |
| 加蓬 | 是 | 是 | 是 | 是 | 是 | 是 | 是 |
| 德国 | 是 | 是 | 是 | 是 | 否 | 是 | 是 |
| 希腊 | 是 | 是 | 是 | 是 | 是 | 是 | 是 |
| 危地马拉 | 是 | 是 | 是 | 是 | 是 | 是 | n. a. |
| 几内亚 | 是 | 是 | 是 | 是 | 是 | 是 | 否 |

11

续表

| 国家（地区） | 委员会听证会 | 全体听证 | 调查委员会 | 询问 | 询问时间 | 质询 | 监察员 |
|---|---|---|---|---|---|---|---|
| 几内亚比绍 | 是 | 是 | 是 | 是 | 是 | 是 | 否 |
| 匈牙利 | 是 | 是 | 是 | 是 | 是 | 是 | 是 |
| 冰岛 | 是 | 是 | 是 | 是 | 是 | n. a. | 是 |
| 印度尼西亚 | 是 | 是 | 是 | 是 | 是 | 是 | 是 |
| 伊朗 | 是 | 是 | 是 | 是 | 否 | 是 | n. a. |
| 爱尔兰 | 是 | 是 | 是 | 是 | 是 | n. a. | 是 |
| 牙买加 | 是 | 是 | 是 | 是 | 是 | 否 | 是 |
| 日本 | 是 | 是 | 是 | 是 | 是 | 是 | 是 |
| 约旦 | 是 | 是 | 是 | 是 | 否 | n. a. | 是 |
| 哈萨克斯坦 | 否 | 是 | 是 | 是 | 是 | 否 | 否 |
| 韩国 | 是 | 是 | 是 | 是 | 是 | 否 | 是 |
| 拉脱维亚 | 是 | 是 | 是 | 是 | n. a. | 是 | 是 |
| 莱索托 | n. a. | n. a. | n. a. | n. a. | n. a. | n. a. | n. a. |
| 列支敦士登 | 是 | 是 | 否 | 是 | 否 | 是 | 否 |
| 立陶宛 | 是 | 是 | 是 | 是 | 是 | 是 | 是 |
| 卢森堡 | 是 | 是 | 是 | 是 | 是 | 是 | 否 |
| 马其顿 | n. a. | n. a. | n. a. | 是 | 否 | 是 | 是 |
| 马达加斯加 | 是 | 是 | 是 | 是 | 是 | 是 | 是 |
| 马里 | 是 | 是 | 是 | 是 | 是 | 是 | 是 |
| 墨西哥 | 是 | 是 | 是 | 否 | 是 | n. a. | 是 |
| 蒙古国 | 是 | 是 | 是 | 是 | 是 | n. a. | 否 |
| 纳米比亚 | 是 | 是 | 是 | 是 | 是 | 是 | 是 |
| 荷兰 | 是 | 是 | 是 | 是 | 是 | n. a. | 是 |
| 尼加拉瓜 | 是 | 是 | 是 | 否 | 否 | 是 | 是 |
| 尼日尔 | 是 | 是 | 是 | 是 | 是 | 是 | 否 |
| 帕劳 | 是 | 否 | 是 | 是 | 否 | 是 | 是 |
| 菲律宾 | n. a. | 是 | 是 | 是 | 是 | n. a. | 是 |
| 波兰 | 是 | 是 | 是 | 是 | 是 | n. a. | 是 |
| 罗马尼亚 | 是 | 是 | 是 | 是 | 是 | 是 | 是 |

续表

| | 国家（地区） | 委员会听证会 | 全体听证 | 调查委员会 | 询问 | 询问时间 | 质询 | 监察员 |
|---|---|---|---|---|---|---|---|---|
| 12 | 俄罗斯联邦 | n. a. | n. a. | n. a. | 是 | n. a. | n. a. | 是 |
| | 卢旺达 | 否 | 否 | 否 | 是 | 是 | 是 | 是 |
| | 萨摩亚 | n. a. | 是 | 是 | 是 | 是 | 否 | 是 |
| | 塞内加尔 | 是 | 是 | 是 | 是 | 否 | 否 | 是 |
| | 新加坡 | 是 | 是 | 是 | 是 | n. a. | | 否 |
| | 斯洛伐克共和国 | 是 | 是 | n. a. | 是 | 是 | 是 | 是 |
| | 斯洛文尼亚 | 是 | 是 | 是 | 是 | 是 | 是 | 是 |
| | 南非 | 是 | 是 | n. a. | 是 | 是 | 否 | 是 |
| | 西班牙 | 是 | 是 | 是 | 是 | 是 | 是 | 是 |
| | 苏丹 | 是 | 是 | 是 | 是 | 是 | n. a. | 否 |
| | 瑞典 | 是 | 是 | 是 | 是 | 是 | 是 | 是 |
| | 瑞士 | 是 | 是 | 是 | 是 | 是 | 是 | 否 |
| | 塔吉克斯坦 | n. a. | n. a. | 是 | 是 | n. a. | 是 | n. a. |
| | 泰国 | 是 | 是 | 是 | 是 | 是 | n. a. | 是 |
| | 多哥 | 是 | 是 | 是 | 是 | 是 | 是 | 否 |
| | 突尼斯 | 是 | 是 | 是 | 是 | 是 | 否 | 是 |
| | 土耳其 | 是 | 是 | 是 | 是 | 是 | 否 | 否 |
| | 乌干达 | 是 | 是 | 是 | 是 | 是 | n. a. | 是 |
| | 乌克兰 | n. a. | 是 | n. a. | 是 | 是 | 是 | 是 |
| | 英国 | 是 | 是 | 是 | 是 | 是 | 否 | 是 |
| | 乌拉圭 | 是 | 否 | 是 | 是 | n. a. | 是 | 否 |
| | 也门共和国 | 是 | 是 | 是 | 是 | 是 | 否 | 否 |
| | 南斯拉夫 | 是 | 是 | 是 | 是 | 是 | 是 | 否 |
| | 赞比亚 | 是 | 是 | 是 | 是 | 否 | 是 | 是 |
| | 津巴布韦 | n. a. | n. a. | n. a. | 是 | 是 | n. a. | 是 |

注：n. a. 表示资料不详。

资料来源：作者根据 IPU – WBI 的调查汇编而得（Pelizzo & Stapenhurst，2004a）。

在监督行政机关方面，立法机构有许多不同的工具可供使用。最常见的监督工具是委员会听证会、全体会议听证会、调查委员、询问、询问时间、13 质询、监察员、审计长、一般委员会以及公共账目委员会（更加具体地）[2]。这些监督工具可以分为两个不同的维度：监督活动的时间安排（事前或事后）以及活动是在立法机构内部还是外部。如果在政策制定过程中或在政府从事特定活动之前进行立法监督，那么就是事前监管。委员会的听证会、全体会议的听证会和文件要求都是可以事前使用的工具。如果在政府颁布政策后进行立法监督，检查这一政策是否得到妥善执行，那么就是事后监督。询问、质询和调查委员会是事后使用的工具。同样，询问、询问时间、质询、听证会和公共账目委员会都是内部工具，监察部门和审计机关一般都是外部工具。

IPU‑WBI 的问卷调查提出了各种各样的问题。[3] 本章仅仅关注与监督政府有关的问题及其回应。具体包括：被访者被问及政府是否被视为必须向立法机构报告的机构；立法机构如何实施监督；立法机构是否可以质疑政府的官员；立法机构是否保有询问时间；是否有质询权力；是否有外部监察。[4] 由此得出的数据表明立法机构监督的潜力（尽管不是指监督是否有效）主要体现在采取哪些制度安排来加强监督。这些数据也可用于调查监督工具的分布是否与其他变量相关，例如一个国家的政体、国家收入水平或根据加斯蒂尔自由指数（Gastil Index of Freedom）衡量的民主自由水平。[5]

## 监督工具的分布和监督的潜力

表 1‑1 和表 1‑2 中提供的数据至少在以下几个方面很有趣。

首先，这些数据显示出这些立法监督工具的常规使用具有广泛的差异性。例如，在 82 个国家中的 79 个国家（占比 96%），立法者可以向政府提出口头或书面的问题。调查委员会和委员会听证会也是立法控制的常用工具，在可获得数据的国家中，超过 95% 的国家/地区在使用。相比之下，采用质询和监察的情况则少得多，约 75% 的国家使用质询政府的工具，不到 73% 的国家设置了监察员（见表 1‑2）。

表 1 - 2　　　　　　　按照受访者人数使用监督工具（N = 82）　　　　　单位：%

| 委员会听证 | 全体会议听证 | 委员会询问 | 询问 | 询问时间 | 质询 | 监察员 |
| --- | --- | --- | --- | --- | --- | --- |
| 96 | 91 | 96 | 96 | 85 | 75 | 73 |

资料来源：作者根据 IPU - WBI 的调查汇编而得（Pelizzo & Stapenhurst, 2004a）。

其次，对数据的分析表明，所有国家都采用一些立法监督工具，并且大多数国家使用多种工具。在被调查的 83 个立法机构中只有 49 个有完整的信息，其余的 34 个立法机构信息不完整或根本没有提供（如莱索托的情况）。无论如何，在信息完整的国家中，有超过 12% 的国家使用四种立法监督工具，超过 14% 的国家使用五种工具，近 33% 的国家使用六种工具，其余 40% 的国家使用七种工具（见表 1 - 3）。

表 1 -3　　　　　被调查国家所使用的立法监督工具数量（N = 82）

| 0 种 | 2 种 | 3 种 | 4 种 | 5 种 | 6 种 | 7 种 |
| --- | --- | --- | --- | --- | --- | --- |
| 莱索托 | 阿塞拜疆 | 刚果 | 安哥拉 | 澳大利亚 | 安道尔 | 奥地利 |
|  | 俄罗斯联邦 | 马其顿 | 亚美尼亚 | 保加利亚 | 白俄罗斯 | 比利时 |
|  |  | 塔吉克斯坦 | 中国 | 喀麦隆 | 贝宁 | 哥斯达黎加 |
|  |  | 津巴布韦 | 科特迪瓦 | 伊朗 | 巴西 | 克罗地亚 |
|  |  |  | 哈萨克斯坦 | 约旦 | 加拿大 | 捷克共和国 |
|  |  |  | 列支敦士登 | 墨西哥 | 乍得 | 爱沙尼亚 |
|  |  |  | 卢旺达 | 蒙古国 | 塞浦路斯 | 法国 |
|  |  |  | 乌拉圭 | 尼加拉瓜 | 欧洲联盟 | 加蓬 |
|  |  |  |  | 帕劳 | 德国 | 希腊 |
|  |  |  |  | 菲律宾 | 危地马拉 | 匈牙利 |
|  |  |  |  | 萨摩亚 | 几内亚 | 印度尼西亚 |
|  |  |  |  | 塞内加尔 | 几内亚比绍 | 日本 |
|  |  |  |  | 新加坡 | 冰岛 | 立陶宛 |
|  |  |  |  | 南非 | 爱尔兰 | 马达斯加 |
|  |  |  |  | 苏丹 | 韩国 | 马里 |
|  |  |  |  | 土耳其 | 牙买加 | 罗马尼亚 |

续表

| 0 种 | 2 种 | 3 种 | 4 种 | 5 种 | 6 种 | 7 种 |
|---|---|---|---|---|---|---|
| | | | | 乌克兰 | 拉脱维亚 | 西班牙 |
| | | | | 也门共和国 | 卢森堡 | 瑞典 |
| | | | | | 纳米比亚 | 瑞士 |
| | | | | | 荷兰 | 赞比亚 |
| | | | | | 尼日尔 | |
| | | | | | 波兰 | |
| | | | | | 斯洛伐克共和国 | |
| | | | | | 斯洛文尼亚 | |
| | | | | | 泰国 | |
| | | | | | 多哥 | |
| | | | | | 突尼斯 | |
| | | | | | 乌干达 | |
| | | | | | 英国 | |

注：用黑体字表示的国家表明其有关立法监督工具存在或不存在的某些信息不可用。
资料来源：作者根据 IPU – WBI 的调查汇编而得（Pelizzo & Stapenhurst，2004a）。

## 政府形式和监督工具

15

除了提供关于监督工具分布和立法监督潜力的信息之外，IPU – WBI 的数据还揭示了监督的工具和类型与政府形式的关系。[6]分析显示，可用的监督工具的数量因政府的不同而异。如表 1 - 4 所示，诸如委员会听证会、全体会议听证会、询问时间和质询等工具在议会形式的政府中通常比在总统制和半总统制下更普遍。因此，立法机构在议会体制中倾向于拥有更多的监督工具（并因此具有更多的监督潜力）［见表 1 - 5（a）和表 1 - 5（b）］。

**表 1 – 4　　　立法监督工具，按政府的形式分类（N = 82）**　　　单位：%

| 政府形式 | 委员会听证 | 全体会议听证 | 调查委员会 | 询问 | 询问时间 | 质询 | 监察员 |
|---|---|---|---|---|---|---|---|
| 议会制 | 100 | 97 | 97 | 100 | 89 | 77 | 78 |
| 总统制 | 88 | 83 | 100 | 86 | 79 | 72 | 78 |
| 半总统制 | 93 | 81 | 87 | 100 | 87 | 75 | 53 |

资料来源：作者根据 IPU – WBI 的调查汇编而得（Pelizzo & Stapenhurst，2004a）。

16　**表 1 – 5（a）　　　立法监督工具的数量（按政府和国家形式分类）**

| 政府形式 | 工具数量 | | | |
|---|---|---|---|---|
| | 4 种 | 5 种 | 6 种 | 7 种 |
| 总统制 | 科特迪瓦 | 尼加拉瓜 | 贝宁 | 哥斯达黎加 |
| | 哈萨克斯坦 | 帕劳 | 巴西 | 印度尼西亚 |
| | | | 乍得 | |
| | | | 塞浦路斯 | |
| | | | 几内亚 | |
| | | | 韩国 | |
| | | | 突尼斯 | |
| 议会制 | 列支敦士登 | 澳大利亚 | 加拿大 | 奥地利 |
| | | 土耳其 | 德国 | 比利时 |
| | | | 几内亚比绍 | 克罗地亚 |
| | | | 牙买加 | 捷克共和国 |
| | | | 卢森堡 | 爱沙尼亚 |
| | | | 英国 | 希腊 |
| | | | | 匈牙利 |
| | | | | 日本 |
| | | | | 立陶宛 |
| | | | | 西班牙 |
| | | | | 瑞典 |

续表

| 政府形式 | 工具数量 | | | |
|---|---|---|---|---|
| | 4 种 | 5 种 | 6 种 | 7 种 |
| 半总统制 | 安哥拉 | 喀麦隆 | 尼日尔 | 法国 |
| | 亚美尼亚 | 塞内加尔 | 多哥 | 加蓬 |
| | 卢旺达 | 也门共和国 | 南斯拉夫 | 马达加斯加 |
| | | | | 马里 |
| | | | | 罗马尼亚 |
| 其他 | | 瑞士 | | |

注：赞比亚不包括在这张表中，因为它没有提供关于其政府形式的答案。
资料来源：作者根据 IPU – WBI 的调查汇编而得（Pelizzo & Stapenhurst, 2004a）。

**表 1 – 5（b）　　　监督工具的数量（按照政府形式分类）**

| 政府形式 | 监督工具数量 | | | | 总计 | 平均数 |
|---|---|---|---|---|---|---|
| | 4 种 | 5 种 | 6 种 | 7 种 | | |
| 总统制 | 2 | 2 | 7 | 2 | 13 | 5.69 |
| 半总统制 | 3 | 3 | 3 | 5 | 14 | 5.71 |
| 议会制 | 1 | 2 | 6 | 11 | 20 | 6.35 |
| 总计 | 6 | 7 | 16 | 18 | 47 | |

资料来源：作者根据 IPU – WBI 的调查汇编而得（Pelizzo & Stapenhurst, 2004a）。

　　然而，我们不能根据这些结果针对下列问题进行进一步的推论：正在讨论的监督工具的有效性，或者在对行政部门的监督中，与总统制或半总统制相比，议会制下的立法机构是否更有效。

### 监督工具和收入水平

　　在世界银行发布的 2002 年《世界发展指标》中，国家被分为三组：高收入经济体，人均国民总收入为 9266 美元或以上；中等收入经济体，人均国民总收入介于 755 美元到 9265 美元之间；低收入经济体，人均国民总收入低于 755 美元。将这一信息转化为一个定量变量，将低收入组国家赋值 1，中等收入组国家赋值 2，高收入经济体赋值 3。

创建这个变量后，实证分析能够检验一个国家的收入水平与其立法机构的监督潜力之间是否存在关系（如果存在关系，那么又是什么类型的关系）。通过将收入变量与给定国家立法机构的监督工具数量进行交叉列表，分析发现收入水平与监督工具数量之间存在明确的关系。提供此类信息的国家的监督工具数量最少为 4 种，最多为 7 种。低收入国家的立法机构平均有 5.5 种监督工具，中等收入和高收入国家的立法机构平均有 6.25 种监督工具（见表 1－6）。

表 1－6　　　　　　　　监督工具数量（按收入水平分类）

| 收入水平 | 监督工具数量 | | | | | |
|---|---|---|---|---|---|---|
| | 4 种 | 5 种 | 6 种 | 7 种 | 总计 | 平均数 |
| 低 | 4 | 4 | 7 | 3 | 18 | 5.50 |
| 中 | 1 | 2 | 5 | 8 | 16 | 6.25 |
| 高 | 1 | 1 | 6 | 7 | 15 | 6.27 |
| 总计 | | | | | 49 | |

资料来源：收入水平数据取自 2002 年《世界发展指标》，而有关监督工具的数据来自上述 IPU－WBI 的调查。

关于各监督工具按收入水平分布的情况，表 1－7 中提供的数据表明，随着各国从低收入向中高收入转移，委员会听证成为越来越受欢迎的监督工具。在低收入国家中，使用此类听证会的占将近 91%，在中等收入国家中则接近 97%，而在调查数据可得的所有高收入国家中都使用此类听证会。

表 1－7　　　　　　　　使用委员会听证会（按收入水平分类）

| 收入水平 | 国家使用工具 | | | |
|---|---|---|---|---|
| | 否 | 是 | 总计 | 回答"是"占比（%） |
| 低 | 2 | 19 | 21 | 90.5 |
| 中 | 1 | 29 | 30 | 96.7 |
| 高 | 0 | 21 | 21 | 100.0 |
| 总计 | 3 | 69 | 72 | |

资料来源：作者根据 IPU－WBI 的调查汇编而得（Pelizzo & Stapenhurst，2004a）。

全体会议听证会不如委员会听证会那么常见（见表1-8），但即使是这些监督工具，在从低收入转向中高收入的国家中也越来越普遍。约82%的低收入国家、约94%的中等收入国家和95%以上的高收入国家都使用全体会议听证会。

**表1-8** 　　　　　　　　使用全体会议听证（按收入水平分类）

| 收入水平 | 国家使用工具 | | | |
|---|---|---|---|---|
| | 否 | 是 | 总计 | 回答"是"占比（%） |
| 低 | 4 | 18 | 22 | 81.8 |
| 中 | 2 | 30 | 32 | 93.8 |
| 高 | 1 | 20 | 21 | 95.2 |
| 总计 | 7 | 68 | 75 | |

资料来源：作者根据 IPU - WBI 的调查汇编而得（Pelizzo & Stapenhurst，2004a）。

使用询问和询问时间作为监督工具遵循委员会听证和全体会议听证所观察到的相同模式，在较高收入国家变得更加普遍。超过92%的低收入国家、97%的中等收入国家和所有高收入国家都使用了询问。大约79%的低收入国家、83%的中等收入国家和略高于90%的高收入国家使用了询问时间（见表1-9和表1-10）。

**表1-9** 　　　　　　　　使用询问（按收入水平分类）

| 收入水平 | 国家使用工具 | | | |
|---|---|---|---|---|
| | 否 | 是 | 总计 | 回答"是"占比（%） |
| 低 | 2 | 24 | 26 | 92.3 |
| 中 | 1 | 33 | 34 | 97.1 |
| 高 | 0 | 21 | 21 | 100.0 |
| 总计 | 3 | 78 | 81 | |

资料来源：作者根据 IPU - WBI 的调查汇编而得（Pelizzo & Stapenhurst，2004a）。

表 1－10                     使用询问时间（按收入水平分类）

| 收入水平 | 国家使用工具 | | | |
| --- | --- | --- | --- | --- |
| | 否 | 是 | 总计 | 回答"是"占比（％） |
| 低 | 5 | 19 | 21 | 79.2 |
| 中 | 5 | 25 | 30 | 83.3 |
| 高 | 2 | 19 | 21 | 90.5 |
| 总计 | 12 | 63 | 75 | |

资料来源：作者根据 IPU－WBI 的调查汇编而得（Pelizzo & Stapenhurst，2004a）。

相比之下，使用调查委员会、质询和监察则遵循不同的模式（见表 1－11）。调查数据显示，质询在高收入国家更为普遍（81.3%），在低收入国家（约77%）较少见，而在中等收入国家最不常见（低于70%）。

表 1－11                     使用质询（按收入水平分类）

| 收入水平 | 国家使用工具 | | | |
| --- | --- | --- | --- | --- |
| | 否 | 是 | 总计 | 回答"是"占比 |
| 低 | 5 | 17 | 22 | 77.3 |
| 中 | 8 | 18 | 26 | 69.2 |
| 高 | 3 | 13 | 16 | 81.3 |
| 总计 | 16 | 48 | 64 | |

资料来源：作者根据 IPU－WBI 的调查汇编而得（Pelizzo & Stapenhurst，2004a）。

最后，使用调查委员会和监察员作为监督工具在中等收入国家最常见，在高收入国家较少见，在低收入国家最不常见（见表 1－12 和表 1－13）。

19  表 1－12                     使用委员会调查（按收入水平分类）

| 收入水平 | 国家使用工具 | | | |
| --- | --- | --- | --- | --- |
| | 否 | 是 | 总计 | 回答"是"占比 |
| 低 | 2 | 20 | 22 | 90.9 |
| 中 | | 30 | 30 | 100.0 |

续表

| 收入水平 | 国家使用工具 | | | |
|---|---|---|---|---|
| | 否 | 是 | 总计 | 回答"是"占比 |
| 高 | 1 | 19 | 20 | 95.0 |
| 总计 | 3 | 69 | 72 | |

资料来源：作者根据 IPU – WBI 的调查汇编而得（Pelizzo & Stapenhurst，2004a）。

表 1 – 13　　　　　　　　使用监察（按收入水平分类）

| 收入水平 | 国家使用工具 | | | |
|---|---|---|---|---|
| | 否 | 是 | 总计 | 回答"是"占比 |
| 低 | 11 | 14 | 25 | 56.0 |
| 中 | 5 | 25 | 30 | 83.3 |
| 高 | 5 | 16 | 21 | 76.2 |
| 总计 | 21 | 55 | 76 | |

资料来源：作者根据 IPU – WBI 的调查汇编而得（Pelizzo & Stapenhurst，2004a）。

## 监督工具和民主水平

自由之家（Freedom House）计算出年度自由指数（许多社会科学家都认可）作为所有国家民主的代理指标。被称为加斯蒂尔（Gastil）自由指数的计算方式如下：自由之家分配每个国家的政治权利分数和公民自由分数。这两个分数均来自 7 分量表。自由指数的估算方法如下：将一个国家的政治权力分数和其公民自由分数相加，再除以 2。这意味着加斯蒂尔指数也来自 7 分量表。那么，例如，如果有一个虚构的国家叫阿巴巴，其政治权力得分为 3，公民自由得分为 4，那么阿巴巴的民主分数是（3＋4）/2 或 3.5。在这一量表中，得分为 1.0～2.5 的国家被认为是民主的，得分为 3.0～5.5 的国家是准民主国家，而得分为 5.5 或更高的国家则属于非民主国家。一个国家的得分越低，它就越民主。

本章的民主变量是通过对加斯蒂尔指数进行重新编码，向民主国家赋值 1、准民主国家赋值 2、非民主国家赋值 3。创建这个变量后，分析能够调查一个国家的民主程度与该国立法机构可用的监督工具数量之间是否存在着某种关系（如果存在的话，是什么类型的关系）。通过对民主程度变量与一个国家立法机构可用的监督工具数量进行交叉列表，分析显示民主程度与监督工具数量之间存在着明确的关系。非民主国家平均有 5 种监督工具，准民主国家平均有 5.71 种，民主国家平均有将近 6.5 种（见表 1 - 14）。

表 1 - 14                          监督工具的数量（按民主水平分类）

| 民主水平 | 监督工具数量 | | | | | |
|---|---|---|---|---|---|---|
| | 4 种 | 5 种 | 6 种 | 7 种 | 总计 | 平均数 |
| 民主 | 1 | 2 | 9 | 15 | 27 | 6.41 |
| 准民主 | 2 | 3 | 6 | 3 | 14 | 5.71 |
| 非民主 | 3 | 2 | 3 | | 8 | 5.00 |
| 总计 | 6 | 7 | 18 | 18 | 49 | |

资料来源：监督数据来自 IPU - WBI 调查，2001 年加斯蒂尔指数得分取自自由之家编制的历史数据。这些数据可以在 http://www.freedomhouse.org/template.cfm? page = 15 上获得。

样本的构成允许分析者评估一个国家是形式民主还是自由民主，以及在多大程度上受到议会可用的监督工具数量的影响（控制其他相关变量，如政府形式和收入水平）。在本章附件中，此类分析的结果表明，在分析中一旦控制收入水平和监督工具数量的影响，则政府的形式对一个国家是否是形式民主就没有重大影响。相比之下，监督工具的数量是一个非常强大的决定因素，不管国家是否是最低限度的形式民主，也无论是收入水平作为控制变量，还是收入水平和政府形式同时作为控制变量。数据分析还显示，尽管监督潜力与自由民主之间的关系不如监督潜力与形式民主之间的关系紧密，但监督工具的数量也是一个国家是否是自由民主国家的重要预测因素。

## 结论

本章所涉及的主要问题是，在某一国家提供的监督工具数量方面，立法监督的潜力是否与其他变量相关或受其他变量（特别是该国的政府形式、人均国民收入水平和民主水平）的影响。

数据显示，监督潜力确实受到这些变量的影响。与总统制或半总统制下的立法机构相比，议会制下的立法机构拥有更多的监督工具，而总统制和半总统制之间的监督潜力差距很小。议会制下的立法机构平均有 6.33 种监督工具，而总统制下的立法机构平均拥有 5.67 种，半总统制下的立法机构则拥有 5.75 种。

监督的潜力也受到国家收入水平的很大影响。平均来说，与中高收入国 21 家相比，低收入国家的立法机构可使用的监督工具要少得多。一个有趣的发现是，中等收入和高收入国家的监督潜力差异可以忽略不计。

第三组发现涉及监督潜力与民主程度之间的关系。监督工具的平均数量几乎与民主程度呈线性关系：一个国家越民主，监督工具越多，该国立法机构掌握的权力就越大。非民主国家平均只有 5 种监督工具，准民主国家平均有 5.75 种，民主国家平均接近 6.5 种。

这些发现意味着什么？采用额外的监督工具是否会使国家更加民主，或者是因为国家已经是民主的，它们才采用更多的监督工具呢？换句话说，是否可以检测出一种明确的因果关系？基于这些数据以及可以用这些数据进行的分析，答案是无法检测到单向因果关系。然而，也有一些理论上的原因导致不可能回答上面的问题。变量之间的关系通常不是单向的，而是双向的。这意味着一个变量（Y）由另一个变量（X）决定，而变量 X 又由 Y 决定。在民主和监督潜力之间的关系中，情况可能恰好如此。如果区分民主制度与非民主制度的是它们需要代表、问责和回应，而且如果监督工具是有助于使政府负责的制度性工具，那么民主国家采取更多的监督手段并不奇怪。但随着国家监督潜力的增加，民主也可以提高，这就形成了一种良性循环。

如果随着监督潜力增加，民主水平也会提高，那么这一结果对于国际社会和寻求减少全球贫困、促进善治的国际组织而言，将具有重要的实践意义。如果民主是"发展和减贫战略恰当执行的条件"，[7] 如果监督工具是与国家向全面民主转型相关的制度性手段，那么国际社会了解立法监督的动态就更为重要。同样重要的是，国际社会需要了解监督工具在促进政府负责、民主发展和善政方面的作用。通过确定和传播优秀实践案例，国际社会就可以协助为可持续的长期发展创造条件。

22 本章通过解释议会监督工具的影响并将其与重要的经济和政治变量联系起来，可以帮助我们理解上述观点。对这些工具有效性的深入理解有待进一步研究；然而，鉴于衡量各国议会绩效的困难，[8] 在试图度量长期中变化有效性的研究中可以首先进行此类研究。

## 附件：监督与民主

里卡尔多·佩利佐

（Riccardo Pelizzo）

一个国家至少是形式民主的概率受到可用监督工具数量的影响。要检验这种影响，可以运行以下模型：

$$\text{Logit}(\text{democracy}) = a + b1 \text{ tools} + b2 \text{ gofor} + b3 \text{ incomelevel} \quad (1-1)$$

对于至少是形式民主的国家，民主变量取值为1。监督工具变量的数量范围从2到7。gofor 变量是指政府的形式，这个变量对于总统制取值为1，对于半总统制制度取值为2，议会制取值为3。incomelevel 变量对于低收入、中等收入和高收入国家分别取值1、2 和3。

通过执行此分析，可确定模型具有以下值：

$$\text{Logit}(\text{democracy}) = -4.915 + 0.713 \text{ tools} + 0.053 \text{ gofor} + 1.487 \text{ incomelevel}$$
$$(0.008) \quad (0.010) \quad (0.913) \quad (0.018)$$
$$(1-2)$$

从括号中的 p 值可以看出，政府形式（gofor）变量是完全不重要；因此，将其从模型中排除是合理的。通过删除 gofor 变量，模型的取值如下：

$$\text{Logit}(\text{democracy}) = -4.958 + 0.775 \text{ tools} + 1.262 \text{ incomelevel}$$
$$(0.002) \quad (0.005) \quad (0.023) \quad (1-3)$$

这些发现的意义很清楚。即使在控制收入水平影响的情况下，监督工具数量系数的影响也很大且在统计上显著。在具有 7 种监督工具的中等收入国家，该方程式给出以下结果：

$$\text{Logit}(\text{democracy}) = -4.958 + 0.775(7) + 1.262(2)$$
$$= -4.958 + 5.425 + 2.524$$
$$= 2.991$$

因此，在立法机构拥有 7 种监督工具的中等收入国家的情况下，该国政治制度是民主的概率是 $e^{2.99}/(1+e^{2.99})=0.952$，或 95.2%。

这就意味着，当议会可以使用所有 7 种监督工具时，一个中等收入国家 23 有极大的可能性至少是形式民主。附表 1-1 中提供的数据清楚地表明，一个国家至少是形式民主的概率如何（以及概率的大小）随着议会可使用的监督工具数量的增加而提高。

附表 1-1　　　　监督工具的数量和一个国家是形式民主的概率

| 中等收入国家监督工具的数量（种） | 国家是形式民主的概率 |
| --- | --- |
| 0 | 0.08 |
| 1 | 0.16 |
| 2 | 0.29 |
| 3 | 0.47 |
| 4 | 0.66 |
| 5 | 0.81 |
| 6 | 0.90 |
| 7 | 0.95 |

戴蒙德（Dimond, 1999）指出，形式民主国家实际上是准民主国家。它们拥有真正民主政体所具备的形式、机制和制度，但并不像真正民主国家那样确实发挥作用。因此，人们可能想转移分析的焦点，调查一个国家是自由民主国家的可能性是否随着该国立法机构可使用监督工具数量的增加而发生变化。我们得用以下逻辑回归模型来检验一个国家是自由民主国家的概率是否受到监督工具数量的影响：

$$\text{Logit}(\text{liberaldemocracy})=a+b1\ \text{tools}+b2\ \text{incomelevel} \qquad (1-4)$$

对于根据加斯蒂尔自由指数被划分为自由的国家而言，liberaldemocracy 变量取值为 1，否则为 0。tools 变量和 incomelevel 变量都采用上面指定的值。考虑这些因素后，运行模型可以获得以下值：

$$\text{Logit}(\text{liberaldemocracy})=-7.193+0.576\ \text{tools}+2.162\ \text{incomelevel}$$
$$(0.000) \quad (0.036) \qquad\qquad (0.000) \quad (1-5)$$

　　tools 变量的系数仍然是正的，仍然相当显著，但并不像 incomelevel 变量那样在统计上显著。还应该注意的是，式（1－5）中的 tools 变量比式（1－3）中的变量更弱，更不显著。尽管如此，中等收入国家的监督工具数量越多，该国是自由民主国家的可能性就越大。人们可以比较一个只拥有 2 种监督工具的中等收入国家是一个自由民主国家的概率与拥有 7 种监督工具的中等收入国家是一个自由民主国家的概率。当中等收入国家只有 2 种监督工具时，公式（1－5）的取值如下：

$$\text{Logit}(\text{liberaldemocracy}) = -7.193 + 0.576(2) + 2.162(2) = -1.72$$

$$(1-6)$$

　　这意味着这样一个国家是自由民主国家的概率是：

$$e^{-1.72}/(1 + e^{-1.72}) = 0.152，或 15.2\%$$

　　当一个中等收入国家拥有 7 种监督工具时，公式（1－5）的取值如下：

$$\text{Logit}(\text{liberaldemocracy}) = -7.193 + 0.576(7) + 2.162(2) = 1.16$$

$$(1-7)$$

　　这意味着这样一个国家是自由民主国家的概率是：

$$e^{1.16}/(1 + e^{1.16}) = 0.762，或 76.2\%$$

　　从附表 1－2 中提供的数据可以看出，随着监督工具的数量增加，一个国家是自由民主国家的概率也在增加，但这一增长并不如一个国家只是形式民主国家的概率那么明显。事实上，虽然有 7 种监督工具的中等收入国家是形式民主国家的概率约为 95%，但同一国家是自由民主国家的概率只有 76.2%。

**附表 1－2　　监督工具的数量和一个国家是形式民主国家的概率**

| 中等收入国家监督工具的数量（种） | 国家是自由民主国家的概率 |
| --- | --- |
| 0 | 0.05 |
| 1 | 0.09 |
| 2 | 0.15 |
| 3 | 0.24 |
| 4 | 0.36 |
| 5 | 0.50 |
| 6 | 0.64 |
| 7 | 0.76 |

这些发现清楚地表明，用监督工具数量衡量的议会监督潜力对于该国是否是自由民主国家来说是有所不同的。数据还表明，与对一个国家是自由民主国家概率的影响相比，监督潜力对一个国家是形式民主国家的概率影响更大。其原因是：现有的数据无法最终回答这个问题，但是仍然可以对监督潜力与一个国家是自由民主国家的概率之间的关系如此脆弱做出一些有依据的推测。

自由民主不仅需要潜在的监督或监督潜力，而且需要真正有效的监督。25这是形式民主和自由民主制度的主要区别。在形式民主政体中，民主制度只具有美化功能。它们是存在的，但或者没有被使用，或者没有被有效使用。对于其他类型的民主制度，包括监督，或许这一点也是正确的。形式民主政体的立法机构确实采用了监督工具，好像要有效地监督政府的行为，但是这些工具没有被使用，或至少没有被有效地利用。因此，在形式民主国家的情况下，民主政府的形式受到重视，但其实质却不是。

相比之下，自由民主国家则关心民主的实质，而不仅仅是形式。监督工具的存在或监督潜力是不够的。自由民主政权特有的不仅是政府有权履行职责，而且受到控制。政府有治理的权力，但受到限制，因为它们被要求或者至少被请求为其行为或不作为提供合理的解释。在议会制度下，如果一个政府没有向立法机构证明其行动是正当的，那么就会落选。

虽然监督工具的存在是有效监督的必要条件，但仅有工具是不够的。除了立法机构的监督潜力外，还必须有政治意愿来监督政府的活动。麦吉（McGee，2002）对公共账目委员会（PACs）的研究表明，PAC 在监督政府账目方面面临的主要障碍之一是立法者往往不愿对政府账目进行认真监督。[9]对政府账目进行审查可能被认为是立法者不太重视的工作，这可能会阻碍议员再次当选。更为糟糕的是，作为执政党（联合党派）党员的立法者担心，通过审查政府的账目，他们有可能被迫做出选择：或者有效地选择履行其监督政府的职能（可能造成与党的关系紧张），或者保持与党的紧密关系。[10]因此，在拥有 PACs 的议会中，这些委员会的存在是对政府账目进行有效审查的必要条件，但不是充分条件。如果将这一结论从 PAC 的特殊情况扩大到一般的监督工具，那么同样可以解释为什么监督工具的存在并不一定意味着有效监督——这是一个国家实现自由民主真正需要的。

另外，本附件调查了立法机构可使用的监督工具的数量与一个国家是形式民主或自由民主的概率之间的关系。对 IPU – WBI 调查数据的分析显示，一个国家议会可以使用的监督工具的数量是对一个国家是否至少是形式民主的十分有效的预测工具。结果表明，随着监督工具数量的增加，一个国家是形式民主的可能性就会增加。同样，当一个中等收入国家拥有 IPU – WBI 展开调查的所有 7 种监督工具时，则该国是形式民主国家的概率为 95%。然而，虽然一个国家是自由民主国家的概率随着议会可用监督工具数量的增加而提高，但监督潜力与自由民主之间的关系既不如监督潜力与形式民主之间的关系那么强烈，也不太显著。这种差异或许可以由下面的事实来解释：自由民主制度不仅涉及民主的形式方面，如民主机制和制度的存在，而且还关注民主的实质。自由民主国家不满足于监督的潜力，而是要求有效的监督执行。此外，立法机构需要有政治意愿才能进行有效的监督。

这些发现提出了另外两个要考虑的问题。首先，通过证明立法监督有利于民主，上述分析证实了一些国际组织的常见观点，即加强立法机构（以及立法机构的监督潜力）有利于民主建设。正如最近的研究（Fish，2006）所证明的，立法机构（尤其是强有力的立法机构）对民主是有利的，立法机构对民主治理做出了重大贡献。通过履行监督职能，立法机构在保持政府对其行为做出反应和负责方面发挥着重要作用，这有助于防止滥用权力。其次，分析表明，虽然国际组织认为加强立法机构对促进和巩固民主至关重要，但它们需要重新考虑其立法机构强化战略（NDI，2000；Pelizzo & Stapenhurst，2004b）。以往的方案主要是加强立法机构的监督潜力。然而立法机构不仅要有工具，还要有政治意愿来监督政府。只有这样，才能从形式民主转向自由民主，因为自由民主需要有效的监督，而不仅仅是监督的潜力。涉及促进和巩固民主的国际组织面临的主要挑战是找到并改善一些条件，在这些条件下，立法机构和立法者更有可能对政府活动进行有效监督。

**注释**

1. 2001 年 IPU – WBI 行政立法关系调查考察了约 180 个议会。其中 83 个做出了回应（82 个国家议会和欧洲议会）。

2. 有关这些工具的描述可参见 National Democratic Institute for International Affairs（NDI 2000），"Strengthening Legislative Capacity in Legislative – Executive Relations"，特别是第 19~32 页。

3. 例如，提出的问题涉及行政机关对立法机构问责的问题，弹劾和解散议会的程序，对政府、预算、预算执行、外交政策和国防政策的监督，议会和紧急状态，核查法律的合宪性，并监督法律的适用或评估。

4. 关于为什么询问、询问时间和质询应该被视为议会控制手段的讨论，可参见 Maffio（2002）。另见 David McGee（2002）。

5. 在本章的论述过程中将更加详细地讨论加斯蒂尔自由指数。

6. 被访者被要求说明其国家的政府形式。回答采用编码形式：总统制赋值为 1，议会制赋值为 2，半总统制赋值为 3，君主立宪制国家的议会制政府赋值为 4，世袭君主制国家的议会制政府赋值为 5，其他形式的政府全部赋值为 6。为了论述方便，本章采用了略有不同的编码方案。被 IPU 数据集赋值为 2、4 或 5 的国家都被认为拥有议会制，因此被归为一类别。

7. 引用来自 Pelizzo & Stapenhurst（2004a：177）。另见 Pelizzo & Stapenhurst（2004b）和 Stapenhurst & Pelizzo（2002）。

8. Laurentian Seminar Proceedings（Parliamentary Centre，1997）。

9. 尽管公共账目委员会是适当的监督委员会，即成立该委员会就是为了监督政府账目，但是 IPU – WBI 调查所考虑的监督工具清单并不包括 PAC。另见 Wehner（2003，2005）。

10. 斯塔彭赫斯特等（Stapenhurst et al.，2005）讨论了党派偏见可能是影响 PAC 正常发挥作用的主要障碍的原因。

## 参考文献

Diamond，L. 1999. Developing Democracy. Baltimore：Johns Hopkins University Press. Fish，M. Steven. 2006. "Stronger Legislatures，Stronger Democracies." *Journal of Democracy* 17（1）. Baltimore：Johns Hopkins University Press. http：//sdnhq. undp. org/governance/parls/docs/Fish – 17 – 1. pdf.

Lees，J. D. 1977. "Legislatures and Oversight：A Review Article on a Neglected Area of Research. " *Legislative Studies Quarterly* 2 (2): 193 –208.

Maffio, R. 2002. "Quis custodiet ipsos custodes? Il controllo parlamentare dell' attivitá di governo in prospettiva comparata. " *Quaderni di Scienza Politica* 9 (2): 333 –383.

McGee, D. G. 2002. *The Overseers. Public Accounts Committees and Public Spending.* London: Commonwealth Parliamentary Association, with Pluto Press.

NDI ( National Democratic Institute for International Affairs ). 2000. "Strengthening Legislative Capacity in Legislative – Executive Relations. " Legislative Research Series, Paper No. 6, NDI, Washington, D. C.

Parliamentary Centre. 1997. Laurentian Seminar Proceedings.

Pelizzo, R. , and R. Stapenhurst. 2004a. "Legislatures and Oversight: A Note. " Paper prepared for the Annual Meeting of the Southern Political Science Association, New Orleans, Louisiana, January 7 – 10, 2004. In *Trends in Parliamentary Oversight: Proceedings from a Panel at the 2004 Southern Political Science Association Conference*, ed. R. Pelizzo, R. Stapenhurst, and D. Olsons, 1 – 8. Washington, D. C. : World Bank Institute. Also published in *Quaderni di Scienza Politica* 11 (1): 175 –188.

———. 2004b. "Legislative Ethics and Codes of Conduct. " Working Paper. World Bank Institute, Washington, D. C.

Stapenhurst, R. , and R. Pelizzo. 2002. "A Bigger Role for Legislatures. " *Finance and Development* 39 (4): 46 –48.

Stapenhurst, R. , V. Sahgal, W. Woodley, and R. Pelizzo. 2005. "Scrutinizing Public Expenditures: Assessing the Performance of Public Accounts Committees. " Policy Research Working Paper 3613, World Bank, Washington, D. C.

Wehner, J. 2003. "Principles and Patterns of Financial Scrutiny: Public Account Committees in the Commonwealth. " *Commonwealth and Comparative Politics* 41 (3): 21 –36.

———. 2005. "Legislative Arrangements for Financial Scrutiny: Explaining Cross National Variation. " In *The Role of Parliament in the Budget Process*,

28

eds. R. Pelizzo, R. Stapenhurst, and D. Olson. Washington, D. C. : World Bank Institute.

World Bank. *World Development Indicators*. Washington, D. C. : World Bank.

# 第 2 章
## 监督与民主的反思

里卡尔多·佩利佐

（Riccardo Pelizzo）

29 　　本章有两个目的。首先，它分析了监督潜力（由某一国家立法机构可使用的监督工具的数量衡量）是否以及在何种程度上影响一个国家是形式民主或自由民主国家的概率。这样的调查是值得进行的，因为以前的分析没有在这方面提供确凿证据。其次，它挑战了所有监督工具对审查政府活动同样有效的观点，表明尽管某些监督工具的存在对一个国家是否是自由民主国家的影响很小，但其他工具（如监察员）的存在则具有重大影响。因此，本章的主要结论是：虽然监督重要，但有些监督工具在使国家民主化方面比其他监督工具更为重要。[1]

　　本章分为四部分内容。

　　本章的第一部分讨论立法监督文献，以及这些文献如何检验政府活动立法监督的决定因素、工具、可能的后果以及民主与监督之间的关系。

　　本章的第二部分将讨论三个问题，即民主是否与监督潜力有关，这种关系是无关紧要的还是虚假的，或者两者兼而有之，以及是否应该检验民主与实际监督之间的关系，而不是民主和监督潜力之间的关系。本部分表明，无论样本的大小和采用的统计技术如何，民主与监督潜力总是密切相关。此外，有人认为，在这种分析中使用的民主水平的测度体现了文献中所谓的问责制的纵向维度，而监督潜力的衡量标准则体现了所谓的问责制的横向维度，因此，得出的结论既非无关紧要，也非虚假。最后，根据意大利对监督

30 工具的使用情况，第二部分展示了一些证据，证明了为什么专注于民主与监

督潜力间关系比专注于民主与实际监督间关系更好一些。

本章的第三部分进行一些实证分析，以检验是否所有监督工具在审查政府活动和影响政治制度运作方面同样有效。这是通过分析每一种监督工具（在议会间联盟和世界银行研究所的调查中收集了这些监督工具的相关数据）与一个国家是自由民主国家的概率之间的关系来完成的。这种分析表明，相比于体现党派偏见的监督工具而言，不能代表党派偏见或进一步供党派利益使用的监督工具，对于一个国家是否是自由民主的影响更为显著。

本章第四部分和结论部分讨论了主要研究结果的意义。由于这些分析的结果并不是结论性的，因此未来的研究将希望使用更好的数据、方法和技术来调查（自由）民主与监督之间的关系，尽管这种关系十分重要，但一直被比较宪法研究者所忽视。

## 立法监督：原因及后果

立法监督的研究集中于五个基本问题：什么是监督？为什么它对政治制度有好处？监督如何行使？监督的作用是什么？最后且同样重要的是，民主是否受到监督的影响？

立法研究专家提供的第一个问题的答案是：监督是指立法机构评估政策执行情况的一系列活动（McCubbins & Schwartz, 1984；Olson & Mezey, 1991）。[2] 监督可能导致政策的修订，这可能影响立法改革，但这并不意味着将议会的立法职能视为监督活动的一个子集，或将立法职能等同于监督职能。

学者们指出，监督可以通过采用各种监督工具来进行。例如，达姆高（Damgaard, 2000：8）注意到，监督工具清单包括"监察员、调查委员会、审计机构、专门的议会委员会、公开听证会、在议会中可能以投票结束的质询"等。一些学者强调，并不是所有的监督工具都是一样的。例如，马菲奥（Maffio, 2002）和马奥尔（Maor, 1999）提供了两个备选的监督工具组。对于马菲奥来说，监督工具可以按是在特定政策实施之前或之后使用而进行分组。她进一步认为，有些工具比其他工具更有用。马奥尔认为，监督工具或者采取特定机构（监察员、委员会等）的形式，或者采取程序的形式（质询、询问等）。

有些研究调查了监督工具与各种政治和社会经济条件之间的关系（Maffio，2002；Pelizzo & Stapenhurst，2004b；Pennings，2000）。彭宁斯（Pennings）称，这些研究得出的最重要的结论是监督"有其自身的动力，而不仅仅是其他变量的衍生物"。实际上，马奥尔发现，监督模式不能减少到所谓的"国家族"（families of nations），也不能减少到区分一致同意和多数民主（Lijphart，1999），或区分总统制与议会制（Linz，1994）。佩利佐和斯塔彭赫斯特（Pelizzo & Stapenhurst，2006）提出了类似的结论。

但是，学者们已经注意到，监督工具的存在是有效监督的必要但非充分的条件。有效的监督不仅取决于监督工具的可用性，还取决于其他条件。有效的监督可能取决于议会的具体监督权力、议会是否有能力修改立法（Loewenberg & Patterson，1979），议会和议员是否得到适当的信息来充分履行其监督任务（Frantzich，1979；Jewell，1978），关于议员个人的角色（Jewell，1978），关于委员会主席的作用以及国家政治氛围的波动（Ogul and Rockman，1990），行政与立法部门之间的紧张关系、问题的重要性以及反对派如何积极地发挥作用（Maor，1999，374；Rockman，1984；Weller，2006：14 – 15）。[3]

监督是否真的会影响到政治制度的运作和性质？在过去十年中，国际组织进行了一些研究，以评估强化立法机构的监督能力是否有利于民主（Pelizzo & Stapenhurst，2004a，2004b）。[4]这些文献提供的证据最多是建议性的。它表明，平均而言，自由民主制度比形式民主或准民主制度有更多的监督工具和监督潜力，而这些机制反过来比非民主政体有更大的监督潜力。但是，"更加民主的制度一般来说比不太民主的制度倾向于具有更多的监督手段"这一事实并不表示更多的监督工具是某一国家更高的民主质量的后果或原因。佩利佐和斯塔彭赫斯特（Pelizzo & Stapenhurst，2006）调查了监督工具的数量与一个国家是形式民主或自由民主国家的概率之间的关系。通过分析，他们发现一个国家是形式民主或自由民主国家的概率与监督工具的数量密切、显著相关。

在佩利佐和斯塔彭赫斯特（Pelizzo & Stapenhurst，2006）工作的基础上，检验各种监督工具对一个国家是否是民主国家的概率具有相同影响是有意义的。出于下面两个原因，这一分析十分重要：首先，可以让宪政设计者和实践者更好地了解应该采用何种制度因素来帮助巩固新建立的民主。其次，这种分析可能揭示了什么是监督工作，以及监督工具影响政治体制运作 32 方式的因素是什么。

## 民主与监督：一种有争议的关系

在讨论本章的主要问题即"不同的监督工具是否具有同等效力"之前，需要解决两个初步问题：第一，民主是否受到佩利佐和斯塔彭赫斯特（Pelizzo & Stapenhurst，2006）提出的监督潜力（即在某一国家立法机构可使用的监督工具的数量）的影响；第二，调查监督潜力对民主的影响是否适当。

为了回答第一个问题（民主是否受监督潜力的影响），本章进行了三组分析。在第一组中，监督工具的数量与 IPU – WBI 调查（不包括欧盟）的 82 个国家的民主程度（由加斯蒂尔自由指数衡量）相关，这种相关性也存在于佩利佐和斯塔彭赫斯特（Pelizzo & Stapenhurst，2006）所分析的 47 个国家，以及作为佩利佐和斯塔彭赫斯特（Pelizzo & Stapenhurst，2006）[5] 使用的 47 个国家样本的 16 个非洲国家的子集。结果列于表 2 – 1。

表 2 – 1　　　　　　　　民主水平与监督工具数量的相关分析

| 分组 | 民主水平 | | |
| --- | --- | --- | --- |
| 监督工具 | – 0.482 | – 0.503 | – 0.481 |
| 显著性 | (0.000) | (0.000) | (0.059) |
| 样本容量 | 82 | 47 | 16 |

资料来源：作者基于自由之家（关于民主水平）和 IPU – WBI 调查（关于监督工具的使用）的数据进行汇编而得。

加斯蒂尔自由指数是一个 7 分量表，其中较低的值与更高的民主水平相关联，而较高的值与较低的民主水平甚至缺乏民主相关联。监督潜力是根据监督工具的数量来衡量的，因此议会监督工具的数量越多，议会的监督潜力越大。[6]因此，如果监督潜力有利于民主和/或民主质量，相关分析应该产生负系数。相关分析的结果表明，拥有更多数量的监督工具的国家在加斯蒂尔指数上的得分较低，因此更为民主。在82个国家的样本中，佩利佐和斯塔彭赫斯特（Pelizzo & Stapenhurst，2006）使用的47个国家样本以及非洲子样本都是这样。

下面的分析将进行一些逻辑回归（logistic regressions），以了解一个国家监督工具的数量如何影响该国是自由民主或形式民主国家的概率。[7]第一步是将因变量对监督工具数量进行回归，然后通过控制国家收入水平，再进行因变量对监督工具数量的回归分析。

通过对一个国家监督工具数量对形式民主概率的影响进行回归分析，我们发现，在82个国家的样本中，以及佩利佐和斯塔彭赫斯特（Pelizzo & Stapenhurst，2006）使用的47个国家样本和16个非洲国家子样本中，监督工具的数量是一个关键因素，它决定了一个国家是否至少是形式民主。逻辑回归分析的估计见表2-2。

**表2-2    形式民主地位作为被解释变量的逻辑回归**

| Logit（形式民主）= | 模型1 | 模型2 | 模型3 |
| --- | --- | --- | --- |
| 常数项 | -1.433<br>(0.000) | -5.49<br>(0.017) | -10.005<br>(0.078) |
| 立法监督工具 | 0.532<br>(0.000) | 1.223<br>(0.003) | 1.733<br>(0.071) |
| N | 82 | 47 | 16 |

资料来源：作者基于自由之家（关于民主水平）和IPU-WBI调查（关于监督工具的使用）的数据进行汇编而得。

逻辑回归分析的结果表明，立法监督的工具是一个国家是否是形式民主的强有力的预测指标。当使用相同的模型来评估监督工具数量如何影响一个国家是自由民主国家的可能性时，也会取得类似的结果（见表2-3）。

表 2 - 3 自由民主作为因变量的逻辑回归

| Logit（自由民主）= | 模型 1 | 模型 2 | 模型 3 |
|---|---|---|---|
| 常数项 | -5.575<br>(0.000) | -5.026<br>(0.017) | -4.033<br>(0.360) |
| 立法监督工具 | 1.077<br>(0.000) | 0.870<br>(0.012) | 0.441<br>(0.548) |
| N | 82 | 47 | 16 |

资料来源：作者基于自由之家（关于民主水平）和 IPU - WBI 调查（关于监督工具的使用）的数据进行汇编而得。

为了评估民主与监督之间的关系，佩利佐和斯塔彭赫斯特（Pelizzo & Stapenhurst，2006）使用了以下模型：

$$\text{Logit(formal democracy)} = a + b1\ \text{tools} + b2\ \text{incomelevel}$$

$$\text{Logit(liberal democracy)} = a + b1\ \text{tools} + b2\ \text{incomelevel}$$

当这些模型被用于 82 国样本，并且收入水平的影响受到控制时，结果表明，监督工具的数量对于一个是形式民主或自由民主或两者兼有的国家具有显著的影响力。这些结果在某个方面是有趣的。当佩利佐和斯塔彭赫斯特 34（Pelizzo & Stapenhurst，2006）用 47 国样本进行分析时，他们发现，与决定一个国家是否是自由民主国家方面相比，监督工具的数量在决定一个国家是否是形式民主国家方面的作用在统计上更为显著。目前分析的结果略有不同，因为监督工具数量对 Logit（自由民主）的影响比监督工具数量对 Logit（形式民主）的影响更大，且更为显著（见表 2 - 4）。

表 2 - 4 监督工具、收入水平和民主

| 分组 | Logit（形式民主） | Logit（自由民主） |
|---|---|---|
| 常数 | -3.689<br>(0.007) | -8.271<br>(0.000) |
| 立法监督工具 | 0.398<br>(0.060) | 0.940<br>(0.002) |
| 收入 | 1.728<br>(0.002) | 1.816<br>(0.002) |
| N | 82 | 82 |

资料来源：监督工具的数据来自 IPU - WBI 调查；收入水平数据来自《世界发展指标》（2002）。

当这些模型被用于小型非洲子样本时，发现即使是在控制收入水平影响的情况下，监督工具数量也是一个国家是形式民主还是自由民主的主要决定因素（见表2-5）。

表2-5　　　　　　　　　非洲的监督工具、收入水平和民主

| Logit 模型 | 国家类型 | |
|---|---|---|
| | （形式民主） | （自由民主） |
| 常数 | -9.763<br>(0.101) | 15.516<br>(1.00) |
| 立法监督工具 | 1.947<br>(0.071) | 0.672<br>(0.385) |
| 收入 | -1.446<br>(0.442) | -20.564<br>(0.999) |
| N | 16 | 16 |

资料来源：监督工具数据来自 IPU - WBI 的调查；收入水平数据来自《世界发展指标》（2002）。

到目前为止，展示的证据支持下面的主张：以监督工具数量为基础衡量的监督潜力是一个国家民主状况的重要决定因素。不管样本的大小，无论使用哪种统计技术来分析民主与监督之间的关系，结果总是导致民主受监督的影响。

## 实际和潜在的监督：来自意大利案例的证据
35

上一节中提出的结果并不像初看起来那么有趣。毕竟，可以说，重要的不是立法机构是否有监督工具或进行监督，而是它们是否实际监督政府的活动，即真正监督政府的活动，而不是可能监督或具有监督潜力。这种反对意见认为，有效监督是实际监督的函数，或者是执行监督数量的函数。这意味着立法机构对政府行政活动的监督越多，立法监督就越有效。

实际监督等同于有效监督的想法在文献中受到质疑。例如，萨尔托里（Sartori，1987）指出，有效监督取决于议会监督政府活动的能力或潜力。如果政府知道议会可以审查其活动，可以自由选择进行调查的议题，那么政府可能会被引导以更恰当的方式行事，从而避免立法机构的批评。佩利佐和斯塔彭赫斯特（Pelizzo & Stapenhurst，2006）在讨论公共账目委员会（PAC）

时提出了类似的观点。在审查政府支出的过程中对哪些因素使 PAC 有效进行分析时，佩利佐和斯塔彭赫斯特认为 PAC 执行其工作的能力与委员会选择调查项目的自由而不是调查所有事项有显著的相关性。萨尔托里更进一步地指出，当立法机构试图监督一切时，他们并未聚焦相关问题，而是以更无效的方式进行监督活动。

为了检验萨尔托里的观点是否被经验证据所证实，本章收集了意大利议会两议院使用监督工具的一些信息。如以前的研究（Pasquino & Pelizzo，2006）所表明的，意大利议会可以采用各种工具来监督政府活动：动议、质询、口头询问、必须当场回答的问题、书面询问、在委员会中回答的问题、立即在委员会中回答的问题、各种决议（议会的、委员会的和决定性的决议）以及议会和委员会的最终议程草案（Ordini del Giorno）。根据维贝格（Wiberg，1995）的说法，意大利议会可以提出三种类型的问题：书面的、口头的询问和质询。根据维贝格的研究，这三类问题的意大利语分别为 inter-rogazioni parlamentari、interrogazioni urgenti 和 interpellanze。维贝格对意大利议会的议会质询的讨论从某个方面看是错误的。意大利众议院的议事规则规定议会询问（interrogazioni）和质询（interpellanze）可以是"紧迫的"。[8]

众议院提供了 1976～2006 年使用这些监督工具的有关资料。仅有 2001～2006 年的信息提供了关于问题和质询是否紧迫的指标。表 2－6 至表 2－9 显示了 1976～2006 年在七个立法机构中产生的质询、口头询问和书面询问 36 并提交给预算、国防、财政部、外交部、内阁和法院的数量。具体来说，表 2－6（a）和表 2－6（b）显示了每个立法机构要求的监督行为（质询、口头询问和书面询问）的数量。由于所研究的意大利立法机构都已持续了 2～5 年，表 2－7（a）和表 2－7（b）显示了每年监督行为的变化情况。数据显示，众议院和参议院的监督行为数量大幅增加。这些数据表明，多年来，意大利议会进行了更多的实际监督。但实际监督与有效监督有关吗？为 37 了回答这个问题，分析的重点缩小到只调查众议院和参议院对预算部和外交部所提出的质询的成功率。由质询所触发的 iter（立法程序）是否完成被当成是质询有效性的测度。质询触发的程序可以通过三种方式完成：可以对质询进行回答、撤回或转换。[9] 表 2－8 和表 2－9 中提供的数据清楚地表明，作为实际监督的代理变量，监督行为数量的增加与监督的有效性（也就是 39

完成由各种行为导致的监督程序的能力）毫无关系。

36 表2-6（a） 意大利立法机构的监督议案数量——意大利众议院
（1976~2001年）

| 立法机构 | 活动 | 询问指向的部门 | | | | | |
|---|---|---|---|---|---|---|---|
| | | 预算部 | 国防部 | 财政部 | 外交部 | 内政部 | 司法部 |
| 第7届<br>（1976~1979年） | 质询 | 11 | 24 | 23 | 41 | 101 | 65 |
| | 口头询问 | 86 | 233 | 198 | 321 | 1077 | 610 |
| | 书面询问 | 84 | 536 | 484 | 401 | 845 | 584 |
| | 全面监督议案 | 181 | 793 | 705 | 763 | 2023 | 1259 |
| 第8届<br>（1979~1983年） | 质询 | 58 | 236 | 100 | 487 | 449 | 394 |
| | 口头询问 | 116 | 581 | 334 | 1044 | 1710 | 1403 |
| | 书面询问 | 160 | 1600 | 1136 | 571 | 1943 | 1522 |
| | 全面监督议案 | 334 | 2417 | 1570 | 2102 | 4102 | 3319 |
| 第9届<br>（1983~1987年） | 质询 | 16 | 103 | 19 | 182 | 166 | 90 |
| | 口头询问 | 28 | 215 | 90 | 324 | 654 | 411 |
| | 书面询问 | 183 | 1611 | 1328 | 809 | 3183 | 2433 |
| | 全面监督议案 | 227 | 1929 | 1437 | 1315 | 4003 | 2934 |
| 第10届<br>（1987~1992年） | 质询 | 27 | 124 | 55 | 283 | 352 | 242 |
| | 口头询问 | 26 | 316 | 96 | 334 | 863 | 639 |
| | 书面询问 | 312 | 1937 | 2150 | 1311 | 7125 | 4788 |
| | 全面监督议案 | 365 | 2377 | 2301 | 1928 | 8340 | 5669 |
| 第11届<br>（1992~1994年） | 质询 | 35 | 62 | 82 | 105 | 183 | 180 |
| | 口头询问 | 36 | 162 | 119 | 116 | 518 | 391 |
| | 书面询问 | 834 | 1038 | 2043 | 703 | 6588 | 4732 |
| | 全面监督议案 | 905 | 1262 | 2244 | 924 | 7289 | 5303 |
| 第12届<br>（1994~1996年） | 质询 | 26 | 43 | 38 | 68 | 173 | 120 |
| | 口头询问 | 16 | 35 | 35 | 54 | 237 | 166 |
| | 书面询问 | 496 | 724 | 1352 | 709 | 4186 | 2451 |
| | 全面监督议案 | 538 | 802 | 1425 | 831 | 4596 | 2737 |

续表

| 立法机构 | 活动 | 询问指向的部门 | | | | | |
|---|---|---|---|---|---|---|---|
| | | 预算部 | 国防部 | 财政部 | 外交部 | 内政部 | 司法部 |
| 第 13 届<br>（1996～2001 年） | 质询 | 34 | 194 | 186 | 228 | 648 | 422 |
| | 口头询问 | 42 | 406 | 400 | 449 | 1645 | 1076 |
| | 书面询问 | 406 | 1766 | 2878 | 1121 | 6795 | 3861 |
| | 全面监督议案 | 482 | 2366 | 3464 | 1798 | 9088 | 5359 |

资料来源：意大利众议院。

表 2－6（b）　　意大利第 7 届到第 13 届众议院的监督议案数量

| 立法机构 | 活动 | 询问指向的部门 | | | | | |
|---|---|---|---|---|---|---|---|
| | | 预算部 | 国防部 | 财政部 | 外交部 | 内政部 | 司法部 |
| 第 7 届<br>（1976～1979 年） | 质询 | 11 | 8 | 6 | 20 | 18 | 25 |
| | 口头询问 | 26 | 84 | 94 | 61 | 131 | 293 |
| | 书面询问 | 26 | 112 | 145 | 180 | 168 | 255 |
| | 全面监督议案 | 63 | 204 | 245 | 261 | 317 | 573 |
| 第 8 届<br>（1979～1983 年） | 质询 | 16 | 39 | 132 | 34 | 62 | 76 |
| | 口头询问 | 30 | 233 | 357 | 104 | 288 | 421 |
| | 书面询问 | 43 | 188 | 154 | 250 | 245 | 387 |
| | 全面监督议案 | 89 | 460 | 643 | 388 | 595 | 884 |
| 第 9 届<br>（1983～1987 年） | 质询 | 5 | 84 | 132 | 19 | 49 | 57 |
| | 口头询问 | 16 | 180 | 198 | 90 | 187 | 245 |
| | 书面询问 | 29 | 285 | 174 | 272 | 398 | 427 |
| | 全面监督议案 | 50 | 549 | 504 | 381 | 634 | 729 |
| 第 10 届<br>（1987～1992 年） | 质询 | 12 | 41 | 86 | 15 | 86 | 127 |
| | 口头询问 | 21 | 116 | 216 | 68 | 217 | 317 |
| | 书面询问 | 66 | 567 | 295 | 429 | 1044 | 1279 |
| | 全面监督议案 | 99 | 724 | 597 | 512 | 1347 | 1723 |

| 立法机构 | 活动 | 询问指向的部门 | | | | | |
|---|---|---|---|---|---|---|---|
| | | 预算部 | 国防部 | 财政部 | 外交部 | 内政部 | 司法部 |
| 第11届<br>（1992～1994年） | 质询 | 20 | 20 | 38 | 23 | 46 | 72 |
| | 口头询问 | 16 | 134 | 136 | 50 | 116 | 139 |
| | 书面询问 | 111 | 272 | 228 | 443 | 673 | 991 |
| | 全面监督议案 | 147 | 426 | 402 | 516 | 835 | 1202 |
| 第12届<br>（1994～1996年） | 质询 | 9 | 19 | 37 | 16 | 52 | 54 |
| | 口头询问 | 26 | 97 | 88 | 71 | 105 | 169 |
| | 书面询问 | 169 | 429 | 352 | 656 | 1041 | 1610 |
| | 全面监督议案 | 204 | 545 | 477 | 743 | 1198 | 1833 |
| 第13届<br>（1996～2001年） | 质询 | 44 | 66 | 100 | 63 | 266 | 340 |
| | 口头询问 | 94 | 418 | 403 | 265 | 642 | 962 |
| | 书面询问 | 786 | 1359 | 1047 | 1999 | 3301 | 4608 |
| | 全面监督议案 | 924 | 1843 | 1550 | 2327 | 4209 | 5910 |

资料来源：意大利众议院。

38　**表2-7（a）**　　　　　　　**众议院监督议案数量的上升趋势**

| 立法机构 | 年份 | 监督议案数量 | 每年的监督议案次数 |
|---|---|---|---|
| 第7届 | 1976～1979 | 5724 | 1908 |
| 第8届 | 1979～1983 | 13844 | 3461 |
| 第9届 | 1983～1987 | 11845 | 2961 |
| 第10届 | 1987～1992 | 20980 | 4196 |
| 第11届 | 1992～1994 | 17927 | 8964 |
| 第12届 | 1994～1996 | 10929 | 5465 |
| 第13届 | 1996～2001 | 22557 | 4511 |

资料来源：意大利众议院。

表2－7（b）　　　　　参议院监督议案数量的上升趋势

| 立法机构 | 年份 | 监督议案数量 | 每年的监督议案次数 |
|---|---|---|---|
| 第7届 | 1976～1979 | 1663 | 554 |
| 第8届 | 1979～1983 | 3059 | 765 |
| 第9届 | 1983～1987 | 2847 | 712 |
| 第10届 | 1987～1992 | 5002 | 1000 |
| 第11届 | 1992～1994 | 3528 | 1764 |
| 第12届 | 1994～1996 | 5000 | 2500 |
| 第13届 | 1996～2001 | 16763 | 3353 |

资料来源：意大利众议院。

表2－8（a）　　　　来自众议院对预算部的质询处理情况（占N的百分比）

| 行动结果 | 第7届 | 第8届 | 第9届 | 第10届 | 第11届 | 第12届 | 第13届 |
|---|---|---|---|---|---|---|---|
| 由质询触发的监督程序被完成 | 63.6 | 32.7 | 25.0 | 18.5 | 2.8 | 21.4 | 64.7 |
| 质询被答复 | 45.4 | 27.6 | 25.0 | 14.8 | 0 | 19.2 | 64.7 |
| 质询被撤回 | 18.2 | 0 | 0 | 3.7 | 2.8 | 3.8 | 0 |
| 质询被转换 | 0 | 5.2 | 0 | 0 | 0 | 0 | 0 |
| N | 11 | 58 | 16 | 27 | 35 | 26 | 34 |

资料来源：意大利众议院。

表2－8（b）　　　　来自参议院对预算部的质询处理情况（占N的百分比）

| 行动结果 | 第7届 | 第8届 | 第9届 | 第10届 | 第11届 | 第12届 | 第13届 |
|---|---|---|---|---|---|---|---|
| 由质询触发的监督程序被完成 | 36.3 | 56.3 | 0 | 16.7 | 15.0 | 11.1 | 40.9 |
| 质询被答复 | 36.3 | 43.8 | 0 | 16.7 | 10.0 | 11.1 | 15.9 |
| 质询被撤回 | 0 | 0 | 0 | 0 | 0 | 0 | 4.5 |
| 质询被转换 | 0 | 12.5 | 0 | 0 | 5 | 0 | 20.5 |
| N | 11 | 16 | 5 | 12 | 20 | 9 | 44 |

资料来源：意大利众议院。

表2－9（a）    来自众议院向外交部质询的处理情况

（占 N 的百分数；N＝质询数量）

| 结果 | 第7届<br>（1976～1979 年） | 第11届<br>（1992～1994 年） | 第12届<br>（1994～1996 年） | 第13届<br>（1996～2001 年） | 第14届<br>（2001～2006 年） |
|---|---|---|---|---|---|
|  | 73.1 | 42.8 | 32.4 | 46.9 | 63.1 |
| 已完成 |  |  |  | 47.5[a] |  |
| 回答 | 43.9 | 41.9 | 29.4 | 44.5[a] |  |
| 撤回 | 24.4 | 0 | 1.5 | 0.5[a] |  |
| 转化 | 4.5 | 0.9 | 11.5 | 2.5[a] |  |
| N | 41 | 105 | 68 | 228；200[a] | 171 |

注：a. 虽然众议院明确表示，286 个质询中有 170 个已经完成，但只提供了本立法机构的前 200 个质询的详细资料。这 200 个质询中，有 95 个完成了程序：回答了 89 个质询（44.5%），1 个被撤回（0.5%），5 个（2.5%）被转换。

资料来源：意大利众议院。

40    表2－9（b）    来自参议院向外交部质询的处理情况

（占 N 的百分数；N＝质询数量）

| 结果 | 第7届<br>（1976～1979 年） | 第11届<br>（1992～1994 年） | 第12届<br>（1994～1996 年） | 第13届<br>（1996～2001 年） | 第14届<br>（2001～2006 年） | 第15届<br>（2006 年至今） |
|---|---|---|---|---|---|---|
| 已完成 | 33.3 | 18.4 | 40.5 | 35.0 | 34.9 | 40.6 |
| 回答 | 33.3 | 15.8 | 37.8 | 23.0 |  |  |
| 撤回 | 0 | 0 | 0 | 1.0 |  |  |
| 转化 |  | 2.6 | 2.7 | 11.0 |  |  |
| N | 6 | 38 | 37 | 100 | 86 | 32 * |

注：* 截至 2007 年 3 月 12 日。

资料来源：意大利众议院。

39    意大利议会的数据所提供的证据表明，民主受到监督潜力的影响，这两
个变量之间的关系不是虚假的或无关紧要的，监督过程的有效性不一定与所
40  进行的监督活动的数量有关，重点关注实际监督与民主之间的关系，并不一
定比研究民主与监督潜力之间的关系更有启示意义。虽然这些结论完全依赖
于意大利案例研究的数据，但它们提供了合理的理由来检验民主与监督潜力
之间的关系。

在确定了监督潜力（由监督工具的数量测度）对民主有好处后，本章的主要问题即"是否所有监督工具都同等有效"就得到了解答。

## 监督工具和民主：有效性证据

马菲奥（Maffio, 2002）认为，并不是所有的监督工具都同等强大。她指出，与正常的提问和质询相比，迫使政府迅速做出反应的监督工具，如在议会中立即回答的问题、在委员会中立即回答的问题以及即时回答的质询，是更强大的监督工具，因此需要相应地提高其权重。马菲奥没有提供太多证据支持她的观点。意大利众议院提供了一些证据，可以用来检验马菲奥关于紧急处理比正常情况有更大影响的观点是否正确。为了检验是否确实如此，本章测度了由问题和紧急问题引起的监督程序完成的百分比。数据见表 2 - 10。

表 2 - 10　　　　监督工具在第十四届立法会议中的有效性　　　　41

| 问题送交的部门 | 工具 | 响应时间 | 完成数 | 触发数 | 成功率（%，完成数/触发数） |
|---|---|---|---|---|---|
| 外交部 | 要在议会上口头回答的问题 | 正常 | 75 | 486 | 15.4 |
| | | 立即 | 48 | 48 | 100.0 |
| | 要在委员会上口头回答的问题 | 正常 | 146 | 274 | 53.3 |
| | | 立即 | 162 | 166 | 97.6 |
| 国防部 | 要在议会上口头回答的问题 | 正常 | 55 | 246 | 22.3 |
| | | 立即 | 43 | 43 | 100.0 |
| | 要在委员会上口头回答的问题 | 正常 | 108 | 240 | 45.0 |
| | | 立即 | 104 | 105 | 99.0 |
| 司法部 | 要在委员会上口头回答的问题 | 正常 | 91 | 382 | 23.8 |
| | | 立即 | 55 | 55 | 100.0 |
| | 要在委员会上口头回答的问题 | 正常 | 29 | 230 | 12.6 |
| | | 立即 | 56 | 61 | 91.8 |

资料来源：意大利众议院。

表 2 - 11 中的结果显示，无论是在委员会还是议会上，只要问题立即得

到回答，它们的成功率就远高于正常问题的成功率。所有提交给外交部、国防部和司法部的问题都将在议会上立即回答。当问题在委员会中立即做出口头答复时，其成功率为 91.8% ~ 99%。在议会上口头回答的正常问题的成功率为 15.4% ~ 23.8%，委员会正常问题的成功率为 12.6% ~ 53.3%。这一证据表明，马菲奥（Maffio，2002）关于立法监督的有效性取决于采用哪些工具的观点是正确的。证据还表明，监督工具的有效性程度可能有一些变化，因此有必要研究哪些工具最适合民主，或者研究各种监督工具对一个国家是民主国家的概率造成影响的方式。

表 2 – 11    监督工具和民主关系的 Logit 模型

| 监督工具 | Logit（自由民主） | | |
| --- | --- | --- | --- |
| | 模型 1 | 模型 2 | 模型 3 |
| 不变 | -4.704<br>(1.0) | -1.004<br>(0.148) | -0.288<br>(0.514) |
| 委员会听证 | 22.6<br>(0.999) | | |
| 听证会 | 0.775<br>(0.542) | | |
| 设立调查委员会 | -1.36<br>(0.417) | | |
| 询问时间 | 1.02<br>(0.335) | | |
| 质询 | 1.60<br>(0.061) | 0.891<br>(0.162) | |
| 监察 | 2.25<br>(0.008) | 1.27<br>(0.038) | 1.179<br>(0.027) |
| 询问 | 20.00<br>(1.0) | | |

资料来源：意大利众议院。

哪些监督工具对民主的影响最显著？哪些监督工具最有效？我们是否可以做出一些有依据的推测？马菲奥（Maffio，2002）将监督工具的有效性与它们要求政府快速响应的能力联系在一起。本章采取的研究方法略有不同。

关于监督的各种研究（Weller，2006）和财务审查（McGee，2002；Pelizzo，Stapenhurst，Sahgal & Woodley，2006）已经证明，这两种方法的成功取决于它们能够在何种程度上以无党派偏见的方式使用。

如果一个无党派偏见的监督工具被认为是其成功的关键决定因素，那么我们随后就可以得到假设：监察员是对民主具有最强影响力的监督工具。监察员实际上是议会专员，因此应该被视为立法监督的工具，就像审计长或审计办公室是立法监督的工具一样。但是，就像审计长一样，监察员是独立的。他或她收到公众对政府活动的投诉，评估这些投诉是否可以证实，如果可以的话，就报告。

鉴于监察员的选择和运作方式，其角色不同于那些实际上可以出于党派偏见目的而使用的监督工具。这是非常重要的，因为有党派偏见的使用破坏了监督工具的有效性。如果以有党派偏见的方式使用诸如议会提问等监督工具，那么这种工具的信誉和效力就会受到破坏。如果公众知道用监督工具来促进个人和/或党派利益的话，那么这些监督活动就像其他手段一样被视为政治手段。媒体不会十分关注这些监督活动，政府也不会被迫回答议会的问题（因此也不会对议会负责）。根据这个论点，我们可以提出一个假设：不代表党派偏见的监督工具是最有效的（例如监察员），而体现高度党派偏见的监督工具（例如议会问题）是最无效的。然而，这是真的吗？

为了回答这个问题，本章估计了监督工具对一个国家是自由民主国家的概率的影响。IPU – WBI 调查中包含的七个监督工具中的每一个都出现在以下模型中：

$$Logit(liberal\ democracy) = a + b1\ comhear + b2\ assemhear + b3\ inquiry + b4\ time$$
$$+ b5\ interpellations + b6\ ombudsman + b7\ questions$$

变量 comhear 意味着委员会听证的存在，变量 assemhear 是指全体会议 43 听证存在，变量 inquiry 是指议会形成调查委员会的能力，变量 time 是指立法询问时间，其余三个变量是指质询、监察以及议员提问的能力。结果如表 2 – 11 所示。除了监察员的系数显著为正外，所有的系数在统计上都不显著。该表还显示了第二个模型，其中除监察员（在统计上显著）和质询（在统计上几乎显著）外，所有变量都被删除。模型 2 的结果表明，监察是自由民主的唯一重要预测因素。为了检查是否确实如此，我们使用了第三种模式，其中 Logit（自由民主）是监察员工具存在的函数。

第三个计量模型的结果表明，监察员的存在对自由民主具有显著的影响。但这种监督工具的存在如何影响一个国家是自由民主国家的概率呢？为了回答这个问题，我们需要求解下列回归方程：

Logit（自由民主）= −0. 288 +1. 179 监察员

当没有监察员时，Logit 值就是：

Logit（liberal democracy）= −0. 288 +1. 179(0) = −0. 288 +0 = −0. 288

在这种情况下，一个国家是自由民主国家的概率是：

$$\frac{e^{-0.288}}{1 + e^{-0.288}} = 44.3\%$$

当监察员存在时，Logit 值是：

Logit(liberal democracy) = −0. 288 +1. 179(1) = −0. 288 +1. 179 =0. 891

在这种情况下，一个国家是自由民主国家的概率是：

$$\frac{e^{-0.891}}{1 + e^{-0.891}} = 70.9\%$$

这意味着，当监察员是议会可使用的监督工具之一时，一个国家是自由民主国家的概率提高了 26.6% 。

## 结论

本章的目的是增进对民主与监督关系的理解。本章显示，无论使用哪些
44 数据和统计分析来评估民主与监督之间的关系，结果是民主总是与监督潜力有关。基于这个证据，可以得出结论，民主和监督的潜力是相关的。

此外，本章认为，影响民主的因素是立法机构的监督潜力，而不是实际的监督。利用意大利议会的案例研究数据，本章显示，监督活动的有效性与监督活动的数量逆相关。立法机构产生的监督行为越多，监督的效力就越低。问题是双重的。首先，当一个立法机构把注意力分散在太多的问题上时，就不会像专注于较少数量问题那样集中，而缺乏专注会对监督行为的有效性产生不利影响。其次，当立法委员提出过多关于政府的问题时，会适得其反，令政府更容易以许多问题模棱两可为借口驳回这些立法质询。为了避免这两个问题，立法者们会把注意力集中在具体问题上，并选择最佳时间和

方式对政府进行监督。要做到这一点，立法者需要监督工具，或者说是监督的潜力（Pelizzo & Stapenhurst，2006）。鉴于监督潜力在保持政府责任方面的重要性，研究监督工具或潜力与民主之间的关系是值得的。

在佩利佐和斯塔彭赫斯特（Pelizzo & Stapenhurst，2006）讨论的基础上，本章检验了哪些监督工具对民主最重要。最终的结论是，一个国家的自由民主状态受立法机构是否可以举行委员会听证、议员是否可以提出关于政府的问题的影响也不大。正如意大利的数据所示，如果有人认为问题没有得到解决，那么这一结果也并不奇怪（除了紧急问题之外）。因此，议员是否有这个监督工具与令政府负责和维持国家自由民主并无关联。然而，数据分析表明，虽然质询对一个国家的自由民主状况有一定的影响，但是与国家自由民主状况有着密切关系的唯一监督工具就是监察员。事实上，将监察员制度化的国家比没有监察员的国家自由民主的概率要高出 26.6%。

本章认为，监察员对民主（更准确地说是自由民主）如此重要的原因是，监察员提供了横向问责机制，即自由民主制度既需要自由也需要民主。监察员办公室是一个更有效的监督工具，因为与其他监督工具（如议会问题）不同，它不代表党派利益，它不会遭遇任何可信性和合法性的问题，45 它可以利用其合法性，以有效的方式开展活动——这就是为什么与其他任何一种监督工具相比，一个国家是自由民主国家的概率受到存在监察员的影响更大。

鉴于这一分析所采用的数据的性质，这些发现并不是民主与监督之间关系的最终结论。虽然意大利的案例研究数据是一个很好的开始，但我们可以收集更多国家更好的数据，并且可以进行更复杂的分析。话虽如此，研究发现确实揭示出了一种关系，这种关系非常重要，却被忽视了，值得比较宪政设计者和实践者更多的关注（Sartori，1994a，1994b）。这些发现可能会使宪法学者和起草者想起麦迪逊的教训，即："构建一个政府时，要明确哪些由人管理，哪些被人管，最大的困难在于：你必须首先确保政府控制着被统治者，第二步迫使它自我控制。"这就是为什么监督的潜力对于民主政府来说如此重要。

**注释**

1. 当国家名义上拥有民主制度时，就称其为形式民主国家。真正的民主国家是指定期进行自由公平的选举，拥有普选权、横向和纵向问责制、保护个人权利和自由的国家。拥有这些特征的制度被定义为自由民主制（Diamond，1999）。

2. 然而，洛克曼（Rockman，1984）、奥古尔和洛克曼（Ogul & Rockman，1990）指出，定义监督的方式多种多样，对监督的定义有极其简单的，也有包罗万象的。

3. 虽然高度的党派偏见和激烈的反对可能有助于更有效的监督，但对公共账目委员会的研究却反而认为，各党派委员之间的合作对促进对公共账目的有效监督至关重要（McGee，2002）。威勒（Weller，2005，316）也提出了一个类似的观点，他指出，"如果真的如此，那么委员会将主要在不存在党派利益的领域有效，如军纪系统中"。

4. 见本书第1章的附件。

5. 佩利佐和斯塔彭赫斯特（Pelizzo & Stapenhurst，2006）利用了国际议会联盟（IPU）在世界银行研究所（WBI）的行政立法关系调查中收集的数据。调查问卷被送往世界各地的180个议会，其83个给予了答复（82个国家议会加上欧洲议会，鉴于欧洲议会的超国家性质，它被排除在进一步分析之外），答复率为46%。在分析民主与监督之间的关系时，IPU‑WBI使用了提供完整信息的47个议会的数据。本章后面显示这种方法选择不会影响研究结果的性质。事实上，无论采用哪一个样本——佩利佐和斯塔彭赫斯特（Pelizzo & Stapenhurst，2006）使用的47国样本，或者完整的82国样本——调查结果表明，根据监督工具数量计算的监督潜力是一个国家是否民主的强有力的预测指标。

6. 李帕特（Lijphart，1999）提出，加斯蒂尔指数得分可以作为民主质量的代理变量。

7. 自由民主国家是形式民主国家的子样本。因此，形式民主国家的样本包括所有自由的国家和所有没有自由民主的形式民主国家。

8. 众议院议事规程第135条称，议会问题具有"紧迫性"。众议院议事规程第138条之二规定："为了各自的利益，各议会党团的主席或至少拥有30名议员的团体可以要求紧急质询。"

9. 在提出质询的议会成员放弃采取进一步行动之后，在对某一特定议题进行了质询之后，或在质询的答复被推迟之后，可以立即提供答复。

## 参考文献

Damgaard, Erik. 2000. "Representation, Delegation and Parliamentary Control." Paper prepared for the workshop on "Parliamentary Control of the Executive," European Consortium on Political Research Joint Sessions of Workshops, Copenhagen, April 14 – 19.

Diamond, Larry. 1999. *Developing Democracy*. Baltimore: Johns Hopkins University Press.

Diamond, Larry, and Leonardo Morlino. 2004. "An Overview." *Journal of Democracy* 15 (4): 20 – 31.

Frantzich, Steven E. 1979. "Computerized Information Technology in the U. S. House of Representatives." *Legislative Studies Quarterly* 4 (2): 255 – 280.

Huntington, Samuel. 1991. The Third Wave: London: University of Oklahoma Press. Jewell, Malcolm E. 1978. "Legislative Studies in Western Democracies: A Comparative Analysis." *Legislative Studies Quarterly* 3 (4): 537 – 554.

Lijphart, Arend. 1999. Patterns of Democracy. New Haven, CT: Yale University Press. Linz, Juan J. 1994. "Presidential or Parliamentary: Does It Make a Difference?" In *The Failure of Presidential Democracy*, eds. J. J. Linz and A. Valenzuela, 3 – 91. Baltimore: Johns Hopkins University Press.

Loewenberg, Gerard, and Samuel C. Patterson. 1979. *Comparing Legislatures*. Boston: Little, Brown & Co.

Maffio, Roberta. 2002. "Quis custodiet ipsos custodes? Il controllo parlamentare dell' attivitá di governo in prospettiva comparata." *Quaderni di Scienza Politica* 9 (2): 333 – 383.

Maor, Moshe. 1999. "Electoral Competition and the Oversight Game: A Transaction Cost Approach and the Norwegian Experience." *European Journal of Political Research* 35: 371 – 388.

McCubbins, Matthew, and Thomas Schwartz. 1984. "Congressional Oversight Overlooked: Police Patrols versus Fire Alarms." *American Journal of Political Science* 28 (1): 165 –179.

McGee, David G. 2002. *The Overseers. Public Accounts Committees and Public Spending*, London: Commonwealth Parliamentary Association, with Pluto Press.

O'Donnell, Guillermo. 1998. "Horizontal Accountability in New Democracies." *Journal of Democracy* 9 (3): 112 –126.

47　Ogul, Morris S. , and Bert Rockman. 1990. "Overseeing Oversight: New Departures and Old Problems." *Legislative Studies Quarterly* 15 (1): 5 –24.

Olson, David M. , and Michael L. Mezey, eds. 1991. *Legislatures in the Policy Process: The Dilemmas of Economic Policy.* Cambridge, UK: Cambridge University Press.

Pasquino, Gianfranco, and Riccardo Pelizzo. 2006. *Parlamenti Democratici.* Bologna: Il Mulino.

Pelizzo, Riccardo, and Rick Stapenhurst. 2004a. "Legislatures and Oversight: A Note." *Quaderni di Scienza Politica* 11 (1): 175 –188.

———. 2004b. "Tools for Legislative Oversight. An Empirical Investigation." Policy Research Working Paper No. 3388, World Bank, Washington, DC.

———. 2006. "Democracy and Oversight." Paper presented at the 102nd Annual Meeting of the American Political Science Association, Philadelphia, August 31 – September 3.

Pelizzo, Riccardo, Stapenhurst, Rick, Sahgal, Vinod and William Woodley. 2006. "What makes public accounts committees work?" *Politics and Policy*, vol. 34, n. 4, pp. 774 –793.

Pennings, Paul. 2000. "Parliamentary Control of the Executive in 47 Democracies." Paper prepared for the workshop on "Parliamentary Control of the Executive." ECPR Joint Sessions of Workshops, Copenhagen, April 14 –19.

Rockman, Bert A. 1984. "Legislative – Executive Relations and Legislative

Oversight. " Legislative Studies Quarterly 9 (3): 387 –440.

Sartori, Giovanni. 1987. *Elementi di teoria politica.* Bologna: Il Mulino.

———. 1994a. "Neither Presidentialism nor Parliamentarism. " *The Failure of Presidential Democracy*, eds. J. J. Linz, and A. Valenzuela, 106 – 118. Baltimore: Johns Hopkins University Press.

———. 1994b. *Comparative Constitutional Engineering.* New York: New York University.

Schmitter, Philippe. 2004. "The Ambiguous Virtues of Accountability. " *Journal of Democracy* 15 (4): 47 –60.

Smulovitz, Carolina, and Enrique Peruzzotti. 2000. "Societal Accountability in Latin America. " *Journal of Democracy* 11 (4): 147 –158.

Weller, Patrick. 2005. "Parliamentary Accountability for Non – Statutory Executive Power: Impossible Dream or Realistic Aspiration?" *Public Law Review* 16 (4): 316 –324.

———. 2006. "The Australian Senate: House of Review. Obstruction or Rubber Stamp?" *Social Alternatives* 25 (3): 13 –18.

Wiberg, Matti. 1995. "Parliamentary questioning: control by communication" in Herbert Doering, *Parliaments and Majority Rule in Western Europe*, Frankfurt, Campus Verlag, 1995, pp. 179 –222.

World Bank. 2002. World Development Indicators. Washington, DC: World Bank.

# 第二部分　监督与预算程序

# 第 3 章
# 立法机构与预算

里克·斯塔彭赫斯特

（Rick Stapenhurst）

在大多数国家，立法机构在宪法上是由政府对选民负责的机构。在这个 角色中，立法机构可以采用几种方式：对包括部长在内的高级政府官员提出质询；审查和确认行政任命；弹劾和剥夺政府的权力；设置质询时期；建立立法委员会；组成调查委员会。

任何一个立法机构可行的问责机制都取决于宪法规定的立法机构所拥有的具体权力、政府各部门之间的制度安排，以及国家、区域和地方政府之间的权力分配（Dubrow，1999）。在议会制度（议会）的立法机构中，委员会听证、全体会议听证和调查委员会更为常见，而总统制下更多使用调查委员会（Pelizzo & Stapenhurst，2004a）。

立法监督比预算程序中的监督更重要。大多数国家立法机构的作用是审查和授权财政收支，以确保国家预算得到恰当执行。治理对民众福利的影响取决于税收水平、支出模式、政策对投资和利率的影响，以及国内优先事项和选择何种与国际经济金融趋势相互影响的方式。

立法作为"钱袋子的权力"（power of the purse）的功能演进可以追溯到中世纪时期，当时英国的骑士和自由民被召集起来对当地社区提高额外税费的议案进行确认。[1]到 14 世纪初，英国议会已开始使用其权力，将资金供应的投票以君主对议会提出的公开请愿书的接受和纠正为条件。[2]这个过程 在 1341 年得到确认。当时，国王爱德华三世同意，未经议会同意，公民不应被"指控或悲伤地提供共同援助或维持费用"（White，1908）。

与此同时，英国议会开始对如何收取和花费钱款感兴趣。早在 1340 年，由议会指定的专员对税收员的账目进行审计，如果公职人员工作懈怠，下议院将对其进行弹劾，上议院则将审理案件（Norton，1993）。

英国议会的"钱袋子权力"逐渐演变并且在 16 世纪得到特别加强，当时，都铎王朝的君主们需要议会支持和投票，为各种政治和宗教斗争投入资金。例如，国王亨利八世加强了议会在政策制定方面的地位，以换取其支持其与罗马的战争（Norton，1993）。

从那以后，作为代表公民扩大民主力量的手段，世界各地的立法机构开始行使"钱袋子权力"的功能。然而，立法参与的性质和效果有很大差异。一些立法机构有效地制定预算，而其他立法机构则倾向于批准执行预算提案而不加丝毫改变。在一些立法机构中，大部分的辩论是在全体会议上进行的，就是在两院内进行。在其他地方，重点是在委员会审查。一些立法机构会选择一些委员会的预算进行详细审查，而另一些立法机构则建立了专业的预算（或财务）委员会监督这一进程。然而，最终批准"预算法案"的投票在众议院进行（Wehner & Byanyima，2004）。正是立法机构对预算批准的过程将法治带入预算程序。

将总体预算制度概念化为一个持续的、整合的预算周期过程（budget cycle process）并且立法机构在周期的不同阶段发挥关键作用是有用的。这个周期涉及构成一个国家治理体系的许多机构，其中包括行政、公共服务、公民社会和立法机构等。预算程序的某些方面主要是行政和公共服务的责任，如政府会计、管理报告和内部审计（如图 3 - 1 所示）。但是，为了使总体预算周期能够以透明、开放、负责任的方式在国民经济中运行，周期之外的各种职能，如预算规划、收支分配、财务报告、外部审计和评估以及公众问责制等，应该与公民社会团体、企业和广大公众进行有效互动。正是在这些预算周期之外的职能中，立法机构可以发挥关键作用（Langdon，1999）。在预算规划和支出分配（事前）以及预算程序的财务报告、外部审计和评估（事后）阶段中考虑立法机构的作用是有用的。

53

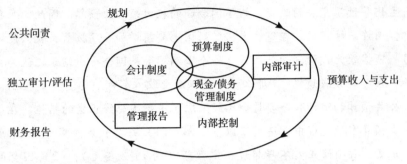

公共问责

独立审计/评估

财务报告

规划

会计制度

预算制度

现金/债务
管理制度

内部审计

管理报告

内部控制

预算收入与支出

**图 3 - 1 行政—立法关系的核心：预算程序**

资料来源：WBI and Parliamentary Centre，1999.

## 立法机构和事前预算

虽然各国的立法机构都有考虑国家预算和授权政府提高收支的法定权力，但这种权力的实际行使有很大差异。例如，希克（Schick，2002）指出，从长期来看，工业化国家的立法机构对预算政策的影响是下降的，这是由于国家和地方政府支出（以及收入，但程度较低）权力下放以及国家拨款支出和偿债能力扩大所产生的组合效应。这个预算下降效应在英国也许是最明显的。长期以来，英国议会已经停止干预行政当局提出的预算措施（Davey，2000）。

另外还有一种混合的趋势，经济合作与发展组织（OECD）中的一些国家的立法机构正在努力在预算程序中重新发挥更积极的作用。例如，法国国民议会最近开始进行广泛的预算改革，包括重新分类预算，以支持议会监督和扩大修改支出的权力（Chabert，2001）。

在发展中国家和转型国家也有立法预算激进主义倾向，反映了民主化进程以及开放立法参与改变以前封闭的预算制度的可能性。例如，从历史上看，巴西国会在预算程序中没有发挥重要作用，现在，宪法的变化使得国会有权修改预算（见专栏 3.1）。非洲也发生了变化：南非和乌干达已经通过了财政管理法案或预算法案，使得立法机构在预算编制和审批过程中拥有了更大的影响力。

**专栏 3.1 巴西国会和预算程序**

54

历史上，巴西国会在预算程序中没有发挥重要作用，但 20 世纪 80 年代的民主化导致了宪法的改变，给了国会新的权力来修改预算。因此，每年国会都提出许多修正案。在宪法上，巴西国会要想增加一项拨款，就只能以减少另一项拨款为代价。但是，存在一个漏洞，如果国会得出结论，认为行政机关存在"错误或遗漏"，那么它就可以改变收入数字。为了有效控制，计划、公共预算和审计联合委员会已经采取了限制国会修正案的措施。在最近的一次预算审批过程中，适用了以下限制：（1）每个代表最多提交 20 项个人修正案，每项修正案不得超过一定数额（约 75 万美元）；（2）国会两院中的每个部门委员会最多提交 5 项修正案，没有金额限制；（3）由每个州选出的 2/3 的代表提出的 15~20 项修正案，没有金额限制。

资料来源：布劳代尔、葛莱蒂和克里斯滕森（Blöndal，Goretti & Kristensen，2003）。

54　　即使立法机构在修改预算方面的正式作用不大或根本就没有作用，但这也并不一定意味着它不能影响预算。例如，加纳的财政委员会在影响预算程序方面取得了一些成功，特别是要求预算部门与财政部部长进行预算前磋商，以及要求财政部部长就预算执行情况向公共账目委员会（PAC）进行季度报告。一项巨大的成功是议会对引入增值税产生的影响（见专栏 3.2）。

55　**专栏 3.2　加纳议会与增值税的引入**

1995 年，加纳政府引入了增值税，以弥补当时消费税的不足，提高政府的收入能力。但广泛的内乱造成数人死亡，并且强化了人们在政治上反对这种税收，议会废除了增值税。

随后，国家经济论坛表示，人们对增值税倡议达成了广泛一致，但同时也表明这种税收可能会出现实施问题。也许更重要的是，议会中的反对党愈加认为，解决加纳长期预算赤字问题的方案不是引入新的收入措施，而是控制和削减支出。

尽管政府持反对意见，但议会还是就新的增值税提案举行了公开听证会，结果是公众广泛支持以较低的税率（10%，以前为 17.5%）和更宽泛的税基征收增值税，排除了某些基本货物，如未经加工的食品、药物和医疗服务。经修订的增值税由议会于 1998 年 12 月批准。

2000 年，议会投票决定将增值税率提高至 12.5%，增加的资金用于教育部自主运作的新的普通教育信托基金，以保证新的收入用于教育。

资料来源：巴坎、艾德莫莱昆和周（Barkan, Adamolekun & Zhou, 2003）；查普曼（Chapman, 2001）；兰登（Langdon, 1999）。

事前预算程序中的立法激进主义可能会对国际货币基金组织（IMF）54 和世界银行等组织造成困扰。冯·哈根（von Hagen, 1992）代表了许多经济学家和一个富有影响的研究机构的观点，他指出立法激进主义可能会削弱财政纪律。韦纳（Wehner, 2004）持反对意见，他指出立法机构不是超支的唯一来源，立法机构在某些情况下可以控制不负责任的政府支出。[3] 韦纳还认为，即使在预算制定中更强的立法激进主义的确会导致某种财政状况恶化，但为了获得民众对预算更大的投入和取得全民共识，这种代价是值得的。

通常情况下，立法机构可以征求公众对国家预算审议的意见，从而有助于形成平衡的意见和观点，并提供一个比以往更广泛的协商一致的平台。立法机构可以成为商业团体、学术界、民间社会组织、政策团体预算程序的切入点，并且很多机构都积极征求来自民间社会的意见（Wehner, 2004）。

在南非，妇女预算倡议由议会财政委员会和两个非政府组织设立。这种 55 伙伴关系使议员能够利用民间社团的研究技能，并使非政府组织直接接触决策者。结果是预算编制对性别更加敏感（Budlender, 1996）。

但是，如果总的说来立法参与事前预算程序是可取的，那么为什么还有这么多的立法机构仍然只发挥微弱的作用？韦纳（Wehner, 2004）描述了五个解释变量。

第一，国家本身的宪法性质会产生影响，总统制下的立法机构在预算制定和审议中往往比在议会制或半总统制下发挥更重要的作用。议会制鼓励以合议的方式处理行政和立法之间的关系，因为前者的存在直接取决于立法机关的多数支持。议会不批准预算的投票相当于是对政府的不信任投票，而在威斯敏斯特式议会中，这可能会导致行政官员辞职。相比之下，在总统制下，权力分立可能导致行政与立法机构之间的冲突。这一威胁在涉及预算问题时更加严重，如在尼日利亚。

第二，在预算程序中，立法机构只发挥很小的作用的原因是，在许多半 56 总统制和非英联邦议会体系中，立法机构有权修改预算。表 3-1 显示，议会联盟调查的 83 个立法机构中超过 1/3 有权修改预算。

表 3 – 1　　　　　　　　　　　　立法机构修改预算的权力

| 权利 | 国家数量 |
|---|---|
| 有无限的权力修改预算 | 32 |
| 只能减少现有项目 | 17 |
| 可以减少支出，但只有在政府许可的条件下才能增加支出 | 4 |
| 可以增加支出，但增加的支出必须与其他项目减少的支出平衡 | 13 |
| 权利未指定 | 15 |
| 总计 | 81 |

资料来源：改编自 IPU（1986，表 38A），引自韦纳（Wehner，2004）。

第三，一些研究人员（Leston – Bandeira，1999；Young，1999）强调，预算编制发生在更广泛的政治背景下，最终受到政治参与者的权力关系约束。因此，立法机构实际拥有的而不是法定的影响力的大小取决于政党中的政治多数派。如果立法机关由几个政党组成，没有一个政党占据绝对多数，或者如果政党纪律薄弱，行政当局将不得不组成一个广泛的支持预算的联盟，同时增加立法机构在预算中的潜在影响力（加纳也许是一个很好的例子，其在议会中占 25 席）。相比之下，在强大或占优势的执政党以及政党纪律较强的地方，立法机构影响预算的能力就会较弱。此外，一些立法机构的非正式核心小组，如妇女组织或环境团体，可以对立法包括预算立法产生影响（Leston – Bandeira，1999；von Hagen，1992，quoted in Wehner & Byanyima，2004；Young，1999）。

第四个变量是立法机构预算研究能力可使立法机关对预算编制做出更明智的贡献。这样的例子包括：菲律宾国会规划和预算办公室，员工人数为 50 人；新成立的乌干达议会预算办公室，配备 27 位经济学家；赞比亚、纳米比亚和斯里兰卡的议会则没有专门的预算研究人员。波兰的类似案例参见专栏 3.3。此外，佩利佐和斯塔彭赫斯特（Pelizzo & Stapenhurst，2004b）还指出了一个相关因素：信息获取。立法者如果要对预算编制做出有意义的贡献，就需要准确及时的信息。

第五，韦纳（Wehner，2004）指出，专门预算委员会的存在对于立法 57 机构在预算编制过程中发挥的作用具有重要影响，在这些委员会中可以进行深入的和技术性的讨论，能够得到足够多的工作人员和有关资源的支持，并拥有充足的审议时间。近年来，印度、乌干达和赞比亚等国家成立了专门的委员会来审议预算问题。

### 专栏 3.3　波兰议会的预算研究办公室

多年来，波兰议会一直缺乏实权，但 20 世纪 80 年代末和 90 年代初的民主变革带来了这样一个信念：议会应该对预算产生更大的影响。1991 年，波兰成立了一个小型预算研究办公室，有 6 名员工。尽管有许多启动困难（研究人员以前没有人在议会从事过管理工作，议会委员会工作人员和研究机构之间早期的对抗，绝大多数议员都是新人，不熟悉预算程序），但是预算研究办公室的地位仍然逐渐提高。到 1995 年，工作人员从 6 名增加到 12 名，与一所大学开始正式合作（4 位学者根据合同提供分析服务），同时负责议会委员会工作人员工作的协调。

因此，预算研究办公室有能力对政府的预算进行深入分析，现在每年能够完成 300 多项分析，议会在 2000 年提出了约 700 项预算修正案，2001 年提出了 350 项。

资料来源：斯塔斯基维茨（Staskiewicz, 2002）。

## 立法机构和事后预算

如果在预算周期的事前阶段围绕立法激进主义的可取性存在争议，那么在事后阶段争议就少了许多。执行预算后，政府账目和财务报表由"最高审计机关"审计，如审计长（英联邦国家）或最高审计法院（法语国家）。在大多数国家，紧随这一审计的是由立法机构审议审计结果，其中可能包括"物有所值"（value for money）和绩效审计以及财务或合规审计。如果立法机构在预算周期中的作用是有效的，那么基于审计结果的立法建议将在未来的预算中得到反映，从而可以不断改进公共财政责任。

最近的研究（Pelizzo & Stapenhurst, 2004a）表明，政府对公共账目的报告和立法监督在议会和半总统制下比在总统制下更为常见；即使如此，在总统制下，84% 的立法机构分析了政府的财务报告。

立法机构和审计机构之间互动的确切性质部分取决于最高审计机关的模 58

式及其报告结构。在大多数英联邦国家，审计长是议会监督的核心要素，他直接向议会和一个专门委员会——公共账目委员会（PAC）报告。该委员会审查审计结果，审议来自政府部门的证人、证词，并将其报告提交给全体议会成员供其决策。在某些情况下，审计长是议会的一员。在委员会体系中，审计委员会编写并向行政机关发送年度报告，然后提交给立法机构，而在审计法院体系中，法院可以将审计报告转交给立法机构的财务委员会。委员会也可以要求进行专项审计（Stapenhurst & Titsworth，2001）。

PAC 的结构和功能可追溯到威廉·格拉斯通（William Gladstone）发起的改革，19 世纪中叶时，他是财政大臣。在很多议会制政府中，公共账目委员会被视为财务审查立法的顶峰，并被称为提升政府财政运行透明度的关键机制，几乎所有英联邦国家和许多非英联邦国家都成立了这一委员会（见图 3-2）。

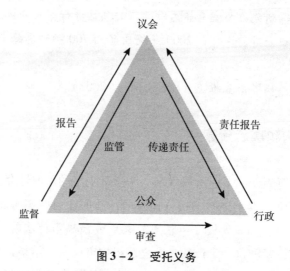

图 3-2  受托义务

资料来源：斯塔彭赫斯特、伍德利和佩利佐（Stapenhurst，Woodley & Pelizzo，2005）.

不同国家影响 PAC 运行的规则和做法差异很大。PAC 的大部分工作重点是审计长的报告——实际上，PAC 是审计长的主要客户。PAC 与审计长之间保持良好关系时，财务监督规模更大：PAC 需要及时、高质量的审计，审计长需要有效的 PAC，以确保政府认真对待审计结果。

英联邦议会协会（Commonwealth Parliamentary Association，PCA）最近

的一项调查（McGee，2002）显示，通过扩大信息获取，有几种做法可以提高财政透明度（见专栏3.4）。超过4/5的英联邦公共账目委员会免费向公众提供其报告，一半以上委员会使其报告在议会议事厅进行辩论。在许多国家，政府必须对 PAC 报告做出正式答复，通常是以财政部（或行政机构）备忘录方式进行。此外，在一半以上的英联邦国家，PAC 会议向公众和媒体开放。

**专栏3.4　通过扩大信息获取来提高财政透明度**

2000年英联邦议会协会和世界银行研究所（WBI）在英联邦范围内进行的一项调查显示，有87%的 PAC 向公众发布了报告，其中57%的 PAC 表示它们的报告在议会中进行了辩论（通常伴随公众访问和媒体报道）。进一步提高透明度的承诺体现在55%的 PAC 向公众和媒体开放听证会。

虽然有人认为，PAC 内部达成政治共识的需要要求听证会秘密进行，但似乎有一种普遍的趋势是向公众和媒体开放听证会。事实上，一些议会在 PAC 开始公开听证会时，对政府的回应有明显的改善。尽管举行公开听证会有优点也有缺点，但没有一个委员会撤销其公开举行听证会的决定，这可能是有启发意义的。正如麦吉指出，"PAC 的工作是通过议会为公共利益而进行的，因此，公众尽可能多地了解［其工作］而不会干扰其有效的表现是恰当的"（第73页）。

资料来源：麦吉（McGee，2002）。

基于 CPA‐WBI 调查，斯塔彭赫斯特等（Stapenhurst et al.，2005）试图找出影响 PAC 效能的潜在成功因素。这些因素包括广泛的范围和授权，从而使委员会有更大的潜力来阻止浪费和不法行为；有权在没有政府指导或建议的情况下选择检查对象；有权进行有效的分析、公布结论，并采取有效的追踪程序；获得来自审计长和专门议会研究人员的坚定支持。

同时，制约 PAC 功能有效性的因素也已确定（Stapenhurst et al.，2005）。这些制约因素包括高度党派氛围，极端情况是行政机关可能对有效投诉的任何批评不予理睬或采取行动；政府不喜欢立法监督，在某些情况下，它缺乏解决立法机构固有缺点的兴趣；缺乏媒体和公众参与；行政和立法机构的道德文化薄弱，导致公众对政客的不信任。

有效 PAC 的例子很多。在乌干达，PAC 通过向法院移交更多的财务违规案例及其嫌疑人员，增加了其激进主义取向；在南非，PAC 和媒体使"国防预算丑闻"得以曝光，要求行政部门采取补救行动；而在加纳，PAC 能够采取措施加强当地学校当局的财务管理（Langdon，1999）。许多非英联邦国家已经建立了类似于 PAC 的委员会，在一些立法机构中，负责审查预算的委员会也负责审议审计报告。[4]

随着公共财政审计的复杂性日益增加，许多 PAC（或在非英联邦国家中类似的委员会）已经创建了审查特定主题领域的小组委员会，如教育或卫生。此外，PAC 与负责监察具体政府政策的部门或部门委员会之间往往形成密切的关系。

许多国家存在的一个弱点是，尽管立法机构内部进行了辩论并向行政部门报告，但政府却未能解决提出的问题或执行委员会的建议。为了克服这个问题，各国采取了不同的后续程序。例如，在加拿大，政府部门有机会在审计长报告中列入一个关于落实执行意向的意见，随后几年的报告将对各部门宣布的执行意向所采取的行动进行审查。相比之下，在德国，审计机构制定了定期跟踪报告，披露每项建议的执行情况。在其他国家，立法机构可能要求临时报告（委员会可以通过相关的官方文件的形式进行定期审议），以确保政府及时采取补救措施（Wehner & Byanyima，2004）。

与预算事前的立法参与一样，立法机构可能会在对政府开支的事后审查中寻求公众的意见，许多 PAC 除了依赖审计长的意见外，还要有证人。此外，公民社会也可以发挥支持作用。韦纳和拜安伊玛（Wehner & Byanyima，2004）注意到了南非独特的创新，公共部门问责监察机构（Public Sector Accountability Monitor，PSAM）是一个民间社团，它跟踪有关政府部门报告的腐败和不当行为的案例。获得所有相关细节后，PSAM 向相关部门负责人发送传真；一个月后通过电话进行后续联系，并且在互联网上以文本和音频格式提供回复记录。另一种办法是在向议会和委员会提交审计长的报告之前，可以在外部审计阶段寻求公民社会团体的意见。例如，在哥伦比亚，审计长的计划包括公开论坛和听证会，公民可以在上面进行投诉，也可以形成公众对审计长工作的反馈意见。一个特别的创新项目是建立"公民监督委员会"，以监督具有深远影响的项目并向审计长报告（Krafchik，2003）。

61

## 结论

　　立法机构已经并且仍在使用宪法授予的权力来监督预算的制定和实施。立法机构在履行这些职能时，面临的挑战就是要确保它们对国家的影响力，而不是考虑党派的优先事项（并允许来自更广泛的公民社团的意见），并维持财政纪律。事实上，希克（Schick，2002）指出，立法机构不应该是公共财政的控制者，而应该促进财政纪律，改善公共资金配置，并且更有效地激励公共机构管理财政事务。要做到这一点，政府有必要加强其处理预算问题的立法能力。

　　此外，为立法机构提供足够的资源包括加强"货币委员会"（如财政、预算、公共账目委员会）、安排专门的研究人员、提高国家审计能力、鼓励公众参与预算周期的各个阶段。在过去十多年中，包括双边援助者、跨国组织和国际金融机构在内的许多机构都协助立法机构进行财务监督。这种援助的范围从提供办公地点和其他设备、信息和培训，到帮助建立立法预算和加强委员会。然而，结果仍是模糊不清的。卡罗瑟斯（Carothers，1999）指出，在民主援助方面，对立法机构的支持项目往往缺乏目标。为什么是这样？可以从 20 世纪 90 年代学到什么教训来帮助立法机构和多边机构在今后设计这样的项目？

　　卡罗瑟斯指出，"……援助提供者缺乏关于他们所重塑机构的政治和个人动态的了解"是一个常见的缺陷，"对某些国家的立法机构的掌权者的改革缺乏兴趣"（Carothers，1999：183）。梅西克（Messick，2002）重申了这一事实，他强调需要对立法机构运作的政治环境进行彻底的分析。

　　显然，政治意愿是加强立法的先决条件。在玻利维亚，1995 年由多个党派建立的立法现代化委员会（Committee for Legislative Modernization）掌握了改革进程，并作为识别问题、制定优先事项和提出未来发展方向的内部基地。尽管党派间争吵不断，但到 1999 年，委员会在三次全国选举和三次执政党改变中幸存下来，并在一半下议院议员直选并要求国会委员会进行公开听证的宪法与规则改革中充当了先锋。哥伦比亚和尼加拉瓜也建立了类似的机制，并分别取得了成功。在乌干达，根据一位下院议员的提案设立了一个独立的议会委员会，即一个监督国民大会管理和现代化的联合议会执行委员会。委员会的职能包括为议会创建一个永久的、独立的无党派机构，并协调62 对议会的援助支持（USAID，2000）。相比之下，在尼泊尔，议长在立法改革中发挥了重要作用，但他的继任者对该计划表现出较少的兴趣（Lippman & Emmert，1997）。在支持预算监督职能的情况下，尼泊尔的例子意味着货币委员会主席以及议会领导层需要全面支持能力建设工作。

此外，立法强化工作应被视为相关治理改善措施的补充。引用卡罗瑟斯（Carothers，1999）的一段话：

将立法机构视为通过修复内部机制所固化的独立实体不太可能走得很远。相反，将其视为可以帮助社会培养制定维护公民利益的法律则更为有用。[这意味着]与立法机构以外的许多人和团体合作，包括政党、公民团体、媒体、行政部门的官员、法学家和其他人（原文188页）。

至于货币委员会，采用互补的方法意味着要将改革活动与更广泛的加强政府责任、强化公共财政监督的努力结合在一起。这也意味着要确保培训活63 动涵盖来自其他利益相关者组织的参与者，如财政部、审计署以及公民社会代表。

62    **专栏 3.5    分析政治背景**

利普曼和埃默特（Lippman & Emmert，1997）建议使用类型学来分析立法机构运作的政治背景。

类型一：没有民主立法机构（民主前国家、失败的国家，或"橡皮图章"立法机构）——最多只能预期有限的成功。

类型二：刚刚发生决定性的民主事件——如在20世纪90年代初期建立民主制度或对宪法进行修订的东欧和独立国家联合体（CIS）国家——通常时机是关键，事件的性质和程度可能会决定援助的类型。

类型三：羽翼未丰的民主立法机构——帮助立法机构确定其基本角色和职能可能是有帮助的。

类型四：已建立的民主立法机构——在这里，将重点放在帮助立法机构变得更加负责、透明、响应更快上可能是最有效的。

分析立法机构与政府、政党和公民社会其他部门的关系也很重要。特别是要确定立法机构是否具有实权、政党在多大程度上相互尊重和合作，以及公民社会组织和利益集团如何与立法机构互动。

资料来源：利普曼和埃默特（Lippman & Emmert，1997）。

最后，立法强化是一个需要长期努力的漫长过程，但短期可得到的结果 63 既是可能的又是重要的。有时候时间约束来自在任期开始时要培训新的立法者，但可持续和制度化的要求通常需要更长期的过程，即便如此，结果也并不明确。例如，在埃塞俄比亚，联合国开发计划署（UNDP）就面临着这种缺乏实质进展的情况，它要求立法机构定期举行公开听证会以评估这一项目的影响（UNDP，2001）。

立法协助将不可避免地继续发展，重点也日益偏向对立法者进行预算流程的培训以及提高其研究和获取信息的能力（Manning & Stapenhurst，2002）。的确，虽然有必要全面分析立法机构的需要，包括立法者和职员的角色，以及立法机构与其他政府部门和公众的关系，但加强立法机构在预算程序中的作用也可以成为强有力的工具，在治理体系内形成制衡。例如，在玻利维亚，对国会工作人员的支持促进了对预算进行更有力的分析，从而提高了立法者更有意义地参与政策领域的能力，而政策领域以前一直是行政机构的专属领地（Lippman & Emmert，1997）。

## 注释

1. 然而，没有人认为他们有权拒绝这种认同（Norton，1993）。

2. 这些请愿逐渐演变为法令，而这些法令需要议会和国王的认可。法令与条例是不同的，只有国王才能制定法令，这标志着制定成文法的权力从国王转移到议会的开始（Norton，1993）。

3. 韦纳列举了美国、德国和南非姆普马兰加省的案例，在那里，是行政举措而不是立法机构导致了财政纪律的恶化。

4. 在法国、德国、几个东欧国家、拉丁美洲和讲法语的非洲国家是这种情况。此外，新西兰是英联邦国家，它没有 PAC，其职能已纳入财务与预算委员会。

## 参考文献

Barkan, J., L. Adamolekun, and Y. Zhou（with M. Laleye and N. Ng'e）.

2003. "The Emerging Legislatures in Emerging African Democracies." Unpublished report, World Bank, Washington, DC.

Blöndal, J. R., C. C. Goretti, and J. K. Kristensen. 2003. "Budgeting in Brazil." Paper presented at the 24th Annual Meeting of OECD Senior Budget Officials, Rome, June 3 −4.

Budlender, D. , ed. 1996. *The Women's Budget.* Cape Town: Institute for Democracy in South Africa.

Carothers, T. 1999. *Aiding Democracy Abroad: The Learning Curve.* Washington, DC: Carnegie Endowment for Peace.

Chabert, G. 2001. "La Reforme de l'Ordonnance de 1959 sur la Procedure Budgetaire: Simple Amenagement Technique ou Prelude a des Veritables Bouleversements?" Regards sur l'Actualité, No. 275.

Chapman, E. 2001. "Introducing a Value Added Tax: Lessons from Ghana." PREM Note No. 61, World Bank, Washington, DC.

Davey, E. 2000. "Making MPs Work for Our Money: Reforming Parliament's Role in Budget Scrutiny." Paper No. 19, Centre for Reform, London.

Dubrow, Geoff. 1999. "Systems of Governance and Parliamentary Accountability." In *Parliamentary Accountability and Good Governance.* Washington, DC: World Bank Institute and the Parliamentary Centre.

Krafchik, Warren. 2003. "What Role Can Civil Society and Parliament Play in Strengthening the External Auditing Function?" Paper presented at the workshop "Towards Auditing Effectiveness," Addis Ababa, Ethiopia, May 12 −15.

Langdon, Steven. 1999. "Parliament and the Budget Cycle." In *Parliamentary Accountability and Good Governance.* Washington, DC: World Bank Institute and the Parliamentary Centre.

Leston − Bandeira, C. 1999. "The Role of the Portuguese Parliament Based on a Case Study: The Discussion of the Budget, 1983 −95." *Journal of Legislative Studies* 5 (2): 46 −73.

Lippman, H. , and J. Emmert. 1997. "Assisting Legislatures in Developing Countries." Programs and Operations Assessment Report No. 20, USAID,

Washington, DC.

Manning, Nick, and Rick Stapenhurst. 2002. "Strengthening Oversight by Legislatures." PREM Note No. 74, World Bank, Washington, DC.

McGee, David. 2002. *The Overseers: Public Accounts Committees and Public Spending.* London: Commonwealth Parliamentary Association.

Messick, Rick. 2002 (March). "Strengthening Legislatures: Implications from Industrial Countries." PREM Note No. 63, World Bank, Washington, DC.

Miller, Robert, Riccardo Pelizzo, and Rick Stapenhurst. 2004. "Parliamentary Libraries, Institutes and Offices. Sources of Parliamentary Information." Working Paper, World Bank Institute, Washington, DC.

Norton, Philip. 1993. *Does Parliament Matter?* Hemel Hempstead, UK: Harvester Wheatsheaf.

Pelizzo, Riccardo, and Rick Stapenhurst. 2004a. "Legislatures and Oversight: A Note." Paper presented at the Southern Political Science Association Conference, New Orleans, January 8 – 10.

Pelizzo, Riccardo, and Rick Stapenhurst. 2004b. "Legislative Ethics and Codes of Conduct." Working Paper, World Bank Institute, Washington, DC.

Schick, Allen. 2002. "Can National Legislatures Regain an Effective Voice in Budget Policy?" *OECD Journal on Budgeting* 1 (3): 15 –42.

Stapenhurst, Rick, Vinod Sahgal, William Woodley, and Riccardo Pelizzo. 2005. "Scrutinizing Public Expenditures: Assessing the Performance of Public Accounts Committees." Policy Research Working Paper No. 3613, World Bank, Washington, DC.

Stapenhurst, Rick, and Jack Titsworth. 2001. "Features and Functions of Supreme Audit Institutions." PREM Note No. 59, World Bank, Washington, DC.

Staskiewicz, W. 2002. "Budget Analysis for Parliaments: The Case of Poland." Paper prepared for the 68th IFLA Council and General Conference, Glasgow, August 18 – 24.

UNDP（United Nations Development Programme）. 2001. Legislative Assistance Retrospective. Background paper, UNDP Bureau for Development Policy, New York.

USAID（U. S. Agency for International Development）. 2000. *Handbook on Legislative Strengthening.* New York: USAID.

von Hagen, J. , 1992. "Budgeting Procedures and Fiscal Performance in the European Communities," European Economy – Economic Papers 96, Commission of the EC, Directorate – General for Economic and Financial Affairs （DG ECFIN）, Brussels.

Wehner, Joachim. 2004. *Back from the Sidelines? Redefining the Contribution of Legislatures to the Budget Cycle.* Washington, DC: World Bank Institute.

Wehner, Joachim, and Winnie Byanyima. 2004. "Budget Handbook for Parliamentarians, including from a Gender Perspective. " Geneva: Inter – Parliamentary Union; Washington, DC: World Bank Institute.

White, Albert. 1908. *The Making of the English Constitution* 449 – 1485. London: G. P. Putnam's Sons.

Young, L. 1999. "Minor Parties and the Legislative Process in the Australian Senate: A Study of the 1993 Budget. " *Australian Journal of Political Science* 34 (1): 7 –27.

# 第 4 章
# 预算——基于会计师视角

凯瑞·雅各布斯

（Kerry Jacobs）

任何访问过伦敦的人都曾听到地铁的警告："小心车门和站台之间的缝 67
隙。"在众多的思维领域中，缝隙代表了一些要避免的问题。然而，对于会
计师而言，"通用会计准则"（GAAP）一词是普遍接受的会计惯例的缩写，
即指导私营部门会计实务的规则和传统。其中一些已经形成法律法规，而其
他只是作为指导方针和传统。不幸的是，这些规则和条例使得相对简单的会
计复杂化，令新进入者几乎无法理解。公共部门的危险在于，对于负责监督
的政治家来说，财政监督在技术上变得过于复杂，而对于具有技术技能的会
计师来说则过于政治化。本章试图在这两个世界之间架起一座桥梁，并以明
确、简单的方式提出一些关键会计概念。

财政资源的控制是权力的一种形式。改革者认识到，可以通过减少和调
整财政资源来实现重大的社会和结构变革（Newberry & Jacobs，2007），因
为财政政策和社会政策之间的区别已经模糊。哈贝马斯（Jürgen Habermas，
1984；1997）提出，货币作为伟大的社会引导媒介之一，影响着社会制度及
其行为的本质属性。然而，公共部门范围内的会计制度和做法却很少受到政
治学界的关注。虽然在政治制度中使用和分配货币是探索权力性质及其影响
力的有力途径，但科研人员和政治家都视其为会计技术问题。这一观点受到
相关会计师的支持，并通过在公共部门引入私营部门会计实务——通用会计
准则——而进一步得到加强。危险在于，本应由政治家公开辩论的问题将被 68
归入专业知识领域，从而导致立法监督减少。

　　所有关于立法监督（实际上是任何形式的监督）讨论的核心是问责、控制和治理等问题。戴和克莱因（Day & Klein, 1987：6）认为，今天问责的概念代表着两种不同观念的融合。政治问责可以追溯到社会及其结构的发展，当时个人被赋予责任代表其同胞的利益而采取行动。拥有负责任的官员是区分雅典等民主城邦与专制和独裁统治的标志。第二个传统是与财产管理有关的管理思想。与古希腊社会的政治责任相比，财产管理引入了财务责任、管理责任和审计概念。对问责制造成的许多困惑源于简单的事实，即不同的人在使用"问责"这个词时各取所需。

　　这是第二类问责制，它已扩展到第一类问责制的潜在损害范围。迈克尔·鲍尔（Michael Power, 1994, 1997）认为，这种管理传统已经转变为审计的实践，已经成为越来越重要的社会和政治角色，特别是在公共部门。鲍尔（Power, 2003）认为，审计权力不是中立或客观的技术，而是建立信任和建设合法性的过程。鉴于这些公共部门审计和检查制度的发展，以前可能由民选政治家管辖的众多领域已成为专业会计师管辖的领域，因此不再进行公共辩论（Power & Laughlin, 1992）。这一过程的一个例子就是特定形式的资产评估可以使公共服务的提供与其他私人供应商相比变得不经济。第二个例子是国家档案馆或艺术品收藏的规模由于折旧费用而缩小。

　　虽然资产价值和折旧费用等问题可能是技术性的会计判断，但它们是公共政策的真正问题，需要进行政治辩论。一些政治家试图将这些会计工具用于自己的政治目的（Newberry & Jacobs, 2007）。然而，在试图将其他人排除在辩论之外时，这些政治家有可能丧失对自己的控制权。这个问题的一个例子是在公共部门引入权责发生制，以及相关的私营部门会计准则和标准。从会计角度来看，这是一个优雅的技术解决方案，提供了部门中立的一致性和可比性，这是需要的，因为公共部门在许多方面与私营部门面临相同的商业规则。然而，很少有政治家（具有专业会计或商业经验的政治家除外）了解以权责发生制为基础的预算制度的性质或由此产生的财务报表。如果这69 些创新不被或不能被用于决策，那么为什么要实施这些创新，以及为什么要把它们推广用于解决公共部门问题？

　　本章的下一部分试图揭开预算秘密艺术的面纱，说明会计的许多复杂和混乱的方面其实只是常识的应用。特别是，它强调了控制和控制理论在会计师对预算和监督制度的理解中所具有的核心作用。

## 预算的秘密艺术

从会计的角度来看，预算只不过是一个收入和支出计划，通常是一年的计划。然而，由于大多数会计师缺乏完美的远见，大多数组织的实际支出和收入将偏离预算。这些预算差异或偏差最为有趣，因为它们将人们的注意力转移到偏离了计划的某些活动。对于支出来说，这种偏离可能是因为一个组织正在使用比预期更多的特定资源从而导致数量差异，或者资源的成本可能超过预期导致价格差异。所有差异都需要进行讨论并做出解释，而这些差异并不一定都是不好的。差异计算的概念和"例外管理"的相关实践表明，预算可以服务于许多不同的目的。作为年度计划或目标，预算是规划任何组织的财务和资源需求的关键工具。然而，差异的计算和报告说明了预算在促进高级管理层监督（善治）和激励员工方面的作用。困难在于，虽然一个现实的目标或预算可能代表着最有效的规划工具，但具有挑战性且乐观的预算可能是激励员工最有效的工具。会计师对这两种选择仍然存在分歧，尽管实际上大多数预算都是现实的而不是激励性的。

## 预算和控制

预算的性质和作用倾向于呈现在一个通用的控制模型中，它代表了"输入—过程—输出"模型中的所有系统和过程（见图 4 - 1）。任何过程或系统，无论是生物的、社会的还是机械的，都可以这样呈现。中心过程或实际活动由带灰色底纹的方框表示，体现为从输入到过程并产生输出的运动。在公共部门内，拨付的资金或税收代表投入，通过公共行政和公共机构活动的过程转化为给定的服务、产品和社会影响等产出。通常用这种方式来描述公共部门改革和衡量公共部门绩效。例如，胡德（Hood, 1991, 1995）提出，许多国家公共部门改革的定义特征是将焦点从管理投入和官僚过程转向更加注重产出。从会计的角度来看，这种控制模式是监督和治理过程的基础。

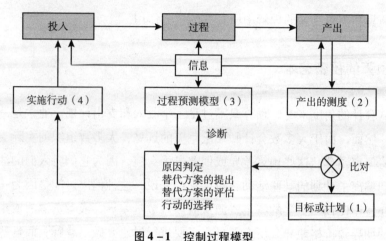

**图 4 - 1　控制过程模型**

资料来源：帕克、费里斯和奥特利（Parker, Ferris & Otley, 1989: 48）。

图 4 - 1 中的无阴影框和线表示控制所需的信息与活动。奥特利和贝瑞（Otley & Berry, 1980）认为控制有四项要求或条件。这些要求由图 4 - 1 中编有序号的方框表示。为了控制产出，有必要做到以下几点：（1）有明确目标。（2）过程的产出可以用与目标要达成的意向相同的标准进行度量。预算通常可以通过提供与实际支出进行比较的明确目标来发挥作用。然而，奥特利和贝瑞（Otley & Berry, 1980）也建议控制要求应满足以下要求：（3）一个过程预测模型，这样可以识别和纠正任何对目标的偏离。（4）采取纠正措施，解决实际表现偏离期望结果的能力。

实际上，奥特利和贝瑞（Otley & Berry, 1980）的四个要求可能难以实现。明确的目标可能比听起来更难，因为公共部门的实体经常面临多重和混乱的要求。建议通过立法解决目标模棱两可的现状是不可行的，因为政治过程和决策也受到多元且相互冲突的需求的影响。预算通常是与目标确立相关的更广泛的规划和战略进程的一部分，因此可以在不同目标和议程的谈判与妥协中发挥重要作用。

71　　在存在明确的目标、预算的地方，最有意思的是，存在差异的恰恰是实际产出和计划产出，而不是预算本身。该过程被称为反馈控制（feedback control），因为一旦确定了差异的原因，则反馈的信息通过改变输入可以恢复期望结果。反馈过程意味着一个预测模型，即一个给定的输入变化如何导致所期望的结果和实现所需变化的能力。这方面的一个例子就是将实际支出与预期支出进行比较，导致发现超额支出，之后将采取实际行动来改变投入的某些方面，以确保超支不再继续。显然，困难在于，哪些行动会减少超支，并且采取这些措施可行吗？

预测模型的性质和作用是控制最困难的要素。预测模型可以是高度结构化和正式的学习系统，或者可以是仅存在于员工心中的非正式和直觉式的学习系统。然而，不能预测行动或投入资源如何变化将影响组织的产出，进而影响到目标的实现，将限制控制的可能性，进而限制预算体系的实际（而不是虚夸的）贡献。

第二种控制方法被称为前馈控制（feed-forward control），或者被称为过程（process）或官僚控制（bureaucratic control），它需要有效的预测模型。在这种方法下，我们将正在进行的过程与标准或法规进行比较，这就对如何改变行动或过程以便实现预期目标提供了预测。公共部门中的许多传统的规则和基于服从的治理体系代表了这种做法。危险在于，预测模型获得自己的生命，并且不再与组织、政府或全体人口的中心目标相关联。在这种情况下，中心问题就是这些规则是否得到遵循，而不是组织的目标是否得到实现。这样，预算通常被认为是目的本身，而不是作为目的的手段。

在公共部门内，预算在历史上并不是一种反馈控制（其中，实际绩效与期望或计划绩效相比较）的形式，而是一种正当程序及其合规性（旨在表明资金和资源的使用符合其拨款目标）的形式。专注于拨款制度和预算的正当程序可以追溯到威斯敏斯特式议会的演变以及议会和行政机构之间的谈判妥协，那时征税必须得到议会的批准。这个历史发展在第 3 章"立法机构和预算"中将得到更充分的描述。因此，历史上预算控制的重点是确定议会预算拨款与实际支出之间的任何差异。这意味着如果这笔钱已经用于符合拨款的目标，那么经议会批准的政府目标和政策就会实现。因此，预算体现了戴和克莱因（Day & Klein，1987）确定的问责制的双重性质，反映在预算的作用是确保实现政策目标还是确保遵守监管制度的问题上。

总而言之，预算可以被理解为公共部门内的一种控制形式。它们在建立政府开支的合法性方面发挥了历史作用，而且在比较组织目标与行动、制定监管和善治的最佳实践准则方面发挥了重要作用。然而，公共部门预算及其相关控制措施的增长也受到批评。格雷戈里（Gregory，1995）认为，在新西兰公共部门，这种控制模式导致了一个官僚主义的悖论：分歧存在于让管理者放手管理和对其问责控制的需要之间，以及基于明确目标和规则的管理体制与公共部门面临义务和压力（往往不是很清楚或明确）的现实之间。根据格雷戈里的说法，如奥特利和贝瑞（Otley & Berry，1980）所述，公共部门改革为满足控制条件提供了一个系统，这个系统不能识别公共部门工作人员所经历的复杂性和模糊性。

这种控制模式失灵的一个领域是结果的发布。实际上，结果给会计师造成了很大的困难，因为它们难以衡量和量化。结果可能能够由计划评估和绩效审计更好地处理，但结果也代表了一个更大的（宏观）系统的产出，其中描述了政府的总体目标如何在多个机构和活动中实现。这已经在制定了更广泛的业绩计划方法（如中期支出框架）的司法管辖区得到承认。这些绩效框架的核心问题是预测模型通常很差，因果关系不明。例如，对于警察的额外开支如何减少犯罪或额外增加的教师如何提高识字率，这些问题始终都没有搞清楚。因此，所需要的不是严格的报告或控制制度，而是一个学习制度，决策者和议员可以尝试不同的活动和方案，并监测对相关结果产生的影响。虽然这听起来是合理和明智的，但显然这在一个政治环境中是非常困难的，其中任何所谓的失败证据都代表反对声音而不是学习的机会。

## 超越预算

虽然建立预算被展现为一个技术过程，但它始终是一个判断过程，因为
73 没有人能够准确地预测未来。总体而言，预算是根据前一年的成本和收入情况依预期活动和预计成本变化进行调整的。然而，在组织中，这种方法往往导致一种渐进的方法，其中现有活动很少被质疑或挑战。这个问题的一个解决方案是使用零基预算。该解决方案涉及放弃增量方法，并要求将现有活动和支出合理化以便纳入预算。但是，与这种审查相关的行政费用特别高，现有的组织通常保持当前的做法、资产和结构。因此，虽然零基预算作为偶然的组织审查过程是强大的，但如果持续执行则是不切实际的，并且是昂贵的。

　　一些公司甚至开始在总体上质疑和挑战预算的价值与贡献。这种"超越预算"的运动来自欧洲公司，如瑞典银行（Svenska Handelsbanken）和信息技术（IT）公司 SAP AG。它们认为，预算会导致反向和渐进思考、集权、减少创新，并注重费用节约而不是收入增长。这些公司不主张预算，而主张争取更多的适应性和以分权为重点的管理方法，更加重视比率、效率措施和绩效目标。

### 预算和绩效中心

　　即使在公司内部，绩效度量也带来了问题。大多数公司只有一个真正的投资中心和少量的利润中心。在利润中心，管理者可以控制成本和收入。而在投资中心，管理者除了控制成本和收入之外，还可以控制资本投资（购买和出售资产）。对于大多数组织来说，这只能存在于总公司层面。因此，衡量组织内部较小单位、部门或特定经理的财务和预算绩效就显得特别困难。大多数管理人员只能控制其成本或支出（成本中心）或偶尔获得的收入（收入中心）。由于这种绩效考核问题，会计师发明了一种创造性的簿记形式，称为转移定价（transfer pricing）。

　　转移定价是绩效度量的一种形式，可以赋予在组织内转移的商品或服务相应的财务价值，从而创建内部市场销售价格。实际上，一单位的"产品"是以给定的"价格""出售"给另一个单位的。因此，成本和收入均可以计算，并且可以像利润中心那样对组织中更多部门进行绩效评估，使得对效率性和效果性的衡量成为可能。

　　确定销售产品的性质和制定价格恰恰是真正的困难之处，因为销售的产 74
品通常不是实际产品，而是半成品或一些内部服务。价格也不是真实的价格，而是一种估计或判断，因为真正的价格只有当产品最终销售给外部客户时才会存在。然而，经济学家以内部市场名义实施了公共部门的转移定价。因此，内部市场反映出了价格不是由市场决定而是任意决定时的基本困难。内部市场方式的危险在于它忽视了许多公共部门组织存在的事实，即某些活动更容易通过官僚组织而不是通过市场来管理（Williamson，1975）。

　　虽然额外的（有针对性的）活动往往会导致公司的额外收入（无论是

私人企业还是国有企业），但通过税收资助组织的额外活动，无论这种活动多么值得鼓励，都很少会产生额外的收入。由于大多数政府资助的实体无法控制收入（超出创造性游说和政治说服的范围），它们是成本中心，其主要的关注点是管理费用，并在期末结清表决津贴。正是作为成本中心，再加上年度资金安排（可能是每年两次，如果能进行补充投票的话），导致了公共部门组织中常见的破坏性预算活动。其中一个例子是，在预算年度结束时，组织或机构将剩下太多或太少的钱。太多的钱经常导致"突击花钱"，这些钱很快就用于礼品支出，人们坚信，预算花不完可能是公共部门面临的最危险的情况。未用的资金不仅会丧失（因为很少会转入下一年的预算），而且该机构还会面临着被认为是资金过剩（而不是节约）的风险，因此下一轮获得的资金会减少。然而，超支也是一种危险，它将导致必要和重要的活动被迫减少，在成本和政策结果方面会有潜在且消极的长期后果。

采用权责发生制拨款是解决过度支出和支出过少的一个办法。然而，这种基于会计的方法可能过于复杂。一个更简单的解决方案是允许一个消费区域与另一个消费区域之间的转移。此外，以权责发生制为基础的做法可能会产生额外的问题，例如，在新西兰，如果一个机构在任何地区或单位出现盈余，那么它必须将这种盈余返还给财政部，但是当它在任何地区出现赤字时，它必须用自己的资源基础去弥补这个赤字。结果是，随着时间的推移，该机构的资源能力下降（Newberry，2002）。

## 对议会监督的影响

关于预算的性质和作用的一般性讨论对于在公共部门管辖范围内进行预算监督的人员具有一些实际意义。首要的一点是，由于公共实体是成本中心而不是利润中心，最重要的控制活动是以现金为焦点根据预算来监督实际支出水平。预算程序中最有趣的一个方面不是预算本身，而是与预算的偏差（称为差异）。在这个意义上，预算本身是相当无用的，在审查预算执行情况时，首先采取的行动总是考虑预算和实际支出之间的差异。大多数会计师将立即关注这些差异，特别是数量巨大的差异。这种审查总是可以延伸到上一年的实际活动和预算。在分析预算差异时，过高和过低都会引起人们的注意，但应该密切关注"为什么"这个问题。不幸的是，答案并不总是明确的。超支可能是部门的无效和浪费的结果，但也可能是最初不切实际的预算或成本的重大变化（如燃油价格上涨或公务员薪金高于预期）或工作流程变化（如新的安全要求）的结果。

从议会监督的角度来看，必须要求政府及其聘用的公务员说明为什么支出与预算拨款不同。尽管许多监督程序在发现任何过度支出和支出不足时就停止，但重要的是要考虑过度支出或支出不足对项目结果有何影响。支出与预期结果之间的这种联系，应该是政府和反对党成员在行使议会监督和辩论时的核心重点。只有当支出和绩效之间的联系得到处理时，学习才能发生，绩效度量才会具有实际价值，因为可以采取行动来改变未来的行为。

除非有明确的实际目标，否则预算和绩效度量最多只能是象征性的。因此，重要的监督作用是确保在资金分配之前明确规定项目的目标和对象，并且政策目标与预算拨款之间的联系是清晰的。诸如中期支出框架之类的广泛的多周期框架可用于连接政策、计划和预算拨款。由于大多数政策将涉及超过一年的支出，提供远期估计使得跟踪实际支出与前瞻估计的匹配程度成为可能，以及远期预测是否与预算分开公布，预算拨款是否符合前瞻性估计。从会计角度来看，年度预算通常伴随着三年滚动预算，显示了三年期间的预期成本和收入以及涉及成本和收益多期评估的任何拟议项目。政策举措是一个多周期的项目形式，因此，必须进行类似的评估，并在多个时期监测成本（和收入，当其存在时）。

防止项目资金不足是监督角色的重要组成部分，也是新的以及正在进行的计划的一个问题。对于一个新的或单年度的计划，这将涉及拟议的预算拨款，而这些拨款显然不足以满足任务所需。危险在于，如果它破坏了政策的目标，那么资金不足就会导致浪费。当一项政策不再可行，因而可能变得无效时，持续多年的拨款也会被取消。

### 结论

在公共部门的范围内，问责制理念和预算管理之间存在着密切的联系。从会计角度来看，预算被理解为控制、学习和反馈过程的一部分。然而，有效的控制需要明确的目标以及受到控制的过程的预测模型。即使在私营部门组织中，这些要求也会带来问题。公共部门组织和实体由于其目标和过程的复杂性而更加难以提出主张。一旦采取步骤来澄清目标，则更容易实施控制。

本章反对在公共部门内引入会计技术和做法作为最终目的，而不是作为达到目的的手段。尽管这种做法为会计师和咨询公司提供了极好的就业机会，但是有关这些新的会计工具和指标是否真正被监督者和问责者理解的问题仍然存在。如果政治家不了解会计和预算程序，那么这些工具可能会破坏而不是加强问责制。鲍尔和劳克林（Power & Laughlin，1992）告诫人们，"会计是经济现实的公正反映"这一常识已经受到了来自多方面的质疑。他们还指出，会计和相关监管制度与其余部分脱节是危险的。这意味着会计的制度和做法可能会破坏公共辩论和民主，使议会监督的领域超出了议会议员（MPs）所能达到的职责范围。有三种替代但不是互相排斥的解决方案：一是找出对议员更容易理解的报告形式；二是向议员提供培训，使他们能更好地了解和解读这些报告；三是建立一个类似美国国会预算办公室的独立机构，提供咨询并支持议员的监督作用。

77　　当将私营部门的重要管理技术和工具引入公共部门时，重要的是要记住两者之间的关键差异。首先，尽管在私营部门实体中，额外的活动能够带来额外收入，但在公共部门组织中并非如此，其主要收入来源是来自税收的拨款。因此，私营部门的一些预算编制技术在公共部门是不适用的。其次，私营部门的绩效度量也比公共部门更容易。在私人部门，利润常常作为效率和有效性的基本代理变量，尽管也考虑使用资本的效率作为指标。对于公共部门组织，对产出目标的有效性的度量比私营部门更为复杂，因为它可能涉及不同和不相容的衡量标准之间的折中（如图 3 - 1 中的控制模型所示）。复杂的产出目标也使得度量效率更加困难。

尽管私营部门的绩效度量问题比公共部门更简单，但私营部门的最佳做法正在把重点放在考虑更广泛的措施之上，有时被称为平衡计分卡（Kaplan & Norton，1996）。计分卡方法的关键特征是使用多种绩效指标，将策略和绩效评估联系在一起，并要求在组织投入、活动和期望的输出目标之间形成明确的因果关系。公共和私营部门在预算和绩效管理方面的最佳做法需要这种更加复杂和以系统为重点的方法。正是这种更加强调流程问责制的方法使得提高效率、促进治理和实现问责成为可能（Model，Jacobs & Wiesle，2007）。

**注释**

作者是澳大利亚国立大学堪培拉商业与经济学院会计学教授。

**参考文献**

Day，Patricia，and Rudolf Klein. 1987. Accountabilities：Five Public Services. London：Tavistock.

Gregory，Robert. 1995. Accountability，Responsibility，and Corruption：Managing the "Public Production Process". In *The State under Contract*，ed. J. Boston，97 –114. Wellington，NZ：Bridget Williams Books.

Habermas，Jürgen. 1984. *The Theory of Communicative Action*，vol. 1. Trans. Thomas McCarthy. Boston：Beacon Press.

———. 1987. *The Theory of Communicative Action*，vol. 2. Trans. Thomas McCarthy. Boston：Beacon Press.

Hood，Christopher. 1991. "A Public Management for All Seasons?" *Public Administration* 69：3 –19.

———. 1995. "The 'New Public Management' in the 1980s：Variations on a Theme." *Accounting，Organizations and Society* 20 (2/3)：93 –109.

Hood，Christopher，Henry Rothstein，and Robert Baldwin. 2001. *The Government of Risk.* Oxford，U. K. ：Oxford University Press.

Kaplan，Robert，and David Norton. 1996. *The Balanced Scorecard：Translating Strategy into Action.* Boston：Harvard Business School Press.

Model，Sven，Kerry Jacobs，and Fredrika Wiesle. 2007. "A Process (Re) turn? Path Dependencies，Institutions and Performance Management in Swedish Central Government." *Management Accounting Research* 18 (4)：453 –475.

Newberry，Sue，and Kerry Jacobs. 2007. "Obtaining the Levers of Power：The Treasury and the Introduction of New Zealand's Public Sector Financial Reforms." *Advances in Public Interest Accounting* 13：115 –150.

Newberry, Sue. 2002. "Intended or Unintended Consequences? Resource Erosion in New Zealand's Government Departments." *Financial Accountability and Management* 18 (4): 309 –330.

Otley, David, and Anthony J. Berry. 1980. "Control, Organisation and Accounting." *Accounting, Organizations and Society* 5 (2): 231 –246.

Parker, Lee, Kenneth Ferris, and David Otley. 1989. *Accounting for the Human Factor.* Sydney: Prentice Hall. Power, Michael. 1994. The Audit Explosion. London: Demos.

————. 1997. *The Audit Society: Rituals of Verification.* Oxford, U. K.: Oxford University Press.

————. 2003. "Auditing and the Production of Legitimacy." *Accounting Organizations and Society* 28 (4): 379 –394.

————. 2004. *The Risk Management of Everything,* London, Demos.

Power, Michael, and Richard Laughlin. 1992. "Critical Theory and Accounting." In *Critical Management Studies,* eds. Mats Alveson and Hugh Willmott, 113 –135. London: Sage.

Williamson, Oliver, E. 1975. *Markets and Hierarchies Analysis and Antitrust Implications.* New York/London: Free Press.

# 第 5 章
# 评估钱袋子的权力：立法预算机构的指数

约阿希姆·韦纳

(Joachim Wehner)

事实上，这种钱袋子的权力，可以被认为是任何政体为了解除人民疾 79
苦、实施所有公正和有益的措施，能够用来立即向人民提供援助和服务的最
完善、最有效的工具（武器）。

（詹姆斯·麦迪逊，联邦党人文集第 58 号）

对财政措施立法支持的要求是体现在各国宪法中的民主基础。[1]尽管得到
广泛的正式承认，但各国立法机构在预算方面的实际作用明显不同。美国国
会议员长期以来一直认为自己是反对（行政）压迫的堡垒，而他们的"主要
武器"是国会批准拨款的宪法要求（Wildavsky & Caiden, 2001：10）。学者和
实践者一致认为，美国国会是一个强大的角色，可以对预算政策产生决定性
影响（Meyers, 2001；Schick with LoStracco, 2000；Wildavsky, 1964）。[2]另
外，据说包括法国和英国在内的其他几个工业化国家立法机构对预算只具有
边际影响（Chinaud, 1993；Schick, 2002）。现有关于立法预算的比较工作
主要基于选定的案例研究（Coombes, 1976；LeLoup, 2004），但是缺乏基
于共同框架的系统分析。此外，虽然研究美国国会的文献很多，但议会制
度，特别是发展中国家的立法预算研究仍然不足（Oppenheimer, 1983）。作
为更系统的比较工作的基础，本章提出并应用了可用于评估和比较国家立法
机构预算能力的立法预算机构指标。

一些作者提到关于钱袋子立法权力的跨国分布（Coombes, 1976；Meyers,

80 2001；Schick，2002），但很少有人构建量化指标。虽然以前的一些研究提出了预算机构的指标，但对立法变量的关注程度有限。财政制度主义者关注通过设计预算程序来解释财政绩效（通常是公共债务和赤字）（Kirchgässner，2001）。这些文献大部分并不仅仅集中在立法机构的角色上，而是侧重于选择在预算决策中促进财政纪律的更广泛的变量。冯·哈根（von Hagen，1992：70）提出了一个开创性的指标，综合性地刻画了主要考虑立法机构修正权的议会运行结构。阿莱西纳等（Alesina et al.，1999）建立了一个预算程序指标，其中10个变量中有2个变量是衡量政府在立法机构中地位的指标，即预算修正权力和复归预算的性质（see also Hallerberg & Marier，2004）。其他研究只关注特定立法机构的影响（Crain & Muris，1995；Heller，1997）。

利纳特（Lienert，2005）提出了对立法预算机构的更广泛的考虑。他的立法预算权力指数涵盖了5个变量，即议会在批准中期支出参数方面的作用、修正权力、可用于预算批准的时间、对立法机构的技术支持以及在执行预算期间对行政灵活性的限制。该指数为立法预算更系统的比较分析提供了依据，但也造成了一些方法论方面的问题。例如，第一个变量即立法机构在批准中期支出计划方面的作用几乎没有变化。样本中的28个立法机构中只有一个正式通过了中期战略法（Lienert，2005：22）。缺乏变化使这个变量作为比较指标的有用性成为问题。此外，没有显而易见的动机对变量给予不同的权重。总之，到目前为止，仍然缺乏基于相关指标和方法论问题的对立法预算机构进行彻底讨论的更宽泛的测度指标。

本章的目的是提出一个比较框架，这一框架可能适用于评估所有现代民主国家立法机构的立法预算能力。该框架由一系列变量组成，这些变量结合成一个指数，用于衡量立法预算跨国变化的指标。这种动作基于经济合作与发展组织（OECD）和世界银行的调查数据。更具体地说，本章要回答的问题是哪些制度安排有助于立法对预算的控制。因此，一个关键的假设是制度安排反映立法机构的预算能力；控制被定义为审查和影响预算政策并确保其实施的权力。正如魏达夫斯基和凯顿（Wildavsky & Caiden，2001：18）所言："谁拥有支配预算的权力并不能告诉我们预算是否受到控制。"本章明确排除了预算立法权在财政上是否可取的问题。虽然一些研究认为限制议会参与有利于制度规范（Poterba & von Hagen，1999；Strauch & von Hagen，1999），但其他研究则强调立法监督薄弱的风险（Burnell，2001；Santiso，2004）。本章不涉及这个争议，主要目的是为后续研究提供一个新的概念和经验基础。

　　本章首先概述和解释了指数中变量的选择，然后概述了所使用的数据。第三部分讨论了与指数构建有关的问题，并选择了一种方法在本章中使用。我们进行了许多实验，以检查指数的稳健性。接下来是对结果的概述，体现为立法机构的排名。本章使用两种方法验证指数：首先是比较所得到的排名与案例研究文献的结果；其次是测试指数与立法修正活动指标的关系。结论部分总结了主要结果及其应用。

## 变量

　　为了进行跨国比较而建立的指数需要确定基本差异。总体来说，一些定性分析的丰富性将被舍弃，以获得比较研究的可行工具，这对于超越特定情况以发现更广泛的模式而言是必要的。没有一个单一的变量可以被认为是足够的，也不是所有潜在的相关变量都被覆盖。相反，本章采用了一种基于评估立法控制机构能力的方法（Meyers，2001：7）。为此，这一分析假定，为了促进预算控制，必须存在最少数量的制度先决条件，包括正式的权力和组织特征。该指数所用的六个先决条件涉及预算修正权力、复归预算、实施过程中的执行弹性、审查时间、委员会能力以及预算信息的获取。

　　第一个变量是修正权力（amendment powers）——授予修改预算的正式权力——确定行政部门提出的预算政策进行立法修改的可能性（Inter - Parliamentary Union，1986，table 38A）。[3] 最严格的限制是立法机构不允许对行政部门的建议进行修改，只是在全面批准和拒绝预算之间做出选择。同样严格的限制是"只削减"安排，即只允许进行减少现有项目的修正，而不能转移资金、增加项目或引入新项目。这种安排排除了立法机构能够在预算方面发挥的创造性作用。更宽松一些的安排是只要维持预算草案中的总额或赤字，就拥有对预算进行一些修改的权力。这样可以实现预算优先事项的参与，同时保护财政政策的执行。最后，最宽松的是不受约束的修正权力。在这里，立法机构有权力削减、增加和重新分配预算。

第二个变量是复归预算（reversionary budgets，或译"救济性预算"）。

82　它通过阐明如果立法授权延迟超出了第一财年将会发生什么情况，从而界定了不批准的成本。阿莱西纳等（Alesina et al.，1999：258）使用复归预算变量和立法修正权力来评估政府相对于立法机构的地位。如果复归预算的结果与行政人员偏好的预算相距甚远，那么立法机构就有可能做出让步并批准。在复归预算采取零支出的极端情况下，行政部门可能倾向于妥协，以免无资金可用，从而导致政府关闭。相反，当行政预算提案生效时，行政机关没有动机去避免不批准。复归上年的预算通常构成折中情况。

第三个变量是在实施过程中允许执行弹性（executive flexibility during implementation），这一规定使行政部门能够在立法机构批准预算后改变支出选择。一个机制是蓄水（impoundment），这样就可以扣留立法机构拨付的特定资金。另一个机制是在执行预算期间，行政机构在预算项目之间具有重新分配或转移资金（virement）的能力。最后，一些高管可以在没有立法批准的情况下引入新的支出（Carey & Shugart，1998）。如果行政机关可以扣留资金，在项目之间进行转移，并在未经立法机构同意的情况下启动新的资金，那么单方面改变已批准的预算具有很大的回旋余地，这减少了对实施的立法控制。实际上，这种权力构成了相反的修正权力，在极端情况下，行政机关可以在执行过程中取消立法选择（Santiso，2004）。

第四个变量是审查时间（time for scrutiny）。考虑到通常紧张和拥挤的立法日程，时间是一个宝贵的资源（Döring，1995）。预算要花费好几个月才能组合起来，几个星期的时间不足以阐明这些复杂信息的意义。国际经验表明，预算至少应在预算年度开始前3个月提交，以便进行有意义的立法审查（OECD，2002a）。审查时间部分取决于立法机构如何有效地控制自己的时间表和立法议程，但也可能反映宪法的规定。

第五个变量是委员会能力（committee capacity）或发展良好的委员会制度似乎是"决策过程中议会有效影响力的最小必要条件"（Mattson & Strøm，1995：250）。选择这个变量是因为立法委员会的重要性被广泛认可，尽管它们的主要功能是支持分配性、信息性还是党派性解释仍有争议（Cox & McCubbins，1993；Krehbiel，1991；Shepsle，1979）。委员会的使用可以带来几个好处。首先，委员会建立了一个劳动部门，这一部门促进了专业化和"立法专门知识"的发展（Mezey，1979：64）。其次，委员会允许议会同时处理各种事项，从而提高生产力。这些好处对于预算程序至关重要，因为预算程序需要处理大量的信息。此外，委员会可以在监督实施中发挥重要作用[83]（McCubbins & Schwartz，1984）。立法批准只有在预算有意义的时候才会有效。否则，无论立法机构批准什么，预算的偏差都允许政府得到所需的东西。具有专门监督职能的委员会，特别是审计委员会，有助于发现实施失败并改善合规性（McGee，2002）。简而言之，设计精良的委员会制度能够进行预算审查和监督执行。

　　指数的第六个也是最后一个变量是预算信息的获取（access to budgetary information）。预算决策需要获取全面、准确和及时的信息。至关重要的是提交给立法机构的预算资料附带的支持文件的广度和深度。此外，年度收入和支出更新以及包括绩效审计在内的高质量审计报告（Pollitt，2003）是对预算执行进行立法监督的重要信息。预算报告的主要标准载于"经合组织预算透明度最佳实践"（OECD，2002a）。然而，对预算信息的行政垄断仍然可以使立法机构处于严重的劣势，因为易于操纵预算数字和限制披露（Wildavsky & Caiden，2001：78）。独立立法预算的好处在于它有助于简化复杂性，使立法委员能够理解预算，通过审查行政信息来加强问责制，并通过阻止"预算欺骗"来提高透明度（Anderson，2005：2）。

　　其他变量也可以包括进来。例如，冯·哈根（von Hagen，1992）考虑了信任惯例（confidence convention）。尽管立法机构具有正式的法定权力来修改预算，但在某些议会制度中，按照惯例，对行政预算草案的任何改变都被视为对政府不信任的决议（Blöndal，2001：53）。实际上，信任惯例使得立法权力减少到只能在以下两者之间做出选择：接受预算不变，或者迫使政府辞职并举行新的选举。在威斯敏斯特式的制度中，信任惯例最为常见（OECD，2002b：159）。由于修正权力已经包括在指数中，这个变量表明了对立法政策制定的限制。

　　此外，一些总统制与行政否决权平衡了预算的立法权力，而这些行政否决权只有在立法者处于多数地位时才能被推翻。一揽子否决权允许行政部门否决由立法机构通过的全部法案，单项或部分否决权允许总统拒绝法案中的个别条款。一些作者在评估行政权力方面非常重视否决权（如 Shugart & Haggard，2001：75－77）。然而，是否给予行政机构一揽子否决权，关键取决于复归预算（已经成为本文指数的组成部分）。例如，如果在经过批准的预算还没有就位时停止支出，那么否决预算将是一个非常极端的措施，行政部门只能在非常情况下使用（Williams & Jubb，1996）。此外，在国家层面，单项否决的情况十分罕见。舒加特和哈格德（Shugart & Haggard，2001：80）发现，23 个纯粹总统制国家中只有两个国家（即阿根廷和菲律宾）使用具有以超额多数票为准的单项否决方案。由于上述原因，行政否决权被排除在指数之外。

### 数据

2003 年期间，经合组织与世界银行合作，进行了"预算实践和程序调查"，由各参与国特别指定的预算官员实施。本章的数据主要来自本次调查的结果，这些调查数据可在网上获得（OECD & World Bank，2003）。调查涵盖了 27 个经合组织成员方和 14 个其他国家。一些非经合组织国家不具备民主国家的资格，本章不予讨论。[4]

数据是独一无二的，因为以前没有对这么多国家进行过类似的广泛预算制度调查。此外，回应并不总是得到严格的检查，而且在某些情况下，数据的质量是有问题的。对于本章使用的数据，我们尽可能广泛地根据网上信息（如财政部和议会网站以及以前的调查结果）进行了反复检查（OECD，2002b）。在必要的情况下，我们还会请一国的专家（已在致谢中说明）进行澄清。以下部分介绍了建立立法预算机构指标的具体数据。完整的数据集见本章附件表 5－1，本章附件表 5－2 详细列出了两个复合变量的构造。对经合组织原始数据做出的任何调整都被记录下来。

按照阿莱西纳等（Alesina et al.，1999：257－258）的观点，该指数对所有变量在 0（从立法角度看最不利）和 10（最有利）之间内进行编码。最大值在类别之间平均分配。随后的部分记录了稳健性检查，以分析与替代方法相比，这种编码程序是否显著影响立法机构的排名。每个响应选项的分数都标在类别后面的括号中。

经合组织的调查（问题 2.7. d 和 2.7. e）要求受访者说明立法的预算修正权力是否受到限制，如果受到限制，哪些权力受到限制。这一指数将这些答案分为四类：立法机构只能接受或者拒绝预算时在表里全部标记为（0）；它只能削减现有的项目（3.3）；只要符合规定的总约束条件就可以转移资金（6.7）；或者拥有不受约束的权力（10）。

调查问题 2.7. c 询问在财政年度开始时预算未得到批准的后果。答复分为四类：执行预算（0）；投票表决（3.3）；上年预算（6.7）；无支出（10）。第二类需要详细说明。历史上，英国议会在会议接近尾声时设计了投票拨款的策略，迫使政府在经济方面做出让步（Schick，2002：18）。这个历史理由现在已经过时了，但延迟批准仍然是常态。形式上，资金供给将在没有批准预算的情况下停止。实际上，经合组织中英联邦国家的议会经常批准临时支出，这在英国被称为"投票表决"。[5]虽然有人可能会认为这个制度保留了复归零支出的威胁，但这种做法是如此标准化和可预测，以至于被误分配 10 分。

该指数通过组合三个项目来测试预算执行中的执行弹性。经合组织的调查问卷询问在没有议会批准时拨款是否存在从一个项目重新分配到另一个项目的可能性（问题 3.2. a.4），行政机关是否可以在没有立法许可的情况下截留已批准但在法律或授权层面仍不可用的资金（问题 3.1. c），年度预算是否包括任何中央储备金来应付意外支出（问题 3.2. c.1）。如果答案是否定的，则每个答案的分数为 3.3，因为正面回答意味着行政机构可以分别在预算项目之间进行调剂（重新分配或转移资金）、扣留和授权新资金。每个答案的得分总和在 0 到 10 之间，并且被理解为预算执行期间执行弹性的指标。附件表 2 提供了全面的细节。

经合组织还询问行政部门在财政年度开始前多长时间向立法机构提交其预算，并提供了四个选项（问题 2.7. b）：至多 2 个月（0）；2 ~ 4 个月（3.3）；4 ~ 6 个月（6.7）；6 个月以上（10）。

议会委员会的作用是根据经合组织调查中的两个项目来衡量的，这两个项目涉及委员会参与预算核准（问题 2.10. a）以及审计结果是否在议会中分发和讨论（问题 4.5. m）。然而，关于委员会运用审计结果的性质，后一个问题的答案选项是不明确的。因此，该指数还使用有关议会审计委员会的数据，这些数据来自一次对议会网站的单独调查（2004年1月）。该指数区分了三类专门委员会的参与情况，每个类别的值都相等（3.3），即为预算或财务委员会、行业或部门委员会以及事后审计委员会赋予等同的分数。例如，如果议会使用财政委员会和部门委员会进行预算审批，并使用审计委员会对审计结果进行事后审查，则可以获得最高的10分，而没有任何委员会的参与则分数为0。在财务或预算委员会保留完全权限的情况下，如果部门委员会只是提供咨询或提交不具约束力的建议，那么其参与度可以获得3.3分。另外，如果一个立法机构使用预算委员会的审计小组委员会进行议会审计，那么它将获得这个项目的一半分数（1.7）（附件表5－2列出了全部细节）。

86　　　　对立法机构获取预算资料进行评估非常困难。调查结果不可能对行政机关提供的预算信息的质量构成可靠和细微的衡量标准。然而，这一分析中的大多数国家是经合组织成员国，因此符合"经合组织预算透明度最佳实践"（OECD，2002a）。此外，研究证实，样本中的几个非经合组织国家提供了高质量的预算信息，如智利（Blöndal & Curristine，2004）、斯洛文尼亚（Kraan & Wehner，2005）和南非（Fölscher，2002）。因此，在大多数情况下，认为遵守共同的预算文件最低标准是合理的。然而，国家之间的主要差异之一就是立法预算研究能力水平（问题2.10.e）。这种分析区分了没有此类研究能力的立法机构（0）与拥有最多10名专业人员（2.5）、11~25名专业人员（5）、26~50名专业人员（7.5）和超过50名专业人员（10）的预算机构。最后一个类别承认了美国国会预算办公室的独特性，该机构有约230名员工（Anderson，2005）。

## 指标构建

构建指标的任务特别提出了关于要素可替代性的理论问题。本节讨论了各种可能的指数构造方法，然后比较结果以检查指数的稳健性。这个讨论的起点是加总指标。这种经常使用的方法包括对给定情况的所有得分进行加总以得出该情况的指数得分（Lienert，2005；von Hagen，1992）。简单加总的指标可以表示为以下公式的特殊情况（Alesina et al.，1999：260）：

$$I_j = \sum_{i=1}^{6} c_i^j$$

符号 $c_i$ 代表了要素 $i$ 的值，$j$ 是可以调整以反映关于可替换性的不同假设的幂项。如果 $j = 1$，则结果是指标的简单加总。如果 $0 < j < 1$，则有利于具有高分和低分的混合分数的中等分数。也就是说，这种方法假定有限程度的可替代性。相反，对于 $j > 1$，则是假定更高的可替代性，因为可以得到更高的分数。此外，可以允许每个要素的权重不同。然而，理论讨论并不意味着一些变量比其他变量更重要，所以在这种情况下并不讨论使用不同权重的可能性。

如果假设要素之间具有完全的不可替代性，那么要素之间也可以相乘。这通常会产生高度扭曲的分布，因为某个低分数会显著拉低指标的得分。由于在该分析包含的大多数情况中至少一个要素得分为 0，因此该方法不会产生有用的结果。对于所有组成部分，假设完全不可替代在理论上也不合理。[87]此外，这种方法对数据中的小错误高度敏感，这可能导致受影响的情况严重失实。这些是拒绝纯粹乘法分析方法强有力的理由。

该分析首选第三种方法，它基于子指数：

$$I_S = \prod_{K=1}^{2} s_k, \text{ 其中 } s_1 = \sum_{i=1}^{3} c_i, \ s_2 = \sum_{i=4}^{6} c_i$$

这里，$s_k$ 表示两个子指数，每个子指数由三个不同的元素组成，然后相乘。可以再次将幂项纳入子指数的公式，但最重要的是基础方法。这个指数的依据如下：变量 1~3（修正权力、复归预算和执行弹性）可以被解释为与行政机关有关的正式立法权力。宪法中经常规定修正权力和复归预算，预算法通常规定在执行过程中的弹性（Lienert & Jung, 2004）。相比之下，变量 4~6（时间、委员会和作为获取预算信息代理变量的研究能力）被用来代表立法机构的组织能力。如果假设正式权力和组织能力对于有效的审查是必要的，则需要增加两个子指数。然而，在每个子指数中，至少一定程度的可替代性是合理的。例如，如果委员会发展不足，那么这种劳动分工的缺乏可能会通过花费大量时间来审查预算或将审议委托给资源充足的议会预算机构来弥补。同样，即使修正权力受到限制，如果在不批准的情况下支出恢复到零，立法机构可能仍然能有效地迫使行政机构让步。

下一步是检查结果的稳健性。表 5-1 包含四个替代指标之间的斯皮尔曼等级相关性（Spearman rank correlation），它们根据上述公式中的下标进行标记。为了考虑不同可替代性假设的影响，将第一个公式计算的 $j = 1$ 的指数的简单加总与使用幂指数的另外两个任意数的指数进行比较，即 $j = 0.5$（简单加总值的一半）和 $j = 2$（简单加总值的两倍）。使用基于两个子指数的第二公式计算标记为 $s$ 的第四个指数。这四个指数之间的所有相关性都显著为正。在两个使用 $j$ 值的极限值指数之间，最低的系数为 0.86，符合预期。总体而言，结果非常显著。因此，本章剩余部分将使用指数的简单加总。

表 5 - 1　　　　　　　　　　指数间的斯皮尔曼相关系数

|  | $j = 1$ | $j = 0.5$ | $j = 2$ |
|---|---|---|---|
| $j = 0.5$ | 0.97 | … | … |
| $j = 2$ | 0.95 | 0.86 | … |
| $s$ | 0.99 | 0.97 | 0.94 |

注：$N = 36$。

88　　## 讨论与分析

本部分介绍立法预算机构的指数，并讨论主要结果。为了便于表达，指数重新调整到 0 ~ 100 的范围。结果排名如图 5 - 1 所示。接下来，使用两种方法来评估指数：第一，考虑结果是否与案例研究文献大致相符；第二，通过测试其与立法修正活动的简单指标的关联来检查指数的有效性。

美国国会的得分大幅度胜出。其分数是得分垫底的 9 个国家得分的 3 倍，这 9 个国家都是威斯敏斯特体系的国家。根据指数，美国国会是唯一具有制度基础的立法机构，对公共财政的影响力很强。国会在美国预算程序中的重要性得到广泛认可。亚伦·魏达夫斯基（Aaron Wildavsky）关于预算程序政治学的开创性工作，实质上是对国会决策的研究（Wildavsky, 1964；Wildavsky & Caiden, 2001）。虽然美国总统提交了一份预算草案，但它并没有以任何方式约束国会（Schick & LoStracco, 2000：74 - 104）。奥本海默（Oppenheimer, 1983：585）完成了广泛的文献综述，他认为，国会在决策中是"最富影响力的立法机构"。本书的指数符合这一判断。

89

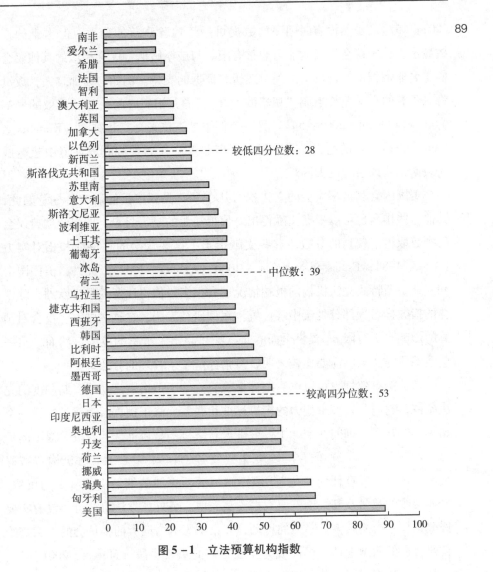

图5-1 立法预算机构指数

　　在另一个极端，英国的情况往往被认为是议会权力衰落的缩影（Adon- 88
is，1993；Einzig，1959；Reid，1966）。在最近的一篇文章中，艾伦·希克
（Allen Schick，2002：27）甚至声称："议会的预算权力下降没有比英国更
为明显的了……下议院作为预算民主的摇篮，已经对收入和支出失去了所有
正式的影响力。"1998~1999年，下议院程序委员会直截了当地将其支出的
权力称为"即使不是合乎宪法的神话，也很接近神话"（Walters & Rogers，

2004：257）。虽然没有时间序列数据可用于检验衰落的论战，但本章的指数显示，英国议会当前的能力非常有限。与威斯敏斯特议会相似的其他议会的排名非常相似，这再次得到个案研究证据的支持。例如，在加拿大，成员将对预算的立法监督当成"粗略的审查""总是浪费时间"和"无效的变革尝试"（Blöndal，2001：54）。另一个例子是克拉夫奇克和维纳（Krafchik & Wehner，1998）的论文，其中强调了南非议会在后种族隔离环境中超越威斯敏斯特式议会的巨大困难。

美国国会和英国议会的立法权力几乎没有受到广泛的研究；尽管如此，89 其他一些排名也可以根据文献得出。值得注意的是，丹麦、挪威和瑞典议会的指数取得了较高的分数。这些文献指出了这些议会的独特性和相对实力（Arter，1984；Esaiasson & Heidar，2000；Wehner，2007）。此外，美国国会和威斯敏斯特式立法机构的极端情况还有很多。值得注意的是，欧洲大陆议会的指数排名大部分处于中等位置。案例研究表明，在这些国家，议会对预90 算的影响水平有限。[6]提供全面的文献综述超出了本章的范围。然而，与一些案例研究文献的简要比较表明，该指标产生了合理的分数。

指数的有效性也可以进行统计学检验。鉴于该指数是立法管制制度的先决条件，它应与政策影响力的衡量标准相联系。修正预算活动就是这样一个指标。经合组织询问在实际中一般来说立法机构是否批准行政机关提出的预算（问题2.7.i）。这个样本中36个答复者中有11个表示立法机构"普遍批准了预算，没有任何变化"。预算修正活动更加精细的措施将更为可取，例如修改的数量及其幅度，但数据无法获取。另外，立法机构可能没有必要修改预算来影响政策。隐藏的行动，如某个影响力巨大的委员会的主席打给行政官员的简短电话，可以成为立法影响的重要手段（Meyers，2001：7）。此外，行政部门可能预期到立法反应，并相应地制定预算草案，从而减少修改的可能性。不过，认为没有修正权力就表明立法机构正在走下坡路的结论是天真的。行政机关没有理由对立法偏好做出回应，除非考虑不到此类问题会产生不良后果。例如，在英国，上一届政府在预算上的失利可以追溯到80多年前。[7]如果预算草案不能充分考虑到他们的偏好，立法机构人员就会维持一些修改活动，以向行政部门发出信号，展示自身具有实质性的预算修正权力。

在上述前提下，可以预期，立法机构的预算修正权力会带来更成熟的机构能力。这项分析使用 t 检验来评估立法机构修正预算的指数得分是否高于不修改预算的机构得分（Bohrnstedt & Knoke，1994：139）。设 α = 0. 05，自由度为 34，临界值为 1. 7，以便单边测试拒绝空值。使用表 5 - 2 中的数据，这一分析得到的数值为 2. 3，它落在拒绝区域内。这支持了我们的预言，即预算修正立法机构保持了较高水平的进行财务审查的机构能力。

表 5 - 2　　拥有立法预算修正权力与没有立法修正预算权力的得分比较

|  | 拥有立法预算修正权力 | 没有立法预算修正权力 |
| --- | --- | --- |
| 国家数量 | 25 | 11 |
| 指数平均分 | 44. 9 | 31. 8 |
| 标准差 | 15. 3 | 16. 3 |

资料来源：附件表 5 - 1。

本部分的证据是相互强化的，因此本章的指数是一个有用的总体指标，能够表现立法能力对预算政策的影响程度。排名与案例研究文献大致相符，该指数与立法对公共财政影响的简单度量正相关。在国家立法机构之间，不需要过度解读这些小的偏差，因为这个指数没有在边际上给出定性判断。然而，立法机构在这个指数中所处的位置（高、中还是低）传达了对某个特定国家立法预算状况的总体观点。事实上，如果钱袋子的权力是一般性立法控制的必要条件，那么结果也反映了立法机构在一个国家政治体系中的总体地位。91

## 结论

本章扩展了对钱袋子立法权力进行跨国研究的方法论工具。以前为构建立法预算权力量化指标而付出的努力在相关变量的覆盖范围上极为有限，或者忽略了相关方法问题的详细讨论。这里构建的指数是稳健的，并得出了可以利用案例研究证据和使用统计检验进行验证的结果。它为研究立法预算编制过程中的跨国模式及其原因、后果提供了坚实的基础。然而，研究结果并不表明量化分析应该替代具体案例的详细研究。相反，学术界正在开展关于比较研究方法的争辩：强烈赞成精心设计的统计和小样本方法的组合使用（Lieberman，2005）。例如，大样本分析可以为更仔细地选择案例研究提供依据，从而可以加深理解并增加重要的背景变量。

这种分析的实证结果带来了有关民主治理先决条件的问题。尽管立法控制钱袋子的重要性得到了法律广泛的认可，但本章揭示出当代自由民主国家的立法机构对政府进行财务审查的水平存在重大差异。美国国会的指数得分是排名在最后九位的国家得分的3倍多，而这9个国家大多采用威斯敏斯特式制度。不考虑美国的情况，排名前1/4的国家的立法机构在这个指数上的得分也是最后1/4国家得分的2倍。在威斯敏斯特议会和美国国会这两个极端之间，欧洲大陆的议会占据了排名居中的国家的绝大多数。立法参与的程度或缺乏有效制衡造成的成本是后续实证研究中需要解决的一个问题。本书研究发现，钱袋子的权力是自由民主治理的一个独立且非基本的要素。对于一些国家来说，这是防止行政过度的重要保障，而其他国家则保持立法控制的宪法神话。

92　　**附件**

附表 5-1　　　　　　　　　　　　指数数据与修正虚拟变量

| 立法机构 | 1 | 2 | 3 | 4 | 5 | 6 | ∑/0.6 | 7 |
|---|---|---|---|---|---|---|---|---|
| | 权力 | 复归 | 弹性 | 时间 | 委员会 | 研究 | 指数 | 修正虚拟变量 |
| 阿根廷 | 6.7 | 6.7 | 6.7 | 3.3 | 6.7 | 0 | 50.2 | 1 |
| 澳大利亚 | 3.3[a] | 3.3[b] | 0 | 0 | 6.7 | 0 | 22.2 | 0 |
| 奥地利 | 10 | 6.7 | 6.7 | 3.3 | 6.7 | 0 | 55.6 | 1 |
| 比利时 | 10 | 10 | | | 8.3 | 0 | 47.2 | 0 |
| 玻利维亚 | 10 | 0 | 6.7 | 3.3 | 3.3 | 0 | 38.9 | 1 |
| 加拿大 | 3.3 | 3.3[b] | 0 | | 6.7 | 2.5 | 26.4 | 0 |
| 智利 | 3.3 | 0 | | 3.3 | 3.3 | 2.5 | 20.8 | 1 |
| 捷克共和国 | 10 | 6.7 | 0 | 3.3 | 5 | 0 | 41.7 | 1 |
| 丹麦 | 10 | 6.7 | 3.3 | 6.7 | 6.7 | 0 | 55.6 | 1 |

| 立法机构 | 1 | 2 | 3 | 4 | 5 | 6 | $\sum$ /0.6 | 7 |
|---|---|---|---|---|---|---|---|---|
| | 权力 | 复归 | 弹性 | 时间 | 委员会 | 研究 | 指数 | 修正虚拟变量 |
| 芬兰 | 10 | 0[c] | 6.7 | 3.3 | 3.3 | 0 | 38.9 | 1 |
| 法国 | 3.3[d] | 0[e] | 0 | 3.3 | 5 | 0 | 19.4 | 1 |
| 德国 | 10 | 6.7[f] | 3.3 | 6.7 | 5 | 0 | 52.8 | 1 |
| 希腊 | 0 | 6.7[g] | 0 | 0 | 5 | 0[h] | 19.4 | 0 |
| 匈牙利 | 10 | 10 | 6.7 | 3.3 | 10 | 0 | 66.7 | 1 |
| 冰岛 | 10 | 0[i] | 6.7 | 3.3 | 3.3 | 0 | 38.9 | 1 |
| 印度尼西亚 | 6.7 | 6.7 | 3.3 | 6.7 | 6.7 | 2.5 | 54.2 | 1 |
| 爱尔兰 | 0 | 0 | 3.3 | 0 | 6.7 | 0 | 16.7 | 0 |
| 以色列 | 0 | 6.7 | 0 | 3.3 | 6.7 | 0 | 27.8 | 1 |
| 意大利 | 10 | 0 | 3.3 | 3.3 | 3.3 | 0 | 33.3 | 1 |
| 日本 | 0 | 10 | 6.7 | 3.3 | 6.7 | 5 | 52.8 | 0 |
| 韩国 | 3.3 | 6.7[j] | 3.3 | 3.3 | 3.3 | 7.5 | 45.8 | 1 |
| 墨西哥 | 6.7 | 10[k] | 0 | 0 | 6.7 | 7.5 | 51.4 | 1 |
| 荷兰 | 10 | 6.7 | 6.7 | 6.7 | 3.3 | 2.5 | 59.7 | 1 |
| 新西兰 | 3.3[l] | 3.3[b] | 6.7 | 0 | 3.3 | 0 | 27.8 | 0 |
| 挪威 | 10 | 10[m] | 6.7 | 3.3 | 6.7 | 0 | 61.1 | 1 |
| 葡萄牙 | 10 | 6.7 | 0 | 3.3 | 3.3 | 0 | 38.9 | 1 |
| 斯洛伐克共和国 | 6.7 | 0 | 3.3 | 3.3 | 3.3 | 0 | 27.8 | 1 |
| 斯洛文尼亚 | 6.7 | 6.7 | 0 | 3.3 | 5 | 0 | 36.1 | 1 |
| 南非 | 0 | 0[n] | 0 | 0 | 10 | 0 | 16.7 | 0 |
| 西班牙 | 6.7 | 6.7 | 3.3 | 3.3 | 5 | 0 | 41.7 | 1 |
| 苏里南 | 10 | 0 | 0 | 3.3 | 6.7 | 0 | 33.3 | 0 |
| 瑞典 | 10 | 10 | 6.7 | 3.3 | 6.7 | 2.5 | 65.3 | 0 |
| 土耳其 | 6.7 | 10 | 0 | 3.3 | 3.3 | 0 | 38.9 | 1 |
| 英国 | 3.3[o] | 3.3[b] | 3.3 | 0 | 3.3 | 0[h] | 22.2 | 0 |

续表

| 立法机构 | 1 | 2 | 3 | 4 | 5 | 6 | $\sum$/0.6 | 7 |
|---|---|---|---|---|---|---|---|---|
| | 权力 | 复归 | 弹性 | 时间 | 委员会 | 研究 | 指数 | 修正虚拟变量 |
| 美国 | 10 | 10 | 6.7 | 10 | 6.7 | 10[p] | 88.9 | 1 |
| 乌拉圭 | 6.7[q] | 6.7 | 3.3 | 3.3[r] | 3.3 | 0 | 38.9 | 1 |

注：对答复缺失或不明确的说明：a. 众议院议员只能减少现有项目。参议院只能对除政府普通年度服务以外的预算提出修正案。b. 投票或其他正规化的临时供应措施。c. 宪法第 83 条。d. 宪法第 40 条。e. 宪法第 47 （3） 条。f. "基本法"第 111 条。g. 宪法第 79 条。h. 基于经合组织（OECD，2002b）。i. 管理人员辞职，新选举将举行。j. 宪法第 54 （3） 条。k. 没有规定。l. "312 – 316 会议"赋予官方对修正案的财务否决权，但影响不大。m. 没有明确的正式规则来描述后果。n. 根据《公共财政管理法案》第 29 条，执行预算生效遵循与上一年支出限额有关的规定。o. 下议院第 48 号议事规则允许削减现有项目。p. 国会预算办公室约有 230 名工作人员。q. 宪法第 215 条。基于桑蒂索（Santiso，2004）。

资料来源：除特定委员会的数据外，其他数据来自 OECD 和世界银行（2003）（参见正文和附表 5 – 2）。

93  **附表 5 – 2**　　　　　　　　**复合变量的构造**

| 立法机构 | 1 | 2 | 3 | $\sum$ | 4 | 5 | 6 | $\sum$ |
|---|---|---|---|---|---|---|---|---|
| | 扣押 | 调剂 | 保留 | 灵活性 | 预算 | 部门 | 审计 | 委员会 |
| 阿根廷 | 3.3 | 0 | 3.3 | 6.7 | 3.3 | 0 | 3.3 | 6.7 |
| 澳大利亚 | 0 | 0 | 0 | 0 | 0 | 3.3[a] | 3.3 | 6.7 |
| 奥地利 | 3.3 | 3.3 | 0 | 6.7 | 3.3 | 0 | 3.3 | 6.7 |
| 比利时 | 0 | 0 | 0 | 0 | 3.3 | 3.3 | 1.7[b] | 8.3 |
| 玻利维亚 | 3.3 | 0 | 3.3 | 6.7 | 3.3 | 0 | 0 | 3.3 |
| 加拿大 | 0 | 0 | 0 | 0 | 0 | 3.3 | 3.3 | 6.7 |
| 智利 | 0 | 0 | 0 | 0 | 3.3 | 0 | 0 | 3.3 |
| 捷克共和国 | 0 | 0 | 0 | 0 | 3.3 | 0 | 1.7[b] | 5 |
| 丹麦 | 3.3 | 0[c] | 0 | 3.3 | 3.3 | 0 | 3.3 | 6.7 |
| 芬兰 | 3.3 | 3.3 | 0 | 6.7 | 3.3 | 0 | 0 | 3.3 |
| 法国 | 0 | 0 | 0 | 0 | 3.3 | 0 | 1.7[d] | 5 |
| 德国 | 0 | 0 | 3.3 | 3.3 | 3.3 | 0 | 1.7[b] | 5 |
| 希腊 | 0 | 0[e] | 0 | 0 | 3.3 | 0 | 1.7[f] | 5 |
| 匈牙利 | 3.3 | 3.3 | 0 | 6.7 | 3.3 | 3.3 | 3.3 | 10 |
| 冰岛 | 3.3 | 3.3 | 0 | 6.7 | 3.3 | 0 | 0 | 3.3 |

续表

| 立法机构 | 1 扣押 | 2 调剂 | 3 保留 | ∑ 灵活性 | 4 预算 | 5 部门 | 6 审计 | ∑ 委员会 |
|---|---|---|---|---|---|---|---|---|
| 印度尼西亚 | 0 | 3.3 | 0 | 3.3 | 3.3 | 3.3 | 0 | 6.7 |
| 爱尔兰 | 0[g] | 0 | 3.3 | 3.3 | 3.3 | 0 | 3.3 | 6.7 |
| 以色列 | 0 | 0 | 0 | 0 | 3.3 | 0 | 3.3 | 6.7 |
| 意大利 | 3.3 | 0 | 0 | 3.3 | 3.3 | 0 | 0 | 3.3 |
| 日本 | 3.3[h] | 3.3 | 0 | 6.7 | 3.3 | 0 | 3.3 | 6.7 |
| 韩国 | 3.3 | 0[i] | 0 | 3.3 | 3.3 | 0 | 0 | 3.3 |
| 墨西哥 | 0 | 0 | 0 | 0 | 3.3 | 0 | 3.3 | 6.7 |
| 荷兰 | 3.3 | 0 | 3.3 | 6.7 | 0 | 3.3 | 0 | 3.3 |
| 新西兰 | 3.3 | 3.3 | 0 | 6.7 | 3.3 | 0[j] | 0[k] | 3.3 |
| 挪威 | 3.3 | 3.3 | 0 | 6.7 | 3.3 | 3.3 | 0 | 6.7 |
| 葡萄牙 | 0 | 0 | 0 | 0 | 3.3 | 0 | 0 | 3.3 |
| 斯洛伐克共和国 | 0 | 0 | 3.3 | 3.3 | 3.3 | 0 | 0 | 3.3 |
| 斯洛文尼亚 | 0 | 0 | 0 | 0 | 3.3 | 0 | 1.7[l] | 5 |
| 南非 | 0 | 0 | 0 | 0 | 3.3 | 3.3 | 3.3 | 10 |
| 西班牙 | 3.3 | 0 | 0 | 3.3 | 3.3 | 0 | 1.7[m] | 5 |
| 苏里南 | 0 | 0 | 0 | 0 | 3.3 | 3.3 | 0 | 6.7 |
| 瑞典 | 3.3 | 3.3 | 0 | 6.7 | 3.3 | 3.3 | 0 | 6.7 |
| 土耳其 | 0 | 0 | 0 | 0 | 3.3 | 0 | 0 | 3.3 |
| 英国 | 0 | 3.3 | 0 | 3.3 | 0 | 0[n] | 3.3 | 3.3 |
| 美国 | 3.3 | 3.3[o] | 0 | 6.7 | 3.3 | 3.3[p] | 0 | 6.7 |
| 乌拉圭 | 3.3 | 0 | 0 | 3.3 | 3.3 | 0 | 0 | 3.3 |

注：对答复缺失或不明确的说明：a. 参议院部门委员会审查和报告有关预算的领域。b. 拥有审计子委员会的预算委员会。c. 允许不同拨款进行调剂。d. 国民议会中的财政委员会评估与控制议员团试图改善与审计法院的互动。e. 公共投资方案允许重新安排，并得到经济和财政部批准。f. "议事规则"第 31A 条设立了国家财务报表和总体资产负债表特别常务委员会。g. 议院通过的预算条款并不表示没有财政部长批准就可以使用的权力。h. 作者的研究。i. 根据预算分类，可以经中央预算机关或立法机构批准转让。j. 财务与支出委员会审查预算政策声明和概算。其他委员会可以就具体部门的估计和政策进行辩论。k. 政府账目委员会在 1962 年废除。l. 预算和其他公共财政管理委员会收到审计报告，但过去几乎没有处理这些报告（Kraan & Wehner，2005）。m. 有一个与审计法庭关系委员会，但其作用有限。n. 基于沃尔特斯和罗杰斯（Walters & Rogers，2004）。o. 大多数转账需要立法机构批准，有些只需要通知。p. 两院拨款委员会都是经过精心设计的小组委员会结构。

资料来源：数据汇总自经合组织和世界银行（2003）；审计委员会数据来自 2004 年 1 月对议会网站的调查。

94    **注释**

作者感谢基思·道丁（Keith Dowding）、帕特里克·邓利维（Patrick Dunleavy）、阿奇姆·希尔德布兰特（Achim Hildebrandt）、朱尼·库哈（Jouni Kuha）、伊恩·利恩特（Ian Lienert）、戴维·马歇尔（David Marshall）、迈克尔·鲁夫纳（Michael Ruffner）、卡洛斯·桑蒂索（Carlos Santiso）、萨利·思达尔斯（Sally Stares）和安德烈亚斯·沃恩（Andreas Warntjen），以及三位匿名审稿人和《政治学研究》（*Political Studies*）的编辑马丁·史密斯（Martin Smith），为本章的初稿提供了宝贵的意见。还要感谢瓦西利奥斯·阿列维扎科斯（Vasilios Alevizakos）、巴里奥·阿里亚加达（Mario Arriagada）、荣·布隆达尔（Jón Blöndal）、托伦·迪瓦（Torun Dewan）、加布里埃尔·法尔凡—马雷斯（Gabriel Farfan – Mares）、庆一久保（Keiichi Kubo）、拉贾戈帕兰·拉马纳坦（Rajagopalan Ramanathan）、维诺德·萨赫加尔（Vinod Sahgal）、麦克·斯蒂文斯（Mike Stevens）和弗朗切斯科·斯托菲（Francesco Stolfi），他们提供了各种帮助。作者特别感谢以前就职于经合组织的迈克尔·鲁夫纳对 2003 年度预算实践与程序调查问卷的处理。其提出的注意事项是适用的。本章的研究由德国学术交流处（DAAD）提供部分资助，以前曾发表在 *Political Studies* Vol. 54，No. 4（December 2006），pp. 767 – 785.

1. 请参阅国际宪法法律项目网站，其中包括各种不同的财务拨款：http：//www. servat. unibe. ch/icl/。

2. 各国对预算的定义不同。在英国，预算一词现在指的是春季财务报表，其重点是税收措施。然而，在许多国家，这一术语具有更广泛的含义，其最早的法律上的定义可追溯到法国 1862 年法令："预算是一种预测和授权国家年度收支的文件……"（Stourm，1917：2）。本章在广义上使用这个词。

3. 在几乎所有国家，行政部门都会准备一份预算草案，然后提交给立法机构批准（Schick，2002）。与其他立法机构相比，美国国会在建立行政预算程序之前拖时最长。直到 1921 年，"预算和会计法"才要求总统协调起草提交给国会的预算批复方案（Webber & Wildavsky，1986：411 –416）。

4. 调查中包含的几个国家在自由之家 2003 年的加斯蒂尔指数中得分很低，参见 http：//www. freedomhouse. org。本章有些武断地将分数设定为 3.5 分，不包括柬埔寨、哥伦比亚、约旦、肯尼亚和摩洛哥。

5. 这种做法在加拿大被称为临时供应（interim supply），在澳大利亚被称为供应（supply），在新西兰被称为定额供应（imprest supply）。

6. 奇诺（Chinaud，1993）；库比斯（Coombes，1976）；埃肯博姆（Eickenboom，1989）；勒卢普（LeLoup，2004）；莱斯顿·班代拉（Leston Bandeira，1999）。

7. 1919 年，在财政大臣所批评的"经济的良性爆发"中，下议院拒绝财政大臣为第二间浴室和其他便利设施提供资金，因此，伯肯黑德伯爵（Lord Birkenhead）拒绝进入他的官邸。最后一次政府的失败估计是在 1921 年，当时成员的旅费支出是批评的对象（Einzig，1959：274 – 275）。

## 参考文献

Adonis, A. 1993. Parliament Today. Manchester, U. K.: Manchester University Press.

Alesina, A. , R. Hausmann, R. Hommes, and E. Stein. 1999. "Budget Institutions and Fiscal Performance in Latin America." *Journal of Development Economics* 59 (2): 253 –273.

Anderson, B. 2005. "The Value of a Nonpartisan, Independent, Objective Analytic Unit to the Legislative Role in Budget Preparation." Paper presented at the annual meeting of the Southern Political Science Association, New Orleans, January 7.

Arter, D. 1984. *The Nordic Parliaments: A Comparative Analysis.* New York: St. Martin's Press.

Blöndal, J. R. 2001. "Budgeting in Canada." *OECD Journal on Budgeting* 1 (2): 39 –84.

Blöndal, J. R. , and T. Curristine. 2004. "Budgeting in Chile." *OECD Journal on Budgeting* 4 (2): 7 –45.

Bohrnstedt, G. W. , and D. Knoke. 1994. *Statistics for Social Data Analysis.*

Itasca, IL: F. E. Peacock.

Burnell, P. 2001. "Financial Indiscipline in Zambia's Third Republic: The Role of Parliamentary Scrutiny." *Journal of Legislative Studies* 7 (3): 34 –64.

Carey, J. M. , and M. S. Shugart, eds. 1998. *Executive Decree Authority.* Cambridge, U. K. : Cambridge University Press.

Chinaud, R. 1993. "Loi de Finances – Quelle Marge de Manœuvre Pour le Parlement?" *Pouvoirs* 64: 99 – 108.

Coombes, D. L. , ed. 1976. *The Power of the Purse: The Role of European Parliaments in Budgetary Decisions.* London: George Allen and Unwin.

Cox, G. W. , and M. D. McCubbins. 1993. *Legislative Leviathan: Party Government in the House.* Berkeley: University of California Press.

Crain, M. W. , and T. J. Muris. 1995. "Legislative Organization of Fiscal Policy." *Journal of Law and Economics* 38 (2): 311 –333.

Döring, H. 1995. "Time as a Scarce Resource: Government Control of the Agenda." In *Parliaments and Majority Rule in Western Europe*, eds. H. Döring, 223 –246. Frankfurt: Campus.

Eickenboom, P. 1989. "Haushaltsausschuß und Haushaltsverfahren." In *Parlamentsrecht und Parlamentspraxis in der Bundesrepublik Deutschland: Ein Handbuch*, eds. H. –P. Schneider and W. Zeh, 1183 –1220. Berlin: De Gruyter.

Einzig, P. 1959. *The Control of the Purse: Progress and Decline of Parliament's Financial Control.* London: Secker and Warburg.

Esaiasson, P. , and K. Heidar, eds. 2000. *Beyond Westminster and Congress: The Nordic Experience.* Columbus: Ohio State University Press.

Fölscher, A. , ed. 2002. *Budget Transparency and Participation: Five African Case Studies.* Cape Town: IDASA.

Hallerberg, M. , and P. Marier. 2004. "Executive Authority, the Personal Vote, and Budget Discipline in Latin American and Caribbean Countries." *American Journal of Political Science* 48 (3): 571 –587.

Heller, W. B. 1997. "Bicameralism and Budget Deficits: The Effect of Parliamentary Structure on Government Spending." *Legislative Studies Quarterly* 22

(4)：485 –516.

IPU (Inter – Parliamentary Union). 1986. *Parliaments of the World*：*A Comparative Reference Compendium.* Aldershot, U. K. ：Gower.

Kirchgässner, G. 2001. "The Effects of Fiscal Institutions on Public Finance：A Survey of the Empirical Evidence." Working Paper 617, CESifo, Munich.

Kraan, D. – J. , and J. Wehner. 2005. "Budgeting in Slovenia." *OECD Journal on Budgeting* 4 (4)：55 –98.

Krafchik, W. , and J. Wehner. 1998. "The Role of Parliament in the Budgetary Process." *South African Journal of Economics* 66 (4)：512 –541.

Krehbiel, K. 1991. *Information and Legislative Organization.* Ann Arbor, MI：University of Michigan Press.

LeLoup, L. T. 2004. "Uloga parlamenata u određivanju proračuna u Mađ- arskoj i Sloveniji" (Parliamentary Budgeting in Hungary and Slovenia). *Financijska teorijai praksa* 28 (1)：49 –72.

Leston – Bandeira, C. 1999. "The Role of the Portuguese Parliament Based on a Case Study：The Discussion of the Budget, 1983 – 1995." *Journal of Legislative Studies* 5 (2)：46 –73.

Lieberman, E. S. 2005. "Nested Analysis as a Mixed – Method Strategy for Comparative Research." *American Political Science Review* 99 (3)：435 –452.

Lienert, I. 2005. "Who Controls the Budget：The Legislature or the Executive?" Working Paper WP/05/115, IMF, Washington, D. C.

Lienert, I. , and M. – K. Jung. 2004. "The Legal Framework for Budget Systems：An International Comparison." Special issue, *OECD Journal on Budgeting* 4 (3).

Madison, James (Publius, pseud. ). 1788/1961. *The Federalist Papers.* Ed. C. L. Rossiter. New York：New American Library.

Mattson, I. , and K. Strøm. 1995. "Parliamentary Committees." In *Parliaments and Majority Rule in Western Europe*, ed. H. Döring, 249 –307. Frankfurt：Campus.

McCubbins, M. D. , and T. Schwartz. 1984. "Congressional Oversight Overlooked: Police Patrols versus Fire Alarms." *American Journal of Political Science* 28 (1): 165 – 179.

McGee, D. G. 2002. *The Overseers: Public Accounts Committees and Public Spending.* London: Commonwealth Parliamentary Association and Pluto Press.

Meyers, R. T. 2001. "Will the U. S. Congress's 'Power of the Purse' Become Unexceptional?" Paper presented at the annual meeting of the American Political Science Association, San Francisco, August 30.

Mezey, M. L. 1979. *Comparative Legislatures.* Durham, NC: Duke University Press.

OECD ( Organisation for Economic Co-operation and Development ). 2002a. "OECD Best Practices for Budget Transparency." *OECD Journal on Budgeting* 1 (3): 7 –14.

———. 2002b. "The OECD Budgeting Database." *OECD Journal on Budgeting* 1 (3): 155 – 171.

OECD and World Bank. 2003. "Results of the Survey on Budget Practices and Procedures." http: //ocde. dyndns. info/.

Oppenheimer, B. I. 1983. "How Legislatures Shape Policy and Budgets." *Legislative Studies Quarterly* 8 (4): 551 – 597.

Pollitt, C. 2003. "Performance Audit in Western Europe: Trends and Choices." *Critical Perspectives on Accounting* 14: 157 – 170.

Poterba, J. M. , and J. von Hagen, eds. 1999. *Fiscal Institutions and Fiscal Performance.* Chicago: University of Chicago Press.

Reid, G. 1966. *The Politics of Financial Control: The Role of the House of Commons.* London: Hutchinson University Library.

Santiso, C. 2004. "Legislatures and Budget Oversight in Latin America: Strengthening Public Finance Accountability in Emerging Economies." *OECD Journal on Budgeting* 4 (2): 47 – 76.

Schick, A. 2002. "Can National Legislatures Regain an Effective Voice in Budget Policy?" *OECD Journal on Budgeting* 1 (3): 15 – 42.

Schick, A. , with F. LoStracco. 2000. *The Federal Budget: Politics, Policy, Process.* Washington, DC: Brookings Institution Press.

Shepsle, K. A. 1979. "Institutional Arrangements and Equilibrium in Multidimensional Voting Models. " *American Journal of Political Science* 23 (1): 27 – 59.

Shugart, M. S. , and S. Haggard. 2001. "Institutions and Public Policy in Presidential Systems. " In *Presidents, Parliaments, and Policy*, eds. S. Haggard and M. D. McCubbins, 64 – 102. Cambridge, U. K. : Cambridge University Press.

Stourm, R. 1917. *The Budget.* New York: D. Appleton, for the Institute for 97 Government Research.

Strauch, R. R. , and J. von Hagen, eds. 1999. *Institutions, Politics and Fiscal Policy.* Boston: Kluwer Academic.

von Hagen, J. 1992. *Budgeting Procedures and Fiscal Performance in the European Communities.* Brussels: Commission of the European Communities, Directorate General for Economic and Financial Affairs.

Walters, R. H. , and R. Rogers. 2004. *How Parliament Works*, 5th edition. New York: Longman.

Webber, C. , and A. B. Wildavsky. 1986. *A History of Taxation and Expenditure in the Western World.* New York: Simon and Schuster.

Wehner, J. 2007. "Budget Reform and Legislative Control in Sweden. " *Journal of European Public Policy* 14 (2): 313 – 332.

Wildavsky, A. B. 1964. The Politics of the Budgetary Process. Boston: Little Brown.

Wildavsky, A. B. , and N. Caiden. 2001. *The New Politics of the Budgetary Process*, 4th edition. New York: Addison Wesley/Longman.

Williams, R. , and E. Jubb. 1996. "Shutting Down Government: Budget Crises in the American Political System. " *Parliamentary Affairs* 49 (3): 471 – 484.

# 第 6 章
## 立法机构在预算起草过程中的作用：比较评估

凯瑟琳·巴拉克洛　比尔·多罗廷斯基

（Katherine Barraclough & Bill Dorotinsky）

　　立法机构越来越重视其在公共资源管理中的作用。这一角色通常分为两个方面：指导（制定政策和方向）和问责（监督执行情况和关于目的、数量及合规性的预算执行事前审查）。在指导作用下，影响公共财政过程中立法有效性的一个方面是行政机构与立法机构的互动。本章探讨立法机构在预算起草阶段的作用，以及影响立法参与程度的因素。它还突出强调了一些优秀的实践，以优化立法机构在预算程序中的作用，进而改善财政纪律、资源战略配置和运行效率，主要包括立法机构对信息的可获得性、内部立法机构及参与预算制定的过程、立法机构分析资料的能力以及政党的作用。这些促进立法参与预算程序的因素与所有国家相关。但是，应该指出的是，国家特有的历史、文化和政治因素也会影响行政部门和立法机构之间的关系，特别是在预算程序中。

　　本章的资料主要来自世界银行—经合组织预算程序数据库，以及预算和政策优先事项国际预算项目中心（IBP）管理的公开预算调查（Open Budget Survey，OBS）数据。[1]

### 国际优秀实践推荐[2]

　　国际货币基金组织发布的《财政透明度手册》（*Manual on Fiscal Transparency*）（2001）建议定期进行财政情况报告"以便于政策分析和促进问责

制"。对于预算编制、执行和报告，《财政透明度手册》指出，预算文件应　100
规定财政目标和可持续性、财政规则、宏观经济框架、新政策以及使用定性
和定量信息的风险。

"经合组织预算透明度最佳实践"倡导出具"前预算报告"，以"鼓励
对预算总额及其如何与经济相互作用进行辩论"。预算报告应包括"政府的
长期经济和政策目标以及政府的经济和财政政策意图"。它进一步建议，议
会"有条件和资源对其认为必要的任何财务报告进行有效的审查"（OECD，
2001：37）。

国际预算项目（负责公开预算调查的执行）建议，预算应包括"足够
的分类信息，以评估部门内的支出分配，至少包括主要计划和项目，并以明
确的计划目标为依据"，随着时间的推移保持一致性以便进行比较（Kraf-
chik & Wehner，2004：3 - 7）。国际预算项目中心还建议立法机构将注意力
集中在部门间和部门内的决策与分配上，而不是根据预算和赤字的总体规
模，并且按比例分配更多的时间来审查资源分配对部门及其下一级单位的优
先事项。

国际预算项目中心和经合组织所推荐的优秀实践在下述方面是一致的：
提倡执行预算提案的充分透明度，使得立法机构参与预算程序变得有意义，
并倡导立法机构关注问责和制定战略资源配置的选择。

## 提前发布预算信息

确定立法机构在预算草案阶段的作用的两个重要因素是：（1）行政机
关向立法机构发布信息的及时性和内容；（2）对预算上限的立法辩论是否
有正式的安排。向立法机构提前发布信息通常以准备预算声明（prebudget
statement）的形式出现。根据经合组织关于财政透明度的最佳实践指南，准
备预算声明应在预算提案之前一个月内公布。国际预算项目中心规定，准备
预算声明应披露预算提案的支出和收入参数，并在预算编制阶段公布。

鉴于各国的预算报表在内容、时间安排和提交程序方面有所不同，本章
将准备预算声明界定为任何在财政年度开始之前和正式预算文件交付之前发
布给立法机构提请其批准的正式文件。这些文件是公开发布的，其中包含政　101

府政策和优先事项的信息，如总收入、支出、盈余或赤字以及债务预测的详细情况。OBS 数据集提供了一些关于提前向立法机构发布信息问题的见解。[3]

在对 OBS 做出回应的 36 个国家中，有 24 个国家是总统制，12 个国家是议会制。36 个国家中的 12 个可以被认为是中等收入国家（middle-income country，MIC）（按照购买力平价计算，人均国内生产总值超过 7600 美元）。剩下的国家是低收入国家（low-income country，LIC）。在总统制国家中，有10 个国家有两院制立法机构，在议会制国家中有 7 个具有两院制立法机构。总的来说，OBS 发现大多数行政部门未能向立法机构提供足够的信息，以协助它们对预算做出明智的决定。

### 时效性

在财政年度开始之前，在提交正式预算供其批准之前发布预算信息，使立法机构参与预算辩论更有意义。根据 IBP 数据集，表 6-1 列出了不同类型国家公开发布准备预算声明时间的统计结果。

表 6-1　　　　　　　　　　执行官何时向公众发布预算　　　　　　　单位：%

| 回复 | 所有国家（36） | 总统制（24） | 议会制（12） | MIC（12） | LIC（24） |
|---|---|---|---|---|---|
| a. 行政人员至少在预算年度开始前 4 个月发布准备预算声明 | 31 | 33 | 25 | 50 | 21 |
| b. 行政人员至少在预算年度开始前 2 个月（但不到 4 个月）发布准备预算声明 | 11 | 13 | 8 | 17 | 8 |
| c. 行政人员发布准备预算声明，但是发布时间距预算年度开始不到 2 个月 | 11 | 13 | 8 | 0 | 17 |
| d. 行政人员没有发布准备预算声明 | 47 | 42 | 58 | 33 | 54 |
| e. 不适用/其他（请注释） | 0 | 0 | 0 | 0 | 0 |

注：MIC = 中等收入国家（或人均国内生产总值超过 7600 美元）；LIC = 低收入国家。
资料来源：公开预算调查（问题 71）。

大多数国家在财政年度开始之前会发布一份准备预算声明。在全部国家中，有 53% 向公众发布准备预算声明。59% 的总统制国家和 67% 的中等收入国家向公众发布准备预算声明。总统制和两院制立法机构的国家有 60%

发布了准备预算声明，而总统制和单院制议会的国家发布准备预算声明的仅占35%。相比之下，只有29%具有两院制立法机构的议会制国家发布了准备预算声明。总体而言，总统制国家发布准备预算声明的稍多于议会制国家。

大多数国家至少在财政年度开始前4个月发布准备预算声明。33%的总统制国家和50%的中等收入国家都是这样。相比之下，只有20%的低收入国家至少在财政年度开始前4个月发布准备预算声明。77%的中等收入国家至少在预算年度开始前2个月发布准备预算声明，超过了总统制的国家（46%），超过所有样本国家42%的平均水平。

### 准备预算声明的内容

除了提前发布信息之外，准备预算声明的内容对于进行有意义的辩论也很重要。表6-2使用IBP数据列出了准备预算声明内容的信息。

表6-2　　　　　预算书声明是否描述了政府的宏观经济和财政框架　　　单位：%

| 回复 | 所有国家（36） | 总统制（24） | 议会制（12） | MIC（12） | LIC（24） |
|---|---|---|---|---|---|
| a. 是，提供了政府财政和宏观政策的扩展解释，包括定性讨论和定量估计 | 17 | 13 | 25 | 33 | 8 |
| b. 是，阐明了财政和宏观政策的关键方面，但是一些细节被排除 | 22 | 25 | 17 | 33 | 17 |
| c. 是，提供了一些解释，但是缺乏细节 | 11 | 17 | 0 | 0 | 17 |
| d. 否，没有提供解释，行政人员也没有向公众披露预算报表 | 50 | 46 | 58 | 33 | 58 |
| e. 不适用/其他（请注释） | 0 | 0 | 0 | 0 | 0 |

注：MIC = 中等收入国家（或人均国内生产总值超过7600美元）；LIC = 低收入国家。
资料来源：公开预算调查（问题72）。

尽管提供准备预算声明的国家比例相对较高，但这些报表的内容和质量差异很大，具体如下：

● 在包含政府的宏观经济和财政框架方面，50%的样本提供了一些解释，但只有17%包含了详细说明和定量估计。

● 在总统制国家中，55%的国家至少提供了宏观经济与财政政策的解释，但只有13%的国家提供了详细说明和定量估计。

103　　● 在总统制和两院制立法机构的国家中，20%的国家发布了一份包括详细说明和定量估算的准备预算声明。57%的有总统制和单院制立法机构的国家发布了准备预算声明，但只有7%的国家包括叙述性讨论和定量估计。

　　● 在中等收入国家中，66%至少提供了解释，33%提供了详细说明和定量估计。

无论是总统制还是议会制的中等收入国家，都会提供一份准备预算声明来解释宏观经济和财政政策，许多国家还将包括详细说明和定量估计。

除了宏观经济信息之外，准备预算声明作为政府政策意向的陈述也是有价值的。表6-3显示了准备预算声明政策内容的信息。

**表6-3　　　　　　预算书声明是否描述了政府指导未来预算**
**详细估计的政策和优先事项**

单位：%

| 回复 | 所有国家（36） | 总统制（24） | 议会制（12） | MIC（12） | LIC（24） |
|---|---|---|---|---|---|
| a. 是，提供了政府预算政策和优先事项的扩展解释，包括定性讨论和定量估计 | 17 | 13 | 25 | 33 | 8 |
| b. 是，阐明了预算政策和优先事项的关键方面，但是一些细节被排除 | 17 | 17 | 17 | 25 | 13 |
| c. 是，提供了一些解释，但是缺乏细节 | 17 | 25 | 0 | 8 | 21 |
| d. 否，没有提供解释，执行官也没有向公众披露预算报表 | 50 | 46 | 58 | 33 | 58 |
| e. 不适用/其他（请注释） | 0 | 0 | 0 | 0 | 0 |

注：MIC=中等收入国家（或人均国内生产总值超过7600美元）；LIC=低收入国家。
资料来源：公开预算调查（问题73）。

　　这些数据最直接地回答了下列问题：指导行政机构预算制定的详细政策信息是否包含在准备预算声明中。在所有样本国家中，有34%的国家提供了解释，这一解释至少强调了行政机构预算制定的关键优先事项；17%的国家有详细叙述和定量估计（如上限或支出目标）。在总统制国家中，有30%提供了一个解释，至少突出强调了行政机构预算发展的关键优先事项，而13%的国家提供了详细的叙述和定量估计（如上限或支出目标）——略低104　于整个样本的平均水平。在具有两院制立法机构的总统制国家中，20%给出了详细的叙述性解释，相比之下，单院制立法机构的国家只有 7 个。对于议会制国家，两院制和单院制立法机构的这一数字分别为 29% 和 20%。

在 OBS 中，高收入国家显然提供了更详细的信息。而中等收入国家中，有 58% 提供了一个解释，这一解释至少强调了行政机构预算制定的关键优先事项，33% 提供了详细的叙述和定量估计。

### 关于预算上限的正式立法辩论

为了确定政策优先事项，并在详细编制预算和对其进行分析时让行政部门和立法机构共同关心这些优先事项，一些国家对预算上限进行了正式的立法考虑。表 6 - 4 列出了有关这种正式程序是否存在的数据。

表 6 - 4　　　　　　在开始个人支出项目辩论之前，立法机关对总体开支上限是否有任何安排？　　　　　单位：%

| 回复 | 所有国家<br>（41） | 经合组织国家<br>（27） | 总统制国家<br>（14） | 议会制国家<br>（27） |
|---|---|---|---|---|
| A1. 是，立法机关设置硬的支出上限 | 20 | 30 | 14 | 22 |
| A2. 是，立法机构设定名义支出 | 0 | 0 | 0 | 0 |
| A3. 否，但立法机关参与不具约束力的关于总支出的辩论 | 37 | 30 | 50 | 30 |
| A4. 否 | 44 | 41 | 36 | 48 |

资料来源：世界银行—经合组织（World Bank – OECD，2003）（问题 2.7. j）。

除了提供有关政府政策和优先事项的信息外，世界银行—经合组织数据库中，有 57% 的国家立法机构都对具有约束力或不具约束力的总量进行辩论，而有 20% 的立法机构设置了严格的支出上限。在经合组织国家中，总统制国家的这一比例略高，约为 60%，甚至更高，其中 64% 的国家参与了具有约束力或无约束力的辩论（请注意，经合组织国家分类包括总统制和议会制；而在总统制和议会制的分类下，则总统制、议会制均包括经合组织和非经合组织国家）。令人瞩目的是，采取总统制和两院制立法机构的国家有 20% 设置了严格的上限，而没有总统制的单院制立法机构设定了严格的或名义上的支出上限。两院制立法机构国家中的 20%、单院制立法机构国家中的 25% 设定了支出上线。在同为总统制的经合组织国家中，有 88%（5/6 的国家）对具有约束力或不具约束力的讨论做出了积极回应。但是，表格并未澄清这一辩论是在准备预算声明阶段还是在提交概算时发生。

105　　　总结比较信息，任何中等收入国家和任何政府制度出台的准备预算声明都具有以下特点：

- 公开发布。
- 解释政府提出的宏观经济政策。大多数也期望其中包括细节和定量估计。
- 强调政府执行预算制定的重点政策。还包括细节和定量估计（如上限或支出目标）。

当然，任何经合组织国家和那些人均国内生产总值类似的国家，至少都应该有一个立法机构就支出总额进行不具约束力的辩论。

## 立法机构的作用

一些立法机构在预算程序中发挥更大作用的方式和原因，也取决于赋予的权力和委员会在立法机构中的有效作用。如前所述，立法机构需要及时获取行政机关的适当资料。他们还需要技术能力才能使用这些信息。某些因素可能影响特定立法机构在预算程序中发挥积极和相关作用的能力。即使立法机构有权修改预算，也不一定总是使用这个权力。诸如支持机构（立法预算）、驱动集体决策的内部立法程序（议会程序）和政党数量等因素也会影响结果。

### 权力的使用

在制定预算时具有无限制权力的立法机构的例子主要是美国国会。许多立法机构具有更多的受限制权力，在规定的限度内可以对拟议预算进行一些修改。但是，拥有这样的权力似乎并不表示它们总是被使用。如表 6 - 5 所示，世界银行—经合组织调查的 97% 的受访者表示，立法机构只是对预算进行了很小的修改，或者根本就没有修改。即使是国会有权全面改变预算的美国，也是在对预算进行微小的改变后即批准。经合组织国家中，这一数字仍然较高，其中99%的人反映立法机构对预算的改变很小。

**表 6 – 5　实际上立法机关是否一般会批准行政机关提出的预算案**　　单位：%　106

| 回复 | 所有国家（41） | 经合组织（27） | 总统制（14） | 议会制（27） |
|---|---|---|---|---|
| A1. 一般不做修改即批准预算 | 34 | 33 | 21 | 41 |
| A2. 批准预算时一般仅做微小修改（影响少于总支出的3%） | 63 | 67 | 71 | 59 |
| A3. 批准预算时一般做出大幅修改（影响大于总支出的3%但小于20%） | 2 | 0 | 7 | 0 |
| A4. 批准预算时一般与行政机构存在显著的差异（影响大于总支出的20%） | 0 | 0 | 0 | 0 |

资料来源：世界银行—经合组织（World Bank – OECD, 2003）（问题2.7. i）。

除了有权改变预算外，更多地参与预算程序的立法机构也需要具有分析预算信息的能力。有22%的国家没有专门的预算机构（见表6–6）。但是，经合组织的总统制国家有50%拥有26名以上专业人员的研究机构。有些国家的立法机构已经建立了具有足够专业人员协助立法机构的研究部门，这些立法机构应该有更大的能力分析预算文件。

**表 6 – 6　是否有专门的预算研究组织附属于立法机构**

**（可能成为审计部门的一部分）**　　单位：%

| 回复 | 所有国家（39） | 经合组织（25） | 总统制（14） | 议会制（25） |
|---|---|---|---|---|
| A1. 是，少于10位专业人员 | 18 | 12 | 14 | 20 |
| A2. 是，专业人员在10~25位之间 | 3 | 4 | 0 | 4 |
| A3. 是，专业人员超过25位 | 8 | 12 | 21 | 0 |
| A4. 不是 | 72 | 72 | 64 | 76 |

资料来源：世界银行—经合组织（World Bank – OECD, 2003）（问题2.10. e）。

### 委员会

缺少委员会或者其功能薄弱可能会损害立法机构影响预算政策或做出修正的能力（Krafchik & Wehner，2004：7）。强大的委员会的特点是拥有足够的资源、熟练的工作人员和大量的辩论时间。63%的国家有一个处理所有预算问题的单独预算委员会，部门委员会成员有时会参加具体讨论（见表6-7）。经合组织国家和总统制国家都是一致的。

表6-7　　　　　　　　　对处理预算的委员会结构的最好描述　　　　　　　单位：%

| 回复 | 所有国家（40） | 经合组织（26） | 总统制（14） | 议会制（26） |
|---|---|---|---|---|
| A1. 单独的预算委员会处理所有预算相关事宜，没有使用其他委员会的正式投入。部门委员会可能会提出建议，但预算委员不是必须采纳这些建议 | 48 | 46 | 50 | 46 |
| A2. 单独的预算委员会处理预算，但在处理特定领域的预算时，有关部门委员会的成员也会参加预算委员会的会议。例如，当讨论教育部的支出时，教育委员会的成员将出席预算委员会的会议 | 15 | 15 | 21 | 12 |
| A3. 单独的预算委员会处理预算总量（总收入和支出水平以及在每个部门之间的分配），部门委员会处理各自拨款数量下的支出问题。例如，预算委员会将确定教育部门的总支出水平，教育委员会的成员将这一总数在各个部门间进行分配 | 18 | 15 | 14 | 19 |
| A4. 部门委员会处理各自部门的拨款。不设立预算委员会，或者设立预算委员会但只提供技术支持 | 5 | 8 | 0 | 8 |
| A5. 其他，请注明 | 15 | 15 | 14 | 15 |

资料来源：世界银行—经合组织（World Bank - OECD，2003）（问题2.10. a）。

除了委员会组成结构之外，委员会能否举行听证会，请行政机关在会上证明其预算要求的合理性，也是让立法机构理解预算并对其政策内容产生影响的重要工具。表6-8使用IBP的数据列出了立法委员会参与公开听证会的结果。

表 6 – 8 立法委员会是否举行关于预算案中宏观经济和
财政框架的公开听证会 单位：%

| 回复 | 所有国家<br>（36） | 总统制<br>（24） | 议会制<br>（12） | MIC<br>（12） | LIC<br>（24） |
|---|---|---|---|---|---|
| a. 是，举行广泛的公开听证会，听取行政分支机构对行政单位预算的证词 | 11 | 13 | 8 | 17 | 8 |
| b. 是，举行涵盖关键行政单位的听证会 | 31 | 29 | 33 | 58 | 17 |
| c. 是，举行涵盖有限数量行政单位的听证会 | 17 | 25 | 0 | 17 | 17 |
| d. 否，没有举行公开的听证会 | 42 | 33 | 58 | 8 | 58 |
| e. 不适用/其他（请注释） | 0 | 0 | 0 | 0 | 0 |

资料来源：公开预算调查（问题 76）。

42% 的国家广泛地或主要对行政单位进行公开听证。在中等收入国家和总统制国家中，有 75% 和 42% 的国家分别对广泛的或者关键的行政单位举行听证。

**政党**

如果一个党派没有主导立法机构，则行政机关更有可能修改预算案，以获得足够的支持通过预算。如果某个党派占主导地位，特别是如果与行政部门是同一个政党，则适当的妥协是必要的（Krafchik & Wehner，2004：7）。表 6 – 9 列出了 IBP 关于行政机关对立法要求的信息的回应情况。83% 的受访者表示行政部门对请求做出了回应，尽管这些回应对于信息的及时性和适当性有不同的结果。采用总统制和两院制立法机构的国家有 60% 及时回应了立法要求，而采用总统制和单院制立法机构的国家有 21% 及时回应。值得注意的是，一半的中等收入国家对提供及时和适当的信息做出了积极回应，表明多数发达国家的行政部门提供准确信息的比率较高，并与立法机构的各方建立起更加和谐的关系。

109 **表6-9** **如果立法机构（包括少数党）要求提供此类信息，行政机构是否会提供对任何提案更详细或更好的解释** 单位：%

| 回复 | 所有国家（36） | 总统制（24） | 议会制（12） | MIC（12） | LIC（24） |
|---|---|---|---|---|---|
| a. 行政机构回应立法要求，通常提供适当的和及时的回应 | 36 | 38 | 33 | 50 | 29 |
| b. 行政部门对立法要求做出回应，但有时是不合适的或不及时的 | 47 | 42 | 58 | 50 | 46 |
| c. 行政部门回应立法要求，但其反应通常是不恰当或不及时的 | 11 | 17 | 0 | 0 | 17 |
| d. 行政机构有选择地回应或忽视一些立法要求 | 6 | 4 | 8 | 0 | 8 |
| e. 不适用或其他（请评论） | 0 | 0 | 0 | 0 | 0 |

资料来源：公开预算调查（问题79）。

108 ## 议会与总统制

议会制中立法机关与行政机关的合作关系往往更多。相反，总统制的权力分离可能会导致行政机关与立法机关之间激烈的对抗（Krafchik & Wehner，2004：6）。这两个系统的差异可能影响这两个机构之间的信息流。例如，议会制倾向于对预算做出越来越少的重大改变，但在预算之前通常会大
109 量提供关于财政框架的信息，而且经常会有更多的议会辩论，使得预算更加透明化。

## 结论

即使在经济发展状况可比的国家和类似政体的国家，预算透明度和立法参与预算的过程也有所不同。许多国家最为显著的是缺乏公开的准备预算声明（主要概述有关宏观经济估计和财政政策的信息）。立法机构对这些问题没有任何辩论。各国制定自己的预算制度和程序；准备预算声明应考虑国家特定的因素。了解立法机构被赋予的权力及其实践的作用至关重要。预算制度的透明度取决于立法机构的分析能力、委员会的实力和组成

结构，以及在立法机构内存在适当的程序，以便能够连贯一致地考虑到政策和部门资金分配。

立法机构越来越多地在资源分配和公共财政中发挥作用——这是行政部门必须面对的事实。可以采取一些具体步骤来提高立法参与的质量。提供更完整的信息是实现更好立法参与最基本的步骤。但这似乎越来越不够；行政部门和立法机构需要紧密合作，制定共同的程序和约束，更好地界定适当的角色，以取得更为良好的结果。

### 注释

110

1. 预算和政策优先中心（Center on Budget and Policy Priorities，CBPP）是一个非政府组织，在美国提供有关联邦和州财政政策以及低收入和中等收入家庭政策的政策分析（http：//www. cbpp. org）。国际预算项目中心（IBP）于 1997 年在 CBPP 内部成立，旨在促进公民社会能力的增长，以分析和影响政府预算流程、机构和成果。有关 IBP 的更多信息，请参阅 http：//www. internationalbudget. org/。

2. 最佳实践旨在提供指导方针，各国可以据此评估自己的标准，并从其他国家的经验中汲取经验教训。它们不应该被视为具体的规则。

3. 预算和政策优先中心（http：//www. cbpp. org）通过其"国际预算项目"制定了公开预算调查问卷，以评估公众对预算信息的获取及对预算辩论的参与。2004 年，来自 36 个国家的研究人员审查了预算草案、预算执行和审计程序。非政府组织研究人员填写的调查数据受到质疑，因为它们代表了这些非政府组织研究人员的判断力，并没有得到政府或其他机构对其准确性的审查。在某些情况下，数据是有问题的。尽管如此，调查提出了几个有关将预算信息提前发布给立法机构的问题。受访国家有阿根廷、阿塞拜疆、孟加拉国、玻利维亚、博茨瓦纳、巴西、保加利亚、布基纳法索、哥伦比亚、哥斯达黎加、克罗地亚、捷克共和国、厄瓜多尔、萨尔瓦多、格鲁吉亚、加纳、洪都拉斯、印度、印度尼西亚、约旦、哈萨克斯坦、肯尼亚、马拉维、墨西哥、蒙古国、纳米比亚、尼泊尔、尼加拉瓜、秘鲁、波兰、罗马尼亚、俄罗斯、斯洛文尼亚、南非、乌干达和赞比亚。

## 参考文献

IMF. 2001. *Manual on Fiscal Transparency.* Washington, DC: International Monetary Fund. http://www.imf.org/external/np/fad/trans/manual/index.htm.

Krafchik, Warren, and Joachim Wehner 2004. "Legislatures and Budget Oversight: Best Practices." Paper presented at the Kazakhstan Revenue Watch Open Forum, Almaty, Kazakhstan, April 8. http://www.revenuewatch.org/reports/kazakhstan_parliament_budget_forum.pdf.

OECD (Organisation for Economic Co-operation and Development). 2001. "Best Practices for Budget Transparency." OECD, Paris. http://www.oecd.org/dataoecd/33/13/1905258.pdf.

# 第 7 章
# 财政年度开始时预算未获通过会发生什么：
# 经合组织与非经合组织规定的比较

比尔·多罗廷斯基

（Bill Dorotinsky）

在行政部门和立法机构之间的年度预算博弈中，各方的行为激励会受到 博弈规则的影响。不能达成一致的成本可能会有所不同，并对结果造成影响，这对服务的提供和政治经济是有意义的。

一般来说，如果在财政年度开始之前没有达成任何预算协议，有两种方法可以说明将要发生什么。一种方法强调了当局采取积极行动继续支出的重要性，从而赋予有关机构否决新预算的权力，除非达成一致。妥协是一个基本特征。第二种方法强调达成协议的重要性，并强调在没有制定预算的情况下继续提供政府服务的重要性。

前一种方法假设无法达成一致的成本很高，如果预算没有得到批准，政府将在新的财政年度中关闭。在这种情况下，大众和利益集团很可能不满意，并对两个分支机构施加压力使其达成一致。当然，预先声明，这涉及政治手段和沟通，其中一个部门——立法机构或行政机关——可能能够说服公民对方是错误的，但无论如何，一个政党或所有政党如果不能达成一致，就被认为在民意调查和选举中处于不利地位。然而，人们总是不长记性，如果这种失败在任期的早期发生，在随后的选举中可能就不会成为一个问题。

第二种方法没有强调达成一致，而是强调最大限度地减少未能达成一致的直接后果。当局的声誉可能会遭受一些损失，因为支持新政策的新支出可 能无法实现，竞选时的承诺可能仍然无法履行，这取决于规则设定。在这些情况下，在新的财政年度，一些支出将得以持续，直到政府各部门之间的僵局得到解决。

在后一种情况下，不同水平的支出可能会得以持续，这些可能有利于行政部门、立法机构，或者对两者都不利。例如，在玻利维亚、智利和苏里南，如果在财政年度开始时立法机构没有批准预算，那么行政部门的预算提案就会生效——或者是永久有效，或如在玻利维亚一样暂时生效。这样的规则有利于行政部门，减少行政机关在预算提案方面妥协的动机。在其他情况下，立法机构必须采取特别措施，让开支发生，就像在加拿大、英国和美国一样。或者，上一年得到批准的预算（代表最近一致同意的预算）继续运行，或者进行或者不进行特别调整。阿根廷、哥伦比亚、葡萄牙、西班牙、乌拉圭和委内瑞拉玻利瓦尔共和国就是在这一制度下运作的。表 7-1 显示了 2003 年世界银行—经合组织对发达国家和发展中国家预算程序中这一问题进行调查得到的数据。[1]

表 7-1　　如果预算案在财政年度开始时尚未得到立法机关的批准，下列哪一项描述了其后果

单位：%

| 选项 | 所有国家 | 非经合组织国家 | 经合组织国家 |
| --- | --- | --- | --- |
| 行政机构预算生效 | 16 | 31 | 15 |
| 上一年的预算生效 | 41 | 62 | 23 |
| 立法机关必须对其他措施进行投票 | 26 | — | 38 |
| 行政机构解散，举行新选举 | 3 | — | 4 |
| 其他（含无规定） | 13 | 8 | 19 |

注：—表示不适用。

资料来源：世界银行—经合组织（World Bank – OECD，2003）预算程序数据库，网址为 http：// ocde. dyndns. info/。

对于所有国家来说，最大的样本组（41%）是在新的财政年度开始之前预算没有获得通过时采纳上一年度预算的国家，其次是 26% 的国家要求立法机构采取特别行动使政府继续运行。

最明显的区别存在于经合组织国家和非经合组织国家之间。大约 40% 的经合组织国家（占最大数量）要求在预算没有获得通过的情况下采取立法行动以维持支出，而没有一个非经合组织国家报告称需要采取立法行动。

大多数非经合组织国家（62%）采取了维持上一年度预算的措施，而采取这种方式的经合组织国家只有约1/4。此外，只有15%的经合组织国家在没有核准预算的情况下采取行政预算措施，而非经合组织国家则为31%。有趣的是，经合组织国家中有19%的国家列出了"其他"规定，其中包括在财政年度开始前没有通过预算的情况下不再持续支出，而非经合组织国家中这一比例只有8%。

一般来说，非经合组织国家往往采取措施来增加支出的确定性（或者 113
采用行政部门的预算，或者采用上一年度预算），减少冲突（采用上一年度核准的预算，这可以视为最近的在政治上达成共识的预算）。相比之下，经合组织国家的制度范围更广，其中大部分国家采取的措施都强调立法领导、更大的行政责任（更弱的行政谈判权力），以及更有可能在新的财政年度发生组织机构间的冲突和不确定性的支出。

## 总统制与议会制

表7-2列出了按政府体制（总统制或议会制）划分的经合组织国家和非经合组织国家数量。在26个经合组织国家中，88%的国家拥有议会制政府，而13个非经合组织国家中采取议会制政府的则有38%。

表7-2　　政府系统在财政年度开始而无预算获批时有关支出的规定　　单位：%

| 选项 | 非经合组织国家 | | 经合组织国家 | |
| --- | --- | --- | --- | --- |
| | 总统制（8） | 议会制（5） | 总统制（3） | 议会制（23） |
| 行政机构预算生效 | 38 | 20 | — | 17 |
| 上一年的预算生效 | 50 | 80 | — | 26 |
| 立法机关必须投票采取其他措施 | — | — | 33 | 39 |
| 行政机构解散，举行新选举 | — | — | — | 4 |
| 其他（含无规定） | 12 | — | 66 | 13 |

注：一表示不可用。

资料来源：世界银行—经合组织（World Bank – OECD, 2003）"预算做法和程序调查结果"，http：//ocde. dyndns. info/。

在总统制的比较中，在财政年度开始前预算没有获得通过的情况下，50%的非经合组织国家采用上一年度的预算，1/3 的国家采用总统的预算。[2] 非经合组织国家似乎在持续支出和较少冲突方面再次表现出更具确定性的趋势。

与此形成鲜明对比的是，大多数采取总统制的经合组织国家都倾向于使用其他规定（包括没有正式规定），继之以要求采取立法行动以维持支出的规定。[3] 经合组织国家一般被认为收入更高或更发达，这引出了一个有趣的问题：更高的收入能够负担得起潜在的支出中断和组织机构之间的冲突，以及类似的制度安排（或非安排）对于欠发达国家来说是否恰当。

对于议会制政府来说，大多数非经合组织国家（80%）规定，如果没有为新财政年度批准预算则采用上一年度预算。其余20%采用行政部门预算。

114　　对于经合组织国家中采取议会制的政府来说，规定要采取立法行动批准进一步支出的国家数量最多（占38%），明确给予立法机构在预算谈判中的优先权。[4] 与非经合组织国家的倾向几乎完全相反，只有 26%的经合组织议会制国家将上一年度的预算作为在没有正式颁布新财政预算时持续支出的基础。经合组织和非经合组织议会制国家采用行政性预算继续支出的比例类似，分别是 17%和 20%。

## 注释

1. 有 39 个国家对这个问题做出了回应。其中，26 个是经合组织国家，13 个是发展中国家。

2. 采用上一年度预算的预算法规定可以为继续支出提供详细的依据。阿根廷（《财务管理和控制系统法案》第 27 条）和委内瑞拉玻利瓦尔共和国（《2000 年组织预算法》第 39 条）都有类似的规定。以下是委内瑞拉法律的有关部分，供参考。

第三十九条。如果由于任何原因，行政机关在前款规定的期限内未向国民议会提交预算案，或者每年 12 月 15 日以前国民议会拒绝或不通过该法案，正在实施的预算都应当延长，国家行政机构做出以下调整：

（1）在收入预算中：

a）取消不能再征收的部分收入。

b）估计新时期每种类型的收入。

（2）在支出预算中：

a）取消不能重复的预算额度，因为它们的预算目标已经完成。

b）在共和国预算中包括与新财政年度估计的普通收入相对应的宪法规定的拨款（司法部），以及必须按照有效的法律规定在提交之日提交各自的预算法案。

c）包括对公共债务支付利息不可缺少的预算拨款以及为执行国际条约而做出的必须支付分期付款的承诺。

d）包括不可或缺的预算拨款，以保证国家行政部门的连续性和效率，特别是教育、卫生、福利和安保服务。

（3）在融资业务中：

a）从来自授权公共信贷业务的资源中消除被使用的数量。

b）排除以前期间的盈余，如果长期预算中包括它的效用。

c）包含公共信贷业务的资源，其收入必须发生在相关年度。

115

d）包含为公共债务摊销而不可或缺的财务申请。

（4）由上述调整导致的目标和对象的调整。

无论如何，国家行政部门应当遵守本法第二十八条所述的多年度预算框架和协议。

3. 请注意，这是对正式预算而言。经合组织国家的支出往往受预算程序之外的因素管制，无论年度预算是否通过，这种支出将继续下去。

4. "如果立法机构不通过预算，政府就会停摆"这一类别也加强了立法机构相对于行政机关的影响力，并可以并入前一类别"维持支出需要立法行动"，这进一步加强了经合组织立法机构优先的倾向。

# 第8章
## 公共账目委员会

里卡尔多·佩利佐　里克·斯塔彭赫斯特

（Riccardo Pelizzo & Rick Stapenhurst）

　　在亨廷顿所谓的"第三次民主化浪潮"中，许多独裁政权（Hunting-ton，1991）的瓦解以及东欧、中欧、拉丁美洲和亚洲的民主转型，引发了政治学家们对于乔瓦尼·萨尔托里所谓的"宪政工程"（Sartori，1994a）的研究兴趣。[1]政治学家更多关注哪些制度可以巩固"第三次浪潮"中出现的民主国家体制（Stepan & Skach，1994：119）。更具体地说，政治学家研究了民主巩固或民主崩溃是否或者在多大程度上会受到政府形式的影响。

　　这次争辩出现了几种观点。胡安·林兹（Juan Linz，1994）认为，议会制政府更适合民主和民主的巩固。他认为，总统制政府由于僵化和行政立法的双重合法性，不太可能维持民主。普泽沃斯基等（Przeworski et al.，1997：301）提供了广泛的经验证据支持林兹（Juan Linz，1994）的论点。他们通过统计分析显示，总统制国家民主崩溃的可能性是议会制国家的3倍。然而与此同时，斯科特·梅因沃林（Scott Mainwaring，1993）强调，总统制政府下民主政权的生存只有在过分加强党派领导时才有危险。[2]

　　虽然政治学家们调查了哪种形式的政府更有可能确保民主政权的生存，但一些国际组织开始调查民主与制度之间的关系。世界银行研究所（WBI）和联合国开发计划署（UNDP）等组织越来越重视立法机构及其在巩固民主、改善治理、遏制腐败以及最终减少贫困方面的作用（NDI，2000；Pel-izzo & Stapenhurst，2004a，2004b；Pelizzo，Stapenhurst & Olson，2004；Sta-penhurst & Pelizzo，2002）。

国际组织采取了一种有趣的方法来研究立法机构。他们承认，现代政治制度往往具有一种行政主导地位或行政优势，其中描述了政府具有政治和立法动机，以及必要的资源、能力、信息和专门知识，以分析压力问题并制定政策和解决方案。同时，立法机构负责监督政府并使之负责。他们评估政府政策的优点（或不足）、形成政府制衡、防止政府滥用权力，审查和评估政府立法建议的优点，并投票修改、批准或拒绝。除了这种事前监督职能（在制定政策之前进行监督）外，立法机构还履行事后监督职能：负责监督和保障其批准的政策得到执行。

综上所述，立法机构的政策权力不如过去，但是可以通过加强监督活动来抵消这种政治权力的丧失。因此，国际组织越来越重视哪些制度工具可能有助于立法者和立法机构监督政府的行动和活动（NDI，2000；Pelizzo & Stapenhurst，2004a，2004b；Pelizzo，Stapenhurs & Olson，2004；Stapenhurst & Pelizzo，2002）。在此背景下我们开始关注公共账目委员会（PAC）。本章首先仔细研究公共账目委员会，研究它们如何建立和制度化，以及它们所执行的功能。本章还分析了 WBI 与世界银行南亚区域财务管理单位（South Asia Region Financial Management Unit，SARFM）合作收集的一系列调查数据，以评估公共账目委员会的良好运作情况和能够实现良好运作的因素。

## 公共账目委员会

公共账目委员会是议会可以用来检查政府活动的手段之一。[3] 这些委员会首先出现在英国，由英国下议院于 1861 年提出，现在在英联邦国家相当普遍。一般来说，公共账目委员会是下议院议会常务委员会。但是，这个总体趋势有一些例外。例如，在澳大利亚和印度，公共账目委员会是一个两院委员会，在尼日利亚，两院都设立了公共账目委员会。

公共账目委员会可能会以不同的方式制度化：通过国家宪法、议会的议事规则或议会的法案。安提瓜和巴布达、孟加拉国、库克群岛、基里巴斯、圣文森特、塞舌尔、特立尼达和多巴哥以及赞比亚的公共账目委员会由宪法设立。第二组国家（包括加拿大、圭亚那、牙买加、马耳他、坦桑尼亚和乌干达）由议会的议事规则设立公共账目委员会，而印度则由议事程序设立。

119

特立尼达和多巴哥的公共账目委员会是由宪法和议事规则制定的。在包括澳大利亚和英国在内的第三类国家中，公共账目委员会是由议会法案提起设立。[4]

公共账目委员会中的成员数量因国家而异。马耳他有 7 名成员，加拿大有 17 名成员，印度有 22 名。[5] 有趣的是，尽管成员人数有限，但公共账目委员会内的席位分配却尽可能地按照全体议会席位进行。这意味着政府（或政府联盟）控制了公共账目委员会的大部分席位。

为了平衡公共账目委员会多数人的权力，反对党一般担任公共账目委员会主席。戴维·麦吉（David McGee）指出："在 2/3 的案例中，公共账目委员会由反对派成员担任主席"（David McGee，2002：66）。麦吉强调，在英国或印度这样的国家，这种做法是遵循"强大的惯例"的结果。在其他国家，它被编成公共账目委员会本身的规范和规则（如马耳他和坦桑尼亚）。例如，马耳他议事规则第 120E（4）条规定："由议会领导人指定的由反对党领导人提名的成员之一，将被任命为公共账目委员会主席。"同样，坦桑尼亚议事规则第 87（5）条规定："公共账目委员会主席应从反对党委员会成员中选出。"

反对派成员担任公共账目委员会主席的做法有两个基本功能。首先，它平衡了政府与反对派之间的权力。其次，它执行象征性的功能：表明多数与少数派在两党组成的公共账目委员会内运作的意愿。

澳大利亚是这个总体趋势的一个有趣例外。在澳大利亚，公共账目委员会主席一般是议会多数党议员（下院议员）。这个选择是由于政府成员担任主席可以更容易实施公共账目委员会的建议。"主席的责任是主张公共账目委员会的建议应由政府加以执行。这可能涉及幕后工作，说服不情愿的部长采取行动。政府成员比反对党议员能够更有效地做到这一点，因为反对党议员作为政治对手得不到各位部长的信任"（McGee，2002：66）。

## 公共账目委员会的作用和功能

公共账目委员会是协助议会监督政府开展活动的常设委员会。像任何其他常务委员会一样，公共账目委员会有权调查和审查议会提交的所有问题。[6] 公共账目委员会还可以调查具体问题，如议会对政府批准费用的问责、政府颁布政策的有效性和效率性，以及行政质量。

　　为了履行其职责，公共账目委员会获得了更多、更具体的权力，如审查公共账目的权力、对公共账目的评估以及（直接或间接地）调查审计长办公室和国家审计署起草的所有财务审计报告以及收到它认为履行职能所必需的所有文件，邀请政府成员出席公共账目委员会会议并回答问题，宣传公共账目委员会的结论和报告，向议会提交公共账目委员会的建议。

## 公共账目委员会的成功

　　WBI 和 SARFM 调查了来自英联邦国家和地方议会的 33 名公共账目委员会主席（Stapenhurst et al. , 2005）。本章讨论在该调查过程中形成的数据。直到最近，很少有人了解公共账目委员会的有效性。对于公共账目委员会在实践中是否以及在多大程度上有助于对政府活动和费用的有效监督，还没有进行系统的比较研究。WBI – SARFM 的调查产生了相当有趣的数据。调查数据可用于完成两个任务：第一，评估公共账目委员会在具体条件下取得的成果；第二，评估哪些条件和因素可能有助于公共账目委员会良好地运作。

　　关于公共账目委员会成功的数据显示，它们的成功率显著不同，这取决于它们寻求实现结果的性质。例如，虽然有 78.8% 的调查对象报告说，公共账目委员会提出的建议经常被政府接受，但只有 63.6% 的受访者表示，公共账目委员会提出的建议经常得到实施。相反，只有 15.2% 的受访者称公共账目委员会的建议很少被接受，27.3% 的受访者称公共账目委员会提出的建议很少由政府实施（见表 8 – 1）。

表 8 – 1　　　　　公共账目委员会取得以下成果的频率（N = 33）　　　　单位：%

| 取得的成果 | 经常 | 很少 |
| --- | --- | --- |
| 接受的建议 | 78.8 | 15.2 |
| 实施的建议 | 63.6 | 27.3 |
| 更好的信息 | 60.8 | 18.2 |
| 纪律处分 | 27.3 | 15.2 |
| 修改立法 | 15.2 | 54.5 |

资料来源：斯塔彭赫斯特等（Stapenhurst et al. , 2005）。

对数据的进一步分析提出了一些额外的考虑。60%以上的受访者认为，政府根据公共账目委员会的建议，经常向议会提供更好的信息。然而，公共账目委员会的行动建议很少会导致违反现行规则和规范的公职人员受到纪律处分。不到1/3的受访者表示，公共账目委员会提出建议后经常发生纪律处分。值得注意的是，政府很少根据公共账目委员会的建议修改立法和立法提案。

## 公共账目委员会成功的决定因素

WBI－SARFM的调查并不是简单地询问公共账目委员会是否、在多大程度上以及如何有效或成功，它还试图评估哪些条件促成了公共账目委员会的良好运作和成功。

执行调查的行政人员列出了37个因素，这些因素可能被认为是公共账目委员会成功的决定因素。然后，受访者被要求表明他们对这些因素的重视程度，也就是说，他们是认为这些因素非常重要、有些重要还是不重要。这些因素分为以下三类：委员会的组成、委员会的权力和委员会的做法。受访者还要确定哪些条件可能阻止公共账目委员会的成功运作。

第一，委员会的组成。在调查的37个因素中，有两个属于公共账目委员会成功的第一类决定因素：决定公共账目委员会成功的两个因素与其组成有关，即：（1）能均衡地代表委员会中所有主要的政党；（2）将政府部长排除在委员会之外。

关于第二个因素，公共账目委员会的使命是调查政府的活动，特别是在使用公共资金和资源方面。为执行监督活动，公共账目委员会必须自由开展业务，不受政府干预。如果政府部长也担任委员会成员，这种情况（免受政府干预）就很难实现。如果已经在内阁任职的议员（下院议员）被允许在委员会任职，他们可能会试图减缓或误导委员会的调查行动，以保护他们服务的内阁。

即使假设在内阁任职的议员不会误导或放慢委员会履行职责，他们在委员会的成员资格仍然会对委员会的正常运作构成问题。麦吉（McGee, 2002）的研究显示，公共账目委员会不是议员们可以服务的最具吸引力的委员会。一些议员担心为公共账目委员会服务需要投入大量且非显而易见的

工作。公共账目委员会的成员资格也可能被视为在选举时得到充分的回　122
报；换句话说，为公共账目委员会服务可能只有很小的或根本没有选举权
激励。

在缺乏选举激励的同时，还没有党派的激励（或存在党派制裁）。议员
们担心其在公共账目委员会的任职可能会导致他们与其所属党派方面的麻
烦。属于多数党（或联盟）的议员常常担心，公共账目委员会的任职可能
会迫使在忠心为他们的党派服务（代价是不履行委员会职责）和忠实地为
公共账目委员会服务（潜在地疏远自己的党派）之间做出选择。如果内阁
任命的议员被允许在公共账目委员会任职，他们在委员会中的存在将进一步
激励年轻的议员在公共账目委员会服务时维护党派利益。因此公共账目委员
会最终会以党派的方式运行。由于委员会的组成存在一定的比例，它反映了
整个议会的席位分配，而在议会制中，政党（或联盟）控制了议会席位的
大部分，因此，一旦公共账目委员会开始以党派的方式运作，政府就能够控
制公共账目委员会，避免议会的监督。

内阁部长不应被允许在委员会任职还存在第三个原因。即使假设政府官
员在公共账目委员会的存在并不会对其运作产生负面影响，公共账目委员会
中的政府成员也肯定会影响委员会的可信性及其谨慎性，而这正是公共账目
委员会真正的资产。由于这些原因，政府成员不应被允许在委员会任职。

表 8-2 显示，大多数受访者认为，公共账目委员会的组成是使其运作
良好的关键因素。14.8% 和 85.2% 的受访者认为，将为内阁服务的议员排
除在公共账目委员会之外被认为是重要的或非常重要的。同样，10.3% 和
86.2% 的受访者认为，在委员会中议会党派的比例是重要的或非常重要的。
只有一名受访者表示，委员会中党派的比例并不重要，没有一个受访者认为
排除政府成员不重要。

表 8-2　　　公共账目委员会的成功与组成：这个因素有多重要　　单位：%

| 因素 | 很重要 | 重要 | 不重要 | N |
|---|---|---|---|---|
| 各种议会政党的比例 | 86.2 | 10.3 | 3.4 | 29 |
| 排除拥有内阁职务的议员 | 85.2 | 14.8 | 0 | 27 |

资料来源：斯塔彭赫斯特等（Stapenhurst et al., 2005）。

第二，委员会的权力。调查结果显示，33 名公共账目委员会主席指出
123 了公共账目委员会的成功所需的某些权力或特征是多么重要。受访者被要求
从一份列有 17 种权力或特征的清单中指出他们认为非常重要的、重要的和
不重要的权力。

调查数据分析显示，某些权力或特征的重要性几乎被一致承认。例如，
制定建议和发表意见的权力、选择哪个议题应该被调查而不必接受政府的命
令或建议的权力，以及调查行政部门审议的所有现行和过去费用的权力几乎
是一致被认为重要或非常重要。所有受访者也认为重要或非常重要的是，委
员会明确重点关注政府对公共资金的使用负责。

应该指出的是，虽然很大一部分受访者并不认为公共账目委员会是否有
权传唤内阁部长这一问题具有重要性，但他们几乎一致认为公共账目委员会
强制证人回答问题的权力是重要的或非常重要的。超过 93% 的受访者表
示，公共账目委员会有权力强迫证人回答问题（见表 8 - 3）是重要的或
非常重要。

**表 8 - 3 　　　　　PAC 的成功与实力：这些因素有多重要**　　　　　单位：%

| 委员会的权力 | 很重要 | 重要 | 不重要 | N |
|---|---|---|---|---|
| 制定建议和发表结论 | 97.0 | 3.0 | 0 | 33 |
| 调查所有过去和现在的花费 | 93.5 | 6.5 | 0 | 31 |
| 不必遵循政府建议选择调查主题 | 90.9 | 9.1 | 0 | 33 |
| 专注于保持政府对支出负责 | 90.9 | 9.1 | 0 | 33 |
| 迫使证人回答问题 | 87.1 | 6.5 | 6.5 | 33 |
| 检查立法审计人员预算 | 58.8 | 35.3 | 23.5 | 17 |
| 迫使内阁部长到委员会接受质询 | 55.0 | 15.0 | 45.0 | 33 |
| 查看拟议立法或立法审计人员提案的修正案 | 47.8 | 30.4 | 21.8 | 23 |

资料来源：斯塔彭赫斯特等（Stapenhurst et al. , 2005）。

第三，公共账目委员会的成功与做法。第三组因素可能影响公共账目委
124 员会在执行任务方面的成功或成效。第三组因素是基于委员会本身及其成员
采取的做法。为了确定哪些做法和行动可以改善公共账目委员会的绩效并使

其更加成功，调查要求受访者评估 18 种做法的重要性。

两种做法被认为对于公共账目委员会的成功尤为重要。受访者报告说，保留记录或会议记录是改善委员会业绩的最重要的途径之一。受访者亦指出，如果公共账目委员会的成员在出席委员会的会议前做好了准备工作，委员会的表现就会大大提高。97% 的受访者认为这两种做法都是重要的或非常重要的，尽管保持会议纪要被认为比做准备工作稍微重要一些。实际上，有80% 的受访者认为会议的准备工作非常重要，88% 的受访者认为会议纪要是非常重要的。

是否存在评估政府实际执行委员会制定建议的程序和机制，也被认为是其成功的重要条件。超过 93% 的受访者认为这种程序的存在是重要的或非常重要的（见表 8 - 4）。

表 8 - 4　　问题的答案：实践和程序对于公共账目委员会的成功重要吗　　单位：%

| 委员会的实践 | 很重要 | 重要 | 不重要 | N |
|---|---|---|---|---|
| 保存会议记录 | 87.9 | 9.1 | 3.0 | 33 |
| 委员会会议前准备 | 78.8 | 18.2 | 3.0 | 33 |
| 确定政府是否已经采取了一切措施落实委员会建议的程序 | 75.0 | 18.7 | 6.3 | 32 |
| 各政党成员紧密的工作关系 | 75.0 | 15.6 | 9.4 | 32 |

资料来源：斯塔彭赫斯特等（Stapenhurst et al. , 2005）。

公共账目委员会的两党制和两党合作被认为是公共账目委员会成功的第四种最重要的做法。超过 90% 的受访者表示，委员之间密切的工作关系（不管其党派合作是否密切）都是重要的或非常重要的。

这是一个有趣的结果，特别是在考虑上面所提供数据的情况下，这显示出人们对于公共账目委员会就某些权力的重要性达成了一致。为什么一小部分公共账目委员会主席认为议会中党派在公共账目委员会的代表权对于其成功并不必要？一个原因可能是，公共账目委员会本身就是一个委员会，在这个委员会中，党派部门应该被排除在外（Rockman, 1984）。为了使公共账目委员会能够工作，并且运作良好，它需要以两党派合作或非党派的方式发

125

挥作用。[7]如果在公共账目委员会中服务的议员必须以非党派的方式行事，那么他们所隶属的党派主义利益的重要性就会降低，因此，各议会党派代表比例的重要性也会降低。

值得注意的是，并非所有做法都被认为对于公共账目委员会的良好运作或成功至关重要。如表 8 - 5 所示，几乎 1/3 的受访者表示，向委员会成员提供的经济激励对于公共账目委员会的成功并不重要。

表 8 - 5    公共账目委员会的成功的最不重要的实践和动力    单位：%

| 委员会的实践 | 不重要 | N |
| --- | --- | --- |
| 对会议进行电视转播 | 52.0 | 19 |
| 公共账目委员会的成员至少有两年在议会委员会工作的经验 | 41.7 | 24 |
| 具有行政或业务经验的公共账目委员会成员 | 35.7 | 28 |
| 创建小组委员会 | 35.3 | 17 |
| 为成员参加正常立法会议之外的会议提供额外的金钱或激励 | 31.8 | 22 |

资料来源：斯塔彭赫斯特等（Stapenhurst et al.，2005）。

此外，超过 1/3 的受访者认为设立小组委员会（帮助公共账目委员会执行任务）不重要。受访者倾向于同意，公共账目委员会成员的政治和专业经验对委员会的运作和成功影响不大。超过 1/3 的受访者认为在商业或行政方面的经验是不重要的。同样，其他议会委员会的以往经验也被近 42% 的受访者认为是不重要的。最后，对公共账目委员会会议进行电视转播被认为是最不重要的做法。

第四，公共账目委员会良好运作的阻碍。本章提供的调查数据为哪些制度因素促进了公共账目委员会的良好运作和成功提供了有用的指导。然而，监督的潜力不一定会转化为有效的监督。一些条件也可能阻碍公共账目委员会有效运作。

公共账目委员会良好运作的首要障碍是党派，即一些公共账目委员会成员以党派利益行事，并利用公共账目委员会的调查权力，促进自己的政治命运（以及各自政党的命运）。这个问题不一定是制度因素；相反，这是一个行为问题。然而，只要机构为政治行为提供了激励措施，就可能找到解决这些问题的制度性方案。例如，为了尽量减少公共账目委员会内党派冲突的风险，许多议会将委员会的主席分配给反对派的成员。在澳大利亚，委员会的主席是多数党的成员，强调了就建议和意见达成一致决定的重要性。为了尽量减少公共账目委员会内的党派紧张局势，许多议会强调，委员会的任务不是评估政府所颁布政策的政治价值或内容，而是评估政策是否以有效且高效的方式实施。然而，这些解决方案本身并不足以确保两党合作。

另一种方法可能是要求加入公共账目委员会的个人宣誓遵守（正式或非正式的）行为守则，他们保证忠诚于委员会以良好且无党派的方式运行。他们的话将被视为具有约束力，委员会的主席可以利用这一承诺来诱导成员履行职能并尊重其机构职责。

公共账目委员会的活动有效性的第二个也是更严重的问题是，政府对于其活动的议会监督可能没有兴趣（如果不是公开厌恶的话）。各国政府可以将议会监督视为对其影响领域的侵入。同样，政府也许认为，委员会没有足够的信息或足够的能力来提出建议、批评和意见。这是一个严重的问题，因为它表明对行政和立法部门在议会制度中的功能了解不足。

在议会制中，政府负责治理，议会则确保政府治理良好。当政府试图避免议会控制时，或者政府认为议会控制仅仅是政府有效行动的障碍时，他们就误解了议会监督的原则。关于这一点，重要的是要牢记，这种不完美的理解并不适用于在民主制度运作方面经验有限的新建立的民主国家或民主化制度。这个问题也存在于民主已经建立和巩固的国家。在这方面，澳大利亚的情况是象征性的。在 1932 年至 1951 年期间，澳大利亚议会的公共账目委员会没有召开会议，因为看不到这个委员会的会议有什么好处的政府认为公共账目委员会的会议是不必要的。只有引导政府尊重公共账目委员会及其活动，才能解决这个重大问题。

在这一点上，最终的观察是恰如其分的。在那些容忍腐败和其他形式的不当行为（如利益冲突）的国家，公共账目委员会的良好运作受到严重威胁。事实上，如果公民社会和其他方面不需要善政即有效、透明和诚实的治理，政治家阶级就没有任何动机去利用现有的议会监督机制来检查和改善治理质量。

　**结论**

本章的目的是讨论英联邦国家普遍采用的一种监督工具即公共账目委员会。本章讨论了这些委员会是什么、它们如何建立以及制度化、如何运作、能够取得何种成果（以及它们如何影响政治制度），以及促进公共账目委员会良好运作和成功的条件。

这一分析基于下面的假设：议会控制政府活动可以防止政府滥用其权力，因而有助于促进善政。换句话说，本章假设议会和议员是善政的代理人。在许多国家，情况的确如此。议会和议员在促进善政方面发挥了重要作用。

然而，议会对行政机关的控制权是否真的为了国家的利益而行使，而不是为了少数人的利益？今后应该重视这一点。为了确保公共账目委员会（以及其他的议会监督工具）的成功，公共账目委员会及其成员的道德（或伦理标准）必须是无可怀疑的。这是建立可行的善政制度的第一步。

### 注释

1. 转型（transition）时期是危机或政治体制崩溃与建立新体制之间的时期。当转型结束于建立民主政体时，这种过渡就是民主转型（democratic transition）。民主转型也被称为民主化。当从非民主制向民主制转型的国家数量超过了向相反方向转型的国家时，民主化浪潮就出现了［亨廷顿（Huntington, 1991：15）］。

2. 这一证据导致许多政治学家相信总统制政府形式不太可能维持民主政权的生存，因此议会制是民主政治的最佳形式。然而，乔瓦尼·萨尔托里（Giovanni Sartori, 1994a, 1994b：107）指出，总统制不利于民主的事实并不会使议会主义成为"好的选择"。议会政府可能不稳定和效率低下，其不稳定和无效可能导致政权崩溃，这方面的历史例子包括魏玛共和国、法国第四共和国和西班牙共和国——参见萨尔托里（Sartori, 1976）或佩利佐和巴伯尼斯（Pelizzo & Babones, 2005）。在舒加特和凯里（Shugart & Carey, 1992：28－54）中可以看到对总统制的批判性评估。

3. 虽然它们通常被称为公共账目委员会，但 PAC 有时可能会使用不同的名称。例如，在塞舌尔，它们被称为财政和公共账目委员会（宪法第 104 [1a] 条），在库克群岛，它们被称为公共支出委员会（宪法第 71 [3] 条）。重要的是要注意，尽管事实上它们可以采用不同的名称，但 PAC 都执行相同的职能。

4. 在安提瓜和巴布达（1981 年宪法第 98 条）、孟加拉国（1972 年宪法第 76 条）、库克群岛（宪法第 71（3）条）、基里巴斯（宪法第 115 条）、塞舌尔（宪法第 104（1a）条）、圣文森特（1979 年宪法第 76 条）、特立尼达和多巴哥（1976 年宪法第 119 条）和赞比亚（宪法第 103 [5] 条），情况就是如此。特立尼达和多巴哥的公共账目委员会根据宪法 119 条和议事规则第 72 条成立。在下列国家，公共账目委员会的成立依据分别是：圭亚那依据议会议事规则第 70（2）条；坦桑尼亚依据议事规则第 89 条；乌干达依据议事规则第 122（1）条；加拿大依据议事规则第 108（3）条；马耳他依据议事规则第 120E 条；牙买加依据议事规则第 69 条；印度依据议事规则第 308 条和第 309 条；澳大利亚依据议会行为（1951 年公共会计和审计委员会法）；英国依据 1861 年国家审计法。

5. 在这 22 名成员当中，有 15 名是下院的成员，7 名是上院的成员。

6. 或由议会主席进行，如在坦桑尼亚。

7. 为了在公共账目委员会各成员之间建立密切的工作关系，一些议会要求公共账目委员会的所有决定是一致的。根据麦吉（McGee，2002）的说法，33％的英联邦国家和地方议会要求委员会的决定是一致的。

## 参考文献

Huntington, S. 1991. *The Third Wave: Democratization in the Late Twentieth Century.* Norman, OK: University of Oklahoma Press.

Linz, J. J. 1994. "Presidential or Parliamentary: Does It Make a Difference?" In *The Failure of Presidential Democracy*, ed. J. J. Linz and A. Valenzuela, 3 – 91. Baltimore: Johns Hopkins University Press.

Mainwaring, S. 1993. "Presidentialism, Multipartism and Democracy. The Difficult Combination." *Comparative Political Studies* 26（2）: 198 – 228.

McGee, D. G. 2002. *The Overseers. Public Accounts Committees and Public Spending.* London: Commonwealth Parliamentary Association, with Pluto Press.

NDI (National Democratic Institute for International Affairs). 2000. "Strengthening Legislative Capacity in Legislative – Executive Relations." Legislative Research Series Paper No. 6, NDI, Washington, DC.

Pelizzo, R., and S. Babones. 2005. "The Political Economy of Polarized Pluralism." Paper presented at the Annual Meeting of the Southern Political Science Association, New Orleans, LA, January 5 –9.

Pelizzo, R., and R. Stapenhurst. 2004a. "Legislatures and Oversight: A Note." Quaderni di Scienza Politica 11 (1): 175 – 188.

———. 2004b. "Tools for Legislative Oversight: An Empirical Investigation." Policy Research Working Paper No. 3388, World Bank, Washington, DC.

Pelizzo, R., R. Stapenhurst, and D. Olson, eds. 2004 (October). "Trends in Parliamentary Oversight." Working Paper Series on Contemporary Issues in Parliamentary Development, World Bank Institute, Washington, DC.

Przeworski, A., Michael Alvarez, José Antonio Cheibub, and Fernando Limongi. 1997. "What Makes Democracy Endure?" In *Consolidating the Third Wave of Democracies*, eds. L. Diamond, M. F. Plattner, Y. Chu, and H. M. Tien, 295 –311. Baltimore: Johns Hopkins University Press.

Rockman, B. A. 1984. "Legislative – Executive Relations and Legislative Oversight." *Legislative Studies Quarterly* 9 (3): 387 –440.

Sartori, G. 1976. *Parties and Party Systems.* New York: Cambridge University Press.

———. 1994a. *Comparative Constitutional Engineering.* New York: New York University.

———. 1994b. "Neither Presidentialism nor Parliamentarism." In *The Failure of Presidential Democracy*, eds. J. J. Linz and A. Valenzuela, 106 – 118. Baltimore: Johns Hopkins University Press.

Shugart, M. S., and J. M. Carey. 1992. *Presidents and Assemblies. Constitu-*

129

*tional Design and Electoral Dynamics.* New York: Cambridge University Press.

Stapenhurst, R., and R. Pelizzo. 2002. "A Bigger Role for Legislatures in Poverty Reduction." *Finance & Development. A Quarterly Publication of the International Monetary Fund* 39 (4): 46 – 48.

Stapenhurst, Rick, Vinod Sahgal, William Woodley, and Riccardo Pelizzo. 2005. Scrutinizing Public Expenditures: Assessing the Performance of Public Accounts Committees. Policy Research Working Paper No. 3613, World Bank, Washington, DC.

Stepan, A., and C. Skach. 1994. "Presidentialism and Parliamentarism in Comparative Perspective." In *The Failure of Presidential Democracy*, eds. J. J. Linz and A. Valenzuela, 119 – 136. Baltimore: Johns Hopkins University Press.

# 第9章

## 无党派、独立、客观的分析单位对于预算编制中立法监督作用的价值

巴里·安德森

(Barry Anderson)

　　不同国家的立法机构在预算编制过程中发挥的作用差别很大（Santiso，2005）。有些立法机构非常积极地参与，而有些立法机构根本没有参与。此外，立法机构在许多国家发挥的作用已经随着时间而发生变化，在未来应该会继续改变（Schick，2002）。这些不断变化的作用引起了对相关信息来源的质疑，这些信息可能有助于立法机构参与预算程序。立法机构需要这些可靠、公正的信息，从而可以建设性地参与制定预算。本章讨论了一个无党派、独立、客观的分析单位对预算编制过程中立法监督作用的价值。

　　本章不讨论立法机构在预算编制中是否应该发挥作用。有些人认为立法活动可能会削弱财政纪律（von Hagen，1992）或提高政治拨款（pork barrel）的支出水平，尽管立法机构肯定不是超支的唯一来源（Wehner，2004）。这些问题是根本性的问题，本章只讨论了一个无党派客观单位的潜在价值，而不是讨论在预算编制中行政与立法之间权力平衡的大问题。

　　本章首先讨论立法机构拥有一个无党派、独立、客观的分析单位的潜在价值。它列出并讨论了这样一个单位可以执行的每一种核心功能，描述了该单位其他可能的功能，并描述了单位无党派、客观和独立的特征，以及可以提高单位有效性的特点。在列出具有专门立法研究组织的国家数量的调查结果之后，详细讨论了美国的三个立法研究组织。

## 潜在价值

在最基本的条件下，独立的分析预算单位可以提供信息，使立法机构与行政部门更加平等。如果立法机构在预算制定中发挥真正的作用，这个信息就是至关重要的。然而，与这些信息一样重要的是，这样一个单位可以做的不仅仅是消除行政人员对预算信息的垄断。以下是独立分析预算单位的好处：

● 简化复杂性。行政预算办公室常常不提供预算信息。但即使是这样，情况也许会变得如此复杂，以至于立法机构难以理解。一个独立的单位必须有专门知识使复杂的预算信息能够被立法机构以及媒体、学术界和公众所理解。

● 促进透明度。由于独立预算单位具有知识和专长，所以可以阻止预算舞弊，提高透明度。

● 提高可信度。通过鼓励简单化和透明，一个独立的单位也有可能使所有的预算预测更可信，甚至是有党派行政人员的预算。

● 促进负责性。预算程序中使用估计数的责任可由独立预算单位加强，因为单位会对行政部门的预算进行审查。

● 改善预算程序。更简单、透明、可信和负责任的预算可以使预算程序更直接、更容易理解和遵循。

● 同时为多数和少数党派服务。立法预算单位（如果真的是无党派和独立的）应向立法机构的多数和所有少数党派同时提供资料。

● 提供快速回应。作为立法机构的一部分，一个独立的预算单位可以比行政预算单位对立法机构的预算调查提供更加迅速的回应。

独立立法预算单位的额外价值意味着它不仅仅是立法机构在预算程序中的辅助工具，或者可以帮助检查行政人员的预算能力，它还可以为整个社会服务，实际上它可以协助改善整个预算程序。但是，独立单位的价值可能随时间而变化。首先，作为平衡行政预算能力的手段，单位产生的信息对整个立法机构来说可能更有价值。但是，随着单位存在时间的增长，以及随着行政人员对独立单位的存在进行调整，所产生的信息对于立法机构与少数党的关系可能更有价值。

## 133　核心功能

一个独立的分析预算单位可以履行许多可能的职能，但是要在预算编制过程中最大限度地协助立法机构，至少应该执行以下四个核心职能。

* 经济预测。所有预算分析都从经济预测开始。该单位的核心职能是进行独立经济预测。虽然该单位的预测需要客观，但它们也应该考虑到其他机构［如私人预测机构、中央银行家（如果有的话）以及专门为专家组预算提供协助的工作小组］的预测。预测应以当时的法律为依据，也就是说，他们不应该试图预见未来的立法。他们也不应该考虑政策建议的经济后果（如果有的话）。用于利率和商品价格的假设不应成为目标，而应以可以获得的最佳信息为基础。一个单位的预测保守一些更好，因为与在弱于预期的经济中试图减少支出或增加税收以满足修改的赤字目标相比，在一个好于预期的经济中减少赤字和债务在政治上更容易实现。

* 基准估计。消费和收入的预测应该是有效估计，而不是纯粹预测。也就是说，它们应该以现行的法律为基础，而不是基于政策建议。它们不应该试图判断法律的立法意图，而是应该假设立法失效期实际上会发生，而缓慢支出的资本项目的支出率是基于可以获得的最可靠的技术信息，而不是基于有偏见的政治观点。

* 行政预算方案分析。独立单位的第三个核心职能是对行政机构提出的预算进行预算评估。这样的评估不应该是一个方案评估，它实际上是一项耗时的政治工作，是对行政预算中包含的预算估计进行技术性审查。如果两者的差异不大，这样的审查实际上可以提高行政预算的可信度；如果评估与实际结果的差异不大，也可以提高政府整体预测的可信度。

* 中期分析。上述所有核心功能至少应在中期完成。这样可以提醒行政人员和公众关注当前和拟议的政策行动的年度后果。特别重要的是进行中期分析，以考虑到各种风险，例如贷款担保计划中固有的风险、提供养老金的承诺、公共—私营伙伴关系计划以及其他包含或有负债的计划。中期分析还为长期分析提供了基础，长期分析的重要性随着社会老龄化以及涉及代际

转移方案的影响扩大而增长。

独立单位可以实现的其他职能包括：

- 提案分析。立法会议员每年都会提出数百甚至数千份政策建议，除了预算外，行政部门还经常提出许多政策建议。一个独立的单位可以通过估算这些建议的费用向立法机构提供有价值的帮助。但是，由于估算每个提案的预算影响可能非常耗时，立法机构和分析单位可能会商定一项规则——如只估算那些具有最大预算影响的提案，或那些由全体委员会或者重要的小组委员会批准的提案——以限制单位分析提案的数量。

- 支出削减的选择。立法机构通常可以从一个独立单位编制的支出削减清单中获益。这些选择应该基于计划的有效性和效率，而不是基于政治考虑。单位应仅列出选项，而不应该为任何选择提出建议，因为这样做可能会引起关于其独立性的问题。与选项列表同样有价值的可以是赋予立法机构权力，尽管只在新的立法会议开始时提出选项列表对人员配置的影响可能会减轻，但这一职能也可能是耗时的。

- 监管任务分析。立法机构对经济的影响方式远不只是支出和税收决策，通过管制或强制，立法机构可能要求对部分公司、个人或地方政府采取行动。一个独立的单位可以通过估计监管的经济影响来审查监管本身，并向立法机构提供有价值的信息，但是，这同样可能是一项耗时的任务，取决于单位审查的监管任务数量以及它们的复杂程度。

- 经济分析。在独立预算单位中发现的专长也可用于进行更广泛的经济分析。这些分析可以有助于立法机构增进对相关政策建议的短期和长期预算结果的理解，并有助于该单位的工作人员编制预算提案中的核心估计量。

- 税收分析。除了上述预算和经济分析之外，还可以通过对税收政策进行各种分析，例如估算拟议或颁布的税收变化对经济增长的影响，或衡量各类税收建议对分配的影响。同样，这些分析可能是耗时的，可能需要专业人员，而这些专业人员的技能并不能轻易地用于分析支出建议。

- 长期分析。如上所述，由于许多国家的人口老龄化，长期分析——即对长达 75 年的潜在预算趋势的分析——对立法机构而言更有价值，因为许多国家已经制定规划将资源（和成本）从一代转移到另一代。

- 政策简报。行政部门和立法机构对决策者的时间要求以及预算的复杂性，都需要对复杂的预算提案和概念进行简短直接的描述。这些描述或政策简报不仅对于立法机构忙碌的成员具有实际价值，对媒体和公众也具有实际价值。

　　这些额外职能中的每一项对立法机构同样有价值，而执行这些职能所需人员的数量通常会限制这些职能的发挥。表9-1和表9-2中列出了美国三个独立立法预算机构履行各种职能所需工作人员的例子。

**表9-1　　　　　　　美国国会预算办公室人员的分布**

| 职能 | 核心 | 其他 | 总计 |
| --- | --- | --- | --- |
| 行政方向 | 5 | 5 | 10 |
| 宏观经济分析 | 5 | 15 | 20 |
| 税务分析 | 5 | 15 | 20 |
| 预算分析 | | | 80 |
| 　基线 | 20 | | |
| 　提案分析 | | 45 | |
| 　授权 | | 15 | |
| 计划部门 | | 75 | 75 |
| 技术和行政 | 10 | 20 | 30 |
| 总计 | 45 | 190 | 235 |

　　资料来源：作者根据美国国会预算办公室的数据估算。

**表9-2　　　　　　　核心职能人员配备**

| 核心职能 | CBO | IBO | LAO |
| --- | --- | --- | --- |
| 行政方向 | 5 | 6 | 3 |
| 宏观经济和税收分析 | 10 | 4 | 5 |
| 预算分析 | 20 | 12 | 36 |
| 技术和行政 | 10 | 5 | 9 |
| 总计 | 45 | 27 | 53 |

　　资料来源：作者根据纽约市独立预算办公室（http：//www.ibo.nyc.ny.us）和加利福尼亚州立法分析员办公室（http：//www.lao.ca.gov）的数据估计。

## 基本特征

136

建立和维护一个向立法机构提供独立客观预算信息的无党派分析单位并不容易。如果分析单位要成功，必须具备某些基本特征。其中最重要的是该单位的无党派性质。注意，无党派人士与两党人士有很大不同：前者意味着缺乏政治立场；后者意味着从属于两个（或所有）政党。代表两党的单位将试图从两个（或所有）政党的角度进行分析，而无党派的单位根本不会从政治角度出发进行分析。显然，一个无党派的单位在呈现客观信息方面将更加优秀。这个无党派单位的主管可能是政党的成员，但只要主管是一个技术官僚而不是政客，就不会使单位本身具有党派立场，他或她会以无党派的方式运营该机构，员工完全由技术人员组成。

此外，以无党派的方式行事将要求同时向多数派和少数派提供同样的资料。无党派分析单位的其他基本特征如下：

● 使单位的产出以及形成这些产出的方法透明（特别是对拟议的政策至关重要的报告），并且是可以理解的。

● 把这个单位的核心职能置于法律保护之下，使其不能轻易改变来适应政治目的，避免被动接受建议。

● 在发布报告之前，详细列出立法机构的相关成员，特别是如果报告包含有关提案的消极信息。

● 主要服务于委员会或小组委员会，而不是个别成员。

● 愿意与游说者或其他支持者——以及反对者——会面，就政策建议进行商谈，牢记公平、平衡的过程——以及公平、平衡过程的外表——始终是重要的。

● 将单位的办公场所与立法机构分开，但始终以及时的方式响应要求。

● 避免引人注目。

## 独立预算单位案例

2007 年，经合组织对 30 个经合组织国家和 8 个非经合组织国家的预算实践与程序进行了调查（OECD，2007）。调查中的一个问题是："立法机构　137

是否有专门的预算研究单位来对预算进行分析?"在 38 个国家中,有 16 个答复说它们有专门的单位或其他有能力进行此类分析的单位。

在这些专门的预算研究机构中,历史最悠久、规模最大的是美国国会预算办公室(U. S. Congressional Budget Office,CBO)。建立 CBO 的目的主要是为了制衡总统日益增长的权力。[1] 20 世纪 70 年代初,在美国国会看来,尼克松总统滥用了截留资金的权力(截留已经国会批准拨出的受到约束的资金),他的所有前任都曾使用过这种权力。此外,他用权力更大、更加封闭的管理和预算办公室(Office of Management and Budget,OMB)替代了更加偏重技术的预算局(Bureau of the Budget)。由于有预算外的融资方案,以及每年的预算中都会包含更多的对长期和短期产生重大影响的项目,预算越来越复杂。此外,美国财政赤字在和平时期与经济扩张时期一致,这在历史上是第一次。

由于种种原因,在没有一个预算程序从总体上考虑财政状况的情况下,于 1974 年通过了扩展的预算法。尼克松总统在辞职之前签署了新的预算法。这项法律取缔了总统截留资金的权力,成立了参议院和众议院的预算委员会,有权审议和控制总体税收和支出水平,并授权新的国会预算办公室向新的预算委员会提供原先由 OMB 向总统提供的相同信息。虽然 CBO 的主管是由众议院议长和参议院临时主席出于政治考虑而任命的当选政治委员(四年任期,可连任),但法律授权 CBO 时明确规定,所有 CBO 的选派不受政治影响。

创建 CBO 的法律只对其职能提供了一般性的指导。虽然 CBO 现在执行上面列出的所有功能,但在建立之初,人们不知道这个新成立的预算委员会的职责是什么,也不知道它的员工该做些什么。事实上,曾见证了 CBO 成立的主管人员赖肖尔(Reischauer,quoted in Kate,1989)表示,有一种观点严重限制了 CBO 的作用:

[当 CBO 成立时]众议院想要的基本上是一个检修孔,当国会有了一个法案或其他东西时,它就会掀开检修孔,把法案放下去,20 分钟后,一张写有成本估算和答案的纸片就会被呈上。人们不知道如何运作,[只是]某种地下机制完成了这一工作……没有争议的 [工作],就像下水道系统的运作方式一样。

CBO 对其职能的扩展远远超出了上面引用的内容，在很大程度上是因为从创立以来它就明确地将自身定位为一个无党派、独立客观的分析机构。CBO 有 235 名员工来履行所有这些职能，但是如上所述，根据其核心职能 [138] 和其他职能（见表 9 - 1）来讨论 CBO 员工的分配情况，然后将其与其他两个为核心职能提供信息的机构 [加利福尼亚州的立法分析员办公室（LAO）和纽约市独立预算办公室（IBO）] 的员工配备情况进行比较（见表 9 - 2），这是十分重要的：[2] CBO 和 LAO 的核心职能需要约 50 名员工完成。然而，美国政府和加州预算的规模与复杂性远远高于大多数国家的预算，或许拥有 27 名工作人员的纽约市更有可比性。

## 结论

如果立法机构要在预算编制过程中发挥实质性作用，那么它们需要得到独立的预算信息来源。美国和其他一些国家的例子表明，一个无党派的、独立的、客观的分析单位可以提供预算资料，而不会影响行政与立法机构之间的关系。然而，成功建立这样一个单位的要求是存在或希望在政治环境中实现某种平衡——政治制度之间的平衡或行政与立法机构之间的平衡。一旦创立，这样一个单位必须以可信且公正的方式运作才能维持其价值。

### 注释

作者目前是巴黎经济合作与发展组织（经合组织）预算和公共支出司司长。他曾任美国国会预算办公室执行副主任，担任美国管理和预算办公室的高级职业公务员，并担任国际货币基金组织（IMF）的预算顾问。所表达的意见是作者的，并不一定代表经合组织。本文最早发表于 2005 年 1 月 7 日召开的南方政治学会会议。

1. CBO 的大部分历史来自德韦恩·戴（Dwayne Day）2003 年发表的文章《美食大厨与快餐：1975 ~ 2001 年国会预算办公室的政策史》（*Gourmet Chefs and Short Order Cooks：A Policy History of the Congressional Budget Office, 1975 - 2001*）。

2. 加利福尼亚立法分析办公室的信息请参见 http：//www. ibo. nyc. ny.

us，纽约市独立预算办公室的信息请参见 http：//www. lao. ca. gov。

## 参考文献

Day, Dwayne. 2003. "Gourmet Chefs and Short Order Cooks: A Policy History of the Congressional Budget Office, 1975 – 2001. " Unpublished manuscript.

OECD. 2007. "OECD Budget Practices and Procedures Database. " http: // webnet4. oecd. org/budgeting/Budgeting. aspx.

Reischauer, Robert, quoted in Kates, Nancy D. 1989. " Starting from Scratch: Alice Rivlin and the Congressional Budget Office (A). " Case Program C16 – 88 – 872. 0, John F. Kennedy School of Government, Harvard University, Cambridge, MA.

Santiso, Carlos. 2005. "Budget Institutions and Fiscal Responsibility: Parliaments and the Political Economy of the Budget Process. " Chapter prepared for the 17th Regional Seminar on Fiscal Policy, United Nations Economic Commission for Latin America and the Caribbean, Santiago, Chile, January 24 – 27.

Schick, Allen. 2002. "Can National Legislatures Regain an Effective Voice in Budget Policy?" *OECD Journal on Budgeting* 1 (3): 33.

von Hagen, J. 1992. "Budgeting Procedures and Fiscal Performance in the European Communities. " Economic Paper No. 96, Commission of the European Communities Directorate – General for Economic and Financial Affairs, Brussels, Belgium.

Wehner, Joachim. 2004. *Back from the Sidelines? Redefining the Contribution of Legislatures to the Budget Cycle.* World Bank Institute, Washington, DC.

139

# 第 10 章
# 立法预算办公室：国际经验

约翰·K. 约翰逊　里克·斯塔彭赫斯特

(John K. Johnson & Rick Stapenhurst)

正如第 9 章指出的那样，世界各地的立法机构越来越多地建立了独立、<sup>141</sup>客观、无党派的立法预算办公室。这些办公室是做什么的？为什么它们的数量在不断增加？本章试图通过审查四个地区的立法预算办公室来回答这些问题。它解释了这些办公室数量增长（尽管规模很小）的原因，并描述了其职能、特点以及如何为预算程序做出贡献。

本章关注的是独立的、无党派的、为立法机构提供服务的预算办公室。它不涉及将预算分析作为其服务一部分的立法研究机构，如波兰国会研究局（Bureau of Research of the Polish Sejm），也没有描述财政委员会所具有的专业预算能力，如危地马拉国会财政委员会报告政府收入和支出的三人小组。相反，本章重点关注专门致力于协助立法机构工作的越来越多的无党派预算办公室。

本书的一些章节讨论了世界各国的立法机构在国家预算程序中所发挥的作用，说明了这些作用在不同国家具有很大的差异。这些不同的作用主要受几个因素影响：（1）政治制度的类型（即总统制、立法制或混合制）；（2）代表的选举制度（即相对多数、按比例或半数决定）；（3）立法机构的正式权力（在本书中，即修改行政预算的权力范围）；（4）立法机构运作的政治环境与立法者发挥议会权力的政治意愿的结合；（5）议会的技术能力。[1]

菲利普·诺顿（Philip Norton，2003）对立法在预算程序中的作用进行了简单的分类，确定了三种类型的立法机构：预算审批机构、预算影响机构 <sup>142</sup>

和预算制定机构。审批预算的立法机构缺乏修改行政机构所提出预算的权力或能力（或同时缺乏两种能力），因而会批准行政部门提出的任何预算。影响预算的立法机构有能力修改或拒绝行政机构的预算方案，但没有足够的能力制定自己的预算。最后，诺顿所谓的预算制定立法机构既具有法律权力和技术能力，也可以修改或拒绝行政机构的预算方案，并提出自己的预算。

由于预算审批型立法机构只是个"橡皮图章"，不经审查就批准行政机关提交的预算，它们几乎不需要独立办公室来帮助他们分析这些预算、质疑行政假设或改变预算草案。相比之下，在过去半个世纪左右的时间里，一些预算制定型和预算影响型立法机构建立了独立的、无党派的预算单位。第一个是加州的立法分析办公室，成立于1941年。30多年后，即1974年，美国知名的国会预算办公室（U. S. Congressional Budget Office，CBO）成立。菲律宾国会在1990年创建了自己的独立预算办公室即国会规划和预算部（Congressional Planning and Budget Department，CPBD）。过去十年来，立法预算办公室的建立速度不断提高。墨西哥众议院公共财政研究中心（Centre de Estudios de las Finanzas Publicas，CEFP）于1999年开始运作。乌干达立法预算办公室（PBO）由2001年议会法案设立。两年后，韩国国民议会通过立法，创建了自己的国民议会预算办公室（National Assembly Budget Office，NABO）。最后，尼日利亚和肯尼亚似乎也在准备建立立法预算办公室。

## 专门立法预算办公室案例

### 立法分析办公室：加利福尼亚

加利福尼亚州立法分析师办公室（California Legislative Analyst's Office，LAO）成立于1941年，比国会预算办公室早成立了30多年。根据加州当前立法分析师（即LAO的主管）伊丽莎白·希尔（Elizabeth Hill）的说法，自20世纪30年代初以来，加利福尼亚州的立法机构担心预算权力的平衡已经转移到行政机构。立法机构不再完全依赖行政机关提供预算信息，而是开始寻求独立的预算信息来源并进行分析，并寻找专业机构以协助自己实施监督，确保项目有效执行。它还试图减少州政府不断增长的成本，使政府更有效和更节约。1941 年，州参议院和议会通过立法建立了自己的财政预算机构，但库尔伯特·奥尔森（Culbert Olsen）州长根据其财政办公室的建议否决了该法案。立法机构没有灰心，就在同一年，它根据参议院和议会的联合规则建立了办公室，从而有效地推翻了州长的决定。[2]立法机构后来依法成立了 LAO。 143

第一，职责。LAO 负责审查和分析加利福尼亚州政府的财务状况和运作情况。与美国国会预算办公室不同，LAO 代表立法机构执行具体的监督职能，确保立法政策得到有效尤其是低成本的实施。LAO 的具体功能包括：

● 分析和发布州长预算案的详细情况（预算案分析）。分析包括部门审查以及立法行动建议。

● 发布观点和问题，概述州的财政状况，并确定主要的政策问题。

● 在整个预算程序中协助预算委员会。

● 审查管理部门在制定预算后所做出的修改，并向预算委员会提交调查结果。

● 出版关于国家预算和立法机构感兴趣的专题报告。

● 对倡议及其投票表决的措施进行财政分析。加利福尼亚州是允许公民向政府提出特别倡议（如减税）并进行投票的州之一。LAO 需要对所有这些措施进行财政分析。

● 进行立法监督，包括对方案或机构的评估，并向立法机构提出建议。

● 制定政策选择。LAO 为立法机构提供有关公共政策问题的选择，在合规条件下就政策事项提出建议。[3]

立法机构的所有委员会和成员均可获得 LAO 的服务。

第二，运行和成员。联合立法预算委员会由 16 名成员组成（两院各有 8 人），负责监督 LAO 的运行。按照传统，参议员担任委员会主席，大会成员担任副主席。资金来自两院。立法分析办公室为联合立法预算委员会服务，多年来分析师们一直坚守自己的岗位。例如，目前的立法分析师已经服务了近 30 年。

LAO 拥有 56 名员工（43 名专业人员和 13 名行政人员），按主要专业领域划分（如健康、刑事司法和社会服务），由主管培训人员和编辑内容的主 144 任领导。专业人员一般具有公共政策、经济、公共行政、商业等领域的硕士学位，具有较强的分析和量化研究背景。每位专业人员对国家预算的具体部分负责，并成为这一领域的专家。1999 年，LAO 的预算为 460 万美元。

### 国会预算办公室：美国

美国国会预算办公室（CBO）是作为 1974 年《国会预算与节流控制法案》（*Congressional Budget and Impoundment Control Act of* 1974）的一部分而成立的。1921 年的《预算与会计法》（*Budget and Accounting Act of* 1921）将预算流程集中到行政部门，而在随后的半个世纪，由于对预算和经济信息的控制不断增加，总统对预算的影响越来越大。[4] 相比之下，国会没有形成类似的能力，而是依靠行政部门作为预算和经济信息的主要来源，继续通过由委员会组成的并不完整的网络进行工作。1974 年的法案创造了一个新的且更连贯的国会预算程序，并通过众议院和参议院预算委员会来监督这一新进程。该法案还创建了国会预算办公室，为委员会提供独立的预算和经济信息。

第一，职责。每年 CBO 发布三个主要报告，旨在协助预算委员会，并协助国会开展预算工作。包括以下内容：

● 一份关于美国经济和预算前景的年度报告，估计未来十年的支出和收入。

● 一份总统预算的分析报告。CBO 一般会在 2 月初总统预算方案发布之后的一个月内对拟议预算进行独立的重估。

● 一份为预算提供各种选择的报告。这些选择包括削减和增加支出、减税和增税，以及各种政策选择的建议。

除了这些年度报告，CBO 还分析立法建议的支出和收入影响，并估计未来立法的费用。作为 1995 年《无经费补助强制改革法案》（*Unfunded Mandates Reform Act of* 1995）的一部分，CBO 还负责确定包含联邦对州、地方和部落政府以及私营部门监管的与立法有关的费用。

此外，CBO 要发布与预算有关的特定政策和计划问题的研究报告。这些深入的研究旨在向国会预算程序提供信息，可能会涵盖年度预算程序中未涉及的更长期的问题。深入研究包括有关美国婴儿潮一代（1946～1964 年之间出生的人）老龄化可能面临的长期预算压力的报告，这远远超出了立法者普遍认为的预算范围。创建 CBO 的法规要求行政机构向 CBO 提供执行其职责所需的信息。

第二，运行和成员。CBO 拥有员工约 230 人，2005 年拨款接近 3500 万美元。[5] CBO 主管由众议院议长和参议院议长根据各议院预算委员会的建议联合任命。他们的任期为四年，连任次数没有限制。

CBO 的工作是通过七个部门进行的，其中两个是税收分析部和预算分析部。CBO 专业人员约 70% 拥有经济和公共政策学位，都是众议院的正式职员。[6]

每年，CBO 平均约有 2000 个正式或非正式的成本估算项目，包括在议会召开会议之前的立法建议、70～80 份主要报告，以及数十个国会委员会的证词。CBO 通过互联网广泛传播其调查结果、分析方法和假设（Anderson，2006）。

### 国会规划和预算部：菲律宾[7]

菲律宾议会于 1990 年在众议院的秘书处下设立了独立预算办公室，运行机制模仿美国 CBO。

第一，职责。国会规划和预算部（Congressional Planning and Budget Department，CPBD）具有三大功能：（1）协助众议院制定议程；（2）向议会领导和成员提供关于重大社会经济政策问题的技术信息、分析结果和建议；（3）对立法的影响进行分析，并对确定的政策问题进行深入研究。

CPBD 发布旨在向议员通报政府政策和立法影响的出版物，其中包括政策咨询（新兴政策问题的更新）、预算年度宏观分析以及中期经济发展规划分析。CPBD 通过收集资料，协助众议院进行监督，并向议长和立法发展咨询委员会及其他机构间委员会提供技术援助。最后，CPBD 偶尔会发表论文和一份名为《事实和数字》（*Facts and Figures*）的出版物，展示菲律宾的社会经济状况趋势并提供统计资料。与 LAO 和 CBO 不同，菲律宾的 CPBD 只为全国两院立法机构的众议院提供服务。

第二，组织和人员。CPBD 由一名总干事领导，一名执行董事协助他的工作。三个主要部门各由一位服务主管领导，他们向总干事和执行董事报告。国会经济计划局对基础设施、工业发展、贸易和投资等宏观经济政策的竞争力及改革措施进行政策研究。国会预算办公室对财政措施进行研究和分析，包括政府税收和支出的宏观经济影响。特别项目服务重点关注众议院劳动就业、教育、农业和环境委员会的政策分析与研究。CPBD 还有一个服务支持部门。除了内部员工外，CPBD 还定期聘请顾问。专业人员普遍拥有经济、财政、公共管理等学位。

### 公共财政研究中心：墨西哥[8]

在革命制度党（Institutional Revolutionary Party，PRI）统治的数十年里，墨西哥国会沦为橡皮图章，此后它成为一个更加独立、自信的机构，因为 PRI 的权力在 20 世纪 90 年代后期逐渐减弱。[9]众议院于 1998 年成立公共财政研究中心，帮助其在预算程序中更有效地发挥作用。

第一，职责。与讨论的其他单位类似，公共财政研究中心（Centro de Estudios de las Finanzas Públicas，CEFP）也是一个技术性的、无党派的、由公共财政专家组成的组织。像菲律宾的 CPBD 一样，它为众议院而不是参议院服务，向国会内的委员会、团体和议会的个别成员提供与预算有关的援助。它具有以下特定功能：

- 分析行政部门关于国家经济状况、公共财政和公共债务的季度报告。
- 分析行政部门关于实施"国家发展规划"的年度报告，并向专题委员会提供相关信息。
- 分析行政人员向众议院提交的预算提案、税法、财税法和财务信息。

此外，CEFP 还会根据需要向委员会、立法团体和个人代表提供预算信息，并保管好有关财务和国债报告的备份。

第二，组织和人员。由众议院不同政党组成的一个包括 22 名成员的委员会负责监督 CEFP。委员会采取协商一致的方式做出决定，必要时以多数票决定。CEFP 的主管由众议院通过公开的竞争性申请流程选出。主管任期 5 年，可以连任一次。工作人员也是通过公开竞争的过程而不是根据政治隶属关系选出的。CEFP 有四个部门：宏观经济和行业研究部、财政（或预算）研究部、公共预算和支出研究部以及技术和信息系统部。该中心的网站列出了 27 名专业人员。

自 20 世纪 90 年代后期建立 CEFP 以来，墨西哥更具独立性的国会进一步加强了其在预算程序中的作用。对 2005 年生效的墨西哥宪法的修正要求行政部门比以前提前两个多月向国会提交预算，给予国会更多的时间来审议和修改预算草案。修正案还要求国家预算比以前早一个月（11 月 15 日，而不是 12 月 15 日，第 74 条）得到批准，从而给予州和地方政府更多的时间来为即将到来的新财政年度拟定计划。

### 立法预算办公室：乌干达

在我们研究的所有案例中，乌干达的政治制度在建立立法预算办公室（Legislative Budget Office，PBO）时可能是最独特的（Kiraso，2006）。为了平息乌干达激烈的政治斗争，总统约韦里·穆塞韦尼（Yueli Museveni）于 1986 年建立了无党派政治制度，禁止政党派候选人进入立法预算办公室。2005 年的宪法公民投票结束了这一做法。比阿特丽斯·基拉索（Beatrice Kiraso）是建立乌干达 PBO 的私人成员法案的主要起草者，他认为乌干达的无党派制度实际上有助于国民议会制定其财政预算。"国会没有政府或反对党，没有多数或少数。如果能够有益于或强化议会作为一个机构，则议会议员可以更容易地支持有利于议会的立场。政府处于较弱的地位，其成员面临靠边站"（Kiraso，2006：4）。

乌干达 PBO 是根据议会的一项法案于 2001 年建立的。与 1974 年美国《国会预算与节流控制法案》一样，该法案不仅产生了财政预算办公室，而且还创建了一个集中式的预算委员会，并对议会在预算程序中的作用产生了重大影响。

第一，职责。乌干达 PBO 每年发布以下报告：地方收入分析报告、外资流入分析报告、支出报告和其他报告。在地方收入分析报告中，PBO 分析了乌干达税收局向预算委员会和 PBO 提交的月度报告，确定税收目标是否实现、未实现的理由（如果有的话），以及是否应调整收入目标。使用这些报告的信息，PBO 向议会提出了扩大税基的方法，并提出了通过减税以增加消费的可能方法。

2001 年《预算法案》要求总统向议会提供有关国家债务的资料。乌干达 PBO 代表预算委员会以外资流入分析的形式分析了债务报告，并找出了委员会需要关注的问题。《预算法案》还要求部长们向国会提交一份年度政

148 策声明，披露该部拨出的款项、发放的资金以及这些资金的用途。除了这些支出报告之外，PBO 还发布季度预算执行情况报告，使议会能够追踪不同政府部门在一年中的总体预算执行情况。

其他报告还包括 PBO 向议会提交的年度经济指标报告，以及记录所有议会向政府提出的建议的报告，包括是否希望政府做出回应、政府是否做出了回应，以及没有回应的理由。

PBO 还协助议会修订预算程序。《预算法案》扩大了议会在预算程序中的作用；PBO 提供的专门技术知识能够帮助国民议会充分发挥这一新作用。新的预算程序使议会有机会对执行预算草案进行审查、评论和提出修正案，允许行政部门通过修改预算草案做出回应，并与国民议会进行协商，所有这一切都是在预算正式发布之前完成的。

以前，国民议会首次看到政府的预算方案是在 6 月 15 日左右，刚好在新的财政年度开始（7 月 1 日）之前。在这一新制度下，4 月 1 日，总统展示下一年度的收入与支出框架草案，这一时间比财政年度开始的时间足足早了 3 个月。议会常务委员会在 PBO 经济学家的协助下，考虑指示性拨款，并为预算委员会编写报告，其中可能包括在部门预算上限内重新分配的建议。

预算委员会审议所有提案，并可能提出在各部门内部和各部门之间重新分配的方案。PBO 协助委员会编制一份综合预算报告，提交给议长，议长必须在 5 月 15 日之前将其转交给总统。在正式预算发布之前对行政立法的讨论过程中，行政部门通常会对预算进行一些修改，以回应议会的要求。

第二，组织和人员。PBO 由一名主管领导，有 27 名专家的职位，但由于预算限制，有时有空缺。专业人员是具有宏观经济、数据分析、财政政策和税收政策专业知识的经济学家。最初他们主要来自财政部、乌干达税务局、中央银行和乌干达统计局。

根据乌干达《预算法案》的起草者基拉索的观点，PBO 提供的技术援助加强了议会在预算程序中的作用。一是政府现在为议会提供了三年的收入和支出预测。在 PBO 专家的协助下，预算委员会向议会报告这些预测中的任何矛盾之处，以及未来三年收入和支出的规定。二是各部门的政策声明现149 已在 6 月 30 日前及时通报，让常务委员会能够充分对其进行审议。PBO 与财政部合作，制定了政策声明格式。在 PBO 经济学家的协助下，委员会审查政策声明。这些声明必须包括物有所值（value-for-money）的信息，而不仅仅是支出数据，并报告部门目标实现的程度。三是 2001 年《预算法案》要求在议会提交的每一项法案中都附有财政影响证明。PBO 验证了这些声明的准确性，并就该财政年度对预算的影响提供了建议。事实土，国民议会在 PBO 决定不将几项提案包含在当年预算中后，迫使政府推迟了这几项提案。四是《预算法案》要求政府将补充支出限制在预算的 3% 以内。PBO 与各部门密切合作，确保这些限制得到遵守。五是 PBO 起草了一份易于理解的总统关于国家债务的报告。

### 国民议会财政预算办公室：韩国[10]

韩国国民议会预算办公室（National Assembly Budget Office，NABO）是根据国会的一个法案于 2003 年建立的。NABO 有两个目的：一是鼓励公共支出中的纪律性；二是使得立法机构在决定国家如何获得收入以及如何使用收入方面能够发挥更大的作用。那些起草该法案的人考虑了扩大国民议会秘书处预算政策局的职责，但最终认为 NABO 在预算方面提供的帮助是独一无二的，因此有必要在国会设立一个单独的机构。

第一，职责。NABO 向国民议会的委员会和成员提供无党派的、客观的信息和分析。它对预算和政府财政执行情况进行研究分析，估算立法机构提出的议案成本，分析和评估政府计划和中长期财政需求（审计职能），并应立法委员会或国民议会议员的要求进行研究和分析。

第二，组织和人员。经议院指导委员会批准的议长任命 NABO 负责人。NABO 共有 92 名全职岗位（约 70 名专业人员和 20 名行政人员），是本章讨论的第二大预算办公室。专业人员在会计、经济、公共政策、法律和相关领域拥有高级学位。NABO 的主管任命所有的工作人员。正如本章讨论的其他预算办公室一样，工作人员只能根据专业能力（而不是政治上的影响力）进行选择。2006 年，NABO 的预算约为 1200 万美元。

预算办公室运行是否顺畅只取决于政府提供的信息，如果政府部门不愿意给它们提供财政信息，那么它们的效用就会打折扣。在韩国，建立预算办公室的立法机构要求行政机构向 NABO 提供执行其职能所需的信息。这证明立法机构在说服不情愿的机构提供必要的数据方面非常有用。像美国的

CBO 一样，NABO 分析和工作的成果通过互联网向议会的所有成员和公众开放。NABO 还免费分享其方法论和假设，这也与 CBO 的做法类似。NABO 每年平均向议会提交 80～90 份正在讨论的立法提案的正式成本估算，并发布 30～40 份主要报告和其他出版物。

### 拟议预算办公室：尼日利亚和肯尼亚

这两个国家议会的财政预算办公室成立的背景十分相似，有必要在这里讨论一下。这两个国家都位于非洲。

国民议会预算和研究办公室（NABRO）：尼日利亚。尼日利亚国民议会试图建立一个独立的、无党派的国民议会预算办公室，以帮助确保制定的预算得到适当执行（Nzekwu，2006）。2007 年 5 月，参议院通过了与众议院相同的条例草案，以至于不再需要通过协商委员会达成一致。但是，2007 年 6 月，总统拒绝签署 NABRO 法案，并将其退回国民议会进行修改。

该法案旨在澄清立法机构和行政部门的作用与责任，并要求政府至少在预算年度结束前 3 个月向国民议会提交预算，使大会有充分的时间考虑并在新的财政年度开始之前通过拨款法案。在设立预算办公室时，议会存在预算约束和指定用途的款项。

根据国民议会制定的最初协议，该办公室将执行以下任务：

- 审查行政部门提交的预算，以确保它现实且客观合理。
- 向相关委员会提供技术援助和说明，帮助他们了解和评估拟议预算。
- 审查、监测和评估政府上一年度的预算执行情况。
- 预测经济趋势和起草预算影响的简报与声明。
- 支持委员会的各项监督职能。

财政分析立法办公室：肯尼亚。[11]肯尼亚《独立议会法案》（1999 年）的起草者奥洛·阿林戈（Oloo Aringo）在 2006 年 3 月的肯尼亚国民议会上提出了一项普通议员法案。该法案与乌干达的《预算法案》（2001 年）非常相似，并得到了政府的支持，预计会得到通过（Kathuri，2006）。然而，目前正在进行第三轮审议。虽然立法尚未颁布，但肯尼亚议会仍然建立了一个预算办公室，并聘请了几名工作人员。[12]

该法案旨在确保政府遵循审慎的财务管理原则，包括减少政府债务、提高透明度和建立可预见的税率（《财政管理法案》第 2 部分）。像乌干达的《预算法案》一样，该法案要求政府在新的财年开始之前（截至 3 月 31 日），向国民议会提交详细的预算陈述。建立财政分析与拨款委员会以及财政分析办公室，要求财政部部长向国民议会提供具体的经济和财务报告，并授予财政部部长常务秘书一些特权，可以根据这一立法从公职人员处获取必要的信息，对公职人员违反规定施加严惩。

关于财政分析办公室和财政分析与拨款委员会，该法案规定："财政分析办公室将由合格的预算人员和经济学家组成，而委员会在理想情况下由相应领域内具备能力或兴趣的成员组成。因此，这两个机构不仅将是保持专家连续性的蓄水池，也是国民议会预算机制的支点。"

## 独立财政预算办公室问题

到目前为止，本章已经考察了几个国家的无党派立法预算单位的职责、运作、人员和预算。下面讨论立法预算单位的一些更为一般的问题。

### 预算办公室数量的增加

为什么越来越多的立法机构建立了无党派、独立、客观的预算分析单位？一个原因可能是：使用熊彼特的民主程序（选举）概念，[13] 今天的民主国家比历史上任何时候都多。随着苏联解体和新兴国家的建立、拉美和非洲军政府大幅度减少、非洲一党制国家数量急剧下降，立法机构比以往任何时候都多——其中一些立法机构有潜力行使一定程度的独立权力。独立财政专家——如无党派预算单位中的专家——帮助立法机构行使这种权力。

另一个原因可能是亨廷顿所谓的"示范效应或滚雪球"的延伸。根据亨廷顿的说法，一个国家成功民主化的示范效应是对其他国家特别是地理上接近和文化上相似的国家的强大激励（Huntington，1991：100 – 106）。示范效应可能不仅是把民主从一个国家推向另一个国家的动力，而且也是民主建构的典范。菲律宾的 CPBD 是在美国的 CBO 之后成立的，而肯尼亚的普通议员《财政管理法案》（2006 年）与乌干达的《预算法案》（2001 年）有很多共同之处。乌干达《预算法案》的起草者比阿特丽斯·基拉索（Beatrice Kiraso）就立法问题同肯尼亚的法案起草者阿林戈先生（Hon. Oloo Aringo）进行了协商。事实上，国际社会鼓励加强立法的大部分工作都涉及跨区域分享最佳立法实践。[14]

立法预算办公室数量增长的第三个原因可能与整个世界要求各国政府提高透明度和加强问责制有关。透明国际组织（Transparency International）办公机构增加、反腐机构和监管机构数量增长、预算透明度智库数量增多，这一切都表明人们对审查政府财政的兴趣不断增加。如果预算专家想要在制定和监督预算以及控制政府开支方面发挥作用，就需要立法机构的协助。

### 潜在价值

有立法权的、独立的、无党派的、客观的分析预算单位为立法机构、委员会、立法者和公民带来了什么好处？[15]

首先，独立的立法预算单位打破了行政人员对预算信息的垄断，使立法机构与行政机关更加平等。在加利福尼亚立法机构和美国国会的案例中，立法领导人担心他们的预算权力会受到行政人员的侵蚀，并建立了预算办公室来帮助纠正这种不平衡。

预算办公室简化了复杂性。行政预算机构往往不能向立法机构提供他们需要的预算信息，即使提供信息，这些信息也可能过于复杂，使得立法机构无法理解。有效的立法预算办公室简化了行政机构提供的复杂的预算信息，以使立法者能够理解和使用它们。

其次，这些预算办公室有助于提高预算透明度，不仅可以提高行政部门和立法机构之间的透明度，而且也可以提高对公众的透明度。许多立法预算办公室在网站上公布国家预算信息和分析（例如，参见墨西哥众议院 CEFP 的报告，http：//www.cefp.gob.mx，或 http：//www.cbo.gov/）。更高的透明度阻止了高管和行政机关的违规操作。

有效的财政预算办公室也有助于提高预算程序的可信度。因为这些服务鼓励简化和透明度，它们有助于使预算预测更容易理解和更可信。无党派预算办公室通常会披露其假设、方法和成果，使每个人都能够理解预算办公室做出这些推测的基础。

　　预算办公室有助于强化问责。对行政机构在预算程序中使用的估计项的审查强化了行政人员的责任。认识到他们的假设和预算数字将由来自独立的政府部门的预算专家仔细审查，行政预算人员将更加谨慎和细心。此外，立法预算单位的工作使得预算更简单、更透明和更加负责任，也使预算程序更直接、更容易遵循。比阿特丽斯·基拉索表示，由于 PBO 的工作，乌干达各部门现在以规范、易于使用和更容易理解的形式向议会提交年度支出报告。

　　制定有效的立法预算也可能导致公共开支更加规范化。1974 年《美国国会预算和节流控制法》的一个重要目的就是控制政府支出，本章讨论的一些预算办公室成立的原因也正是如此。

### 功能

　　根据安德森（Anderson，2006）的统计，独立分析预算办公室的第一个核心职能是做出独立的预算预测。他认为，这些预测应该是客观的，并考虑私人预测者、银行家和专家的预测，要保守一些。保守的预测是可取的，因为从政治角度看，在好于预测的经济中削减赤字比为了应对意外的赤字而在最后一刻减少支出或增加税收更容易一些。

　　独立分析预算办公室的第二个核心职能是：独立的立法预算办公室制定基准估计，并通过合理估计而不是预测来做到这一点。也就是说，他们应该假定现行法律将保持原状，不应该考虑尚未颁布的政策建议。

　　预算单位的第三个核心职能是分析执行部门的预算提案，对执行预算中的预算估算项目进行技术性（非政治性）审查。

　　预算办公室的第四个核心功能是进行中期分析。中期分析可以提醒政策制定者和公众注意拟议政策行动未来的后果。它还为建立长期分析提供了依据。

　　独立预算单位也会履行其他几项职能，其中包括行政和立法政策建议的成本估算，为立法机构考虑制定削减开支的方案，分析对企业、地方政府和地方经济进行管制的成本，进行更深入和更长期的经济分析，分析拟议政策和实际税收政策的影响，并编制解释复杂的预算提案和概念的政策简报。

　　本章讨论的其他预算办公室拥有不同的职能。例如,加利福尼亚州的LAO 向立法机构提出建议,以便政府能够更有效和更经济地运作。另外,作为制度性监督机构,LAO 力求确保行政机关遵守立法意向的意义和精神,乌干达的 PBO 记录了行政部门对于向政府提出的立法建议的执行情况。最后,菲律宾的 CPBD 帮助制定了众议院的立法议程。

### 建立有效的立法预算单位的思考

　　如果要使本章所述的预算办公室变得有效,那么它们就必须奉行无党派主义。安德森(Anderson,2006)对两党(或多党派)和无党派的服务进行了区分。两党或多党机构将会试图从两党(或所有政党)的角度来分析事务,而无党派的机构则试图客观地呈现信息,而不是从政治角度进行分析。

　　立法机构使用几种手段来确保其预算单位以无党派方式运作。在一些国家或城市(如墨西哥和美国的加利福尼亚州),由两党或多党派委员会来监督预算单位。主管可以通过公开的竞争程序进行选择,也可能在立法机构得到广泛的支持。在所有情况下,立法机构基于专业知识选择单位工作人员,而不是出于政治上的考虑。

　　无党派、独立的预算办公室应为立法机构的所有党派服务,并有可能使少数党在预算程序中比原先享有更多的话语权。安德森(Anderson,2006)指出,实际上,随着独立预算单位的成长和管理人员的调整,它们的信息对于少数党而言可能比对立法机构的多数党更有价值。执政党不应该减少对独立预算单位的资金支持、削弱其权力或使其政治化,要认识到自己有朝一日也会成为反对党,并且需要专业预算服务。

　　有效的立法预算单位还应该通过法律的形式将自己的地位及核心职能确定下来,以便不能因某种政治目的而被轻易关闭或改变。安德森说,预算单位应该避免向立法机构提出建议。然而,正如表 10-1 所示,许多单位都向立法机构提出了建议。安德森还建议立法预算单位主要为委员会和小组委员会服务,而不是为个人提供服务,并与当事各方会谈,以便能够提供明智的、不偏不倚的分析,避免成为关注的焦点。

表 10 - 1　　　　　　　　　　本书讨论的预算办公室的特点

| 名称和成立年份 | 专业员工人数 | 执行方案评估？ | 与更大的预算改革过程相关联？ | 向立法机关提出政策或预算建议？ |
|---|---|---|---|---|
| 加利福尼亚立法分析师办公室（1941 年） | 44 | 是 | 否 | 是 |
| 美国，国会预算办公室（1974 年） | 205 | 否 | 是 | 否 |
| 菲律宾，国会规划和预算部门（1990 年） | — | 是 | 否 | 是 |
| 墨西哥，公共财政研究中心（1998 年） | 27 | 否 | 否ᵃ | 否 |
| 乌干达，立法预算办公室（2001 年） | 27 | 是 | 是 | 否 |
| 韩国，国民议会预算办公室（2003 年） | 70 | 否 | 否 | 否 |

注：a. 墨西哥的预算时间表在几年之后进行了改革。—表示不可用。
资料来源：作者整理。

　　预算单位需要获得政府预算信息，而且在许多情况下，设立预算单位的法规也授予它们强制行政机构提供相关信息的权力（如美国和韩国）。肯尼亚立法机构有一种创造性的方法来满足这一需要，它授予国民议会强制政府提供预算资料的权力，而不是授权财政部获得国民议会要求的预算资料。不遵守这一法规的公职人员将面临严厉的处罚和监禁。

　　在一些情况下（如菲律宾和美国加利福尼亚州），立法机构将建立预算办公室作为对预算程序单独的改革。但在其他情况下，立法机构将预算办公室作为更大规模改革的一个组成部分。1974 年《美国国会预算和节流控制法》不仅建立了 CBO，还设立了一个新的预算程序，并在两院中各设立了一个预算委员会来管理这一程序。乌干达的 PBO 是类似改革的一部分，并第一次使国民议会成为预算程序的主要参与者。肯尼亚新的预算立法和尼日利亚的提案中包括将立法预算办公室作为更广泛的预算程序改革的一部分。在许多情况下，预算办公室是更大改革的一部分（这可能是一种趋势），而改革的目的是强化立法机构在预算程序中的作用。

　　立法预算单位的适当规模是什么？本章研究的预算办公室人员规模为

20多人至200多人（见表10－1）。它们的规模能够决定其提供服务的数量和频率，但是即使是像乌干达一样贫穷的国家也认为立法预算办公室是一项很好的投资。向工作人员支付极低工资的立法机构可能会发现很难吸引高水平的预算专家，它们或许应该考虑调整薪酬水平。

　　预算单位的职责是否应当超出纯粹的预算工作？加利福尼亚州立法分析师办公室的职责包括方案评估，乌干达的PBO也是如此。PBO还会跟踪议会对政府的所有建议、政府是否被要求做出回应，以及政府不回应的原因。菲律宾的CPBD将协助众议院制定议程作为自己的第一要务。人们可以了解这些服务对立法机构的重要性，也许是预算办公室被要求提供这些服务，特别是当立法服务缺失的时候。尽管如此，新的立法预算办公室的构建者应该把重点放在其主要任务上，从而避免对预算办公室提出过多的要求而降低其有效性。

　　表10－1比较了本章考察的预算办公室的规模（以办公人数衡量）、是
156 否对政府机构进行方案评估、其创建是否是更大的预算改革进程的一部分，以及是否对立法行动提出建议。

## 结论

　　鉴于独立立法预算办公室的数量快速增加，未来十年可能会出现更多的立法预算办公室。肯尼亚和尼日利亚马上就会建立此类办公室，此外，加纳、危地马拉、泰国、土耳其和赞比亚的立法机构也对建立预算单位表现出兴趣，无疑还有更多的国家有此打算。

　　长期提供无党派立法服务的立法机构（在许多英联邦国家与专业秘书处共存）可能会更容易建立专业、无党派的预算办公室。同样，在分治政府体制下，或者在立法机构和行政机关彼此独立选举的制度下，立法机构可能会比在真正的立法制度中更有动力设立独立的预算办公室。在真正的立法制度中，控制立法机构的政党或联盟选择政府来代表它，因此没有什么动力利用议会的资源去培养对这个政府提出挑战的专业能力。没有无党派传统的立法机构，以及由出于政治考虑而任命且在每次选举之后都会被更换的人员组成的行政部门，同样也会发现难以建立独立的预算办公室，但并非不可

能。美国国会和国家立法机构的党派倾向十分明显，却能够形成专业服务和无党派服务，这在拉丁美洲也越来越普遍。制度很少会迅速改革，但它们的确在改变。

在建立预算办公室时，保持无党派是一个关键的挑战，因为它们服务的制度天然就具有党派性。不论何时何地，只要它们能够成功地保持无党派，就可以提高政府预算程序和预算结果的质量（从而提高政府的信誉），使预算程序更加透明，使立法者和公众更容易理解。

### 注释

1. 有关这些因素的详细讨论，请参见约翰逊和中村（Johnson & Naka-mura，1999）以及约翰逊（Johnson，2005）。

2. 关于加利福尼亚立法分析师办公室的大部分信息引自希尔（Elizabeth G. Hill，2003a，2003b）和凡齐（Vanzi，1999）。

3. "About the Legislative Analyst's Office." http：//www. lao. ca. gov/2006/cal_facts/2006_calfacts_toc. htm.

4. 本节大部分信息来自 CBO 主管丹·克里朋（Dan Crippen，2002）。

5. 美国众议院报告 109 - 139；2006 年《立法分支拨款法案》。来自托马斯的国会图书馆。Library of Congress，Thomas. http：//thomas. loc. gov/cgi - bin/cpquery/? &dbname = cp109&sid = cp109DGdGa&refer = &r _ n = hr139. 109&item = &sel = TOC_43975&.

6. 国会预算办公室网站：人员配置和组织，http：// www. cbo. gov/organization/。

7. CPBD 的大部分信息收集自国会规划和预算部门的网页，"Budget Briefer"，http：//www. geocities. com/cpbo_hor/。

8. 关于 CEFP 的大部分信息可以在 http：//www. cefp. gob mx/找到。

9. 这种权力转移被 21 世纪初期行政提案转化为法律的比例大幅下降（相对于立法提案转化为法律的比例）所证明。在 2001 年春季，总统发起的立法提案中有 48% 转化为法律。四年之后，在 2004 年春季，这一比例就下降到 7.1%。数字引自韦尔登（Weldon，2004：25 - 26）。

10. 本节资料由 Jhungsoo Park 博士的"预算控制与国民议会预算办公室

在韩国的作用"（Park，2006）提供。Park 是梨花女子大学（Ewha Woman's University）的教授，曾任韩国国民预算办公室预算分析总监。

11. 关于拟议的肯尼亚预算办公室的大部分资料来自 2006 年 3 月 24 日在国民议会提交的 2006 年《财政管理法案》。

12. 对阿林戈（Oloo Aringo）的采访，2008 年 2 月。

13. 在《第三波浪潮：20 世纪末的民主化》（*The Third Wave：Democratization in the Late 20th Century*）中，萨缪尔·亨廷顿（Samuel Huntington）使用熊彼特最低限度的定义，将民主政治制度定义为：其最强有力的集体决策者以公正、诚实、周期性选举的方式选择的，候选人自由竞争选票，而且几乎所有成年人都有资格投票（Huntington，1991：6）。

14. 2006 年 5 月 15 日至 17 日在曼谷举行的世行立法预算办公室讲习班旨在分享设立立法预算办公室的国际惯例。

15. 美国国会预算办公室前代理副主任巴里·安德森（Barry Anderson）在其"预算准备中的无党派、独立、客观分析单位对立法角色的价值"一文中提出了其中的一些好处。该文曾提交给世界银行 2006 年 5 月在曼谷举办的立法预算办公室研讨班。

## 参考文献

Anderson, Barry. 2006. "The Value of a Nonpartisan, Independent, Objective Analytic Unit to the Legislative Role in Budget Preparation," 1 – 9. Presented at the World Bank Institute Workshop on Legislative Budget Offices, Bangkok, May 15 –17.

Crippen, Dan. 2002. "Informing Legislators about the Budget：The History and Role of the U. S. Congressional Budget Office." White paper (June 7), Congressional Budget Office, Washington, DC. http：//www. cbo. gov/ftpdocs/35xx/doc3503/ CrippenSpeech. pdf.

Hill, Elizabeth G. 2003a. "California's Legislative Analyst's Office：An Isle of Independence." *Spectrum：The Journal of State Government* 76 (4)：26. http：//www. lao. ca. gov/laoapp/laomenus/lao_menu_aboutlao. aspx.

———. 2003b. "Nonpartisan Analysis in a Partisan World." *Journal of*

*Policy Analysis and Management.* http: //www. lao. ca. gov/laoapp/laomenus/lao_menu_aboutlao. aspx.

Huntington, Samuel. 1991. The Third Wave: Democratization in the Late 20th Century. Norman: University of Oklahoma Press.

Johnson, John K. 2005. "The Role of Parliament in Government." World Bank Institute, Washington, DC.

Johnson, John K. , and Robert Nakamura. 1999. "A Concept Paper on Legislatures and Good Governance." United Nations Development Programme, Management Development and Governance Division, New York.

Kathuri, Benson. 2006. "MPs Get Green Light on the Budget Office." *The Standard.* May 16.

Kiraso, Beatrice Birungi. 2006. "Establishment of Uganda's Legislative Budget Office and Legislative Budget Committee." Paper presented at the World Bank Institute Workshop on Legislative Budget Offices, Bangkok, May 15 – 17.

Norton, Philip. 1993. *Does Parliament Matter?* New York: Harvester Wheatsheaf.

Nzekwu, Greg. 2006. "Nigeria: Role of National Assembly in Budget." Paper presented at the World Bank Institute Workshop on Legislative Budget Offices, Bangkok, May 15 – 17.

Park, Jhungsoo. 2006. "Budget Control and the Role of the National Assembly Budget Office in Korea." Paper presented at the World Bank Institute Workshop on Legislative Budget Offices, Bangkok, May 15 – 17.

Santiso, Carlos. 2005. "Budget Institutions and Fiscal Responsibility: Parliaments and the Political Economy of the Budget Process." Chapter prepared for the 17th Regional Seminar on Fiscal Policy, United Nations Economic Commission for Latin America, Santiago. Chile, January 24 – 27.

Schick, Allen. 2002. "Can National Legislatures Regain an Effective Voice in Budget Policy?" *OECD Journal on Budgeting* 1 (3): 15 – 42.

SUNY (State University of New York) Albany. 2006. *Quarterly Activity Report* 6 (July – September).

Vanzi, Max. 1999. "Liz Hill: Here Today, Here Tomorrow. " *California Journal* (July). http: //www. lao. ca. gov/staff/press_awards/lhill_cal_journal_7 - 99. html.

von Hagen, J. 1992. "Budgeting Procedures and Fiscal Performance in the European Communities. " Economics Paper 96, Commission of the European Communities, Directorate - General for Economic and Financial Affairs, Brussels.

Wehner, Joachim. Forthcoming. "Back from the Sidelines? Redefining the Contribution of Legislatures to the Budget Cycle. " World Bank Institute, Washington, DC.

Weldon, Jeffrey. 2004. "The Spring 2004 Term of the Mexican Congress. " Center for Strategic and International Studies, Washington, DC.

# 第三部分　国家案例研究

# 第 11 章
# 行政审查与监督：波兰立法机构的经验

戴维德·M. 奥尔森

（David M. Olson）

自 1989～1992 年东欧剧变以来，这一地区的国家的立法机构就以不
同的方式发展。一些国家发展为稳定的民主国家，特别是中欧国家和波罗
的海诸国家；其他国家发展为总统体制，特别是苏联的原加盟共和国；还
有一些国家发展为混合体制，总统和议会相互争夺权力。在不同的体制环
境下议会的积极性和自主性程度不同，与此同时，议会审查行政机构的能
力也不一样。

在监督作用方面，波兰议会（Sejm）的经验与大多数其他前社会主义
国家立法机构形成鲜明对比，体现在其拥有的资源和使用这些资源方面。本
章探讨了波兰议会立法监督活动的特殊情况，讨论了议会运作所需的资源，
并分析了前社会主义国家议会与行政部门相互作用的国家、权力和时间等更
宽泛的背景。

## 波兰议会的监督

波兰议会（两院制议会中规模较大且权力更大的机构）是唯一将大量
时间和精力用于行政审查和监督的前社会主义国家议会。其委员会采用独特
的制度来审查和指导部长及行政机关负责人。然而，这个复杂的程序不是一
个新的发明。委员会制度和监督程序是在波兰共产党执政最后 30 年中制定
的。波兰的议会得以直接建立在社会主义时期的制度基础之上。这种立法创

新是社会主义时期独特的波兰思想和行动的更广泛过程的一部分（Karpow-icz & Wesołowski, 2002; Simon & Olson, 1980）。

162　　　议会的 25 个委员会都有正式的权力来调查委员会立法管辖范围内的政策执行。委员会管辖范围往往不是部门界定的，而是由政策主题和相关行政机构确定。国家行政结构比各部门的结构更加稳定，行政人员比暂时的部长要稳定得多。虽然议会成员之间的流动性持续提高，但委员会结构稳定，委员会运作的规则和程序也是稳定的。议会也有一个人数不多却十分稳定的专家团队。

在议会中选出的部长仍然是议员；他们在就任部长之前就知道与议会委员会的互动模式。委员会是一个选拔部长的基地，前部长通常会回到以前的委员会（van der Meer Krok – Paszkowska, 2000：146）。继续担任议会议员的前部长们都有能力知道要提出的问题和哪些答案是可信的。

议会的委员会对行政事务的关注受到广泛消息来源的激励，这些信息来源包括政府关于上一年度预算执行情况的报告、新预算的编制、公民的抱怨和外部审计机构的报告（Karpowicz & Wesołowski, 2002：62 – 67）。

第一，大多数委员会的审查是受政府关于上一年度预算使用情况的年度报告推动而进行的。一个例子就是为单亲母亲提供照料，并为有小孩的母亲提供财政福利。两个委员会（社会政策和卫生委员会）的几次联席会议解决了这些问题。关于这个话题的初次委员会会议被推迟了，因为委员会成员认为，出席会议的官员职位不够高，不能代表部门发言。这个例子说明，虽然委员会会议对政府预算执行情况的批准通常是形式上的，但委员会可以利用这一做法来实现更为精细的目标。

第二，年度预算本身就是委员会大部分审查工作的主题。委员会通常会推测任何给定的行政任务都需要更多的资金，但却被禁止提高政府提出的数额。他们的补救办法是向政府提出关于下一年政府预算提案的正式请求。因此，议会的预算影响可能比任何一年的预算都明显要大，而且持续时间更长。

公民投诉是委员会检视和审查行政机构行为的第三个来源。公民的信函会寄给各位议员、议会政党俱乐部和波兰议会秘书处。例如，作为对公民信件的回应，社会政策委员会调查了为慢性病患者提供照顾的服务情况。

委员会行动的第四个主要来源是外部审计和调查机构（NIK 总监）。例 163
如，几个委员会参与了一个改进教师评估程序的项目，以回应一份 NIK 报
告中对教育负责人所需技能和程序的批评。许多其他来源还提出委员会监督
的活动和对象应包括行政机构本身和外部利益集团。

虽然波兰议会委员会积极参与行政审查和监督，但委员会意见书的法律
地位尚不明确，甚至有争议。对于意见书仅仅是议会意见的表达还是对政府
的要求的权威声明已经引起了争议（Karpowicz & Wesołowski, 2002：67）。

除了持续审查具体的行政活动外，波兰议会还通过特别调查委员会对有
关欺诈和渎职行为的严重指控进行调查。例如，关于上述第三点和第四点，
波兰议会对影视、保险和燃料公司的贿赂、欺诈以及相关的私有化问题进行
了三次调查。这些丑闻与民主左派联盟和从团结工会衍生出来的政党有关
（Nalewajko & Wesołowski, 2007）。

## 议会审查行政的资源

波兰议会在监督方面的经验与大多数其他前社会主义国家立法机构形成
对比，体现在其拥有的资源和使用这些资源方面（Norton & Olson, 2007）。
议会需要资源使议员能够履行职能。世界各国议会审查议会所投入的资源主
要包括：（1）委员会制度；（2）议会党集团；（3）议会议员积极参与；
（4）胜任的工作人员；（5）空间和资金；（6）外部支持机构；（7）适当的
规则和程序（Crowther & Olson, 2002；Rockman, 1985）。

### 委员会制度

正如其他学者进行的更一般的观察一样，波兰的经验强烈地表明，委员
会作为对公共政策管理的持续立法审查的主要来源至关重要（Blondel, 1973；
Hazan, 2001；LaPolombara, 1974；Mattson & Stroem, 1995；Mezey, 1979；
Olson, 1994；Olson, 1997；Shaw, 1998）。

前社会主义国家的新议会在很大程度上采纳了欧洲大陆制度，其中约有
20 个常务委员会考虑立法和审查行政行为。它们没有采用将监督与立法管
辖权分开的威斯敏斯特模式（Agh, 1998；Crowther & Olson, 2002；Khmel-

ko，Pigenko & Wise，2007；Olson & Norton，1996）。

164　　在最初的年代，新民主化的议会利用众多临时委员会来应对需要立即处理的具体任务。通过规则修订，通常在第二个或第三个任期中，这些多样化的委员会被重组为一个具有规定管辖权和程序的单一系统（Olson & Norton，2007：176 - 177）。特别调查委员会是应对紧迫问题的临时办法。问题越紧迫、越轰动一时（低效或腐败就是例子），就越需要特别委员会。大多数议会都使用特别委员会来应对新的问题。例如，为准备加入欧盟和北大西洋公约组织，各国建立了新的协调委员会。从那时起，由于需要加入的组织越来越多，委员会已经成为常务委员会结构的一部分（Agh，1998：94 - 98；Beetham，2006：169 - 171）。

前社会主义国家的议会正在尝试建立小组委员会。例如，在捷克众议院，小组委员会的数目从第一个议会任期的 24 个增加到第四个任期的 49 个（Linek & Mansfeldova，2007）。在实行社会主义时发展起来的波兰小组委员会现在经常被用来协调对任何立法或监督问题有共同管辖权的两个或两个以上的委员会。

### 议会党集团

在西方国家，在选举中议会党和政党之间的关系通常很清楚。然而，在新的民主国家，选举中出现了许多不同的形式，一旦当选，议员在立法机构内仍然会形成不同的党派集团（Olson，1998c）。

议会党（parliamentary party）这个英文术语更加模糊和灵活，因此实际上在许多前社会主义国家的议会中被称为议会党派集团（parliamentary partygroups）（Heidar & Koole，2000）。其在德语中是 fraktion，在立陶宛语中是 frakcija，在波兰语中是 klub。议员通过议会党集团分配给相应的委员会；委员会的委员也被以同样的方式选出来。但在早期，委员们常常缺乏党派的指导，因为在一个任期内议会党集团会消失并重新形成。委员经常在议会任期内改变自己的党派集团。然而，"党派漂移"（party tourism）现象在第三个和第四个任期就基本消失了，而党派与委员会的联系变得更加牢固（Crowther & Olson，2002：182 - 186）。党派制度的稳定是委员会制度变得有效的先决条件。

在波兰议会委员会所展示的相对常规的监督类型中，成员的行动没有党派的指导或约束。相比之下，特别委员会进行的在政治上可见的调查更多地受到党派的指导。特别是当政府得到议会多数的支持时，就可以避免这种调查。例如，在保加利亚，在一个任期内就建立了 23 个特别调查委员会，其中只有 13 个发表了报告，另有 3 个调查委员会被授权但从未组建（Karasimeonov，2002）。

### 成员

在早期阶段，前社会主义国家的议会成员在两次选举之间差不多都存在很高的变动率，在捷克和匈牙利议会第三、第四届任期内，变动率上升到近60%。在每一个任期，新议会的大多数成员都是新人，然而，他们带来了广泛的经验和观点。新议员越来越多地在地方一级拥有民主政治经验（Ilonszki & Edinger，2007）。

正如议会成员的变动率很高一样，委员会在两届任期之间的变动率也很高。20 世纪 90 年代中期，很少有委员会 30% 以上的成员能够留任（Crowther & Olson，2002：178－180）。相比之下，西欧的趋势一直是议会成员和委员会成员保持延续性（Patzelt，1999）。因此，议会在职成员在新议会中的任职情况与委员会任职情况不同，因为他们在任期的早期就会改变委员会。

在新的民主国家，政府在连续选举中失利的一个相互矛盾的结果是，与新的多数党或联盟的新成员相比，反对党成员在政府和议会中经验通常更丰富。新的多数派政党通过吸收新成员在议会中形成多数派。相反，反对党的大多数成员都是以前的政党或联盟的幸存者。因此，与新成员维护新政府的手段相比，新反对派攻击和对新政府进行调查的手段更多一些。

向委员会指派成员的一个基础是个体成员的经验和受教育程度。如果教师集中在教育委员会、医生集中在卫生委员会、经济学家集中在财务委员会，或许他们的专业知识就构成了委员会的财产。但是，这些委员是否有可能成为"内部游说者"，代表与其职业有关的部门行事？（Agh，1998：88）他们的倾向和调查能力会因此而减弱或提高吗？在苏联以总统主导的议会中，数量相当多的议员以前都曾在政府和农业企业任职，或现在仍在这些部门任职（Crowther，2007；Ilonszki & Edinger，2007；Remington，2007）。个人的职业和执政党的联系将会限制议会的监督活动。

议员伦理是一个相关的考虑（NDI，1999）。在某些情况下，立法机构对自己的成员进行调查。法院起诉一名副手通常只有在议会投票明确取消豁免权时才有可能，如2006年的亚美尼亚一样（RFE/RL 2006）。

## 议会工作人员

166

制定立法和修正案以及组织和进行行政审查是需要技术技能的耗时活动。每个议会和每个委员会都需要建立自己专业、连续、无党派的公务员制度（Beetham，2006：116–117；Crowther & Olson，2002；Olson，1998b）。

通常，前社会主义国家议会的委员会拥有一名秘书、一名助理，也许还有一两位专业人员。一些议会也有技术和研究人员作为核心服务的一部分，如捷克议会研究所和波兰议会专业研究局。不过，无论是在拉丁美洲（Rundquist & Wellborn，1994）还是在前社会主义国家（Biscak，1998；Kanev，1998；Khmelko，Pigenko & Wise，2007：228；Sivakova，1998），各国议会都抱怨缺乏足够的专业人员。

### 空间与资金

前社会主义国家议会的办公场所通常十分狭窄，往往只是将以前的立法机构的建筑进行简单的改造。同时，增加空间和人员的资金与运营经费也始终不足。

在短缺的情况下，议会党集团似乎比委员会拥有更多的空间、人员和资金。西欧议会也有类似的现象。

为了解决委员会缺乏技术人员支持的问题，可以指派国家现有调查机关的技术人员与临时调查委员会合作。外部顾问和临时顾问也能在必要时提供技术支持。然而，人们常常抱怨，不管这些资源如何稀缺，都是由委员会主席分配根据党派来分配。所以所有议会都面临的一个组织问题就是议会各方在全体会议和委员会两级分配空间和人员。

### 外部支持机构

一些国家有专门的调查单位，具有审计和其他责任，向立法机构报告。

他们通常更关心财政管理和不正当行为的指控，而不是政策执行的主旨。美国的国家审计署和英国审计长办公室就是例子。波兰的 NIK 是前社会主义国家的榜样。另一个是捷克共和国的最高审计机关（NKU），比如，它曾报告了大学财政违规问题（Government of the Czech Republic，2001）。

### 规则和程序

167

新兴的充满活力的前社会主义国家议会最初遵循先前立法机构的规则，这些规则不足以引导公开表达不同观点，并限制竞争性党派实体的活动范围（Lukasz & Staskiewicz，1995；Olson，1998a）。捷克共和国、匈牙利和波兰的系统性规则变化增加了议会独立行动的能力（Crowther & Olson，2002）。在南欧民主化议会中，一系列新的规则和程序同样也得到了发展（Norton & Leston - Bandeira，2003：180 - 181）。然而，一些后苏联时期的国家总统通过行使其法定权力来制定议会规则（Olson，1995）。

一个更具体的问题涉及委员会要求各部门提供文件和证据的法定权威：议会越有权威，在西欧和其他地方的独立性越大（Beetham，2006：129 - 130；Döring，1995）。

## 国家、权力和时间的语境

前社会主义国家议会在国家定义、权力分配和时间的变动背景下发展，这反过来又塑造了议会对行政机构审查和监督活动的能力。

### 国家的定义

前社会主义阵营的 25 个（乃至更多的）国家绝大多数都是在原联盟共和国解体后形成的。捷克斯洛伐克、苏联和南斯拉夫不复存在。组成它们的许多共和国已成为独立的主权国家。从省级和下属地位转变为国际公认的国家地位，对其政府、行政机构和立法机构造成了巨大负担。它们经历了双重过渡，不仅是政治制度需要过渡，而且其法律地位和责任也要过渡。虽然保加利亚、匈牙利、波兰、罗马尼亚等得以存续的国家只经历了政治制度的转型，但其他国家也作为国际社会的参与者而面临着新的责任和机遇。

　　然而，国家的定义也已成为国家解体的一个方面（Offe，1991）。格鲁吉亚、摩尔多瓦、俄罗斯和塞尔维亚说明了内部种族武装分离主义运动对民间治理的腐蚀性影响，有时伴随着跨国支持。虽然共产主义联盟的解体总的来说是和平的，但前南斯拉夫的例子解释了分离主义军事冲突如何与政治制度的变化相互作用，从而改变新国家的边界和人口。在这种情况下，无论宪法的措辞如何，民间治理往往是专制的。立法机构即使被允许存在和举行会议，但除了表示支持当前的政府外，它们没有任何用处。

### 权力：行政和立法机构

　　稳定国家的宪法规定了一系列持续的制约因素，政治冲突可以在其中得到表达和解决，因此定义国家的过程必然涉及关于新政体的决定。但是，一旦被采纳，关于议会对行政部门关系的正式规定的意义就必须在实践中得出（Olson & Norton，2007）。

　　总的来说，中欧各国已经成为稳定的民主国家，议会是政府和总理组建和解散的主要机构（Ilonszki，2007；Linek & Mansfeldova，2007；Nalewajko & Wesołowski，2007；Zajc，2007）。稳定的民主议会有机会在制定公共政策和审查该政策的执行等方面发挥积极作用。

　　相比之下，主要是原苏联加盟共和国的一些议会已经由总统主导（Crowther，2007；Remington，2007）。总统成为主要政党的领导人，立法机构主要是接受总统的政策提案。此外，这些总统通常具有广泛的颁布法令的权力，这使他们能够绕过立法机构。总统主导的议会在颁布或审查公共政策方面缺乏独立行动的机会。

　　持续的宪法斗争导致了所谓的混合制国家（Diamond，2002）。在中欧，波兰向我们展示了总统和议会之间的宪法斗争，这场斗争直到1997年颁布新宪法才结束（Karpowicz & Wesolowski，2002）。俄罗斯联邦和摩尔多瓦的类似斗争后来也得到了解决，但解决的方法有很大不同（Crowther，2007；Remington，2007）。

　　最近克罗地亚、格鲁吉亚、塞尔维亚和乌克兰等国家的总统、立法机构、政党和改革运动之间的权力争夺也显现出混合现象（Bunce & Wolchik，2006；Khmelko，Pigenko & Wise，2007）。例如，在亚美尼亚、阿塞拜疆和吉尔吉斯斯坦，反对派团体继续努力在行政和立法部门挑战现任的威权主义者。

### 时间

1989～1990 年，中欧发生了剧变，1990～1992 年南斯拉夫共和国和苏联解体。在此后的近 20 年中，委员会和议会党稳定结构的发展，一方面为立法机构提供了自治权，并为部长和内阁提供了工作方法，另一方面也为立法机构在公共政策的制定和政策管理的审查中提供了互动机制（Olson & Norton，2007）。

在最初的 10 年间，这些稳定的适应性制度在政策、政府的相互作用以及各种使议会有效工作的方式上进行了一段时间的实验。然而，无论是在总统主导的议会还是在混合制国家中，在国家内部持续的权力斗争中，并没有发现这种稳定机制。

### 结论性观察

前社会主义国家和原苏联加盟共和国表现出非常不同的发展模式。各种各样的经验表明，立法机构在民主政治制度中成为自主的行动者之后，它们要求政府审查公共政策实施情况的能力就能够培养出来。监督职能是由议会和政府内部一系列先前的组织和程序性职能发展而来。

立法机构的监督活动不仅取决于其内部属性，而且取决于其运作所面临的更广泛的制度环境。即使在新的稳定民主制度中，公共行政结构和程序的新特性也会与立法机构的新特征相互作用，从而产生包括行政审查和监督在内的新形式。

### 参考文献

Agh，Attila. 1998. "Changing Parliamentary Committees in Changing East – Central Europe：Parliamentary Committees as Central Sites of Policy – Making." *Journal of Legislative Studies* 4（1）：85 – 100.

Beetham，David. 2006. *Parliament and Democracy in the Twenty – First Cen-*

*tury*: *A Guide to Good Practice.* Geneva: Inter – Parliamentary Union.

Biscak, Bogdan. 1998. "Professional Support in the Legislative Process." In Longley and Zajc 1998, 269 – 276.

Blondel, Jean. 1973. Comparative Legislatures. Englewood Cliffs, NJ: Prentice Hall.

Bunce, Valerie, and Sharon Wolchik. 2006. "International Diffusion and Postcommunist Electoral Revolutions." *Communist and Postcommunist Studies* 39 (3).

Crowther, William E. 2007. "Development of the Moldovan Parliament One Decade After Independence: Slow Going." *Journal of Legislative Studies* 13 (1): 99 – 120.

Crowther, William E. , and David M. Olson. 2002. "Committee Systems in New Democratic Parliaments: Comparative Institutionalization." In Olson and Crowther 2002, 171 – 206.

Diamond, Larry. 2002. "Thinking About Hybrid Regimes." *Journal of Democracy* 13 (2): 21 – 35.

Döring, Herbert. 1995. "Time as a Scarce Resource: Government Control of the Agenda." In *Parliaments and Majority Rule in Western Europe*, ed. Herbert Döring, 223 – 246. New York: St. Martin's Press.

Government of the Czech Republic. 2001. "Mismanagement of University Funds Discovered by Audit Office." *Czech Happenings.* Press Release, November 5. http: // www. ceskenoviny. cz/news/.

Hazan, Reuven. 2001. *Reforming Parliamentary Committees.* Columbus: Ohio State University Press.

Heidar, Knut, and Ruud Koole, eds. 2000. *Parliamentary Party Groups in European Democracies.* London: Routledge.

Ilonszki, Gabriella. 2007. "From Minimal to Subordinate, A Final Verdict? The Hungarian Parliament 1990 – 2002." *Journal of Legislative Studies* 13 (1): 38 – 58.

Ilonszki, Gabriella, and Michael Edinger. 2007. "MPs in Post – Communist

170

and Post Soviet Nations: A Parliamentary Elite in the Making." *Journal of Legislative Studies* 13 (1): 142 –163.

Kanev, Dobrin. 1998. "The New Bulgarian Parliament: The Problem of Research Capabilities." In Longley and Zajc 1998, 277 –286.

Karasimeonov, Georgi. 2002. "Bulgaria: Parliamentary Committees, Institutionalization and Effectiveness." In Olson and Crowther 2002, 93 –114.

Karpowicz, Ewa, and Włodzimierz Wesołowski. 2002. "Committees in the Polish Sejm in Two Political Systems." In Olson and Crowther 2002, 44 –68.

Khmelko, Irina S., Vladimir A. Pigenko, and Charles R. Wise. 2007. "Assessing Committee Roles in a Developing Legislature: The Case of the Ukrainian Parliament." *Journal of Legislative Studies* 13 (2): 210 –234.

LaPolombara, Joseph. 1974. *Politics Within Nations.* Englewood Cliffs, NJ: Prentice Hall.

Linek, Lukaš, and Zdenka Mansfeldova. 2007. "The Parliament of the Czech Republic 1993 –2004." *Journal of Legislative Studies* 13 (1): 12 –37.

Longley, Lawrence D., and Drago Zajc. 1998. *The New Democratic Parliaments: The First Years.* Working Papers on Comparative Legislative Studies III. Lawrence, WI: Research Committee of Legislative Specialists, International Political Science Association.

Lukasz, Danuta, and Wiesław Staskiewicz, eds. 1995. *Rules of Procedure and Parliamentary Practice.* Warsaw: Sejm Bureau of Research.

Mattson, Ingvar, and Kaare Stroem. 1995. "Parliamentary Committees." In *Parliaments and Majority Rule in Western Europe*, ed. Herbert Döring, 249 – 307. New York: St. Martin's Press.

Mezey, Michael. 1979. *Comparative Legislatures.* Durham, NC: Duke University Press.

Nalewajko, Ewa, and Włodzimierz Wesołowski. 2007. "Five Terms of the Polish Parliament 1989 –2005." *Journal of Legislative Studies* 13 (1): 59 –82.

NDI (National Democratic Institute for International Affairs). 1999. "Legislative Ethics: A Comparative Analysis." Legislative Research Series, Paper 4,

NDI, Washington, D. C.

Norton, Philip, and Cristina Leston – Bandeira. 2003. "The Impact of Democratic Practice on the Parliaments of Southern Europe." *Journal of Legislative Studies* 9 (2): 177 –185.

Norton, Philip, and David M. Olson, eds. 2007. "Post – Communist and Post – Soviet Parliaments: Beyond Transition." Special issue, *Journal of Legislative Studies* 13 (1).

Offe, Claus. 1991. "Capitalism by Democratic Design? Democratic Theory Facing the Triple Transition in East Central Europe." *Social Research* 58 (4).

171    Olson, David M. 1994. *Democratic Legislative Institutions: A Comparative View.* Armonk, NY: M. E. Sharpe.

———. 1995. "Organizational Dilemmas of Postcommunist Assemblies." *East European Constitutional Review* 4 (2): 56 –60.

———. 1997. "Paradoxes of Institutional Development: The New Democratic Parliaments of Central Europe." *International Political Science Review* 18 (4): 401 –416.

———. 1998a. "Parliaments of New Democracies: The Experience of Central Europe." In *World Encyclopedia of Parliaments and Legislatures*, ed. George Kurian, 838 –848. Washington, DC: Congressional Quarterly.

———. 1998b. "Legislatures for Post – Conflict Societies." In *Democracy and Deep Rooted Conflict: Options for Negotiators*, ed. Peter Harris and Ben Reilly, 212 –223. Stockholm: International Institute for Democracy and Electoral Assistance.

———. 1998c. "Party Formation and Party System Consolidation in New Central European Democracies." *Political Studies* 43 (3): 432 –464.

Olson, David M. , and Philip Norton, eds. 1996. *The New Legislatures of Central and East Europe.* London: Cass.

———, eds. 2002. *Committees in Post – Communist Democratic Parliaments: Comparative Institutionalization.* Columbus: Ohio State University Press.

———. 2007. "Post – Communist and Post – Soviet Parliaments: Divergent Paths From Transition. " *Journal of Legislative Studies* 13 (1): 164 – 196.

Patzelt, Werner. 1999. "What Can an Individual MP Do in German Parliamentary Politics?" *Journal of Legislative Studies* 5 (3/4): 23 – 52.

Remington, Thomas F. 2007. "The Russian Federal Assembly 1994 – 2004. " *Journal of Legislative Studies* 13 (1): 121 – 141.

RFE/RL (Radio Free Europe/Radio Liberty). 2006. Caucasus Report, October 20. http: //www. rferl. org/.

Rockman, Bert. 1985. "Executive – Legislative Relations and Legislative Oversight. " In *Handbook of Legislative Research*, ed. Gerhard Loewenberg, S. Patterson, and M. Jewell, 519 – 572. Cambridge, MA: Harvard University Press.

Rundquist, Paul S. , and Clay H. Wellborn. 1994. "Building Legislatures in Latin America. " In *Working Papers on Comparative Legislative Studies*, ed. Lawrence D. Longley, 387 – 405. Lawrence, WI: Research Committee of Legislative Specialists, International Political Science Association.

Shaw, Malcolm. 1998. "Parliamentary Committees: A Global Perspective. " *Journal of Legislative Studies* 4 (1): 225 –251.

Simon, Maurice D. , and David M. Olson. 1980. "Evolution of a Minimal Parliament: Membership and Committee. " *Legislative Studies Quarterly* 5 (2): 211 –232.

Sivakova, Danica. 1998. "Information and Democracy – Implications for New Democratic Parliaments: A Case Study of the National Council of the Slovak Republic. " In Longley and Zajc 1998, 287 –293.

van der Meer Krok – Paszkowska, Anna. 2000. *Shaping the Democratic Order: The Institutionalization of Parliament in Poland.* Leuven – Apeldoorn: Garant.

Zajc, Drago. 2007. "The Slovenian National Assembly 1992 –2004. " *Journal of Legislative Studies* 13 (1): 83 –98.

# 第 12 章
# 俄罗斯的权力分离与立法监督

托马斯·F. 雷明顿

（Thomas F. Remington）

173　　学者们确定了立法机构可以在权力分离制度中控制官僚主义的三类通行做法：监督、立法和预算制定（Huber, Shipan & Pfahle, 2001）。这些做法必须满足一定的条件：决策部门之间必须进行一定程度的合作（各方必须愿意讨价还价并相互妥协才能获得一些政策利益）；立法机构必须具备一定的监督行政机关的能力；行政部门必须愿意遵守立法机构制定的法令。当然这些条件并不总是适用于俄罗斯，特别是在 20 世纪 90 年代初，当叶利钦总统正努力争取在联邦议会中取得更大份额的国家权力时，政策往往是以行政法令的形式出现的，如政府法规和总统令，而不是公开审议和相互妥协的过程。[1]

　　然而，即使在强烈的分歧冲突时期，也发生了大量的机构之间的合作。自 1993 年以来，双方经常倾向于妥协，而不是将对抗推向极限。[2] 尽管两党在许多问题上存在异议，但在议会和行政部门之间还是就政策目标达成了共识。例如，共产党人和改革者能够在 20 世纪 90 年代中期就联邦司法机构和联邦选举的立法达成协议。即使 1993 年的宪法取消了立法机构对行政机关直接进行立法监督的权力，但立法监督的形式仍然存在于诸如议会听讯、质询、调查和"政府时间"（政府部长向议会报告并回答问题）等机制中。在总统弗拉基米尔·普京的支持下，这个摆锤在相反的方向发生了同样的变

174 化：联邦议会很少直接反对总统，而是利用其议程设定、修改和谈判的权力来取得相对较小的立法胜利。在任何一种情况下，监督都是一个特别重要的权力手段。

## 监督

俄罗斯语"控制"（konrtol）最好地表达了监督的概念。俄罗斯国家控制机构的历史悠久且具有启发性；由于"控制"一直被理解为对官僚机构进行政治控制的工具，苏维埃国家设立了一系列不同类型的制度安排来监督国家官僚机构对决策者目标的遵从程度。[3]这些是官僚机构中的一个部门审查其他部门的工具。然而，立法监督的历史要短得多。在官僚体制下，制度上的立法控制类似于在美国对行政机构的国会监督，美国参议院委员会将其定义为"广泛的国会审查和控制政策实施的努力"（McCubbins & Schwartz，1984：170）。

虽然俄罗斯的联邦议会在 1993 年宪法中缺乏正式的控制权，事实上的监督是通过几种机制来执行的。一个是拥有约 500 名员工的审计委员会对国家机构进行审计。杜马任命其负责人，并给出具体的任务。审计委员会审查了大量的政府机构和国有企业，并努力扩大其权力。在雄心勃勃的谢尔盖·斯捷帕申主席（Sergei Stepashin）领导下，审计委员会创建了一个区域分支机构网络，并一直努力建立一个集中的层级。[4]1995～2000 年期间，审计委员会进行了大约 3000 次审查。[5]那个时候，它的报告对官僚体制几乎没有明显的影响，尽管它的发现在俄罗斯的新闻界中有所报道。1995 年的信托拍卖调查（"债转股"计划）发现了严重的违法行为，但检察机关拒绝采取行动。该委员会经常在实施审计权力方面与政府特别是与财政部发生冲突。它经常抱怨说政府忽视了它的发现。该委员会没有权力提起诉讼，其报告只具有咨询功能。但是，其披露滥用资金和腐败的权力有助于议会（和总统）对高级政府官员施加政治压力。2003 年春季，一系列广为流传的关于滥用联邦资金筹备圣彼得堡 300 周年纪念的信息披露无疑削弱了弗拉基米尔·雅科夫列夫的政治地位，并导致他在 6 月份被降格为省长。审计委员会本身就没有什么权力来改善治理，但是当行政部门接受其建议时，它就会成为议会应对政治影响的另一个手段。[6]

联邦议会也有权举行立法听证会，邀请部长出席并在国家杜马会议回答问题，尽管并不是强制要求。听证会不需要与法律规定明确联系；大多数杜 175

马听证会其实与个人法案无关。杜马委员会每年举行近 100 次听证会。这些委员会主席和成员有机会宣传问题、宣传政策立场，吸引新闻界关注立法议程，并对行政部门施加压力，对具体问题采取行动。出于同样的目的，委员会也召开研讨会和圆桌会议。国家杜马会议是另一个让人们注意到特定政府官员的机会，并宣传议会的监督角色。

联邦议会议员也有权向政府提出议案（zaprosy）（任何副议员都可以提出一个，但提出的议案需要多数支持）、直接与政府官员联系，并在询问时间向政府官员提出质疑。这些权力通常用于特殊目的——实际上，像其他立法权力一样，这些权力通常用于反腐败目的。在其他情况下，杜马使用质询来表明它正在扮演公共利益守护者的角色，如杜马一致通过一项要求对乌斯季诺夫（Ustinov）检察官进行质询的动议，要求他调查新闻媒体对内政部腐败的报道。[7]这些权力的实际效果是：从行政部门到立法机构的信息流量大幅增加，行政部门面临的对抗腐败和无效率的压力也比在苏联时期大大增加。

联邦议会还有一种隐含的（尽管不是正式的）调查权。它通过组建专门委员会来进行广泛的调查，包括在目前的议会中设立一个专门用于反腐败的委员会。一个例子是杜马对前原子能部长阿达莫夫（Evgenii Adamov）活动的调查。杜马的反腐委员会在 2001 年 3 月初报告说，阿达莫夫已经在与该部门签订的合同中侵吞了巨额资金，并建立了许多商业公司。就在当月底，普京撤销了阿达莫夫的职务。[8]委员会的压力无疑也是导致 2003 年初影响力强大的铁路部长尼古拉·阿克森琴科（Nikolai Aksenenko）垮台的一个因素。在这两起案件中，撤职是一场漫长的地下官僚斗争的结果，其中杜马的压力只是导致最终结果的许多原因之一。这些事件与苏维埃时期类似的官僚主义斗争之间的区别在于，现在立法委员对公开选举的结果至少可以选择性地公开一些丑闻供公众辩论。

因此，联邦议会的实际监督权力扩大了公开信息的流通（通常具有一定的丑闻性质），但并没有大大加强其检查行政人员滥用职权或行政责任的能力。这是因为行政部门通常只有在准备这样做的时候才会响应议会的压力。议会听证会、调查和报告是官僚主义和社会利益争夺影响力的另一个舞台。

### 预算控制

"钱袋子权力"是对行政部门立法控制的重要领域。证据表明，在俄罗斯，议会对预算的影响大大增加。例如，国家预算法的精细程度每年都有所提高，因为政府已经与杜马分享了有关国家收入和支出的更多信息。如果预算法的长度足以表明立法监督国家预算的能力增强，那么值得注意的是，2002 年的预算法比 1992 年的预算法长了 50 倍（见表 12 - 1）。预算法现在每年在预算年度开始之前定期签署，而不是在中途通过预算法。该法律还包括各个项目的详细程度。此外，由于预算自 2000 年以来一直保持平衡，篇幅更长的预算法并非为了支持赤字开支而形成的分利联盟的产物。

表 12 - 1 　　　　　　　　　　　1992 ~ 2002 年联邦预算法

| 预算年度 | 签署日期 | 条款数量 | 页数 |
| --- | --- | --- | --- |
| 1992 | 1992 年 7 月 17 日 | 18 | 8 |
| 1993 | 1993 年 5 月 14 日 | 27 | 19 |
| 1994 | 1994 年 7 月 1 日 | 39 | 28 |
| 1995 | 1995 年 3 月 21 日 | 62 | 67 |
| 1996 | 1995 年 12 月 31 日 | 71 | 33 |
| 1997 | 1997 年 2 月 26 日 | 99 | 119 |
| 1998 | 1998 年 3 月 26 日 | 120 | 115 |
| 1999 | 1999 年 2 月 22 日 | 141 | 59 |
| 2000 | 1999 年 12 月 31 日 | 163 | 243 |
| 2001 | 2000 年 12 月 27 日 | 139 | 340 |
| 2002 | 2001 年 12 月 30 日 | 147 | 423 |

资料来源：1994 ~ 2002 年预算法来自 Sobranie zakonodatel'stva Rossiiskoi Federatsii；1992 年和 1993 年的预算来自 Vedomosti S″ezda Narodnykh deputatov RSFSR i Verkhovnogo Soveta RSFSR。

在叶利钦时期，年度预算法的通过是在模仿负责任的预算编制：众所周知，预算收入总是远低于预测，而计划支出的承诺远远超过了以前可以兑现的承诺。正如萨塔罗夫和他的同事所观察到的，叶利钦从来没有否决预算，尽管政府内部和外部的强大压力总是绕过财政部，并赢得联邦议会和总统府的让步（Satarov et al. , 2001）。政府总是成功地说服杜马和联邦委员会通过预算法，接受一些议会关于增加政治利益集团支出的要求，尽管这些变化扩大了预期的赤字——别介意实际赤字。

尽管如此，在叶利钦时期，联邦议会增强了执行预算纪律的能力。作为颁布《预算法典》（在 1998 年签署成为法律）的结果，议会大大限制了国家各级行政机构任意使用预算资源的酌处权。它首次引进了财务系统，要求所有预算收入都在国库中进行。严格监督国家机关收入和收入的使用情况，限制行政机关偏离预算法规定的支出，对违规行为实行严惩。此外，它终止了区域和地方政府形成自己的预算外资金的权力，并要求其按收入减少的比例缩小支出。[9] 2000 年，《预算法典》进一步得到加强，当时杜马采纳了政府提交的修正案，取消了地区在外国资本市场上借款的权利，并结束了相互注销预算义务的做法。

更重要的是，20 世纪 90 年代初，联邦议会扩大了它对预算外资金的控制，当时行政和立法行动能够自由地创造非预算资金。当俄罗斯人民代表大会的鲁斯兰·哈斯布拉托夫（Khasbulatov）和他的支持者与叶利钦争夺统治权时，哈斯布拉托夫经常签署法令，在政府机构下设立专门的预算外资金，规定只有他可以控制资金的使用（Satarov et al. , 2001）。根据新宪法，这种做法持续到 20 世纪 90 年代中期。通常，根据法律或行政措施，可以创建一个行政机构，并有权组建自己的预算外账目来获得收入并进行支出。反过来，这些收入也将免税。在某些情况下，他们还拥有从事进出口业务但不缴税的权力。[10] 例如，新闻部长试图说服杜马创建一个"支持新闻的基金"，作为国家支持媒体法律的一部分（在法案的最终版本中，该条款被删除了）。俄罗斯自由民主党副主席提出了一项关于维护和发展斯拉夫文化传统的法案，根据该法案将创建一只免税基金。另一位代表提出了一项法案，为远北地区（far north）发展专门设立了预算外基金，另外还有一个固体废物处理的法案。各个行业都通过个体企业的捐款资助（作为生产成本的一部分）形成了由政府授权的预算外资金。1994 年，俄罗斯天然气工业公司的预算外资金收入约 10 万亿卢布，接近 30 亿美元。铁路部长尼古拉·阿克谢年科被指控创造了六个预算外基金，包括"支持教育部门的基金""医疗保健基金"“财政储备基金"“投资计划基金"等。只到 2001 年 12 月才制定了一项关于总检察长的新法律，取消了检察机关维持自己的预算外“发展"资金的权力。这些资金可能是合法的，但是它们创造了巨大的诱惑，这些资金被贪污了。

地方和地方政府、部门和其他国家机构以及企业利用预算外资金激增。经过他们的资源量是惊人的。到 20 世纪 90 年代中期，预算外基金的资金总额接近国家预算的 2/3。[11]预算外资金不受预算控制，通常是免税的（直到 1998 年引进财政系统），在商业银行进行管理。在经济体系从物资资源的行政管理转向货币成为财政资源的时代，预算外资金使得公共机构能够像没有任何公共责任的私营企业一样行动，并为当选官员提供用于政治目的的非法资金。授权建立预算外资金成了行政和立法部门在 20 世纪 90 年代初期争取支持的另一种方式。议员和行政部门都从控制大额预算外资金中受益。旨在将预算外资金置于预算控制之下的政策陷入僵局。

1995 年夏天，一项法案要求对预算外资金进行预算监督和定期审计，并由国家财政部门进行管理。经过杜马激烈的辩论，这一法案被取消。许多代表想把养老基金和其他社会资金纳入杜马的预算控制之下，但养老基金本身以及支持养老基金的代表认为这样做只会增加养老金资源被转用于其他用途的可能性。[12]与此同时，审计委员会和政府自己的审计员也经常被地方当局发现滥用资金，包括公路基金、养老基金等社会基金的预算外资金。

最终，联邦议会对这些资金实施了更严格的预算控制。1999 年的法律规定了社会保险基金的总体框架，将其与预算社会援助计划分开。一项在 2000 年通过的社会税法统一了四项基金（养老基金、医疗基金和其他两项社会基金）的缴费，降低了总体税率。这是将所有社会资金置于预算控制之下的重要一步。下一步是通过限制地方长官将养老基金作为一般预算资源的一部分来增加养老基金对养老金支出的控制（普京在 2000 年 9 月颁布了一项得到宪法法院支持的法令，实现了这一目标）。通过将社会保险转为由国家养老金系统和私人基金组成的缴费和投资系统（虽然社会保险的某些组成部分将被保留），今后养老基金对养老金缴款的控制将会降低。因此，随着时间的推移，议会已经增加了对国家预算的控制和预算外流动资源的控制。

179　　　自 2000 年以来，政府通过联邦议会平衡预算的能力是由于政治和经济环境的一些变化带来的；这当然不仅仅甚至主要不是因为议会效率提高的后果。更有利的卢布汇率、世界市场的石油和天然气价格上涨，以及更高的税收收入，还有政府能够比以前做出更小的支出让步就可以在杜马中占多数，这些都起到了一定的作用。由四个党派组建的联盟占据了多数，与传统体制中每制定一个法律就要组建一个临时跨党派联盟相比，它提供了一个更有效的集中政策利益的体制机制。现在，政府与结成联盟的党派之间的谈判使得政府能够为预算法案赢得绝对多数，而不必兼顾过多杜马成员的利益。

　　政府在第三届杜马（2000～2003 年）的做法是：甚至在向杜马提交预算草案之前，它就开始与"四党联盟"进行谈判。[13] 例如，财政部与"四党联盟"的领导人在 2003 年夏天对 2004 年的预算进行了磋商。由于对代表选举利益敏感，政府在一定程度上放宽了预算纪律，给了四个友好党派中的每一个在一两个问题领域提高支出的权利。例如，统一俄罗斯党（United Russia）在杜马的分支——团结党（Unity）一直在为采购更多的国防设备而寻找理由。组建人民党的人民代表党推动政府在区域内加大对预算部门职工的投入。OVR（起源于所有俄罗斯党的杜马派，随后并入俄罗斯联邦）要求为农业生产者提供更多的资金。俄罗斯地区集团寻求更多的运输和住房支出。与他们的利益相符合，政府为了适应代表的利益制定了收入乐观估计的预算；专家估计，代表的愿望清单约占 85%（Preobrazhenskii，2003）。杜马政府与其支持者之间的密切协调使得政府有可能在预算程序的每个阶段确保稳固的多数，这在叶利钦时代没有发生。预算和税收政策受到分配性议价的限制，但是由于政府可以集中精力关注一个更小、更具凝聚力派系的利益，所以要付出更多的代价。

　　在第四届杜马（2003～2007 年）中，联合俄罗斯联邦执政党占据了主导地位。这使得政府有必要与代表讨价还价，支持其立法议程；多数党派统治几乎总是得到保证。克里姆林宫绝对控制俄罗斯联邦和俄罗斯联邦在杜马的 2/3 多数票，导致联邦议会在决策和监督方面被实际上被边缘化的局面。然而，如果将来的选举能够使杜马的力量发生调整，那么议会对行政机构的制衡就可能发挥更大的作用。

## 结论

180

治理研究往往强调制度具有所预期的矛盾性。民主制度必须灵敏且果断（Haggard & McCubbins，2001）。政策制定者必须能够响应公众的需求和紧迫的政策需求，但是他们还要能够在面对阻力的情况下维持对政策的承诺。有效的治理可能需要为支持更大的公共利益而使某些团体遭受损失（Weaver Rockman，1993）。民主化不一定会提高制度的能力。虽然在制定政策时它能够将更广泛的利益考虑在内，并防止特殊利益集团控制国家权力谋取私人利益，但它并不一定这样做。在经济危机时期经历民主化的弱势国家特别容易受到强大利益集团的控制和腐败的侵蚀，这些利益集团以公众利益为代价寻求集中的特殊利益。如果没有强有力、有效的联合机构，如党派，开放竞选和权力分离制度可能会使权力碎片化的问题复杂化，为有组织的利益集团获取特殊利益创造空间。在一个弱民主的国家授予总统颁布法令的权力将使他（或她）能够通过提供特殊利益而收买关键人物。

考虑到 20 世纪 90 年代初俄罗斯国家危机的严重程度，立法机构能力的增长非常显著。与 90 年代初相比，政策制定变得更加有效。现在几乎所有重要的政策都是通过立法而不是颁布法令的形式制定的。90 年代以及在普京政府通过的立法显著加强了预算控制，降低了财政政策中的漏洞、让步和不负责任地提供补贴的权力。中央机构的公信力有所上升。议会政治派系制度和两院制度使得联邦议会能够摆脱自己的集体困境，这在 1989～1991 年和 1990～1993 年的两个临时体系中无法做到。

拥有更强的审议和达成决定的能力意味着拥有更大的监督、立法和预算控制的能力。然而，这种能力却以牺牲国会的独立性为代价。行政部门的立法监督对于服务强大的行政机构人员的目的来说是有效的。立法和行政部门之间的谈判是有效的，因为它缩小了必须满足的政治利益的范围，这种政治利益必须满足，以建立可靠的执政党。事实上的监督和其他在叶利钦期间联邦议会支配的权力往往是立法机构政治反对派使用的手段，这些手段无法实现自己的目标，但可以试图阻止总统的提案。在普京时代，总统在立法机构的盟友有效地利用相同的工具来实现他们的政治目标。

因此，普京总统及其政府在通过联邦议会批准立法议程方面取得成功的
181　记录，部分是由于议会专门知识和有效机构的增长（如出现了稳定的多数
党"四党联盟"）。但这也是行政部门越来越多地利用行政和警察的力量让
反对派保持沉默、行政部门决策能力合理化，以及主要商业协会来巩固其总
体利益的结果。然而，俄罗斯尚未建立一种纲领性的政党制度，从意识形态
上为选民提供关于政府形成和政府政策方面的选择。看来，有效治理的关键
不在于立法机构享有的正式权力，而在于拥有一个尽可能广泛整合社会利益
的机构，并允许以尽可能少地向受影响的私人利益进行单边支付（side pay-
ment）的方式制定政策。在民主政治中，与国家利益集团和大众媒体挂钩的
竞争性政党制度发挥了这一作用。俄罗斯远没有建立这样的体制。

## 注释

本章得到了俄罗斯治理项目（Project on Governance in Russia）的支持，
该项目是在纽约卡耐基公司的支持下，由斯蒂芬·霍姆斯（Stephen Holmes）
和蒂莫西·科尔顿（Timothy J. Colton）主持完成的。衷心感谢项目参与者提
出的宝贵意见和卡耐基公司的支持。参见雷明顿（Remington，2006）。

1. 联邦议会是由上院（联邦委员会）和下院、国家杜马组成的两院制
议会。联邦委员会由俄罗斯联邦领土各行政和立法部门委派的两名代表组
成。杜马由450名民选代表组成。1993～2007年，杜马的一半代表在单一
成员地区当选，另一半由党组成员在一个联邦地区按比例选举代表。自
2007年12月以来，所有450名杜马代表均按比例选举产生。

2. Chaisty，2001；McFaul，2001；Remington，2000，2001；Troxel，2003.

3. 布尔什维克党早期调和"工人控制"与"国家控制"的努力见雷明
顿（Remington，1982，1989）的研究。

4. Polit. ru，2001年5月16日。

5. Polit. ru，2000年9月15日。

6. 斯捷帕申（Stepashin）试图将审计委员会置于总统的直接授权之下，
并降低杜马要求调查的能力。2002年春天，斯捷帕申强制执行了一项使该
机构从属于总统和议会的法律，而在2003年夏天，他呼吁改变规则，这将
需要多数杜马的投票（而不仅仅是90人投票）才能开始调查。斯捷帕申一

再表示沮丧，政府和检察机关对审计委员会的报告没有做出回应，并认为将该委员会置于总统府下将会增加官僚作风。财政部反对斯捷帕申的权力扩张，立法机构接受了斯捷帕申的一些建议，但在议会中也遭受了否定。见Polit. ru，2003 年 4 月 23 日；Radio Free Europe/Radio Liberty（RFE/RL）"Newsline，" 2003 年 8 月 1 日。

7. Polit. ru，2001 年 10 月 18 日。

8. Segodnia，2001 年 3 月 3 日。

9. Segodnia，1998 年 4 月 15 日。

10. Izvestiia，1995 年 6 月 6 日。

11. Izvestiia，1995 年 6 月 6 日。

12. Segodnia，1995 年 6 月 8 日。

13. 联邦委员会现在非正式地参与了政府和杜马之间的这种"零审议"磋商中的一些立法，这反过来又允许其成员的利益在杜马通过议案之前和期间获得。这是杜马通过联邦委员会几乎所有立法的一个原因。

## 参考文献

Chaisty，Paul. 2001. "Legislative Politics in Russia." In *Contemporary Russian Politics：A Reader*，ed. A. Brown，103 – 120. New York：Oxford University Press.

Haggard，Stephan，and Mathew D. McCubbins，eds. 2001. *Presidents，Parliaments，and Policy.* Cambridge，U. K. ：Cambridge University Press.

Huber，John D. ，Charles R. Shipan，and Madelaine Pfahler. 2001. "Legislatures and Statutory Control of Bureaucracy." *American Journal of Political Science* 45（2）：330 – 345.

McCubbins，Mathew D. ，and Thomas Schwartz. 1984. "Congressional Oversight Overlooked：Police Patrols versus Fire Alarms." *American Journal of Political Science* 28（1）：165 – 179.

McFaul，Michael. 2001. *Russia's Unfinished Revolution：Political Change from Gorbachev to Putin. Ithaca*，NY：Cornell University Press.

Preobrazhenskii，Ivan. 2003. "Pravitel'stvo naidet deneg dlia vsekh." Web site of the Center for Political Technologies, Politkom. ru.

Remington, Thomas F. 1982. "Institution Building in Bolshevik Russia: The Case of State Kontrol'." *Slavic Review* 41 (1): 91 – 103.

————. 1989. "The Rationalization of State Kontrol'," In *Party and Society in the Russian Civil War: Explorations in Social History.* Bloomington, IN: Indiana University Press.

————. 2000. "The Evolution of Executive – Legislative Relations in Russia since 1993." *Slavic Review* 59 (3): 499 – 520.

————. 2001. *The Russian Parliament: Institutional Evolution in a Transitional Regime,* 1989 – 1999. New Haven, CT: Yale University Press.

————. 2006. "Democratization, Separation of Powers, and State Capacity." In *The State after Communism: Governance in the New Russia,* eds. T. J. Colton and S. Holmes, 261 – 298. Lanham, MD: Rowman & Littlefield.

Satarov, Georgii, et al. 2001. *Epokha Yel'tsina: ocherki politicheskoi istorii.* Moscow: Vagrius.

Troxel, Tiffany A. 2003. *Parliamentary Power in Russia,* 1994 – 2001: *President vs Parliament.* New York: Palgrave MacMillan.

Weaver, R. Kent, and Bert A. Rockman, eds. 1993. *Do Institutions Matter? Government Capabilities in the United States and Abroad.* Washington, DC: Brookings Institution.

# 第 13 章
## 行政审查与监督：威斯敏斯特经验

马克·谢泼德

（Mark Shephard）

20 年来，议会落后于宪法、政府和社会的深刻变化。尽管最近有所创 183
新，特别是在处理立法方面，但是威斯敏斯特式议会对行政机关审查的核心
问题还没有得到解决。

——国会议事审查委员会 2001 年度报告

在 1997 年工党选举胜利之前，工党竞选宣言承诺通过设立专门的选举
委员会，根据"现代化需要"审查程序，大力实现"有效的下议院"。在选
举结束后不久，工党组建了由下议院领导人主持的现代化委员会，负责审查
立法过程、部长问责制、工作实践（如坐班时长）、诉讼类型及其形式四个
重点领域，1997~2003 年，从立法过程的报告开始，委员会共发表了 19 份
报告。然而，到目前为止，大多数报告都侧重于工作实践以及诉讼风格和形
式的现代化。提高部长问责制效力的报告显然是缺乏的。因此，"汉萨德协
会"（Hansard Society）2001 年的观点"议会改革一直是提高议会效率，而
不是其效力"在今天似乎也是有效的。

### 改革议会效能的挑战

当然，在改革议会的有效性方面存在严重的背景障碍。威斯敏斯特式行 184
政监督的性质和可能性在很大程度上受到宪法安排的限制，例如议会行政和

立法部门的融合以及有利于主要多数党地位的"得票最多者当选"的选举制度，这些党派组成的政府通过强有力的党派纪律维持。加强议会行政人员的体制力量主要来自职业生涯发展以及强调部长级职业上升阶梯以奖励其党派忠诚度。

反过来，议会主要被认为是对行政措施做出反应的机构（Norton，1993；Rogers & Walters，2004）。在强有力的行政机构和具有响应性的、缺乏独立权力及相关可替代职业结构激励的体制机制的议会的背景下，当不存在"激烈的宪法改革"时，就会最终限制现代化进程（Rogers & Walters，2004：369）。体制背景作为改革障碍的典型案例是：2002 年 5 月现代化委员会关于将委员会任命权从"党鞭"（party whips）移交到提名委员会的提议被否决。[1]亚历山大·凯尔索（Alexandra Kelso）认为，党派及其相关利益最好地解释了为什么议会没有任命独立于"党鞭"办公室的选举委员会（Kelso，2003）。

除了制度背景之外，议员的行为也可以成为决定议会在行政监督有效性方面的一个因素。菲利普·诺顿（Philip Norton）强调了发生在任何体制改革中议员态度和行为变化的重要性（Norton，1985，2000）："如果议员不能或不愿意利用这种变化提供的机会，那么加强下议院是没有意义的"（Norton，2000：21）。

然而，大卫·贾奇（David Judge）则质疑诺顿的观点，即下议院的规范体系反映出权力最大的人的偏好，所以，除非关键制度安排得到解决，否则态度上的变化和内部的程序改革总是会失败（Judge，1993：215）。

## 威斯敏斯特式议会的监督和有效性

威斯敏斯特式议会的主要监督手段是辩论、提问和委员会（Norton，1993：89）。以下是对下议院这些手段的关键方面的讨论，并试图评估其有效性。

### 辩论

下议院辩论的显著性从一开始就受到限制，因为政府不仅控制时间表，而且还要控制其辩论的领域（Hansard Society，2001）。然而，即使是在自已的领域，政府也不完全占主导地位。罗杰斯和沃尔特斯（Rogers & Walters，2004）以 2003 年政府对与伊拉克的战争进行辩论并投票为例，说 185 明了尽管政府拥有执行的特权，但还是史无前例地决定要征得议会对采取军事行动的批准。此外，罗杰斯和沃尔特斯（Rogers & Walters，2004：374）认为，这一决定已经成为一个先例，即未来政府如果希望被认为行为合法，就必须上会讨论。

虽然政府可以控制时间表，但议会有 20 个反对日（或 120 个小时），反对党可以就他们所选的实质性动议进行辩论和投票。反对派最近选出的主题包括提倡对欧盟宪法进行全民投票、质疑伊拉克的军事形势和电力供应的安全。反对日为反对党审查政府的行动和政策提供了手段；选定的议题通常反映出反对党认为政府应该特别受到批评的领域。

至于反对派辩论的有效性，相关研究表明这取决于咨询的对象和审查的对象。当汉萨德协会在 2000 年 6 月对议员进行调查时，他们提出的问题之一是"反对派辩论在有效获得政府的资料和解释方面的有效性如何"（Hansard Society，2001：131）。在他们收到的 179 份答复中，有将近 1/4 说他们是有效的。汉萨德协会委员会的结论是，在辩论中反对动议可预见的失败，再加上辩论的质量普遍低下，公众没有多大兴趣，以及利用程序来确定哪些议员应该升职，意味着辩论可能不再适合今天的政治（Hansard Society，2001：51）。

不过，反对日的有效性是难以衡量的，而且有证据表明，汉萨德协会委员会的结论可能有些苛刻。虽然反对动议经常被打败，但却可能会产生间接的影响，例如引起媒体的兴趣对其进行长篇报道，从而给政府施加压力。

一个例子是 2001 年 10 月的反对派辩论，对交通运输部、地方政府和地区的粉饰策略表示谴责。辩论的重点是要求特别顾问乔·摩尔（Jo Moore）辞职，他通过电子邮件指示同事们在"9·11"恐怖袭击之后掩盖坏消息。摩尔最终于 2002 年 2 月因持续的媒体压力以及对其不当行为的指控而辞职。虽然反对派辩论不是导致摩尔辞职的直接导火索或全部原因，但可能发挥了一定的作用。另一个例子是政府 2004 年 4 月对欧盟宪法举行公民投票的可能性。

除了反对日之外，其他辩论包括半小时休会辩论、极少见的紧急休会辩论以及"早期动议"（early day motions），自 1999 年以来，在威斯敏斯特大厅举行平行会议对较少争议的业务进行辩论，如委员会报告和休会辩论。半小时的休会辩论在每一天结束时发生，并允许支持者向政府提出一个问题，通常反映出议会希望有关部长做出回应的具体选区关心的事项。早期动议很少辩论，但被议员用来表达对各种主题的意见，并就普通议员对某些问题的支持和反对程度为政府提供了指标。

### 议会质询

比辩论更重要的是，议会质询（parliamentary questions，PQs）为普通议员提供了一个机会要求部长们对其做法进行说明。议会质询可以是书面的或口头的，包括部门质询时间、部门间质询时间、总理质询（prime minister's questions，PMQs）、私人质询（private-notice questions，PNQs，议员在法定质询时间后提出的质询），以及部长声明后的提问。

议会质询时间是每星期一至星期四，每次大约持续一个小时。尽管政府会决定部门接受质询的次序，但总体来看，每个部门每四个星期就会面临一次来自议会的审查。平行议院的跨部门质询时间是最近的创新（从 2003 年开始），反映了应对跨部门内容的犯罪等问题的"协同政府"（joined-up government）的尝试。

总理托尼·布莱尔（Tony Blair）改变了总理质询的形式，将每周两次（星期二和星期四）的质询周期变为每周三 30 分钟的质询周期。虽然总理质询的总体持续时间保持不变，同时在程序中消除了浪费时间的对回复的说明，但这一改变仍然遭到了批评，特别针对取消了每周两次的质询。加强议会委员会（Commission to Strengthen Parliament）（诺顿委员会）的报告赞成恢复每星期二和星期四进行两次质询，每次 30 分钟。这项建议背后的理由是，这将有助于恢复星期四作为主要工作日的重要性，并将使总理与议会的联系更紧密（Norton，2000）。

私人质询（PNQs）是具有国家重要性的紧迫问题，由议长酌情决定。一旦确定，部长们就会被立即通知到议会出庭，质询时间没有限制，只要议长允许。与 PNQs 不同，部长的发言更为常见，由行政机关提出，并使政府有机会向议院（依靠于 PNQs）通报出现的关键问题。不过，部长们发言之后也会接受质询，这也由议长决定。

同样，质询的有效性取决于质询对象和权衡的问题。汉萨德协会（Hansard Society，2001：131）发现，在各种类型的质询中，只有一半以上的议员认为书面提问可以有效地保护政府的信息和解释。相比之下，口头质询被认为不太有效，其效果仅为部长级报告的 45%、私人质询的 43%、质询时间的 25% 和总理质询的 8%。

书面质询通常被认为比口头质询更为有效的原因之一是，尽管口头质询能够执行其他立法职能，如政治观点评分和缓解紧张局势，但书面质询能够进行更专注和持久的监督。作为这种区别的一个例子，罗杰斯和沃尔特斯（Rogers & Walters，2004：303）指出，劳动党议员谭·达利尔（Tam Dalyell）决定使用书面质询的方式导致福克兰地区冲突期间对错误信息的揭露。

口头质询中，私人质询和部长级声明经常被列为政府应该给予更多时间的方式（通过减少其他不太有效的程序，如辩论）。[2] 为了回应程序委员会报告（2002 年）中的另一项建议，政府选择将会议期间的通知期限从 10 天缩短至 3 个工作日，认为这将鼓励"更关注当前的问题和更有针对性"的质询。由于时间压力，政府拒绝延长部门在单个问题上的提问时间。不过，政府确实同意在威斯敏斯特大厅进行每周一次、每次一小时的质询。

自 20 世纪 90 年代中期以来，公共管理特别委员会（Public Administration Select Committee，PASC）及其前身（公共服务委员会）已经提出了 6 份关于部长问责制和议会问题的报告。在最新的报告中，公共管理特别委员会对政府在回复质询时的推托感到失望："政府经常精心设计其对质询的回应，以使对其行动的审查机会最小化。"[3]

委员会承认，20 世纪 90 年代发布的行为守则、准入准则和议会质询回应指导，增加了政府对其行为的义务。然而，该委员会批评政府对待像赫顿调查（Hutton Inquiry）这样的公众调查比对待议会质询或特别委员会质询更严肃：政府致力于与前者"完全合作"，但却为议会质询或特别委员会质询规定了"什么是适当的信息"。[4]

公共管理特别委员会（PASC）尤其关注回应的质量和未回应的问题（通常是由于成本过高、未来答复的承诺或"政府信息获取准则"的豁免）。

针对这一担忧，政府同意在 20 天内答复拒绝回答问题的"合理要求"，并同意在回复中明确规定任何豁免的来源。[5]但是，委员会对政府这一保证的履行水平表示怀疑，并以加强建议作为回应。[6]

## 特别委员会

比辩论或质询更为重要的，是自 1979 年以来特别委员会系统执行的监督职能。虽然承认特别委员会制度的相对有效性受到宪法框架（主要是没有三权分立）、一党政府和党派忠诚的约束，但联络委员会称"特别委员会制度是成功的"，并且"对政府进行了独立审查"。[7]汉萨德协会对议员的调查结果支持这一观点，84% 的特别委员会听证会有效地获得了政府的信息和解释（Hansard Society，2001：131）。

特别委员会有以下几种类型：一是部门特别委员会监督政府各部门，负责对政府和公共机构的支出、行政和政策进行详细监督。二是部门间特别委员会主要监督横向政府部门的活动，例如环境审计委员会、欧洲审查委员会、公共账目委员会和公共行政委员会。三是处理众议院程序和行政的特别委员会，如联络委员会（主要由特别委员会主席组成，考虑与特别委员会工作有关的事项）、程序委员会和下议院现代化委员会。

近年来，改革特别委员会制度的兴趣有所加强。改革建议多种多样（从增加资源到设立独立的任用委员会），并取得了各种成果。

围绕特别委员会最有争议的问题之一是成员资格的独立性。2001 年，当政府试图免除两位最激烈的批评者的特别委员会主席职位时，下议院对此动议投反对票，两位批评者也被复职。目前的选拔程序仍然受到"党鞭"的影响，各委员会的组成大体上与下议院各方的组成比例一致。联络委员会（2000 年）、诺顿委员会（2000 年）和现代化委员会（2002 年）都赞成消除"党鞭"的选择权。现代化委员会提出的建立一个更加独立的提名委员会的议案在 2002 年的下议院投票中被否决了。

其他改革建议则更成功一些。可以说，政府对特别委员会审查的最重要的让步是总理的提议受到联络委员会质疑。最初布莱尔驳回了 2001 年公共行政委员会的建议，即总理出席委员会的会议讨论政府的年度报告；然而，

2002年4月，他向联络委员会提供了每年两次、每次两个小时的国内和国际事务质询期。迄今为止，委员会已经就各种问题向总理提出了质询，包括伊拉克战争问题。罗杰斯和沃尔特斯（Rogers & Walters, 2004）认为这是行政机构对议会的进一步让步，使得将来的总理很难退出（Rogers & Walters, 2004: 375）。

特别委员会制度更大的进步是2003年关于奖励部门和大部分部门间特别委员会主席的建议，在他们的议员薪资基础上奖励12500英镑（高级薪资审查机构，2003）。诺顿委员会的建议之一是，特别委员会应该为部长级会议提供另一种职业道路（Norton, 2000）。虽然在众议院内外普遍不受欢迎，但这一项议会薪酬变动的举措，可能是任何企图改变立法机构和执行部门职业激励措施不平衡现象重要的第一步。

特别委员会最近的另一项进展是建立了审查组（Scrutiny Unit）并增加了其人员和配备，这一小组是议会下属部门，向特别委员会提供关于支出和立法草案的建议。这一发展反映出近来现代化委员会和联络委员会所强调的采取更有系统的、更常规的方式来进行审查。2002年6月，联络委员会就部门特别委员会的4项目标和10项核心任务制定了指导意见（参见专栏13.1）。

### 专栏13.1　审查委员会的目标和任务

目标A：审查和评论部门的政策。

任务1：审查英国政府和欧盟委员会的绿皮书、白皮书、指导意见稿等方面的政策建议，并进一步审查委员会认为应该审查的地方。

任务2：确定并审查新制定的政策或现有政策的缺陷，并提出建议。

任务3：在委员会的职责范围内审议任何已发布的法案草案。

任务4：检查文件或其他决定中表达的部门的具体产出。

目标B：检查部门的支出。

任务5：检查部门及其机构和主要NDPB（非部门公共机构）的支出计划和结果。

目标C：检查部门的管理。

任务6：检查部门的公共服务协议、相关目标和所采用的统计指标，并酌情报告。

任务7：监督该部门执行机构、NDPB、监管机构和其他相关公共机构的工作。

任务8：审查部门重大任命。

任务9：审议立法和重大政策举措的实施情况。

目标D：协助众议院进行辩论和决策。

任务10：制作适合在众议院（包括在威斯敏斯特大厅或辩论委员会）进行辩论的报告。

资料来源：Parliament, Liaison Committee, 2003（HC 558），9.

尽管最近取得了一些进展（无论是通过议会自身主动开展还是通过行政让步），但特别委员会制度还是持续引发改革的呼吁，最显著的是提供文件和人员的进入渠道，并提高委员会对政府工作和政策的影响（Hansard Society，2004）。对政府部门进行有效监督的主要障碍仍然是议会缺乏审议专题委员会报告的黄金时间、没有权力要求部长和公务员出席、缺乏强制他们回答质询的权力等问题。罗杰斯和沃尔特斯（Rogers & Walters，2004）认为，对这种缺乏权力的关注不太可能消失，但是任何解决这些问题的努力都需要政府和议会关系的根本性改变（Rogers & Walters，2004：385）。

虽然议会的权力有所发展，但议会的行政审查和监督仍然受到多种因素影响，如宪法安排、一党主导的政府、强烈的党派性以确保没有根本的变化、行政部门总是能够居于主导地位等。

## 注释

1. Parliament, Modernisation Select Committee 2002（HC 224）.

2. Norton 2000；Hansard Society 2001；Parliament 2002（Cm. 5628）.

3. Parliament, Public Administration Select Committee（PASC），2004（HC 355），5.

4. Parliament, PASC, 2004（HC 355），6.

5. Parliament, PASC, 2002（HC 136），5.

6. Parliament, PASC, 2004，（HC 355），20.

7. Parliament, Liaison Committee, 2000（HC 300），2.

## 参考文献

Hansard Society, Commission on Parliamentary Scrutiny. 2001. *The Challenge for Parliament: Making Government Accountable.* London: Hansard Society.

Hansard Society Conference. 2004. *The Future of Select Committees: Issues, Challenges, and Proposals for Reform.* London: Hansard Society.

Judge, David. 1993. *The Parliamentary State.* London: Sage.

Kelso, Alexandra. 2003. "Where Were the Massed Ranks of Parliamentary Reformers? 'Attitudinal' and 'Contextual' Approaches to Parliamentary Reform." *Journal of Legislative Studies* 9 (1).

Norton, Philip. 1985. *Parliament in the* 1980s. Oxford: Basil Blackwell.

————. 1993. Does Parliament Matter? Hemel Hempstead: Harvester Wheatsheaf.

————. 2000. *Strengthening Parliament: The Report of the Commission to Strengthen Parliament.* London: Conservative Party.

Parliament. 2002. *Government Response to the Procedure Committee Report on Parliamentary Questions* (HC 622). Cm. 5628. London: Her Majesty's Stationery Office.

————. 2003. *Pay for Select Committee Chairmen in the House of Commons, 55th Report of the Review Body on Senior Salaries.* Cm. 5673. London: HMSO.

————. HC Liaison Committee. 2000. *Shifting the Balance: Select Committees and the Executive.* First Report (Session 1999 – 2000). HC 300. London: HMSO.

————. HC Liaison Committee. 2003. *Annual Report for* 2002. First Report (Session 2002 – 03). HC 558. London: HMSO.

————. HC Modernisation Select Committee. 2002. *Select Committees.* First Report (Session 2001 – 02). HC 224. London: HMSO.

————. HC Procedure Committee. 2002. *Parliamentary Questions.* Third Report （Session 2001 −02）. HC 622. London: HMSO.

————. HC Public Administration Select Committee. 2002. *Ministerial Ac-countability and Parliamentary Questions: The Government Response to the Ninth Report of the Committee* （Session 2001 −02）. First Report （Session 2002 −03）. HC 136. London: HMSO.

Rogers, Robert, and Rhodri Walters. 2004. *How Parliament Works.* 5th ed. London: Pearson.

# 第 14 章
# 解读巴西地方政府的监督模式

斯科特·W. 德斯波萨托

（Scott W. Desposato）

拉丁美洲的民主国家和大多数年轻民主国家面临着同样的挑战。特别是 在最近衰退的背景下，政府正在努力实施能够成功的经济政策。腐败仍然是官僚机构和选举面临的严重问题。总统、党派和立法机构的公信力水平极低。在这一背景下，立法监督尤其重要，但在大多数拉丁美洲国家仍然没有实施。

有趣的是，总统制是当前大多数拉丁美洲国家的政府形式，这种制度会使这些挑战更加紧迫，同时又创造更多的监督激励。总统制的潜在挑战是众所周知的：对行政和立法部门相互隔离且固定的授权会导致潜在的僵局和制度崩溃。但总统制也可能提高监督的质量，因为分支机构之间的冲突和独立的野心可能会降低议会制度中存在的串通潜力。

通常情况下，拉美民主国家的监督情况并不充分，更多地受到无法忽视的丑闻的驱动，而不是因为持续的效率压力、廉洁的政府和良好的公共政策。许多立法者转向盲目支持行政官员，以换取其选区的公共工程，甚至是贿赂。只有当行政机构腐败或失职无法被忽视［如巴西的科洛尔（Collor）］，或者只有在行政官员离职后［如秘鲁的藤森（Fujimori）或阿根廷的梅内姆（Menem）］时，监督才会发生。

在政治制度中可以观察到几种类型的监督。第一种是授权立法监督的正式制度框架，并为挑战行政机构的方案或政策提供法律权威。第二种是使用该权力的非正式机构激励措施。这在很大程度上取决于选民和选举制度的偏好。一个例子是选举是依附型或纲领性的（分别是基于候选人的个人利益分配的选举基础，而不是基于政策承诺和问题的选举基础以及范围）。第三种是立法机构进行有效监督活动的能力。这一能力往往由其他两个变量内生决定，如立法者在没有激励的情况下就没有创造能力。

本章通过考察巴西州议会来审视非正式制度对监督的影响。地方政府在拉美政治中经常被忽视，但它们非常重要，主要有三个原因：第一，政策的实施和地方政府决策对公民生活质量有重要而直接的影响。州政府经常控制和制定教育资源分配、卫生项目和基础设施发展的规划。虽然不太可能影响到通货膨胀率或失业率，但会直接影响个人的生活。第二，巴西地方政府直接映射出中央政府的正式制度。权力和政治格局的平衡与中央政府非常相似。因此，从各个地方吸取的经验可以直接影响到在国家一级加强监督的结论。第三，州政府提供了一个近乎理想的环境来检测非正式制度的影响。它们具有几乎相同的正式制度规则，并在同样更广泛的经济和文化框架下运作，但在政治历史和文化方面却有显著差异。一些州在政治上更加发达和程序化，而另一些州则更不发达，更倾向于依附主义。研究结果为观察同一机构在不同情形下的运行状况提供了一个小型实验室。

## 立法监督机构

巴西各州政府就是总统制的缩影，有州长、一院制立法机构和州司法机构。各州职位的选举同时举行，固定为期四年。所有州使用相同的基本选举程序。州长通过复选多数制选举产生，国家立法者根据公开名单比例代表选举——一个非常人格化的反党派控制系统（Ames，2001；Barkan，Ademole-kun & Zhou 2004；Carey & Shugart，1995；Mainwaring，1997）。其中一些制度是由国家宪法规定的。各州之间的其他相似之处是由历史原因造成的：随着民主的回归，各州的制度需要改写，缺乏技术专家和经验使得许多州立法机构基本上复制了国家宪法。

### 正式机构

许多学者认为巴西国会机构权力较弱。行政部门保留了推出能够影响预195 算和税收、扩大公共就业及其他行政问题的立法的能力。州长也有合理的否决权：部分否决权（单项否决权）或完全否决权，只有绝对多数的立法者才能够改变。[1]

虽然立法机构发起政策的能力有限，但它们确实有合理的监督权力，这是由一些机制赋予的。首先，立法委员可以在国家部门首长会议上作证。其次，应少数立法者的要求，大会可组成一个具有司法权限的特别调查委员会，可以直接将检察委员会的调查委托给检察机关。

立法机构也直接负责监督和评估州资金使用、预算程序和所有行政管理的合法性和有效性。这一职责的一个组成部分是接受、评估和批准由审计法院（司法机构的一个分支）进行的州年度审计。

最后，立法机构有能力直接面对州长，利用绝对多数投票使其否决权无效。立法机构还可以发起弹劾程序，判处州长、副州长、州部门负责人的职务犯罪。

从纯粹正式制度的意义上讲，州立法机构在政策形成方面相对较弱。州长排他性的发起权力限制了许多领域独立决策的立法机会。但立法机构保留了正式的监督权力，有能力挑战无能或腐败的行政机关。然而，许多巴西州立法机构往往不积极监督行政部门，主要是因为它们缺乏选举激励措施。

### 侍从型和纲领型政治

在纯粹的侍从型制度（clientelistic system）下①，选举是通过分发个人物品来换取票数而获胜的。候选人分发个人喜好的货物和服务甚至现金来建立选举基础。在纯粹的纲领制度（programmatic system）下，候选人做出政策承诺，并就各种问题发表自己的观点以赢得选票。当然，这两个极端之间还有中间类型的制度，在这些制度中，候选人提供当地公共物品、俱乐部商品或个人物品和政策建议的组合。

政治制度的纲领化程度塑造了立法监督的激励。在侍从型选举市场上，立法者投入专业化立法知识、党派凝聚力或政策发展的激励措施很少（Desposato，2001）。在纲领型选举市场，这种投入更有可能。这个论点对监督有

---

① "clientesitic" 一词在国内没有统一的译法。这里笔者根据上下文将其翻译为"侍从主义"。

直接的影响。在侍从型选举环境中，监督的目标主要是继续追求来自行政部门的惠顾和分肥。在纲领型选举市场中，政治家可以利用监督来推动自己的职业生涯。

体制类型和监督之间的关系是由政客提供的物品或利益类型以及选民对纲领或个人物品的相对选择驱动的。个人或私人物品相对确定并能及时提供；公共物品则会被推迟并具有不确定性。选举是由私人物品如现金、食物、T恤等驱动的，甚至受到道路铺设等地方公共物品的吸引，抽象的反腐观念对选民来说可能没有什么兴趣。通常情况下，这种环境中的选民拥有迫切的短期需求，这些需求压倒了对长期中改善医疗保健、反腐或环境的承诺。对一位选民来说，一家新医院比得到一小笔现金更有价值，但医院可能永远不会建成，而现金支付则可以立即享用。

所以在个人主义选举市场上，立法者应该把注意力集中在获取并向选民提供资源上。时间和精力的投入对政治家有直接的选举回报，对选民也有福利收益。包括监督在内的其他活动对雄心勃勃的政治家没有任何回报。事实上，可以用一句在巴西政治中常见的话来称赞一下成功的侍从型政治家：他虽然贪，但还做实事（rouba mas faz）。

相比之下，在纲领型选举市场上，我们会看到非常不同的模式。选民愿意放弃即时的低价值支付而换取长期、不确定和价值更高的物品。这意味着立法者将会努力提供这种物品——引入立法、更加专业化、参与辩论和委员会工作，并监督执行机构以减少腐败和提高效率。巴西立法行为的几个指标显示了这些模式。表14－1比较了执政党和反对党的党派凝聚力，并显示了侍从主义和贫穷如何降低独立立法行动的潜力。在最贫穷的州，提供个人物品在立法选举中十分常见，执政党是非常具有凝聚力的，而反对党则明显分裂。这种模式反映出立法者需要放弃政党的纲领，转而提供好处。由于政党的立场和州长的观点一致，因此执政党具有高度的凝聚力。但是，反对派没有采取积极的监督和挑战，因而产生了分裂，其中一些立法者坚持其政党的纲领，而另一些则转而支持州长以换取好处。

表 14 - 1　　　　　　　1991～1998 年度执政党和反对党的平均凝聚力

| 州 | 凝聚力 | | | |
|---|---|---|---|---|
| | 执政党 | 反对党 | 差别 | |
| **纲领型** | | | | |
| 南里奥格朗德州 | 0.87 | 0.93 | - 0.06 | *** |
| 圣保罗 | 0.84 | 0.87 | - 0.03 | *** |
| 巴西利亚 | 0.84 | 0.86 | - 0.02 | — |
| **侍从型** | | | | |
| 皮奥伊州 | 0.94 | 0.48 | 0.46 | *** |
| 巴伊亚州 | 0.98 | 0.81 | 0.17 | * |

注：＊0.05，＊＊＊0.01；—表示资料不详。
资料来源：德斯波萨托（Desposato，2001）。

　　表 14 - 2 显示了行政立法独立性的另一个指标——否决权的使用频率。[197]
否决权反映立法机构批准行政部门所反对的立法的意愿，并显示各州之间的
实质性变化。具体来说，较贫穷州的立法机构通常不太可能通过与州长的偏
好相偏离的立法。此外，立法者的主要目标是把私人和地方的公共物品交给
三方成员，所以他们将立法权力下放给行政部门。相比之下，在提供公共
物品供给的州，有明显的行政与立法冲突的证据。立法机构经常通过州长
反对的法案，有时则推翻这些否决。这些模式显示，在纲领型选举环境
中，与采取侍从型选举的州相比，机构之间的冲突和立法独立性更有可能
被观察到。

表 14 - 2　　　　　　　　1991～1998 年度估计的否决频率

| 州 | 立法会 | |
|---|---|---|
| | 1991～1994 年 | 1995～1998 年 |
| **纲领型** | | |
| 南里奥格朗德州 | 126 | 88 |
| 圣保罗 | 136 | 118 |
| 巴西利亚 | 36 | 6 |

续表

| 州 | 立法会 | |
|---|---|---|
| | 1991～1994 年 | 1995～1998 年 |
| 侍从型 | | |
| 皮奥伊州 | 0 | 0 |
| 巴伊亚州 | 0 | 0 |

资料来源：德斯波萨托（Desposato, 2001）。

这些模式通过对国家预算流程的研究得到证实。施耐德（Schneider, 2001）发现，在侍从型州，在预算事宜方面，立法者完全遵从州长，尽管宪法要求他们承担监督的责任。在一起案例中，他发现预算委员会成员会给州长的工作人员打电话询问应该通过哪些预算修正案！相比之下，在更注重意识形态的州，预算政策更具争议性，州议会甚至利用州长的否决权来通过立法。这些都不直接衡量监督，但都是衡量有效监督的重要前提：立法政治与行政影响的独立性。

## 改变是如何发生的

在年轻的民主国家，监督的改善可能会发生三个方面的影响，反映了制度变迁、社会变革和外部变化的作用。

### 正式制度和能力建设带来的转变

制度变迁表明，可以通过增加行政部门的立法权力、削弱否决权、减少总统的法令或议程权限，进而增加立法机构的权力。激进主义理论认为，立法者将利用增加的权力，通过立法监督扩大对政策制定的权威。然而，这种权力通常被嵌入宪法中，只能在不利条件下才会改变。

然而，改变资源的可用性要容易得多。一种改变是增加在具体政策领域（包括预算方面）具有技术专长的立法机构专业人员。证据表明，简单地增加信息资源可能对立法监督产生重大影响。例如，米纳斯吉拉斯州（Minas Gerais）在 1998 年开始了一项雄心勃勃的立法专业化计划，创建了一个立法学校来培训代表，聘请技术人员，并加大立法活动的宣传力度。据说这些变化非常成功。一位立法代表报告说，以前行政机关只会向立法机构提交一份橡皮图章式的预算建议书。立法者没有能力审查复杂的预算文件。然而，他们现在报告说，行政部门更加尊重他们，专门派出一个小组来介绍预算案，并回答立法委员会及其工作人员的问题。代表们认为这直接增加了可用的专业资源。

不幸的是，由于立法专业化和能力对现有政治制度是内生的，所以诸如增加工作人员或信息等变化是难以实施的。预算信息资源稀缺的一个原因是以前这些内容对立法者没有什么用处。选举在个人利益驱动的情况下，立法监督的技术手段不是重中之重。同样，如果立法者挑战或限制行政机构的行为，就有可能无法获得必要的好处。

### 非正式制度变迁

增加立法监督的另一种方法是改变立法者的非正式选举激励措施，因为侍从型选举不断减少，而纲领型政治变得越来越普遍。有一些证据表明巴西正在发生这些变化。

巴伊亚州（Bahia）的情况就是选举市场变化的一个例子。巴伊亚这个欠发达州经常被认为是一个奉行侍从主义的地方，收买选票是普遍的，地方公共物品的交付是选举的重要组成部分。随之而来的是腐败和选举舞弊指控，以及几乎没有对行政部门的立法监督。在州议员感谢州长为他们提供授权方面，行政部门提供的好处的重要性是显而易见的。但是，这个州的里康卡沃（Reconcavo）地区石油化工行业的发展已经出现了一些重大变化。工人组织工会，理想的劳工政治家从这些地区当选。他们积极参与立法机构，就有关议会或委员会会议的政策进行辩论，推动行政与立法关系性质发生重大变化。现任代表承认这一转变，注意到以前的辩论甚至没有必要，但现在他们有义务公开捍卫政府。

### 外在变化：远见与捐助者

可能能够加强立法监督的第三种方式来自外部，即通过具有远见卓识的人的领导力或通过捐助者计划。在政治家缺乏改变制度的激励的情况下，外部因素有机会为增强立法监督做出贡献。例如，米纳斯吉拉斯州的专业化立法机构大体上反映了立法机构行政主任（负责州议会的管理）的愿景。代表报告说，他开始施加压力，增加立法专门知识和技术能力，建立学校，以在立法过程中培养新的立法者，并招聘更多的技术人员。

在许多政治系统中可能永远也不会出现机会梦想家。变化的另一个来源是非政府组织和其他捐助者的援助。这些机构可以通过对立法者和员工的技术培训直接提高立法机构的短期专业化。他们还可以提供基础设施——计算机、网络和档案资料——以促进专业化。

目前尚不清楚的是外部援助对于变化的长期影响。当然，捐助者的援助正在改变许多社区的政治格局（Brown，Brown & Desposato，2002）。研究表明，捐助者援助永久改善立法监督的潜力取决于援助的性质和各个政治制度的本质。

专业化项目是否成功的一个重要决定因素是机构记忆。如果对立法者或政治任命的工作人员投入资源，那么人事变动和进步的野心可能会降低这些计划的有效性。也就是说，如果立法者很快就转而从事其他工作，并带走他们的手下——由于任职期限或机会结构——培训将不那么有效，而且人才也不能保留在机构内。如果人事变动率低，那么捐赠资源可以投向个人。而如果人事变动率高，那么只有投入更长久的机构能力，捐助者的资源才有效，如开办立法学校，甚至组建立法机构的研究机构。

成功的第二个决定因素是立法者的存在，这些立法者应有使用其资源的激励。在大多数侍从型政治制度中，大多数立法者不会有动机使用程序来挑战执政党。存在一个小而重要的少数立法者团体，其监督职能受到选民的支持，就可以改变一切。在巴伊亚这样的州，10% 的代表来自理想的劳工政治家，可能会用技术资源来推动政治改革。然而，如果只有一个或两个这样的代表，那么改变的压力可能很容易被压制。[2]

在所有这些方面，拉丁美洲，特别是巴西的州议会，都有回旋的余地。州立法机构的全国性组织为交流和对话创造了一个论坛，并扩大了提高监督力度的改革。最孤立和落后的州也感受到了来自联邦检察官和法官的改革压力。持续发展和民主巩固将增加立法者对监督活动的激励。

200

## 注释

1. 各国在法定人数要求和否决权方面略有不同。此外，少数州长有法令授权。

2. 然而，在巴伊亚州，如果反对派代表在辩论中过于激进，联合政府中的人就会离开。联合政府人数很多，他们离开后将无法达到法定人数要求，会议因此结束。

## 参考文献

Ames，B. 2001. *The Deadlock of Democracy in Brazil.* Ann Arbor：University of Michigan Press.

Barkan，J. D.，L. Ademolekun，and Y. Zhou. 2004. "Emerging Legislatures in Emerging African Democracies." Paper presented at the 2003 APSA meeting，Philadelphia，PA，August.

Brown，D. S.，J. C. Brown，and S. W. Desposato. 2002. "Left Turn on Green? International NGOs，Civil Society，and Political Change." *Comparative Political Studies* 35（7）：814 –838.

Carey，J. M.，and M. S. Shugart. 1995. "Incentives to Cultivate a Personal Vote：A Rank Ordering of Electoral Formulas." *Electoral Studies* 14（4）：417 –439.

Desposato，S. W. 2001. "Institutional Theories，Societal Realities，and Party Politics in Brazil." PhD diss.，University of California，Los Angeles.

Mainwaring，S. 1997. "Mutipartism，Robust Federalism，and Presidentialism in Brazil." In *Presidentialism and Democracy in Latin America*，eds. S. Mainwaring and M. S. Shugart，55 –109. New York：Cambridge University Press.

Schaeffer，Fl，ed. 2007. *Elections for Sale：The Causes and Consequences of Vote – Buying.* Boulder，CO：Lynne Rienner.

Schneider，A. 2001. *Federalism against Markets：Local Struggles for Power and National Fiscal Adjustment in Brazil.* PhD diss.，University of California，Berkeley.

# 第 15 章
# 印度尼西亚立法监督的演进模式

爱德华·施耐尔

（Edward Schneier）

201 　　如果丰富公民文化的发展是民主巩固最重要的先决条件，那么与之密切相关的立法机构就是次重要条件。在印度尼西亚政治——经过八年的改革——的观察者中，几乎没有人愿意对其从半封闭体制下发展出来的后苏哈托（Suharto）时代的民主状况做出判断。不管怎样，唐·埃默森（Don Emmerson）写道：印度尼西亚是不可预测的。作为脆弱的预兆，不可预测性是一个潜在的弱点，但作为生命力的证据，不可预测性可能是一种力量。[1]

　　印度尼西亚通过两个议会走向民主，一个总统选举和一个地区选举，一直被认为是自由和公平的（Bäk，2003：88）。我们已经看到对宪法逐步进行的重大修订，以及治理权力在两院立法机构、独立当选的总统和有权在政府部门间巡查的宪法法院之间的分配。

　　苏哈托在 1998 年秋季与 2004 年总统选举之间通过的一系列宪法修正案将该制度从一个违反常规的制度转变为一种或多或少更加直截了当的总统制。但是，虽然现在立法机构和行政机关之间的正式权力分配已经更加明确，但是这个制度的政治动态将会继续将立法和行政权力合二为一。1945年宪法第 20A 条仍然有效，表示人民代表会议（Dewan Perwakilan Rakyat，DPR）有权制定法律，但同时规定，每个法案将由人民代表会议和总统讨论达成联合协议，禁止重新引入尚未协商的法案。因此，虽然宪法没有正式授予总统否决权，但前总统梅加瓦蒂·苏卡诺普特丽（Megawati Sukarnoputri）仅仅通过拒绝指定一位部长进行谈判，就两次否决了管制巴淡自由贸易区

（Batam free-trade zone）的法案。因此，制定法律（这在大多数总统制中是立法权的核心）仍然是一个共同的过程，其中总统及其各部门主管在起草 202 和修改大多数重要法案方面发挥着积极作用。

仿佛是因为议会制度，印度尼西亚的立法和行政权力的微妙混合往往使得立法监督的过程很难追溯。此外，一个精心制定的、没有联邦主义的分权方案进一步模糊了权力的界限，并且在雅加达能够在总体上把握或控制以外的决定越来越多的情况下，几乎没有明确的监督渠道。而拥有悠久历史的审议和共识（musyawarah dan mufakat）的传统使得追溯决策的轨迹非常困难。无论是在委员会还是在立法机构，很少采取正式的投票，决定几乎总是一致的。立法程序的研究者依赖于访谈、传闻和后台的回应，而不是书面记录，但即便如此也很难获得有用的信息。正如斯莱特（Slater，2004：72）所指出的，所有政治制度在很大程度上都受到幕后操纵，但是在印度尼西亚的环境中，令人震惊的是，表面上民主的政治精英们在重新进入公共领域后甚至不愿意讨论他们协商的要点。即使在党内领导人层面进行了精心策划的讨论之后，参与者几乎普遍认为这只是一个友好的社交电话（silaturahmi），而不是一次政治谈判。

这些非正式会议是立法过程的核心。2005 年和 2006 年，在人民代表会议中有少数不一致的记录，有一些迹象表明这种现象可能会更加普遍。然而，一般来说，全体会议从不推翻，也几乎不会修改委员会的工作。但正如伍德罗·威尔逊（Woodrow Wilson）在将美国描述为由国会常务委员会所管理的时候，低估了政党领导人的权力，印度尼西亚的委员会的主导地位则虚有其表。委员会起草的条例不仅反映出在委员会成员之间达成的一致，而且反映出在面临真正的冲突时核心政党领导人之间达成的一致。谈判立法细节的委员会领导人并不过度把自己看成是政党领导人的对手，而更多的是中央领导层的对手。一位人民代表会议委员会主席在 2002 年的一次采访中解释说，党从来不必告诉他，委员会是什么，因为他会列席必须发布那些命令的领导层会议。

毫无疑问，印度尼西亚立法监督的许多方面不仅是不公开的，而且从绝大多数标准来看还存在着少许腐败。政治学家倾向于将腐败视为一种相对来说不太重要的问题，它对一个健康国家的影响微不足道，在描述这个国家的机制时可以安全地将其忽视掉。然而，忽视印度尼西亚的腐败就像假装对房间里的一头 500 磅的大猩猩视而不见。印度尼西亚从荷兰殖民地继承下来的根深蒂固的腐败传统在苏加诺（Sukarno）和苏哈托（Suharto）执政期间变得越来越精妙并日益扩展。腐败、共谋和裙带关系（korupsi，kolusi，and nepotisme，KKN）在治理过程中是如此根深蒂固，以至于苏哈托总统曾经这样向世界银行行长描述它："在我们的世界里，我们称之为家庭价值观。"（Wolfensohn，2004：xvii）本章描述了印度尼西亚立法监督制度的基本结构，就好像它不存在重大弊端。这样做出于几个原因：首先，因为存在一些重要情况，在这些情况中，KKN 不是重要因素；其次，因为在常规的一般组织中才能最好地理解腐败的路径；最后，因为出于对比的目的，如果从"生理"和"病理"的角度看，印度尼西亚模式可能是最有用的。

## 印度尼西亚立法机构的演进结构和作用

20 世纪 40 年代后期，印度尼西亚独立后简短和模糊的宪法将国家的根本权力授予两院制立法机构［包括由 500 人组成的人民代表会议（Dewan Perwakilan Rakyat，DPR）和大约有 1000 人的人民协调会议（Majelis Permusyawaratan Rakkyat，MPR）］中的上院。MPR 每五年召开一次会议以选举总统，并有权修改宪法，它包括了 DPR 的成员、它自己选出的代表、来自 37 省的代表（每省 5 名），以及来自各种重要团体（如工会、专业组织和军队）的代表。在改革的旗帜下，MPR 将规模缩小到 700 人，逐步取消了军队等群体的直接代表，并于 2004 年最终组建为两院制立法机构，将 DPR 作为下院，另有选举产生的地方代表理事会（Dewan Perakilan Daerah，DPD）作为上院。印度尼西亚议会虽然保留了部分弹劾权力，但却也摆脱了总统选举的程序，支持直接民选。

DPR 被分为一系列相当规范的委员会，每个委员会都有特定的行政部门拥有管辖权。除了正式的分组之外，政党的凝聚力无法衡量，但党的纪律相当严格。对议会内升迁、腐败网络以及候选人招聘实行的集中控制使得大多数议会党的领导人实际上已经无法应对挑战。立法委员会的规模相对较大，且拥有宽泛的管辖范围。DPR 的 11 个委员会分别拥有 35～55 个成员，政党比例与全体会议的比例大体一致，主席通过主要政党领导人之间的谈判而产生。

虽然 DPD 的正式结构与 DPR 的结构非常类似，是它的复制品，但其上院较小（124 名成员，DPR 有 650 名），并且更倾向于合议；没有太多的党派性，其成员由无党派选举产生；其权力不太大。DPD 的实际权力被模糊地限制在向 DPR 提交有关区域问题的法律、参与预算和其他涉及区域利益法律的讨论，并进行监督。虽然 DPD 在很多方面类似于德国联邦议院，可能扩大其与地区有关的立法授权，但宪法明确规定了向 DPR 授予制定法律的权力。史蒂芬·夏洛克（Stephen Sherlock，2005a）将 DPD 的独特作用描述为：

这是一个与众不同的上议院的例子，因为它代表了有限的权力和高度合法性的奇特组合。它在制定法律中的作用仅限于某些政策领域，其权力只是提供咨询，条例草案实际上不需要经过他们批准就可以通过，但同时又具有充分的合法性。这种组合在世界任何地方似乎都没有被复制（第 9 页）。

与 DPR 不同，DPD 根据区域而不是党派划分其领导的作用。它有 4 个实体委员会（每个委员会有 32 名成员，每省 1 名）和类似的内部治理、伦理、立法和机构间协作的委员会。

内阁层面的机构是由立法机构的法令创造、改良或废除的。虽然总统现在是直接选举产生的，理论上可以选择自己的内阁，但总统苏希洛·班邦·尤多约诺（Susilo Bambang Yodohono）首先倾向于选择自己的部长，然后遵循其前任建立的模式：拼凑一个由部长组成的内阁，成员由 DPR 中多数党的领导人进行协商后在他们之间进行分配。因此，这些政党（被非正式地称为执政党）拥有特殊的接触特定政府部门的能力，就好像印度尼西亚拥有一个多党联合政府一样。这种立法监督模式的影响将在本章后面讨论。

## 监督工具

立法监督一般开始于（有时结束于）一个政府机构的建立、界定和融资。鉴于苏哈托独裁的新秩序（New Order）的本质，立法机构在修改一些主要法律方面有时会发挥了惊人的强大作用，特别是近几年涉及体制方面的法律。具有讽刺意味的是，与改革前相比，DPR 似乎并没有更加积极，甚至更不积极。从精确的数字看，新秩序议会每次会议议案平均约 12 项，全部来自行政部门。1999～2005 年，这一数字平均为 36 项，但正如夏洛克所言，这些法律中平均有 14 项专门用于创建新地方政府（Sherlock，2003：19），是例行公事。其他的大多是制定宪法修正案授权的政府机构变革所必需的法规。未完成业务的数量庞大且不断增长。在 2002 年的一段时间，未处理政府议案已经积压了 120 项（Sherlock，2003：19），2005 年，总统议程中的 55 项法案中只有 12 项获得通过，排在议事日程上的待处理的议案数量达到 284 项（Sherlock，2005b：5）。

鉴于在 30 多年的专制统治之后，面对改革立法的巨大压力，这种差劲的立法表现看起来更加令人沮丧（Rüland et al.，2005：230）。因此，大多数政府机构继续按照旧的规则（其中一些违反宪法）运作。考虑到立法倦怠的问题，大多数对 DPR 立法表现的定性评估同样是不利的。菲利（Fealy，2001）写道：

许多专业法律意见表明，过去两年来，DPR 通过的法案质量只能说是时好时坏。许多法案在起草时很少关注细节，用词模糊，有时还与其他法规相抵触。

"缺乏严谨，"他总结说，"使得官僚机构有机会为了自身目的去操纵立法解释"（Fealy，2001：109）。尽管菲利（Fealy，2001）的结论是否适用于 2004～2009 年立法会议还不清楚，但是学术观点和新闻观察的语气强烈表明，情况基本上没有改变。许多关键政策是以行政法规的形式而不是以立法的形式制定的，其影响可能非常具有针对性。例如，外商长期以来一直抱怨对他们而言随意且不公平的税收政策，其中税率不是由法规确定，而是通过谈判确定，再加上司空见惯的腐败，造成经济环境非常不稳定。

### 预算的作用

与大多数总统制一样，DPR 在预算中的作用主要是修改来自官僚机构和由总统编制的文件。然而，在印度尼西亚，预算委员会的成员实际上是在整个过程的一开始即在设计财政假设和设想时就提供了咨询。事实上，在整个预算发展过程中，DPR 领导人经常与财政部长及其高级助手进行沟通。

财政委员会是 DPR 最受欢迎的制度安排之一，拥有 12 名助手，人员精干。自 2005 年以来进行的改革为这一进程带来了相当大的透明度，尽管按照新秩序标准，这一进程非常不透明。标准审计和会计准则也被采纳。但是，许多政府机构，尤其是军事机构，资金仍然大部分来自预算外活动以避开立法审查。从有限的数据可以看出，DPR 采用的最终预算数字似乎与总统原始 206 草案（Rüland，2005）中提出的最初预算数字不同：

　　由于缺乏能力和胜任力，议会的修改通常不到草案的 1%。立法会议员抱怨议会没有足够的时间审议细节，因为行政部门正在推动立法者同意。所以，DPR 在预算方面的作用不大（第 250 页）。

　　即使是立法机构自己的预算，也没有完全供公众或 DPR 成员审查（NDI，2005：1）。员工短缺以及基层委员会成员的有限观点几乎确保了 DPR 成员提出的问题将更少地关注广义上的货币和财政政策问题，而更多地关注明细支出问题。

### 质询

　　DPR 和 DPD 都具有质询的权力（在 1950 年被废除，在 1999 年得以恢复）。当阿卜杜勒拉赫曼·瓦希德（Abdurrahman Wahid）总统在议会解释他在 2000 年 7 月解雇两名内阁部长时，拒绝回答任何问题，理由是质询权力仅归功于 MPR。虽然规则已经得到澄清，但是这种权力还没有被使用过。委员会经常与内阁成员及其助手举行正式听证会和非正式会议，他们有权传唤证人（虽然这种权力也很少使用）。有时候，本着印度尼西亚共识决策传统的精神，立法细节实际上要在这些会议上进行谈判。更常见的是，听证会可能会变成供各位部长和立法者宣读预先拟订的发言稿的讨论会，令人感到十分乏味。出席率低，法定人数难以达到，立法机构的不良记录能力使得缺席成员不可能弥补他们错过的事情。缺乏详细的会议备忘录或会议记录和摘要可能会对会议讨论的内容和已经达成一致的事项产生混淆。以前讨论的事项可能会在以后的会议上再次被审议，并且先前达成一致的问题再次受到质疑（NDI，2005：56）。这种重复既不利于委员的出席，也不利于公众对立法机构工作的尊重。

　　在 2006 年的会议期间，地方代表理事会的各个委员会前往该国不同地区，就各种议题举行了基本的监督听证会。立法委员和证人从来就没有准备好有效地利用这些会议，但是这些会议的新颖性引起了相当大的关注，使未来充满了希望。艾莉丝（Ellis，2007）建议：

在2006年总统方案年度报告中接受重要的DPD建议以及在2006年DPD战略计划中对监督的重视表明，DPD将能够为自己确立真正的（尽管是有限的）职责（第37页）。

对于DPR和DPD来说，持续阻碍其监督能力的因素很简单，就是胜任力。只有不到一半的DPR成员和1/5的DPD成员有立法经验。尽管如此，这些工作人员仍然是行政部门的一部分，而且缺乏对重大监督活动的兴趣和参与能力。

部长出现在公开委员会的听证会上，通常会受到媒体的大量报道。正是在这里，印度尼西亚议会最明显地履行了其公共信息职能，而且DPR的个别成员可以提出关键问题，并有一些影响政策的潜力。然而，与美国的听证会（常常是私人部门证人的长篇大论）不同，几乎所有在DPR作证的人都来自政府。在这个阶段没有游说者证明了两个问题：在许多前独裁国家中的弱公民文化[2]，以及新秩序期间DPR确定的政策制定模式。缺少监督政府绩效的有组织团体使得麦克库宾斯（McCubbins）和施瓦茨（Schwartz）所谓的火警监督法（fire-alarm method of oversight）在很大程度上不起作用（McCubbins & Schwartz，1984：165 - 179）。相同行政社区的常规警察巡逻取代了可以使立法机构的权力远远超出正式听证范围的各类绩效问题报告（McCubbins & Schwartz，1984：165 - 179）。缺少将立法机构与确实存在的相对较少的可行的利益集团联系起来的机制。事实上，政治文化不鼓励这样的联系，如米凯拉·尼曼（Mikaela Nyman，2006）所述：

在这种情况下，问题是双重的：第一，为了创造有利的环境，政府代表必须有政治意愿进行必要的立法和程序性的改变；第二，公民社会的代表必须克服一个持续存在的、新秩序遗留的问题，即对政府隐藏动机的怀疑和不信任（第200页）。

团体联系薄弱，印度尼西亚的个体立法者不会得到来自选民的抱怨，这使得立法者少了一条了解政府机构绩效的渠道（特别是在单一席位选区选举制度下）。印度尼西亚的政治家可能没有任何选区或党派自身利益来指导他们进行监督活动。DPD，再加上其选举制度与区域关注点密切相关，也逐渐开始精心设计其作为申诉调查员的职责。然而，正如有限的立法权力限制了其将分散的投诉纳入全面补救办法的能力一样，缺乏有效的监督工具使其申诉调查员的作用无法充分发挥。此外，DPD 的存在可能会进一步将 DPR 成员与其选区的选民隔离开来。

社会工作——处理关于官僚机构的个人投诉——的准备程度以及作为监 208 督过程一部分的程度并不总是十分明确，但毫无疑问，公民对特定机构或问题的不满的积累是监督的主要动力，特别是在像美国这样的单一席位选区的国家。印度尼西亚的问题（源于其选举制度、核心政党控制提名以及其他因素）是，几乎没有立法者与其选区的选民之间拥有最低限度的联系。DPR 成员只限于一名工作人员，从而这些成员与选区官员的数目可以被简要统计（经常是口头上的计数）。国际选举制度基金会 2003 年进行的一次民意测验显示，在接受调查的选民中，只有 2% 与其在 DPR 中的代表有联系或能说出他们的名字。选民与利益集团的这类沟通常常会带来对官僚的调查、听证和直接质询，而并不会给印度尼西亚的议员们提供新法律思想。一个新成立的政党让观察者感到惊讶，它获得了 DPR 全部投票中的近 7%。在选民服务方面，令人感兴趣的是该政党在基层组织工作的兢兢业业。模仿长久以来被认为非法的印度尼西亚共产党（在组织上违法，而不是在意识形态上违法），繁荣公正党（Justice and Prosperity Party，PKS）实际上为其议员提供区域办公室，并可能迫使一些旧政党也这样做。

在"后新秩序主义"初期，一种十分重要的监督工具基本上被宪法修正案所取消，使得立法机构脱离了选举总统的过程，削弱了其弹劾权力。印度尼西亚的前两任改革派总统哈比比（B. J. Habibe）和瓦希德（Abdur-rahman Wahid）在赤裸裸的下台威胁下，被迫谈判其内阁组成及其政策的主旨；他们的继任者梅加瓦蒂·苏卡诺普特丽（Mgawati Sukarnoputri）在同样的秘密威胁下结束了其任期。在试图指定一个忠于他而不是议会的内阁时，瓦希德充分利用其作为总统的权力，尽管他在议会中处于弱势地位，但还是在一年多的时间里令政党精英处于守势（Slater，2004：73）。虽然无法预知使瓦希德当上总统的反梅加瓦蒂联盟后来转变为反对瓦希德，并使梅加瓦蒂当上总统，但这笔交易是以行政独立性为代价而完成的。更令人惊讶的是，在权力的正式分离之后，并且在弹劾条款被弱化的背景下，其中一些模式仍然持续存在于总统任期内。

印度尼西亚立法机构在传统监督工具方面缺乏的，在它与总统内阁的特殊联系中得到了部分弥补。不管怎样，改革前宪法的立法与行政权力混合在一起的特点通过政党与委员会领导人和相关政府部门领导人在频繁举行的会议上对政策进行谈判的方式得到了延续。即使在苏西洛·班邦·尤多约诺（印度尼西亚第一位直选总统）任期的第三年，政府仍继续以类似于多党内阁制度的方式运作，而不是基于分离权力制度。夏洛克（Sherlock, 2005b）提出，需要进一步研究这一领域，或者花更多的时间来看一看新系统如何演变：

> 但是，目前的 DPR 未能制定法律的原因之一可能在于在 11 个不同派别之间对条例草案达成共识越来越困难。这反过来又因为 DPR 与政府关系的新复杂性，以及 DPR 中许多人倾向于对许多决策进行干预（这可以说是行政机构的特权）而恶化（第 11 页）。

## 军事领域的特殊情况

即使在苏哈托的权力处于顶峰时，他仍然是军人，也是军队的指挥官。从印度尼西亚国民军（Tentara Nasional Indonesia, TNI）为独立而战斗的历史作用到在东帝汶、亚齐、巴布亚岛和其他地方为印度尼西亚国家的凝聚力而持续战斗来看，军队已经在印度尼西亚占有特殊的地位（Honna, 2003）：

> 改革运动试图让军队返回军营，让领导人对侵犯人权的行为负责，消除军队在政治上的突出作用。然而，在印度尼西亚新兴的平民领导层领导下出现的广泛的动荡却要求维持军队的政治权力。政治上的不稳定对于政治圈中的军队精英具有重要影响，因为他们的合作被认为是维护这个脆弱的民族国家保持完整的必要条件。在评估新印度尼西亚民主过渡的前景时，军队仍然至关重要（第 1 页）。

虽然国民军不可能成为民享、廉洁、无政治立场、专业的军队的典范，但目前实现在这个目标方面取得的进展，在十年前难以预料。部分通过年轻军官要求建立一支更加专业化军队的压力，部分通过 MPR 的强制变革，部分通过一系列谈判，与后苏哈托时代相比，国民军的作用已经发生了显著的变化。1998 ~ 2005 年，军队发生了以下变化：

- 将军事人员从民用机构撤出。
- 将武装部队和警方分割成不同的组织。
- 军方不在专业集团联合秘书处（Golkar）中发挥积极作用。
- 任命文职国防部长。
- 放弃军队在政治事务中的特殊作用（dwifungsi）。[3]
- 解散社会政治办公室，将外部防御确定为军队的主要职能。
- 减少和取消军队在议会中的直接代表。
- 使军事法院从属于最高法院。[4]

不过，军方继续经营着合法的和不合法的企业，从事其他形式的寻租活动，只有不到 40% 的预算受到国民的控制。此外，它是该国唯一真正的国家机构，并且在反恐战争的旗号下，重新获得了之前曾经放弃的一些权力。正如米茨纳（Mietzner）所说，改革措施消除了（军队的）双重职能，但没有消除产生这一问题的根源（Mietzner，2006：14）。在极少数情况下，DPR 会采取行动向军方发起挑战，但几乎改变不了什么。2000 年对广泛报道的亚齐军事占领中的虐待行为进行的调查没有取得任何进展，当时委员会遭到了要求作证的将军们的阻挠；将军们否认了所有指控，并拒绝回答委员会成员提出的试探性问题（Fealy，2001：106）。此外，军方还通过使其本已十分强大的地方组织适应新的分权化国家预算来逃避议会的监督。如米茨纳（Mietzner，2006）指出的：

> 权力下放给武装部队增加了获得地方一级政府预算的机会，大部分新的权力下放基金集中在这一层面。随着政党努力在基层扎根，立法机构和官僚机构努力应对其新任务，军队成为拥有广泛联系和经得起测试的基础架构的唯一机构（第 15 页）。

在强大的外部压力下，特别是在来自美国的压力下，以及为了应对在巴厘、雅加达等地的恐怖主义爆炸事件，军方已经重新获得了一些因改革而失去的警察的权力和情报方面的权力，甚至被赋予军事统治的权力。

虽然议会在国家和地方两个层面的作用已经变得十分重要，但这并不一定意味着人民能够控制军队。事实上，对军方来说，与苏哈托时期相比，

210

对抗文职行政人员的控制容易得多，风险也小得多（Honna，2003：195）。立法机构是否可以对自己进行管制仍然是印度尼西亚体制的一般监督问题之一。

### 宪法改革与持续的现实

成功挑战新秩序并使印度尼西亚的国家结构和平地实现民主化的运动改变了制度的动态变化，其变化方式即使是最乐观的东南亚政治研究者也没有预料到。立法机构没有使用改革赋予它的明显的权力证实了最悲观的预言。
211  弱势而有纪律的非意识形态党派，加上没有一种平衡而可行的公民文化、广泛的腐败现象，以及一批苏哈托时期兴起且基本没有变化的经济精英，对制度主义者几乎没有什么安慰。此外，罗斯、罗斯德和艾德温（Rosser，Roesed & Edwin，2005）指出：

> ［旧的新秩序官僚机构］在制定（和实施）政府政策方面继续发挥重要作用。虽然议会现在对政府的政策实行否决，但却缺乏行政、科研和技术能力来充分利用其制定和启动立法的权力。在行政、研究和技术能力方面更加强大的官僚机构继续发挥关键作用，并继续制定各项法规、法令等政策性以决定实施法律。虽然议会能够在形式上否定它们，但其有限的能力意味着它只能偶尔为之（第66页）。

可以得出结论，印度尼西亚 DPR 基本上仍然是一个伪议会（Schneier，2004）。由来已久的问题可以放在两个标题之下：一个是制度上的；一个是政治上的。

有效监督的制度障碍是显而易见的。立法机构不仅人手不足，而且工作人员不足到连机构最基本的记录难以获得的程度。现在有一个独立的研究和分析单位，但其成员基本派不上用场。在尤多约诺总统的领导下（具有讽刺意味），正在采取措施让 DPR 和 DPD 秘书处对自己的员工进行管理（他们是公务员的一部分），但资源依然很少。立法机构本身需要专业化，但在1999 年至 2004 年期间，有经验的立法者返回 DPR 的比例实际上有所下降，DPD 的 124 名成员中只有 11 人拥有在国家层面从政的政治经验。同样需要关注的是官僚主义的状况。施奈尔（Schneier，2004）在文章中写道：

[监督] 被描绘为控制失控的官僚主义的手段。但是，虽然军队和警察的独立性对印度尼西亚政治的稳定和民主化构成了持续的威胁，但在许多情况下，官僚主义的弱点使得监督既是必要的，也是有问题的（第 18 页）。

充其量，监督可以发现系统性问题、法律或执行过程造成的问题，可以通过法律变革，重组或通过不同的资源分配来纠正。监督不能有效地应对专门的官僚机构，不能应对由公司而不是政府提供资金的官僚机构，也无法应对拿了好处不作为的执法人员。虽然从其治理能力低下且主要是象征性的这一角度看，印度尼西亚并不是一个边缘国家（marginal state）[5]，但是其许多甚至大多数地方官僚机构充其量与雅加达有断断续续的联系。在大多数新兴民主国家可能是这样，在没有首先确立国家权力的情况下，很难评估立法机构的权力。

印度尼西亚中央政府的软弱因一个强有力但尚未计划好的分权进程而加剧，中央政府的效率大大降低，特别是在偏远地区。巴克（Bäk，2003）指出，腐败没有得到遏制，而是不断扩散： 212

印度尼西亚不再只有一个苏哈托；它现在有多个苏哈托散布在群岛上。要求分到的"馅饼"份额越来越大。事实上，梅加瓦蒂·苏卡诺普特丽（Megawati Sukarnoputri）总统很少公开露面，在 2002 年 12 月的一次年底公开露面中，她明确承认，改革时代的腐败变得比新秩序时代更为猖獗（第81 页）。

大规模非法采伐情况的存在说明了官僚机构执法不力使得保护国家森林的法律成了一纸空文。有时由外部资本支持的农民和地方官员组成的联盟能够形成违反正式森林法规的规范、价值观和规则，并有能力来实施（McCarthy，2002：94）。随着印度尼西亚中央政府、警方和地方政府经常深度参与非法采伐，并能够利用从这些活动中获得的利益摆脱对政府拨款的依赖，有效的监督几乎是不可能的。

印度尼西亚的政治动态使这些问题复杂化，进一步妨碍了有效的监督。广泛的腐败只不过是一个更加根本性的政治问题的表象。如果立法机构只是跨越立法和行政部门以及大部分私营部门的政治卡特尔的工具，那么立法机构在执行其监督职能时效率如何这一问题就没有意义。有人可能会非常固执地认为，从其领导人的目标而不是外部观察员的目标看，印度尼西亚立法机构（具体来说就是 DPR）以卓越的效率履行了其监督职能。寻租的政客可以利用威胁和监督的过程来提升他们的个人和政治命运。罗比逊和哈迪兹（Robison & Hadiz，2004：104）认为，改革无关民主化，更多的是旧寡头政府形成一种政治格局，这种政治格局将进一步保护其在经济上的优越性，使之免受威胁，无论这些威胁是来自国家内部，还是来自外部的广泛的公民社会。

通过瓜分内阁的职位和 DPR 各委员会的主席职位，现有的党派已经建立了一个影子政府体系，能够有效地分配赃物，并强化现状。中央的立法监督几乎不存在，但实际上，每个鸡舍里都有一只政党狐狸。有如此多的受贿机会，有人会好奇，即使是拥有最良好意愿的政党领导人，是否可以约束其成员成为议会中的反对派，而不是悄悄地加入贪赃枉法的行列（Slater，2004：91）。现在掌权的党派卡特尔似乎不太可能面临任何严重的挑战。伊斯兰繁荣公正党（PKS）作为特殊的反对派力量的兴起，说明了这样一个挑战的潜力，但因宗派问题，繁荣公正党在世俗穆斯林社会中依然受到限制。印度尼西亚改革的基础恰恰是它仍然不具备的东西，具体而言，就是一个纪律严明甚至冷酷无情的政党，它受到前后一致的自由主义改革和透明治理议程的驱动与界定。鉴于公民和军事国家机构在旧政治资本主义结构中的抵御力，这样一个政党还没有出现，这并不奇怪（Robison & Hadiz，2004：258）。

本章并不打算考察印度尼西亚的政党制度和未来的可能性。值得思考的是，在受卡茨和梅尔所谓的政党卡特尔主导的新兴民主国家，监督的效率如何（Katz & Mair，1995：6）。印度尼西亚案例提出了一个更广泛的问题，即加强立法机构的监督工作总是一个好主意。那些研究立法机构的人们一般都会支持它们，将其表现与民主化进程紧密联系在一起。斯莱特（Slater，2004：64）指出，印度尼西亚权力分享模式的批评者强调了其对政府效能和绩效的负面影响。这种联盟安排通过限制有效的选民选择，扼杀了民主的问责制，这一事实相对无人提及。当议会利用弹劾权阻止瓦希德总统任命独立的内阁时，这表明了其行使监督权的能力和意愿。2004～2009 年度 DPR 劝说尤多约诺总统遵守梅加瓦蒂彩虹内阁（rainbow cabinet）传统的能力，说明即使有直选总统，它仍然有能力行使强大的监督权力。然而，这样的监督权力是否会加强民主并不是太清楚。

## 注释

1. 参见埃默森（Emmerson，2005）。还可以参见海夫纳和克利尔（Hefner & Clear，2007），阿南塔、阿里芬和苏亚迪那塔（Ananta，Arifin & Suryadinata，2005），林德尔（Liddle，2001），源（Nguyen，2004）。

2. 在受到苏哈托的毁坏和文化洪流的冲击后，这个国家还有为数不多的有组织的团体——在教堂和军队之外。很多非政府组织，其中有许多拥有外部资金支持，有时会给雅加达带来多元化不断发展的幻觉，但这只是个错觉。

3. 特殊作用是保护国家和协助对其进行管理的双重功能。

4. 该清单改编自米茨纳（Mietzner，2006：60）。

5. 对于边缘国家的更全面的定义，参见哈德纽斯（Hadenius，2001：251）。

## 参考文献

Ananta, Aris, Eva Nurvidya Arifin, and Leo Suryadinata. 2005. *Emerging Democracy in Indonesia*. Singapore：Institute of Southeast Asian Studies.

Bäk, Michael L. 2003. "Slouching Toward Democracy：Social Violence 214 and Elite Failure in Indonesia." In *Indonesia Matters*：*Diversity*, *Unity*, *and Stability in Fragile Times*, eds. Thang D. Nguyen and Frank - Jürgen Richter, 73 - 89. Singapore：Times Media Private Ltd.

Ellis, Andrew. 2007. "Indonesia's Constitutional Change Revisited." In *Indonesia*：*Democracy and the Promise of Good Governance*, eds. Ross H. McLeod and Andrew MacIntyre, 21 - 40. Singapore：Institute of Southeast Asian Studies.

Emmerson, Donald K. 2005. "What Is Indonesia?" In *Indonesia*：*The Great Transition*, ed. John Bresnan, 7 - 74. Lanham, MD：Rowman and Littlefield.

Fealy, Greg. 2001. "Parties and Parliament：Serving Whose Interests?" In *Indonesia Today*：*Challenges of History*, eds. Grayson Lloyd and Shannon Smith, 97 - 111. Singapore：Institute of Southeast Asian Studies.

Hadenius, Axel. 2001. *Institutions and Democratic Citizenship.* New York: Oxford University Press.

Hefner, Robert W. , and Annette Clear. 2007. In *Indonesia: Toward Democracy*, ed. Taufik Abdullah, 53 – 72. Singapore: Institute of Southeast Asian Studies.

Honna, Jun. 2003. *Military Politics and Democratization in Indonesia.* New York: Routledge Curzon.

IFES (International Foundation for Electoral Systems). 2003. *National Public Opinion Survey.* Jakarta: IFES.

Katz, Richard S. , and Peter Mair. 1995. "Changing Models of Party Organization and Party Democracy." *Party Politics* 1 (January): 1 – 22.

Liddle, William R. 2001. *Crafting Indonesian Democracy. Bandung*, Indonesia: Mizan Media Utama.

McCarthy, John F. 2002. "Power and Interest on Sumatra's Rain Forest Frontier: Clientalist Coalitions, Illegal Logging and Conservation in the Alas Valley." *Journal of Southeast Asian Studies* 33 (February).

McCubbins, Matthew, and Thomas Schwartz. 1984. "Congressional Oversight Overlooked: Police Patrols Versus Fire Alarms." *American Journal of Political Science* 28 (February).

Mietzner, Marcus. 2006. *The Politics of Military Reform in Post – Suharto Indonesia: Elite Conflict, Nationalism, and Institutional Resistance.* Washington, DC: East – West Center Washington.

NDI (National Democratic Institute for International Affairs). 2005. *Towards a More Effective Indonesian House of Representatives: Options for Positive Change by Legislators.* Jakarta: NDI.

Nguyen, Thang D. , ed. 2004. *The Indonesian Dream: Unity, Diversity and Democracy in Times of Distrust.* Singapore: Marshall Cavendish International.

Nyman, Mikaela. 2006. *Democratising Indonesia: The Challenge of Civil Society in the Era of Reformasi.* Copenhagen: Nordic Institute of Asian Studies.

Robison, Richard, and Vedi R. Hadiz. 2004. *Reorganising Power in Indonesia: The Politics of Oligarchy in an Age of Markets.* London: Routledge Curzon.

Rosser, Andrew, Kurnya Roesed, and Donni Edwin. 2005. "Indonesia: The Politics of Inclusion." *Journal of Contemporary Asia* 35 (March): 79 – 101.

Rüland, Jürgen, Clemens Jürgenmeyer, Michael H. Nelson, and Patrick Ziegenhain. 2005. *Parliaments and Political Change in Asia.* Singapore: Institute of Southeast Asian Studies.

Schneier, Edward. 2004. "Emerging Patterns of Legislative Oversight in Indonesia." Paper presented at the 2004 Annual Meeting of the Southern Political Science Association, New Orleans, LA, January 11.

Sherlock, Stephen. 2003. *Struggling to Change: The Indonesian Parliament in an Era of Reformasi.* Canberra, Australia: Center for Democratic Institutions.

Sherlock, Stephen. 2005a. *Indonesia's Regional Representative Assembly: Democracy, Representation and the Regions.* Canberra, Australia: Center for Democratic Institutions.

Sherlock, Stephen. 2005b. *The Legislative Process in the Indonesian Parliament (DPR): Issues, Problems and Recommendations.* Jakarta: Friedrich Naumann Stiftung.

Slater, Dan. 2004. "Indonesia's Accountability Trap: Party Cartels and Presidential Power After Democratic Transitions." *Indonesia* 78 (October): 61 – 92.

Wolfensohn, James D. 2004. Preface. In *The Indonesian Dream: Unity, Diversity and Democracy in Times of Distrust*, eds. Thang D. Nguyen. Singapore: Marshall Cavendish International.

# 第16章
## 立法监督和以色列委员会制度：
## 问题与解决办法

陈·弗里德伯格

（Chen Friedberg）

　　19 世纪的英国哲学家约翰·斯图亚特·穆勒（John Stuart Mill）认为，代议机构最适当的任务是监督政府，向公众澄清其活动，迫使行政部门为其批评或在极端情况下撤回支持的行为提供充分的解释和辩护（Mill，1958）。议会发挥其监督作用的方式之一就是通过其委员会，成立这些委员会在很大程度上是为了强化立法机构的作用，并通过确保适当的政府和行政秩序来保护民主制度（Hazan，2001；Lees & Shaw，1979；Pelizzo & Stapenhurst，2004）。

　　本章探讨以色列议会通过其委员会制度对议会的监督。它侧重于以色列议会委员会制度的主要结构和程序问题，这些问题损害了以色列议会委员会的运作，从而损害了其监督的效力。这些障碍通过审查两个委员会的运作情况得到证明：国家管制委员会及教育、文化和体育委员会。

### 议会及其监督的作用

　　以色列议会（Knesset）是众议院，有 120 名经选举的议员，任期四年。议会的职能之一是监督政府部长级议员，其中大部分部长和副部长也当选为议会议员。议会以各种方式充分发挥其监督作用：

- 政府打算颁布的法律，必须经过议会的通过，包括预算法和税法。
- 议会还可以要求政府通过辩论、议程议案或议会质询在委员会制度框架内或全会中提供补充资料。

- 附加的监督手段是向议会提交国家审计长的报告和进行预算监督。　218

## 以色列的议会委员会体系

以色列政府以联盟为基础，委员会的成员是议会集团的基础。委员会成员数量被限制在 80 人左右（约 1/4 是不得在委员会任职的政府成员，还有其他被允许在委员会任职的工作人员，如议会副议长和反对党主席，但他们通常选择不任职），而议会委员会的提名可达 200 人左右。

有四种类型的议会委员会：

- 常务委员会是在每一个议会会议开始时选出的（下文详细讨论）。
- 议会调查委员会由全会任命，负责处理具有国家重要性的特殊问题。
- 特别委员会包括两个常务委员会，即伦理委员会和解释委员会，与常务委员会的地位不同。
- 专项委员会以类似于常务委员会的方式起作用，但任命的时间有限制。

常务委员会还临时设立小组委员会，处理需要密切关注的具体问题。

议会委员会从三个法律来源获得权力：基本法：议会（1958 年）、基本法：政府（2001 年）和议会议事规则。

### 常务委员会

共有 12 个常务委员会。根据安排委员会（Arrangements Committee）的建议，每届议会任期开始时，选举常务委员会及其主席。委员会的成员资格基于议会组。多年来，每个委员会的成员人数都有所变化（通常为 10 ~ 20　219 个成员）。应该指出，议会委员会的数目及其规模至少在理论上可以更有效地监督行政部门。但委员会结构等因素往往阻碍委员会发挥有效监督的能力。

以色列委员会制度的结构性和程序性失败的表征。委员会制度的许多方面导致它们未能提供有效的监督。

1. 委员会与政府部门之间缺乏重叠。每个常务委员会都负责一些政府部门，有时是所有的政府部门。由于委员会被迫覆盖多个部委的各种政府活动，委员会成员往往无法专注于在特定政府部门的一个领域获得深入的专门知识。

2. 各派根据需要改变委员会的能力。议会程序允许各方随时改变委员会代表，特别是当某阵营的委员之一表达与自己派系相反的观点时。这种人员流失削弱了委员会的权力，从而削弱了监督能力，因为拥有专门知识的成员可以由没有专业知识的成员代替。

3. 缺乏法定人数的要求。议会程序不需要法定人数进行辩论或投票，并决定委员会主席有权继续与任何数目的成员继续召开委员会会议。缺乏法定人数的要求会损害委员会的决策能力，也会损害其公众形象，因为委员会可能只有少数人出席并投票（甚至只有一名成员）。

4. 委员会缺乏要求部长和官员出席的法律能力。议会委员会有权要求：（1）有关政府部门活动的资料；（2）部长和政府官员出席。但是，这些委员会没有权力（国家控制委员会除外）强制要求政府官员出席或强制要求提供全部信息。如果官员不出席或只提供部分信息甚至提供假信息，委员会无权进行制裁。

5. 委员会结论缺乏约束力。议会的议事程序决定的部分动议将根据委员会的结论归还给议会。在政府长期无视委员会的结论后，在"议会议事规则"中增加了两个章节（1977 年，1985 年），其中规定议会主席将委员会的结论转交给有关部长，然后他们有责任在 3 个月内根据结论采取行动。但是，应该指出的是，委员会的结论并不具有约束力，只被视为对政府的建议。

6. 委员会会议的公共性质。直到最近，议会程序才指出，除非委员会另有决定，委员会会议不向公众开放。闭门会议可以使委员会在更有利的氛围中开展业务，这可能导致各方面的妥协，并为更有效的监督创造条件。从第七届议会（1969 ~ 1973 年）开始，委员会向媒体开放一些会议。此后，由于电子媒体普遍渗透到议会中，而且许多议会议员愿意公开露面，从而造成这一趋势有所增强。这个趋势甚至已经在议会程序（2007 年）中得到固定，以使程序适应现实。有人认为这种趋势可能会削弱委员会的监督能力（Hazan，2001）。

两个议会常务委员会的实证分析——方法论问题。

　　研究的总体样本是国家控制委员会和教育、文化和体育委员会，我们将对这两个议会常务委员会的监督职能进行分析。根据本章的研究目的，我们将委员会职能定义为连续统，称为职能连续统，如下所示：

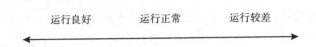

　　我们通过一些详细的参数来检查两个委员会的运作情况，这些参数沿着职能连续统不断运行，从运行较差到运行良好。研究内容包括档案来源、委员会议定书以及专业和内部出版物的定性内容分析。

　　分析的期间：研究期间涵盖了 20 世纪最后 30 年的三个议会任期，选择这一期间是为了找出议会监督在长期中的发展趋势。接受分析的犹太议会是第七届议会（1969～1973 年）、第十届议会（1981～1984 年）和第十三届议会（1992～1996 年）。

　　参数定义：通过审查以下参数来检查两个委员会的运作情况：

　　1. 两个委员会的第一个参数不同。对于国家控制委员会：国家主计长 221 提出的不足之处。对于教育、文化和体育委员会：委员会使用的信息来源。

　　2. 同时成为多个委员会的成员。

　　3. 委员参加会议的参与率。

　　4. 专业咨询人员。

　　5. 监督委员会建议的执行情况。

**采样**

　　国家控制委员会：国家控制委员会审议国家主计长的报告，并向议会全体会议提交其结论和建议，由全体会议对这些结论和建议进行辩论和批准。应该指出的是，在第七届议会，国家控制委员会是财务委员会下设的专门小组。

　　我们分析了国家主计长在三届议会期间发布的三份年度报告：1972 年第 23 号年度报告（第七届议会）、1982 年第 33 号年度报告（第十届议会）、1993 年第 44 号年度报告（第十三届议会）。

　　然后，对国家控制委员会处理上述三项年度报告的议定书进行了调查。

所选择的辩论涉及国家主计长提出的不足之处，即在支出超过年度预算 1/3 的三个领域（教育部、卫生部和内政部，第七届议会的 1 次辩论，第十届议会的 14 次辩论，还有第十三届议会的 14 次辩论）中存在的不足之处。本章根据选定参数中的这些记录来评估国家控制委员会的监督活动。

教育、文化和体育委员会：该委员会处理教育、文化、科学、艺术、广播、电影、体育等方面的问题。在进行分析的前两届议会（第七届和第十届）中，随机抽取 15 次委员会辩论。这些辩论被认定为具有"监督"特征（即关于政府部门的政府计划和活动的辩论），这些特征导致了在议会中提出的结论。根据这些讨论方案对教育、文化和体育委员会的监督活动进行评估，按照选定的参数进行分析。在第十三届议会中，发现委员会在其全体会议中没有得出结论，因此，没有对议会在那一届的活动进行统计评估是可以接受的。

两个议会委员会的实证评估——结果。委员会监督活动的程度通过五个参数进行了审查。

222　**国家控制委员会**

1. 国家主计长提出的不足（涉及教育、卫生和内政部的活动）

| 第十三届议会 委员会辩论最多的 不足（95%） | 第十届议会 委员会只讨论了一部分不足（44%） | 第七届议会 委员会在一次辩论中只讨论了一个缺陷（4%） |
|---|---|---|

运行良好　　　　　　　　运行正常　　　　　　　　运行较差

调查结果显示，国家控制委员会关于国家主计长提出的不足之处的讨论活动多年来有所改善。委员会在第七届议会辩论只有一个不足（4%），而在第十三届议会中，它讨论了 95% 的不足。然而，对国家主计长提出的大量不足的辩论并不意味着委员会在审议其他参数方面的运作更好。

2. 同时成为多个委员会的成员

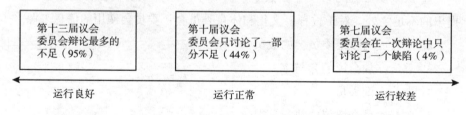

| 仅服务于国家控制委员会的成员数量：第七届46%；第十届0%；第十三届6% | 服务于第二个委员会的成员数量：第七届39%；第十届44%；第十三届47% | 至少服务于其他两个委员会的成员数量：第七届15%；第十届56%；第十三届47% |
|---|---|---|

运行良好　　　　　　　　运行正常　　　　　　　　运行较差

调查结果显示，在第十届和第十三届议会中，有近半数的委员至少在另外两个委员会任职，其他委员也在另外一个委员会供职。

3. 委员会会议参与率

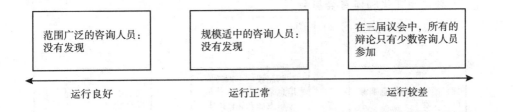

| 第七届议会辩论的平均参与率为62%，但只有一次关于委员会提出的不足的辩论 | 第十届议会辩论的平均参与率为45%。有14场关于不足之处的辩论 | 第十三届议会辩论的平均参与率较低，有25%，有14场关于不足之处的辩论 |

运行良好　　　　　　　运行正常　　　　　　　运行较差

调查结果显示，成员参加委员会会议的平均参与率从第七届议会的62% 223（但是，委员会只讨论了一项不足，因此可以说没有实现其监督作用）下降到在第十届议会的44%和第十三届议会的44%。

4. 专业咨询人员

| 范围广泛的咨询人员：没有发现 | 规模适中的咨询人员：没有发现 | 在三届议会中，所有的辩论只有少数咨询人员参加 |

运行良好　　　　　　　运行正常　　　　　　　运行较差

调查结果显示，在我们分析的辩论中，只有有限的专业咨询人员参加并支持委员会审查辩论工作。

5. 监督委员会建议的执行情况

| 委员会实施了持续的监督活动：没有发现 | 第十三届议会实施了有限的监督活动 | 在第七届和第十届议会的三个主要领域的建议的执行没有得到委员会的监督 |

运行良好　　　　　　　运行正常　　　　　　　运行较差

在委员会对政府实施建议的监督方面，与前两届相比，第十三届议会略有改善。然而，可以说，在这个参数中，所有三届议会都显示总体运作不良。在第七届和第十届议会中，委员会没有就任何后续步骤进行辩论，而在第十三届议会，它只进行了非常有限的监督活动。

6. 总体发现

根据三个参数，除了最后一个参数（监督委员会建议的执行情况）外，委员会运作情况有所恶化，这显示了委员会在所有三届议会中运作不力。至少另外两个委员会同时成为国家控制委员会成员，可能会妨碍委员会工作的质量，并削弱其在我们分析的几届议会中（特别是第十届和第十三届议会）进行适度监督的能力。成为多个委员会的成员与出席委员会会议人数不多之间可能存在着联系。最后，即使是对国家主计长提出的大量不足进行了辩论，也没有对上述委员会建议的执行情况进行监督。如果委员会的建议没有被实施，那么委员会的工作可能就是徒劳的。数据显示，国家控制委员会的运行充其量只能说处于中等水平（虽然在所检查的一个参数中略有改进），并在一些情况下随着时间的推移而恶化到运行较差。

### 教育、文化和体育委员会

1. 委员会使用的资料来源

| 只采用独立的信息来源：没有发现 | 在两届议会上对政府信息来源有较大依赖（第七届76%；第十届65%） | 仅仅依赖政府信息来源：没有发现 |
|---|---|---|

运行良好　　　　　　　　　运行正常　　　　　　　　　运行较差

委员会在两个时期的运作充其量处于中等水平，因为委员会主要依靠政府信息来源（第七届议会为76%，第十届议会为65%）。

2. 同时成为多个委员会的成员

| 仅服务于教育、文化和体育委员会的成员数量：第七届32%；第十届46%；第十三届0% | 服务于第二个委员会的成员数量：第七届63%；第十届27%；第十三届38% | 至少服务于其他两个委员会的成员数量：第七届5%；第十届27%；第十三届62% |
|---|---|---|

运行良好　　　　　　　　　运行正常　　　　　　　　　运行较差

调查结果表明，第二个参数不断恶化（特别是从第十届议会到第十三届议会）。在第十届议会中，近一半的成员只在教育、文化和体育委员会任职，而 1/3 的成员参加了第二个委员会。在第十三届议会中，没有任何成员仅供职于教育、文化和体育委员会，其中近 2/3 的成员至少在另外两个委员会任职。

3. 委员会成员参加会议的比率

225

| 委员会成员参加会议辩论的比率较高（超过50%）：没有发现 | 第七届、第十届议会在30场辩论中的平均参与率分别为42%和47% | 在所有辩论中的委员的平均参与率较低（低于30%）：没有发现 |
|---|---|---|
| 运行良好 | 运行正常 | 运行较差 |

考察的两届议会的第三个参数处于中等水平。第七届议会参加委员会会议的平均比例为 42%，第十届议会的平均参与人数为 47%。

4. 专业咨询人员

| 范围广泛的咨询人员：没有发现 | 规模适中的咨询人员：没有发现 | 在两届议会中辩论期间没有咨询人员参加，除了第十届有一场辩论中出现了一个法律顾问 |
|---|---|---|
| 运行良好 | 运行正常 | 运行较差 |

研究显示缺乏独立的专业顾问；因此，委员会的运行较差。

5. 监督委员会建议的执行情况

| 与大多数委员会结论执行情况有关的跟踪辩论：没有发现 | 与一些委员会结论执行情况有关的跟踪辩论：没有发现 | 在第七届和第十届议会没有对委员会结论的实施开展跟踪辩论 |
|---|---|---|
| 运行良好 | 运行正常 | 运行较差 |

在第五个参数中，研究表明委员会没有就其在议会中提出的结论进行后续辩论。

### 6. 总体发现

教育、文化和体育委员会的许多成员在三届议会中为其他委员会服务，无形中减少了在该委员会中花费的时间。这可能与委员会相对较低的辩论参与率有关。此外，委员会主要依靠政府资料，缺乏独立的专业人员和顾问。最后，缺乏对委员会建议执行情况的跟踪讨论表明其监督能力较弱。缺乏跟踪讨论可能意味着政府感受不到对实施委员会建议的压力。总体而言，教育、文化和体育委员会的运行情况在第七届至第十届议会审议的一个参数方面恶化，而其他参数充其量只能说是表现平平。在第十三届议会期间，尽管讨论了大量的问题，但几乎没有结论，显示出监督能力较弱。

## 结论

议会委员会面临结构性缺陷和大量妨碍其监督执行能力的程序。对国家控制委员会和教育、文化和体育委员会的分析表明，多年来同时在不同委员会任职的成员人数不断增加。以前的研究显示，这可能导致委员会会议的出席率下降，从而妨碍对行政机构的监督，而对行政机构进行监督需要时间、专家和相关领域的知识。利用专业化的好处，委员会可以比全体会议更有效地审议法律草案（Krehbiel，1991）。当同时在几个委员会任职的议会议员必须从一次会议赶去参加另一次会议（大多数委员会会议在议会的三个工作日的上午举行）时，该成员可能既没有时间也没有能力为委员会会议做准备，或学习监管领域的专门知识，特别是委员会倾向于监督几个甚至所有部门的活动时。

如何改善议会委员会的运作情况？以下结论得到了哈詹（Hazan，2001）对以色列议会的研究的支持。它表明部分解决方案是可行的。由于议会成员的人数在可预见的将来不会改变，而且以色列议会将继续是西方世界最小的立法机构之一，结构的改变可能改变各委员会的权力范围，以便使它们与中央政府各部的活动领域相协调。同时，每个委员会的成员人数可以减少一点。这些措施将减少一些困难，特别是同时成为众多委员会成员的问题。在较少的委员会中服务的议会成员将有更多的时间准备和加强他们在委员会所涉问题上的知识和专长。此外，委员会成员仅应涵盖一个或两个部委的活动，以进一步缩小所涉领域。

为了解决程序上的失误，应限制政治派别自由更换委员会成员，各委员会应自治，所以当他们反对政党立场的时候，他们不会遭受被解职的持续威胁。此外，所有委员会（不仅是国家控制委员会）应有权强制公务员和其他公民出庭，并提交完整的文件；不仅如此，他们应该有权对那些无视传票的人实行制裁。有权强迫个别内阁部长出席委员会会议并提供口头证词，使各委员会在监督各部活动的过程中处于强势地位。委员会可以将这样的听证会作为就活动和政策向部长进行质询的机会，并确定部长的行动和态度与联盟政见的偏离程度。最后，在某些情况下，委员会的会议可能会因为向媒体和公众封闭而受益。

只有增加委员会的预算并使其脱离政府的控制，这些委员会才能提供真正独立的监督，而这些应该通过专业人员（包括外部专家和研究机构）进行加强。增加支持委员会工作的专业人员数量至关重要。今天，每个委员会都有一到两名员工作为法律顾问（财务委员会也有经济学家）；然而，委员会主席仍然抱怨说，这种支持不足以满足他们的需要。此外，改进委员会的信息来源将会改善其运作。第十五届议会主席采取了解决这个问题的第一个重要步骤。2000 年，他开展了改革，建立了独立的信息和研究中心，通过研究、调研和全面的背景文件为议会成员提供客观实用的信息。如今，它被认为是一个非常专业、富有成果的中心，议会成员从其活动中受益匪浅，并高度赞扬其贡献。

最后一个发生重大变化的领域可能是委员会跟踪其建议落实情况的能力。一般来说，委员会必须能够核实政府对其结论和建议的反应，以及这些建议是否纳入其考虑范围。强大的委员会不仅能够监督和修改拟议的政府立法，更有能力监督和审查内阁部长的非法行为。因此，委员会的结论应该被赋予法律地位，要求部长们向委员会报告后续行动，对没有这样做的人采取制裁措施。只有这样，监督链才是完整的。

通过议会委员会改善议会的监督职能是有可能的。进行改革可能有助于将议会委员会变成真正的监督者，以帮助维护公共利益、监督政府支出，最终防止腐败。

## 参考文献

Hazan, Reuven Y. 2001. *Reforming Parliamentary Committees: Israel in Comparative Perspective.* Columbus: Ohio State University Press.

Krehbiel, Keith. 1991. *Information and Legislative Organization.* Ann Arbor: University of Michigan Press.

Lees, John D. , and Malcolm Shaw, eds. 1979. *Committees in Legislatures—A Comparative Analysis.* Durham, NC: Duke University Press.

Mill, John Stuart. 1958. *Considerations on Representative Government.* Jerusalem: Hebrew University Press (in Hebrew).

Pelizzo, Riccardo, and Rick Stapenhurst. 2004. "Tools for Legislative Oversight: An Empirical Investigation." World Bank Policy Research Working Paper 3388. World Bank Institute, Washington, D. C.

State of Israel. 1958. *Basic Law: The Knesset* (in Hebrew).

State of Israel. 2001. *Basic Law: The Government* (in Hebrew).

State of Israel, The Knesset. 2004. *Rules of Parliamentary Procedure.* Jerusalem (in Hebrew).

State of Israel. The 7th Knesset. 1969 – 73. Education, Culture and Sports Committee. Protocols 12, 13, 51, 57, 59, 72, 88, 109, 111, 115, 135, 139, 155, 170, 175 (in Hebrew).

State of Israel. The 10th Knesset. 1981 – 84. Education, Culture and Sports Committee. Protocols 3, 15, 16, 19, 21, 22, 30, 33, 39, 55, 60, 68, 74, 103, 247 (in Hebrew).

State of Israel. The 7th Knesset. 1969 – 73. State Control Committee. Protocol 637 (in Hebrew).

State of Israel. The 10th Knesset. 1981 – 84. State Control Committee. Protocols 9, 22, 26, 126, 136, 137, 144, 160, 179A, 181, 200, 205, 206, 210, 211 (in Hebrew).

State of Israel. The 13th Knesset. 1992 – 96. State Control Committee. Proto-

228

cols 5, 202, 203, 216, 221, 230, 240, 249, 280, 287, 308, 309, 317 (in Hebrew).

State of Israel, Office of the State Comptroller. 1972. Annual Report No. 23. Jerusalem. (in Hebrew).

State of Israel. 1982. *Annual Report No.* 33. Jerusalem (in Hebrew).

State of Israel. 1993. *Annual Report No.* 44. Jerusalem (in Hebrew).

# 第 17 章
# 南非国防的议会监督

罗伯特·J. 格里菲斯

(Robert J. Griffiths)

229  南非从种族隔离到多数原则（majority rule）的转变是民主过渡和巩固的一个很好的例子。制定世界上或许最先进的宪法，建立和加强支持民主的机构，是这一成功的重要组成部分。在这一转型背景下必须解决的关键问题之一是调整国防政策和建立文官对武装力量的控制。由于武装力量在镇压反对种族隔离中的作用，安全部门的改革问题尤为重要。南非作为区域强国的作用及其在区域维和以及人道主义干预中的作用进一步突显了安全部门改革的重要性。

在调整国防政策方向上确保透明度和问责制的努力的一个关键因素是建立对国防政策的议会监督。由于安全部门对国家的关键职能负责，而且由于军队在种族隔离制度下的作用，议会必须确保武装力量得到有效的公众控制。除此之外，议会还可以作为平衡国防政策中行政主导的力量（国际议会联盟和日内瓦武装力量民主控制中心［IPU - DCAF］，2003）。在种族隔离期间，虽然实际上对武装力量的监督很少，但理论上仍存在文官行政控制机制。缺乏监督的原因有两个。第一，鉴于武装力量对政策制定具有相当大的影响，国家安全在"总体战略"（total strategy）时期发挥了至关重要的作用。[1]第二，尽管议会议员由于征兵制度而有一些军事经验，但却没有付出多少努力来学习军事专业知识。因此，议会接受军队的评估和建议的倾向成
230  为趋势。[2]正如1996年议会防务委员会的一名成员所说，1994年以前没有军民关系可言，严格意义上的监督是不存在的。[3]民主制度对问责制、透明

和合法的要求使得建立相应的机构以确保文官主导国防政策，并开放军民关系和国防政策以实现更大的议会控制变得十分必要。这涉及设立一个民防部门和秘书处，以及建立有效的议会监督机制。议会监督的有效性受到各种制度和实际问题的影响，包括选举制度的性质、政党纪律的模式、行政立法关系以及国防委员会有效监督政策的能力。

## 议会国防监督的建立

南非的选举制度采用封闭式的比例代表制。各政党编制了国民议会中的 400 个席位的地区和国家名单，代表是根据最大剩余法以党的投票比例决定的。[4] 由于各方提交的候选人和议员（MPs）名单并不代表特定地区，党可以对其成员施加严格的纪律，议员们很有可能支持党在政策问题上的立场（Nijzink，2001）。此外，行政机关在专门知识方面具有实质性优势，特别是考虑到国防政策的技术性。行政人员的技术专长在制定防务政策方面具有更大的影响力，与缺乏支持人员的议会委员会相反。

1994 年的选举之后，为处理防务问题，成立了两个议会委员会，部长委员会（Portfolio Committee）和国防事务联合常务委员会（Joint Standing Committee on Defense，JSCD），反映了对军民关系和国防政策的关注点。部长委员会主要侧重于有关防务的立法。然而，由于南非武装力量的变化，由国民议会和全国各省议会组成的 JSCD 主要是为了监督军事变革而设立的。

委员会目前的席位分配方式如下：非洲人国民大会（ANC）拥有 11 个席位，而民主联盟（DA）、因卡塔自由党（IFP）、新自由阵线（FF＋）和泛非主义者大会（PAC）各有 1 席。3 个非洲人国民大会席位是可供选择的；联合民主运动（UDM）也有一名候补委员。在 JSCD 中，代表权限限于拥有 10 个以上席位的当事方，ANC 拥有 26 个席位，DA 有 4 个席位，IFP 有 2 个席位。ANC 的 11 个席位是候补委员。

这些委员会有一系列权力，包括召集证人到场的能力，要求证人作证或出示文件，要求个人或机构提供报告，并接收公众的呈请、陈述或呈件。[5] 231 根据国民议会的规则，部长委员会必须保持对"国家行政权力在其范围内的行使，包括实施立法；任何属于其组合的行政机关；任何属于其组合内的宪法性机构；任何经指定需要监督的机构或实体"的监督，也可以"监控、调查、查询和对任何此类国家机构、宪法性机构或其他机构的行政机关（包括预算、合理化、重组、运作、组织、结构、职员和政策等立法程序）提出建议"。[6]

JSCD 有责任对预算、运作、组织、军备、政策、士气和南非国防军（SANDF）的备战状况进行调查和提出建议，以及法律规定的与议会监督军队有关的其他职能。[7] JSCD 在审查 1996 年《南非共和国国防白皮书》和 1998 年《国防评估》（DOD，1996，1998）的草案和最终版本方面发挥了重要作用。它的成员主要来自政党官员，委员会行使了相当大的政治影响力（Frankel，2000：118）。由于 1996 年《南非共和国国防白皮书》的广泛授权，JSCD 参与了各种监督活动。它审查了预算，监督了政策执行情况，试图调和南非国防军与国防部秘书处之间出现的分歧，并从事调查工作，如 1999 年 9 月发生的事件，一名黑人职员参加了在布隆方丹以外的一个军事基地发生的暴乱，杀死了七名白人后被击毙。由于南非武装部队整合和转型的挑战，JSCD 的广泛监督作用被认为是非常必要的。[8] 虽然南非国防军的转型尚未完成，但部长委员会承担了委员会的大部分与国防部门有关的工作（Cawthra，2005）。

国防部队和议会委员会之间早期的紧张关系让位于更重要的合作关系。国防部（特别是南非国防部中的保守派）和议会委员会之间的初步交流是勉强的，他们不习惯于议会审议，特别是由 ANC 议员领导的委员会。[9] 实际上，海军购买新船只被议会否决。这对于习惯于想要什么就能得到什么的军人来说非常震惊。[10] 在《南非共和国国防白皮书》和 1998 年《国防评估》以及《国防法》的编写过程中，JSCD 积极参与，并拒绝做出例行公事式的决定。他们参与起草政策最初被抵制，被视为一种干涉，但现在已经被接受，甚至受到欢迎（Modise，2004）。尽管开始时并不顺利，但议会监督现在已经很成熟了，委员会也定期与国防官员召开会议，审查政策和预算。

某些关键文件为南非防务政策提供了基础，并成为议会监督的指导方针。南非向民主的转变促使国防部长于 1995 年 6 月提交了国防白皮书草稿，征集议会和公众的意见。随后的几份草稿包含了各政党、非政府组织、国防工业、国防分析师、南非国防军、国会委员会和公众的意见。整合了这些参与者意见的最终草稿得到了内阁的批准，并于 1996 年 5 月发布。在提交白皮书时，时任国防部长乔·莫德斯（Joe Modise）称其体现了"全国对国防政策的共识"（DOD，1996，"前言"）。白皮书概述了转型的挑战、军民关系、战略环境、预算问题、武装力量的作用与职能、武器工业和人力资源问题等方面的政策。

为了详细制定白皮书列出的各种政策，并进一步促进公众参与，1996年进行了国防评估。在由部长任命并由国防部长协调的工作小组的主持下，1996 年 2 月和 8 月以及 1997 年 5 月举行了全国协商会议。1996 年 7 月和 1997 年 5 月，全国还举行了两轮区域研讨会。[11] 国防评估力求确定 21 世纪南非国防军的适当规模、结构和力量，并考虑了南非安全与防卫、军备控制、防务支出、和平行动和区域安全、部署国防力量以协助警方等问题。评估结果表明，南非国防军首先是宪法控制下的防御力量，应符合南非防务和国家政策的要求。其任务是捍卫对宪法秩序的军事威胁和内部威胁，促进区域和国际安全。南非国防军被视为一支核心力量，必要时可以通过征调兼职人员进行扩充。部队的规模和规划应基于需求驱动但成本受限的方法。初步迹象显示，国防经费大约为国内生产总值的 1.5%，这个数字在不同的情形下存在一定的波动。[12]

## 战略防务采购方案和议会监督

鉴于从国外大量购买武器的决定存在争议，1998 年宣布的 500 亿南非兰特战略防务采购方案（SDPP）提供了一个审查南非在巩固合法性、透明度、问责制和议会监督方面取得进展的机会。

种族隔离期间，国际武器禁运使南非无法从国外购买武器。虽然南非发展了先进的国内武器工业，但却无法满足武装部队的全部需要。1998 年，经过 4 年的辩论，政府宣布了 300 亿南非兰特的武器采购协议，以提升南非的防务能力。采购的武器包括 3 艘潜艇、4 艘护卫舰，30 架直升机、28 架喷气式战斗机和 24 架教练机。[13] 为了支付这一采购方案，军费开支预计将从 1999/2000 财政年度的 107.2 亿南非兰特增加到 2000/2001 财政年度的 137.6 亿南非兰特，然后在第二年达到 125.7 亿南非兰特（Africa Confidential，

2000)。1999/2000 年度和 2000/2001 年度之间国防预算增加的 30 亿南非兰特是由于这项采购造成的（Cape Times，2000）。2002/2003 年度的军费开支预计将达到 168 亿南非兰特，2003/2004 财政年度进一步增加到 178 亿南非兰特，2006/2007 财政年度国防费用上升到 239 亿南非兰特（Department of Defense，2007）。[14]

购买这些武器的决定和增加军费开支引起了相当大的争议。虽然更新老旧武器的需要得到了广泛认可，但是许多人对如此巨额的支出提出了质疑。评论家认为，对于一个正在努力提供住房、电力和其他社会服务的国家，这有些过分，而另外一些国家则指责这项采购不适合南非可能面临的防御挑战（Williams，1999）。国防部官员认为，该地区的不稳定和保护海洋资源的必要性支持了支出计划（Nevin，1999）。为了使这笔采购更能令人们接受，经协商达成了一笔预计能带来 6.5 万个工作岗位的交易，而南非急需就业岗位。这些工作岗位来自一个工业补偿计划，该计划要求武器供应商向本地工业进行投资（Mail & Guardian，2000）。尽管政府批准一揽子计划，但关于这笔交易对就业的好处以及对采购过程中的违规行为的质疑仍然存在。

包含军事力量构想的国防评估于 1998 年 3 月提交给议会。虽然议会赞同这一评估，但它是否真的核准了这一武器采购方案尚不清楚。民主南非研究所（IDASA）声称，当议会批准军事力量构想时，它不赞成采购方案。相反，IDASA 认为，议会批准了一个可能随时间而变化的防卫概念，受到议会监督的约束，实际上代表了一份愿望清单，但考虑到财政约束，国防部认为它是不切实际的（IDASA，2001）。尽管如此，政府仍然推进这一交易，1999 年 9 月宣布已经选定了供应商，采购价格为 213 亿南非兰特，8 年付清（IDASA，2003a）。成本随后上升至 303 亿南非兰特，到 2000 年 9 月，由于汇率变动及合约价格上涨，成本上升到 438 亿南非兰特。[15]2003 年，战略防务采购方案的成本估计值最终上升至 530 亿南非兰特（Mail & Guardian，2003）。

除了成本上涨之外，交易条款中保证的利益补偿也出了问题。这些补偿要求承包商向南非提供一定的经济利益，包括选择当地分包商提供一些军事装备。承包商也被要求提供非军事贸易和投资。这些补偿的价值最初估计为 1100 亿南非兰特，但后来减少到 104 亿南非兰特（IDASA，2003b）。据说这些补偿也能够创造 6.5 万个新工作岗位（Nevin，2001）。

还有关于在授予合同方面的腐败指控。随后，泛非主义者大会议员帕特里西亚·德里尔（Patricia de Lille）出示了一些文件，她声称这些文件来自提出腐败问题的 ANC 成员，其中包括贿赂 ANC 高级官员及其亲属（Africa Confidential，2001）。在那些随后被判定犯有腐败罪的人中，有一个叫托尼·扬根尼（Tony Yengeni），合同谈判期间，他是 ANC 主要的"党鞭"和国防事务联合常务委员会主席，他从一个承包商那里获得了一辆减价的奔驰汽车。他被认为犯有欺诈罪，被判处四年徒刑。被指控犯有不法行为的其他 ANC 高官包括：后来曾任国防部长的乔·莫迪斯（Joe Modise），他在离开其办公室前三天签署了购买潜艇的协议。莫迪斯随后获得了一笔贷款来购买一家公司的股份，由他出任董事长，而这家公司与军需工业有利益关系。作为国防部武器采购负责人的沙克（Shamin Shaik）据称也与当地公司存在家庭关系，而这些公司也获得了合同，作为补偿安排的一部分（Time International，2001）。沙克的哥哥、德班商人和前副总统雅各布·祖马（Jacob Zuma）的专职财务顾问，也被判定犯有欺诈和腐败罪。他被判有罪，祖马被解职，因为希拉里·斯奎尔（Hilary Squires）法官把沙克与祖马之间的关系描述为"普遍腐败"。[16] 对一揽子交易的成本和利益的怀疑，以及对腐败的指控，最终引发了对这笔武器交易的一系列调查。

2000 年 9 月，总审计长（宪法赋予其审计所有政府支出的责任）向议会公共账目常务委员会（Parliament's Standing Committee on Public Accounts，SCOPA）提交了一份报告。SCOPA 负责监督政府所有政府部门的公共开支。当 SCOPA 收到来自总审计长关于财政违法行为的报告后，委员会必须进行调查。在调查过程中，SCOPA 有权召集有关各方说明和解释其行为。[17] 总审计长质疑为何被批准的一揽子采购方案比其他方案贵得多，并建议进行全面调查（IDASA，2003a）。SCOPA 考虑了总审计长的报告，并于 2000 年 10 月发布了自己的报告，提出了关于成本、补偿、承包商和分包商选择以及国防部采购政策的问题。它还要求进行一次由审计长、特别调查组（Special Investigating Unit，SIU）、保民官（public protector）、严重经济犯罪调查局和任何其他相关调查机构参与的联合调查。[18]

2000 年 11 月，几个调查机构举行了一次会议，决定国家检察机关特别

行政总局、总审计长办公室和保民官以及特别调查组在威廉·希斯（Willem
235　Heath）法官的指导下对战略性防务采购方案进行联合调查。[19]南非宪法法
院随后裁定，法官不得担任特别调查组领导，司法部部长佩努埃尔·马杜纳
（Penuel Maduna）则向姆贝基（Mbeki）总统建议，希斯领导下的特别调查
组不应该在调查中发挥作用。姆贝基总统随后宣布，他不会发布特别公告授
权特别调查组参与调查（IDASA，2003a）。由前总统纳尔逊·曼德拉（Nel-
son Mandela）建立的特别调查组有能力使合同无效，如果在签署合同时涉
及腐败，则可以收回国家资金（Nevin，2001）。在 1997 年至 2001 年初期
间，特别调查组从发现腐败证据的交易中收回了 3.14 亿南非兰特。评论家
指责，特别调查组由于其有效性而被排除在外（Africa Confidentia，2001）。
这一问题变成了一场大论战，争论的焦点是 SCOPA 是否明确要求特别调查
组参与调查，以及姆贝基不允许特别调查组参与调查的决定（February，J.，
2004）。

　　根据公共账目常务委员会的建议，由保民官、总审计长和国家检察机关
特别行政总局组成的联合调查组于 2000 年 11 月举行了第一次会议。在会议
开始之前，联合调查组是指六个议会委员会。[20]联合调查是独一无二的，因
为它涉及三个机构合作对涉嫌违规和犯罪的行为进行同时调查。调查的公开
性也是前所未有的，因此，联合调查组是在全新的领域开展工作。在 2001
年的报告中，联合调查组发现在采购过程中存在一些不正常和不足之处。对
于公司提交的报价缺乏评估标准，业务计划未及时提交，有关补偿的安排是
临时做出的。联合调查组还发现，内阁知道交易中的成本增加，调查人员对
负担能力小组使用的模式也提出了批评。此外，联合调查组发现，国防部采
购主管沙克的兄弟与其中一家外国承包商存在利益关系，发生了一些利益冲
突（IDASA，2003b）。

## 国防监督的意义

　　战略国防采购一揽子计划使我们可以深入观察国防政策的透明度和问责
制的发展，并突出了有效的议会监督所面临的挑战。由于武器销售引发的争
236　议、其技术的复杂性以及如此丰厚的利润可能导致的腐败问题，武器采购特

别适合对透明度和问责制进行分析。武器装备还体现了与议会监督有关的几个问题，包括党纪的作用、行政立法关系，以及议会委员会充分监督复杂的国防政策（特别是与武器采购有关的政策）的能力。虽然国防白皮书和国防评估为防御政策提供了广泛的指导方针，但其细节被忽略了。关于议会是否直接批准"可持续发展报告"的争议说明了行政机关在没有明确立法批准的情况下推动它支持的政策的能力。一旦制定了行政决定，强大的非洲人国民大会（ANC）的政党纪律就使得议员们难以对战略防务采购方案提出质疑。反对党可以质疑这笔交易，而且他们也确实这样做了，但是他们无力阻止。此外，由于议会缺乏与武器采购相关的专家和议会支持人员协助议员对购买事宜做出独立判断，使得议会更加不可能对决定提出质疑。这反映了新兴民主国家中议会委员会的一个关键弱点——缺乏国防专业知识（Nathan，2004）。虽然南非议会委员会的成员往往具有军事背景，但这并不能保证监督这种武器交易的复杂性所需的高水平专门知识。

虽然武器购买并不常见，在近期，此类决策不太可能再次出现，但一揽子采购计划表明，尽管南非在消除种族隔离后面临着财政约束和对资源的争夺，但军方在防务政策制定方面仍具有重大影响力。在实施种族隔离制度期间，由于无法采购国外武器，军方利用公开市场和冷战后西方国家的国防生产能力过剩，成功游说并实现了军备的大幅升级。国际武器禁运的结束以及从外国供应商处购买武器的决定需要制定新的采购流程。议会能力的特点是不熟悉最近建立的采购过程，缺乏将核准的部队结构转化为适当的武器系统所需的技术知识，加上行政主导的决策和严密的政党纪律，妨碍了议会有效制约武装部队所推出的昂贵的武器采购方案。对于议会批准"国防评估"是否就是批准了武器购买，这一问题存在一些不明确之处。在这个问题上，国防委员会的监督能力差距也很明显。议员关于监督的一般不足是缺乏预算专门知识，在某种程度上不愿意质疑国防部，因为担心被贴上阻碍或破坏民主的标签，而且缺乏有效监督防务问题的整体能力。[21]在后一种情况下，必须通过"发展分析和政策问询技能以及国防议员对国防政策、规划、预算和计划周期的理解"强调立法能力建设（Williams，2005：21）。

武器交易还提出了关于独立调查机构的职能、非洲人国民大会与政府分离以及议会委员会的作用等问题。如民主南非研究所（IDASA）所言，在一 237

个一党优势制的民主国家，强大的政党制度和议员与行政部门的密切联系使其难以进行有效的监督（IDASA，2003b）。非洲人国民大会对 SCOPA 议会研究组组长安德鲁·费因斯坦（Andrew Feinstein）的撤职以及由非洲人国民大会副总裁葛力夫·德格奇（Geoff Doidge）接替其职位被视为是对费因斯坦支持特别调查组参与联合调查组的报复（Africa Confidential，2001）。费因斯坦后来在 IDASA 举行的议会监督和问责研讨会上发言，主张议会对行政部门和行政责任进行密切监督。他还呼吁 SCOPA 绝对不能受到政治的干预，特别是行政机关（IDASA，2003a）。2002 年 2 月情报总监的辞职也引发了民事监督的问题，以及 SCOPA 推动对武器交易进行调查，都显示出一种巩固行政权力的趋势。

在姆贝基总统执政期间，议会监督变得不太有力。总统不再面临议会的每周质询，部长们接受议会质询的次数也不像曼德拉总统执政时那样频繁（Africa Confidential，2002）。即便如此，议会监督已经确立，尽管并不总是能够完全实现。国防委员会和国防联合常务委员会有能力审议立法、举行听证会和监督国防政策。此外，自 1994 年以来，议会规则赋予委员会广泛的权力，大多数议会委员会公开举行会议（Streek，2001）。此外，监督能力正在提高，部长委员会经常修改法案，寻求立法。[22]自从武器交易以来，议会对其他两个重要法规的影响带来了好坏参半的结果。尽管议会对于透明度问题和议会参与审查常规武器销售问题给予了关注，但《2002 年国家常规武器管制法》（National Conventional Arms Control Act of 2002）仍然得以颁布。在《2004 年保护宪法民主反恐法》（Protection of Constitutional Democracy Against Terrorism Act of 2004）中，议会在改变定义恐怖主义活动的法律规定方面发挥了重要作用（February，J.，2004）。

此外，所谓的第九章机构（列在"支持宪政民主的国家机构"标题下，包括在任的检察官和总审计长）正在发挥作用，并与司法部门的国家检察机关合作，在调查武器交易中发挥了重要作用。IDASA 对联合调查组报告的评估不赞同给这份报告贴上"掩盖"的标签。民主南非研究所（IDASA，2003b）认为报告在某种程度上"相当具有杀伤力"。该报告明确指出了缺乏控制和制衡的领域与部门。此外，IDASA 和其他组织的监督作用显示出公民社会将变得越来越有效、越来越警惕。

武器交易暴露的问题可以部分看成是巩固民主所带来的日益增加的痛苦造成的。然而，ANC 的主导政治地位引起了对透明度和问责制的一些担忧。[238] 鉴于 ANC 在 2004 年的选举中夺取了 2/3 的选票，并在 400 个国民议会席位中占据了 279 个席位，拥有绝对优势，因此这些担忧很有可能会持续存在。该党在 2009 年的选举中仍将占据绝对多数。ANC 对这些批评的不容忍态度和行政权力的集中进一步强化了这种担忧（Piombo，2004）。尽管存在一些缺陷，对调查的处理以及关于 SDPP 争论的公开性仍然表明了南非进一步加强民主的重要承诺。公民社会和活跃的新闻媒体推动了对腐败指控的全面调查。在这个过程中，武器交易也为我们提供了关于议会对南非防务的监督的重要见解和经验教训。

## 补充说明

自 2001 年联合调查组的报告发布以来，关于武器交易的其他腐败证据也浮出了水面。2005 年 6 月，副总统祖马的财务顾问沙克被判定犯有腐败和欺诈罪，被判处 15 年监禁。沙克的定罪导致祖马被解职，随后受到腐败指控。案件于 2006 年被法庭退回，但上诉法院于 2007 年 11 月为进一步提起诉讼打开了大门。2007 年 12 月 28 日，就在祖马当选为国家安全委员会主席一周后，诉讼被再次提起。他当选为 ANC 的领导人，为他在 2009 年的选举后出任总统打下了基础。2008 年 8 月，他面临审判。

针对姆贝基总统的腐败指控也出现了，他是监督招标过程的委员会成员。在德国对一家海军舰艇供应商的调查（最近有所降温）中，姆贝基卷入其中的事实被曝光。英国当局还开始调查涉及英国对南非飞机供应商的贿赂指控。沙克（Chippy Shaik）是武器交易期间的采购主管，也是沙比尔的兄弟，他也被控在军火交易中接受了 300 万美元的贿赂。尽管联合调查组的三名成员——总审计长、保民官和国家检察机关排除了重启调查的可能性，但反对民主联盟和独立民主党等反对党的发言人却呼吁进一步调查。2008 年 1 月，ANC 的国家行政会议宣布成立一个特设委员会，以调查武器交易。2008 年 2 月，国会公共账目常务委员会（SCOPA）接受了反对党民主联盟的要求，重新将调查提上议程。随着这一丑闻的发酵，议会显然有可能采取进一步的行动。

239

## 注释

1. 总体战略是在种族隔离制度下制定的一项政策，以应对共产主义者和反种族隔离者的全面冲击。例如，可参见格里菲斯（Griffiths, 1991）、格伦迪（Grundy, 1986）、梅茨（Metz, 1987）。

2. Interviews, Defense Headquarters, Pretoria, June 1992 and July 1996.

3. Interview, Parliament, Cape Town, February 2000.

4. 有关南非选举制度的详细解释见阿瓦雷兹—里维拉（Alvarez - Rivera, 2006）。

5. See Parliament of the Republic of South Africa. "The Work of Committees," http：//www. parliament. gov. za。

6. National Assembly Rules, June 1999, Part 9, Rule 201, p. 50.

7. DOD（1996），chap. 3, sec. 2.

8. Interviews, Parliament, Cape Town, February 2000.

9. Interviews, Parliament, Cape Town, July 1996 and February 2000.

10. Interviews with Defense Committee staff, Cape Town, July 1996.

11. See South African Defence Review（DOD 1998），chap. 1.

12. DOD（1998），chap. 15, sec. 13 - 20.

13. 国防部长莫修瓦·莱科塔（Mosiuoa Lekota）在国防预算案中的发言，2000 年 4 月 7 日，国民议会通过，http：//www. dod. mil. za/ministry/speeches. htm。

14. GlobalSecurity. org. 2001 - 2008. "South African Military Budget." http：//www. globalsecurity. org/military/world/rsa/budget. htm.

15. SCOPA（Standing Committee on Public Accounts），Parliament of South Africa. 2000（October 30）. "Fourteenth Report of the Standing Committee on Public Accounts."

16. "Zuma Axed." The Star, June 14, 2005. http：//www. iol. co. za.

17. "A Brief Introduction to SCOPA." http；//www. idasa. org. za.

18. SCOPA. 2000（October 30）. "Fourteenth Report of the Standing Com-

mittee on Public Accounts."

19. "Joint Report on the Strategic Defense Procurement Package," chap. 1, p. 7. Web site of the Office of the Auditor General of South Africa. http://www.agsa.co.za.

20. Interviews, Parliament, Cape Town, July 2003.

21. Interviews, Parliament, Cape Town, February 2000.

22. Interviews, Parliament, Cape Town, July 2003.

## 参考文献

Africa Confidential. 2000. "Military Manoeuvres," 41 (8): 1.

Africa Confidential. 2001. "Arms for Oblivion," 42 (3): 7.

Africa Confidential. 2002. "Watch on the Spooks," 43 (3).

Alvarez – Rivera, Manuel. 2006. "Election Resources on the Internet: The Republic of South Africa Electoral System." http://electionresources.org/za/system. Last updated June 13, 2006.

Auditor General, Republic of South Africa. *Joint Report on the Strategic Defense Procurement Package.* http://www.agsa.co.za.

Cape Times. 2000. "Business Report Budget Special," February 24, 2000.

Cawthra, Gavin. 2005. "Security Governance in South Africa." *African Security Review* 14 (3). http://www.iss.co.za/index.php? link_id = 3&link_type = 12&tmpl_id = 3.

DOD (Department of Defense, Republic of South Africa). 1996. *White Paper on National Defence for the Republic of South Africa* (Defense White Paper). Pretoria, South Africa. http://www.dod.mil.za/documents/WhitePaperonDef/whitepaper%20on%20defence1996.pdf.

DOD. 1998. *South African Defense Review.* Pretoria, South Africa. http://www.dod.mil.za/documents/defencereview/defence%20review1998.pdf.

DOD. 2007. *Annual Report FY 2006/07.* Pretoria, South Africa. http://www.dod.mil.za/.

February, Judith. 2004. "Case Study: Democracy and the South African

240

Arms Deal." Prepared for the Anti – Corruption Strategies Programme, "Three Strikes against Graft," Gauteng, South Africa, March 15 – 17. http: //www. iss. co. za/seminars/ 2004/1503graft/rsa. pdf.

Frankel, Philip. 2000. *Soldiers in a Storm: The Armed Forces in South Africa's Democratic Transition.* Boulder: Westview Press.

Griffiths, R. 1991. "The South African Military: The Dilemmas of Expanded Influence in Decision – Making," *Journal of Asian and African Studies* 26: 1 –2.

Grundy, Kenneth. 1986. *The Militarization of South African Politics*, Bloomington: Indiana University Press.

IDASA. (Institute for Democracy in South Africa). 2001. "Democracy and the Arms Deal: An Interim Review." May 15, IDASA, Cape Town. http: //www. idasa. org. za/.

IDASA. 2003a. "The Arms Deal Update 2003." Research report, June 21. IDASA, Cape Town. http: //www. idasa. org. za/.

IDASA. 2003b. "Democracy and the Arms Deal: Part 3. Submission to Parliament." Research report, August 5. IDASA, Cape Town. http: //www. idasa. org. za/.

IPU – DCAF (Inter – Parliamentary Union and Geneva Centre for the Democratic Control of Armed Forces). 2003. *Parliamentary Oversight of the Security Sector: Principles, Mechanisms, and Practices Handbook for Parliamentarians No.* 5. Geneva: Geneva Center for the Democratic Control of Armed Forces.

Mail & Guardian Online. 2000. "Improper Influence in Arms Deal Probed," October 31, 2000. http: //www. mg. co. za.

Mail & Guardian Online. 2003. "Arms Deal Cripples SANDF," March 20, 2003. http: //www. mg. co. za.

Metz, Steven. 1987. "Pretoria's Total Strategy and Low – Intensity Conflict in Southern Africa," *Comparative Strategy* 6 (4): 437 –69.

Modise, Thandi. 2004. "Parliamentary Oversight of the South African Department of Defense: 1994 – 2003." In *Guarding the Guardians: Parliamentary*

*Oversight and Civil – Military Relations*: *The Challenges for SADC*, eds. Len Le-Roux, Martin Rupiya, and Naison Ngoma. http：//www. iss. co. za/pubs/books.

Nathan, Laurie. 2004. "Obstacles to Security Sector reform in New Democracies." *Journal of Security Sector Management* 2 (3). http：//www. jofssm. org.

Nevin, Tom. 1999. "South Africa: Guns and Butter." *African Business* (January).

Nevin, Tom. 2001. "SA's R50b Arms Deal Scandal." *African Business* (June).

Nijzink, Lia. 2001. "Opposition in the New South African Parliament." *Democratization* 8 (1): 56.

Piombo, Jessica. 2004. "Politics in a Stabilizing Democracy: South Africa's 2004 Elections." *Strategic Insights* 3 (5). http：//www. ccc. nps. navy. mil/si/.

SCOPA (Standing Committee on Public Accounts), Parliament of South Africa. 2000 (October 30). "Fourteenth Report of the Standing Committee on Public Accounts."

Streek, Barry. n. d. "Watchdogs That Bark, Not Bite." *Mail & Guardian* 241 *Online*. February 14. http：//www. mg. co. za.

Time International. 2001. "Lethal Weapons: South Africa's Arms Deal Investigation May Uncover Corruption in the ANC," April 16, 2001, 44.

Williams, Rocklyn. 1999. "How Primary Is the Primary Function? Configuring the SANDF for African Realities." *African Security Review* 8 (6). http：// www. iss. co. za/pubs/ASR.

Williams, Rocklyn. 2005. "African Armed Forces and the Challenges of Security Sector Reform." *Journal of Security Sector Management* 3 (2): 1 –35.

# 第 18 章
# 保持监控？拉丁美洲议会和预算政治学

卡洛斯·桑蒂索

（Carlos Santiso）

立法预算制度在经济改革的第一阶段被严重忽视，在第二次公共财政管理改革浪潮中再一次被发现。在民主政体中，议会是预算程序的关键参与者，负责批准预算并监督执行。因此，议会必须使政府对其管理公共资金的方式负责。政策制定者在加强行政权力以确保财政纪律的同时，也要认识到在预算程序中，行政自由裁量权可以沦为腐败。此外，国家特别是总统制国家"横向问责制"的弱点也越来越受到关注（O'Donnell，1999；Mainwaring & Welna，2003）。[1]

增加预算透明度和强化财政责任是新兴经济体试图加强财政治理和遏制腐败的关键任务。因此，在加强公共财政问责制和公共预算"行政—立法"关系的动态方面，议会在预算程序中的作用以及辅助机构如审计机构和反腐败机构的贡献正在被重新评估（Santiso，2004a，2005，2006b，2006c）。人们越来越认识到，通过有能力的议会对公共账目预算进行立法监督，并通过可靠的审计部门对公共账目进行外部审查，有助于减轻公共预算中过度的行政自由裁量权的风险。

有鉴于此，世界银行和美洲开发银行等国际金融机构已加紧努力强化预算监督机制（Santiso，2006a，2006d）。然而，在许多发展中国家，议会力量薄弱并且不被信任、机构能力有限或政治激励对预算程序都会产生影响。它们在预算治理中的作用常常受到压制且不能充分发挥，部分是由于行政主导，但也有其自身缺陷的原因。它们不提倡问责制，是由于政治庇护、分肥交易和选举侍从主义导致财政资源管理不善和腐败。在预算问题上，议会纪律被无视的后果使决策者和议员相信，将预算程序集中在行政机构内，并限制议会的财政特权，可以改善财政纪律。事实上，议会在公共预算编制中的无效作用主要是由于其在公共政策制定中的作用有限、制衡力量普遍薄弱以及权力分立模糊不清。

拉美国家的情况在这方面特别有启发性，因为它们将总统制政府与高度集中的预算制度相结合。拉丁美洲立法预算的矛盾之处在于，虽然议会拥有广泛的正式预算权力，但却往往无法有效或负责任地行使这些权力。它们的正式权力与其实际角色之间的分离如何解释? 本章认为，从体制安排和政治经济学角度考虑有助于理解为什么议会没有以有效的方式利用其全部预算权力。如上所述，议会的监督受到了技术限制和政治因素的阻碍。

在此背景下，本章探讨了拉美议会在预算中的作用，强调了行政与立法机构在预算事项上的平衡关系可以产生的好处。预算权力的重新平衡要求议会在公共预算编制方面承担更多责任的角色。最终，预算的管理方式反映了行政特权和立法监督之间的微妙平衡，这是发展中国家在加强政治问责制的同时推进财政纪律时经常面临的一个挑战。

## 议会和预算治理

正如卡洛斯·斯卡塔西尼和埃内斯托·斯坦（Carlos Scartascini & Ernesto Stein，2004：2）强调的那样："了解预算程序以及参与这一过程的多个代理人的激励是任何改革寻求在改善财政纪律、提高公共资源使用有效性方面取得持久成果的关键因素。"[2] 图 18 - 1 描述了预算程序的政治经济学、涉及的众多参与者和过程，以及预算周期中的问责检查。

尽管近年来行政机构内部对公共预算动态的知识有了很大的改善，但行政机构以外的预算机构几乎没有得到系统的审查。在大多数拉丁美洲国家，行政主导了预算程序，立法机构往往只是橡皮图章。拉美议会的典型特点是操作性、行政性和资源性问题，限制了其立法、代议和监督责任的范围。与政治制度和选举制度性质相关的政治功能障碍使得监督能力受到的制约更为严重，这严重影响了议会的公信力。

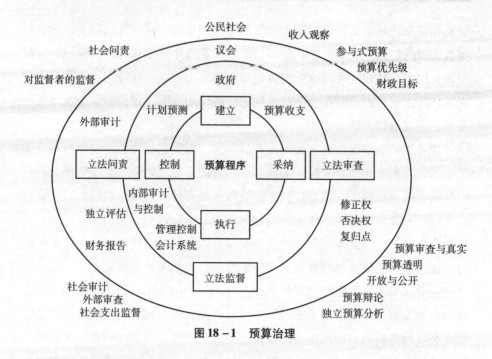

图 18-1　预算治理

这些结构性弱点影响到它们有目的地参与预算程序的能力。斯坦等（Stein et al.，2005）构建了立法能力指标（见表 18-1），强调了其弱点。

246　表 18-1　　　　　拉丁美洲立法能力指数（2005 年）

| 国家 | 国会能力指数 |
| --- | --- |
| 阿根廷 | 低 |
| 玻利维亚 | 中 |
| 巴西 | 高 |
| 智利 | 高 |
| 哥伦比亚 | 高 |
| 哥斯达黎加 | 中 |
| 多米尼加共和国 | 低 |
| 厄瓜多尔 | 中 |
| 萨尔瓦多 | 中 |
| 危地马拉 | 低 |

续表

| 国家 | 国会能力指数 |
|------|------------|
| 洪都拉斯 | 低 |
| 墨西哥 | 中 |
| 尼加拉瓜 | 中 |
| 巴拿马 | 中 |
| 巴拉圭 | 中 |
| 秘鲁 | 低 |
| 乌拉圭 | 高 |
| 委内瑞拉 | 中 |

注：国会能力指数是由八个子指数构成的，衡量议会的机构能力和政治激励等特征，包括公众对议会的信心、议员的经验和专长、委员会的实力、技术专长的程度或咨询支持的可获得性。

资料来源：斯坦等（Stein et al.，2005：55）。

一些结构性因素限制了议会在预算范围内的影响力，包括国际放款人和 245 投资者施加的条件以及预算本身的普遍惯性。此外，议会能够发挥最大影响力的公共支出类型——资本支出，只占公共支出的一小部分，尽管有时它对建立临时政治联盟具有战略重要性（就像在巴西一样）。采用财政规则和硬预算约束进一步限制了立法酌处权和政治谈判的余地。

## 议会和财政改革

20 世纪 90 年代初，第一代经济改革的重点是提高政府财政管理部门内部行政机构的透明度和效率，其目标是财政部门、税务机关和中央银行。国家的财政危机迫使拉丁美洲政府重新安排其公共财政，并改进其预算制度。246 例如，阿根廷在 1992 年通过了《公共部门财务和控制制度法》（Public Sector Financial and Control Systems Act）（Rodríguez & Bonvecchi，2004），对其公共财政管理制度进行了现代化改革。这些努力主要来自行政部门，有助于将预算转变为可靠的宏观经济管理工具，提高总体财政信息和预算管理系统的可靠性。作为这些改革的结果，财政纪律方面取得了显著成绩（Santiso，2006a，2006c）。然而，近年来，学者们更加关注加强行政机构之外的公共管理机构，如议会预算委员会、立法预算办公室或总审计长办公室等，以改善预算管理的透明度、监督和问责。

## 集中的好处

公共预算制度安排确实重要。最近公共财政政治经济学的发现强调了预算程序和制度的选择对财政绩效的影响（Alesina & Perotti，1996；Stein，Talvi & Grisanti，1998；Alesina et al.，1999）。[3]同样，丽萨·巴尔德兹和约翰·凯瑞（Lisa Baldez & John Carey，1999）的研究证实，智利的预算约束和财政纪律主要是由于预算政策制定的制度安排。相反，戴维·萨缪斯（David Samuels，2002）和杰弗里·瓦尔顿（Jeffrey Weldon，2002）强调了立法政治对巴西和墨西哥的政策及预算流程的负面影响。

大部分文献认为，行政管理中预算权力和程序的集中化程度越高，越能带来更加严格的财政纪律和较低的预算赤字。它假定"相对于其他部长、行政官员以及国会议员，权力集中在财政部部长"（Stein，Talvi & Grisanti，1998：3）的"等级"预算体系为实现和维持财政审慎提供了更强大的程序性激励（Alesina & Perotti，1996）。[4]在这些通常载入国家宪法或机构预算法的体制安排下，财政部的中央预算成为预算正义的守护者（Schick，2001）。阿莱西纳等（Alesina et al.，1999）确定了促进更强财政纪律的三个主要制度安排：对赤字、程序规则和透明度制定限制的法律。

因此，普遍的共识警告无限制的立法预算权力带来的不正常的财政影响，支持在行政部门内部独立制定经济政策。集中的预算制度通过诸如限制立法修正、否决和撤销的权力等措施来限制议会影响预算的权力和能力。此外，议会经常自愿放弃部分预算权力，将重要特权赋予行政机关以改革税收制度，或在执行预算期间重新分配支出。正如艾伦·希克（Allen Schick）所说："立法机构自愿向行政部门让出预算权力，因为它接受议员不能限制其'少收税、多花钱'的观点。立法机构将财政权力委托给政府，因为它们不相信自己能够制定出负责任的财务决策"（Allen，2002：16）。

加布里埃尔·菲尔克和卡洛斯·斯卡塔西尼（Gabriel Filc & Carlos Scartascini，2006）确定了集中式预算制度与财政纪律之间的正相关关系，如图

18 - 2 所示,这由斯坦恩、塔尔维和葛里桑提(Stein, Talvi & Grisanti,
1998)以及阿莱西纳等(Alesina et al., 1999)首先发现。预算制度的集中
程度按照数值、程序和透明度规则三个变量来衡量。[5]

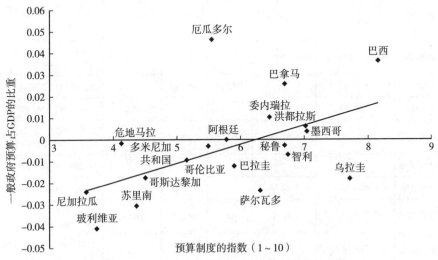

**图 18 - 2 2000 年拉丁美洲的预算制度与财政纪律**

资料来源:菲尔克和斯卡塔西尼(Filc & Scartascini, 2006)。

这些观点影响了该地区 20 世纪 90 年代以来的预算制度改革。许多国家
对其公共管理系统进行了合理化改造。它们改善了财政部门、提高了中央银
行的独立性、加强了税务机关的自主权。在卡洛斯·梅内姆(Carlos Men-
em)(1989 ~ 1999 年)和阿尔韦托·藤森(Alberto Fujimori)(1990 ~ 2000
年)执政期间,阿根廷在更加等级化的预算机构上取得了突飞猛进的进展。
表 18 - 2 概述了该区域最近的预算规则改革,图 18 - 3 显示了自 20 世纪 90
年代中期以来预算改革的加速。

249　表 18-2　　　　　　　　　2005 年拉丁美洲预算体制法律框架

| 国家 | 财政治理 | 财政透明度 | | | 财政责任 | 财政问责 |
|---|---|---|---|---|---|---|
| | 部门预算法；部门财政管理法* | 访问公众信息法 | 人身保护数据 | 财政透明度法 | 财政责任法* | 财政控制法 |
| 阿根廷 | 1992 年 1997 年 | **（2002 年） | 1994 年 | 1999 年 | 1999 年，2001 年，2004 年 | LAFCSP 法 24156（1992 年） |
| 玻利维亚 | 1990 年（1997 年） | 2004~2005 年 | | 2004 年 | | SAFCO 法 1178（1990 年，1997 年，1999 年） |
| 巴西 | 2001 年 | | 1988 年 | 2000 年 | 2000 年 | 法律 10180（2001 年） |
| 智利 | 1975 年 | | | | *** | LOAFE 法令 1263 1975 年 |
| 哥伦比亚 | 2004 年 | 1985 年 | 1997 年 | 2003 年 | 2003 年 | 第 43（1993 年）号和第 2145（1999 年）号法 |
| 哥斯达黎加 | 2001 年 | ** | | | | LAFPP 法 8131（2001） |
| 多米尼加 | 1969 年 | 2004 年 | | | | LOPSP（1969 年） |
| 厄瓜多尔 | 1977 年 | 2004 年 | 1996 年 | 2002 年 | 2002 年 | 第 1429 号法令（1977 年，1990 年） |
| 萨尔瓦多 | 1995 年 | | | | | LOAFE 法令 516（1995 年） |
| 危地马拉 | 1997 年 | | 1995 年 | | | LOP 法令 101-97（1997 年） |
| 洪都拉斯 | 1976 年 2004 年 | **（2003 年） | | | 2004 年 | LOP 法令 407-76（1976 年） |
| 墨西哥 | 1976 年 | 2002 年 | 2002 年 | | | LFSF 法（2000） |
| 尼加拉瓜 | 2005 年（1987 年） | | 1995 年 | | | LOCGRSCAP 法令 625（1981 年，1984 年，2000 年）和 LAFRP（2005 年） |
| 巴拿马 | | 2002 年 | 2002 年 | 2002 年 | 2002 年 | |
| 巴拉圭 | 1999 年 | 2004 年 | 1992 年 | | | 拉夫法 1535（1999 年） |
| 秘鲁 | 2004 年 | 2002 年 | 1993 年 | 1999 年，2003 年 | 1999 年 2003 年 | 洛杉矶法律 27785（2002 年） |
| 乌拉圭 | 1999 年 | | | | | TOCAF 法令 95（1991 年，1999 年） |
| 委内瑞拉 | 2000 年 2003 年 | | | 1999 年 | 2003 年 | LOAF SP（2000）和第 2621 和 2268 号（2003 年） |

　　注：* 表示联合世行—国际货币基金组织国家预算法数据库，辅以国家经济和金融部门的网络研究。** 表示在考虑中。*** 表示 2001 年智利提出了没有纳入立法的财政数字规则，但作为政治协议的一部分。
　　资料来源：作者汇编，截至 2005 年 12 月。

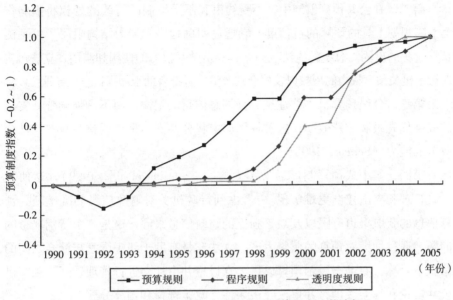

**图 18 - 3　1990 ~ 2005 年拉丁美洲预算制度改革路径**

注：为了构建该图，改革的权重与其相关性、方向一致，并标准化为 0 ~ 1 之间。
资料来源：菲尔克和斯卡塔西尼（Filc & Scartascini, 2006）。

　　智利是该地区预算制度集中化程度最高的国家之一，就行政自由裁量权与立法特权之间的紧张关系来说，它是有启发性的。在智利，预算机构的集中化是 1990 年开启结构性改革以来历史进程长期发展的结果，自由共和国（1861 ~ 1891 年）期间行政机构与立法机构［在议会制（1891 ~ 1925 年）期间继续存在］之间的预算冲突背景下发生的 1891 年革命导致了预算僵局。在 1925 年宪法通过之后，议会的作用一直在降低，直到 1975 年的金融管理法和 1980 年宪法巩固了总统的地位。 248

### 集中的风险

　　一些重要的风险与分级预算（hierarchical budgetary）安排有关。
　　第一，分级预算安排往往会加剧公共预算中的行政酌处权，特别是在总统制下，从而阻碍问责制衡机制的巩固。这反过来又使公共财政特别容易受到腐败和各种诱惑的影响。的确，在巴西，恢复议会在公共预算中的权力是20 世纪 80 年代恢复民主化的一个组成部分。

第二，在公共预算编制中，不受约束和不受控制的行政酌处权将削弱作为战略规划工具的预算的可信度。它通过明确程序和能力结构阻碍了可预测预算过程的巩固。总统的宪法权力、行政机关对权力的使用和滥用、立法机构对行政机关预算权力的授权以及议会的政治配置都有助于加强行政主导地位。

第三，分级预算机构往往过分强调总体财政纪律，而不是强调公共支出的战略优先级和运营效率，这破坏了国家将公共支出重新调整为减贫和社会政策的能力（Schick，1998）。

250　　第四，集中式预算制度通常不太透明（Alesina et al.，1999），这使得财政管理和支出控制更难实现。[6] 考虑到行政机关对财政信息的准垄断、预算信息的获取渠道有限以及缺乏独立的财政信息来源，这是一个特别严重的问题。通过加大对预算的监督力度，立法监督有助于纠正国家与社会之间的信息不对称，有助于展示预算以供公众讨论并由社会进行管理、开放预算供公共辩论和社会管理，并审议经济条件、政策选择和预算分配。

例如，关于政府如何估计财政变量，特别是税收收入，往往存在争议。在阿根廷，行政机构倾向于大幅度低估国内生产总值的预期变化，以便更好地控制执行预算，因为它可以酌情分配补充信贷或减少支出（Uña et al.，2005）。同样，在尼加拉瓜，行政机构往往低估收入估计数，以便对非预算收入的分配行使更大的自由裁量权。在许多情况下，只有当确认了额外的财政收入来源时，议会才会增加预算。玻利维亚创造了这些方法，通过改变预测的税收收入来增加收入预测（Scartascini，Stein & Filc，2005）。行政与立法预算谈判中的这些博弈往往会破坏财政信息的完整性和可靠性。

## 议会和公共预算

议会在公共预算编制中的实际作用可能与其正式权力预测的显著不同。例如，在阿根廷，通过正式程序和非正式渠道，与以前相比，公共预算这一话题面临着更多的冲突和讨价还价（Eaton，2002；Morgenstern & Manzetti，2003）。人们一直在从分肥政治和对预算拨款及修正案进行政治谈判方面对巴西议会进行分析（Samuels，2002）。然而，最近的研究表明，预算程序的特点是复杂的战略互动，允许行政部门约束议会团体，并寻求对其政策举措的支持（Pereira & Mueller，2004）。

议会工作的内部组织与行政—立法预算关系等更广泛治理环境相关的结构性因素仍然阻碍了议会的作用。[7]起决定性的三组因素是：议会拥有正式预算权力的程度；议会在资源、结构和程序方面的制度能力；由政治竞争的性质、政党制度和选举规则所塑造的个人议员的政治动机。因此，本章提出，要确定拉丁美洲议会在公共预算编制中的实际作用，就要关注三个变量：(1) 其宪法和法律权力；(2) 制度能力；(3) 政治激励。

## 法定权力

毫无疑问，在拉美的总统制国家中，立法预算的权力受到限制。尽管国家之间存在重要的差异，但宪法条款都在绝对和相对方面赋予了总统在公共预算中非比寻常的权力。总统享有支出立法的排他性权力，而立法机构的修正权受到严重限制，如图 18 – 4 所示。表 18 – 3 列出了对 17 个拉丁美洲国家议会的预算权力的主要宪法限制。

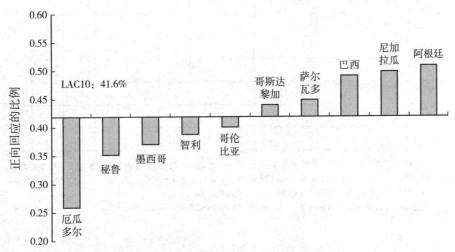

**图 18 – 4　2003 年拉丁美洲立法预算的指数**

注：立法预算指数基于 2002 年建立的调研数据。其数值在 0 ~ 1 之间，衡量立法预算权力指数，主要包括：(1) 立法修改预算提案的权力；(2) 供立法预算审查的时间；(3) 立法辩论的密集度。指数衡量了对上述三个问题持肯定回应的平均受访者比例。LAC10 是指 2003 年可得数据中 10 个国家的未加权的平均分。

资料来源：列维、佩雷兹和霍夫鲍尔（Lavielle，Perez & Hofbauer，2003：14 – 16）。

252 表 18 – 3　　　　　　　　　拉丁美洲的行政—立法预算关系

| 国家 | 总统倡议 | 立法修正权力 | | 行政否决 | 立法覆盖 | 复归点 | | | | 预算重新分配权力 | | |
|---|---|---|---|---|---|---|---|---|---|---|---|---|
| | | 无限制 | 受限（不能增加赤字或支出） | | | 上年预算 | 行政预算提案 | 新提案必须提交 | 僵局（没有支出可以发生） | 行政得到立法批准 | 行政未得到立法批准 | 立法机构 |
| 阿根廷 | √ | √(a) | √(b) | √ | √ | √ | | | | √ | | |
| 玻利维亚 | √ | √ | | √ | √ | | √ | | | √ | | √ |
| 巴西 | √ | | √ | √ | √ | | | √ | | | √ | |
| 智利 | √ | | √ | √ | √ | √(c) | √ | | | | | |
| 哥伦比亚 | √ | | √ | √ | √ | | | | | | | |
| 哥斯达黎加 | √ | √ | | √ | √(d) | | | | | √ | | |
| 厄瓜多尔 | √ | | √ | √(d) | √(e) | √ | | | | | | |
| 危地马拉 | √ | √ | | √ | | | | | | | | √ |
| 洪都拉斯 | √ | √ | | √ | √(d) | | | √ | | √ | | |
| 墨西哥 | √ | | √(b) | √(d) | | | | | (f) | | √ | |
| 巴拿马 | √ | | | √ | √ | | | | | √ | | |
| 巴拉圭 | √ | | | √ | √ | | √ | | | | √ | |
| 秘鲁 | √ | √(g) | √(h) | √ | √ | | | | | √ | | |
| 多米尼加 | √ | | √ | √ | √ | √ | | | | √ | | |
| 萨尔瓦多 | √ | | √ | √ | √ | | | | | √ | | |
| 乌拉圭 | √ | | √ | √ | √ | √ | | | | √ | | |
| 委内瑞拉 | √ | | √(i) | √ | √ | √ | | | | √ | | |

注：（a）至 1992 年；（b）自 1992 年以来；（c）上一年度的预算只适用于行政部门及时提交其提案的情况，否则将采用行政部门的提案；（d）总统否决权不适用于预算；（e）否决权受限；（f）墨西哥的复归点位置受到争议；（g）直到 1991 年；（h）自 1993 年以来；（i）不能增加支出。

资料来源：Alesina et al. , 1999；Payne. , 2002；Rodríguez & Bonvecchi，2004；Santiso，2006b；World Bank，2001。

253　　　然而，行政和立法机构之间的预算权力平衡在预算周期的不同阶段有所不同。拉丁美洲行政与立法预算关系的比较分析主要集中在预算程序的早期阶段，特别是审批阶段。对于议会在预算程序后期阶段的作用，特别是对预算重新分配的监督、对预算执行情况的监督以及对预算执行情况的事后控制方面的关注较少。

### 预算制定

行政部门在制定预算和起草预算法案方面发挥着主要作用。在表 18 - 3 所列的 17 个国家中，行政机关拥有起草概算的专有权。事实上，这是能做到这一点的唯一具有必要技术能力和信息基础的政府部门。财政部门的中央财政预算办公室负责协调行政部门的预算起草过程，并负责监督支出机构的预算执行情况。与立法机构相比，行政机关对政府财政信息的控制使其具有无可争议的优势。

在其中几个国家，行政机关具有制定预算和制定财政法规的专有特权。例如，在厄瓜多尔，1998 年宪法第 147 条规定，只有总统才能提出制定、修改或禁止税收或增加公共支出的法案。

### 预算审批

一旦经内阁同意后，预算草案就提交议会供考虑、审查和批准。与任何其他法律一样，预算必须经议会批准才能生效。在预算审批阶段，五个变量构成了行政—立法关系：（1）议会的修正权力；（2）总统的否决权；（3）议会的否决权；（4）预算复归点的位置；（5）一般立法程序和结构，包括内部规则和立法能力，以及预算程序的时间安排和顺序。

分配给预算审查的时间因国家而异，但通常接近国际标准所建议的 3 个月（OECD，2002）。平均而言，拉丁美洲议会有 90 天的时间来审查和批准预算，其中墨西哥为 30 天，而洪都拉斯为 120 天（Santiso，2006b）。[8]

议会修改预算的权力很少是无限制的，大多数国家都对修正权力施加限制。许多议会除了属于自己的预算外，不能提出增加限额或支出的修正案。例如，自 1992 年以来，阿根廷议会只有增加收入才能增加支出。在尼加拉瓜，只有找到了必要的收入来源，议会才能增加总体支出。如前所述，这个在拉丁美洲预算制度中普遍存在的漏洞常常导致各国议会修改政府的收入估计，以便在预算拨款方面有更大的自由裁量权。

行政机关全部或部分否决拟议修正案的能力可能会进一步限制立法修正权力。在大多数国家，行政机关拥有一揽子方案和各项否决权。在阿根廷，

254

1993～2003 年期间，总统虽然仅否决了一项年度预算法，但完全否决了议会批准的大多数预算法的具体规定。在许多情况下，如果可以获得足够的多数议员支持，立法机构可能会坚持修改，并撤销行政机关的否决。

管理修正过程的规则和程序构成了另外一套决定因素。在议会中，预算和财务委员会在预算程序中发挥着关键作用，作为讨论、谈判和同意预算案及其修正案的主要场所。因此，议会与预算有关的有效能力往往取决于预算和财务委员会的内部组织、技术能力和政治激励措施。

预算博弈的结果受到预算复归点位置的制约，也就是说，如果预算在规定的最后期限内未被议会批准，会发生什么。在拉丁美洲，行政机关倾向于对立法机构产生特殊的影响，因为立法不作为不能阻止行政方案被通过。存在四种备选方案：（1）过去一年的预算在过渡期间仍然有效，其中阿根廷、尼加拉瓜、委内瑞拉和乌拉圭就是这样；（2）行政机关必须提出新的预算案，就像巴西一样；（3）行政机关的建议自动成为法律，如玻利维亚、智利、哥伦比亚、哥斯达黎加、厄瓜多尔、巴拿马或秘鲁；（4）存在僵局，政府不能发生任何开支（尽管在这方面有争议），如在巴西或墨西哥那样。[9]拉丁美洲的局势与世界其他地区的情况有所不同，特别是在经济合作与发展组织国家，其临时安排在预算僵局得到解决前有 65.1% 的提案可以生效。

### 预算监督

宪法和部门预算法通常使议会在对预算执行情况的监督、预算重新分配的审查以及公共账目的事后审查等方面发挥重要作用。然而，在实践中，在监督合规性和绩效评估方面，对执行预算的立法监督有限。这种情况是各种因素共同作用的结果，包括非正式规则的影响和政治制度的性质。特别是，立法机构对预算当局的授权与诉诸行政命令相结合，大大提高了行政自由裁量权，并允许行政机构扩大其正式特权。

255　　阿根廷提供了一个极端的例子，即预算权力过度集中于行政部门，几乎没有外部审查和立法监督，从而导致的酌处权问题（Santiso，2007b，2007c）。自 1994 年以来，阿根廷议会已经向行政部门授予了重要的预算权力，该行政部门能够在实施过程中几乎以任意方式修改预算，并且在很大程度上取决于使用紧急法令的制度（Uña et al.，2005）。这种做法传统上是由议会事后批准的。自 1997 年以来，议会通常允许行政机构免除 1992 年财政管理法律的一些纪律限制，包括第 37 章的规定，其中规定只有议会可以批准对总预算范围的重大变化（Rodríguez & Bonvecchi，2004）。2006 年 8 月，议会取消了第 37 章的关键部分，让行政机构在执行期间自由修改预算。议会只批准预算总额和债务水平（Díaz Frers，2006）。伴随着这项措施，放宽了行政法令批准的规定，现在如果不被议会反对，就被认为是自动批准的。1994年阿根廷宪法修正案规定的负责监督行政法令执行情况的两院委员会尚未成立。

#### 预算的事后审查

许多议会拥有控制预算执行和执行问责制的有力工具：审查公共账目和问责政府。但是，他们很少有效地使用这个工具。在理论上，公共账目的年度认证构成了财政年度的关键时刻。总审计长办公室对公共账目进行审计时，由专门的议会委员会或预算和财政委员会（通常称为公共账目委员会）的小组委员会审查行政部门总会计办公室依据会计准则提交的公共账目，并向全会提交一份意见书，决定是否问责政府。

在拉丁美洲，公共账目委员会很少拒绝问责政府。此外，拒绝的可能后果还不清楚。例如，在阿根廷，这种不确定性导致联合公共账目委员会认证过程瘫痪（Lamberto，2005；Uña et al.，2005）。在秘鲁，宪法条文规定，如果议会不能在一定时限内对公共账目报告采取行动，公共账目委员会的意见将被转交给行政部门通过。这些功能失调的做法中和了预算程序后期阶段议会的监督特权。在大多数国家，议会的公共账目委员会和总审计长办公室之间的紧张关系更为复杂。此外，总审计长办公室往往缺乏有效履行职责的政治独立性和技术能力。

#### 制度能力

256

制度能力薄弱构成了第二组制约因素。这些因素涉及议会工作的组织以及构成议会内预算程序的结构和程序。有三个变量特别重要：（1）立法委员会的组织化程度；（2）立法技术咨询能力的高低；（3）立法预算研究能力的高低。

### 议会委员会

第一项制度约束在于委员会制度的松散性质。委员会工作的组织往往缺乏专门委员会对预算程序做出贡献的制度化机制（Saeigh，2005）。在技术层面上，处理公共财政不同层面问题（税收、预算、监督和控制）的不同委员会之间更加合理的责任分工可以加强议会对预算程序影响的一致性。

在大多数拉丁美洲国家，一个单一的立法委员会，即预算和财政委员会，通常被认为是最重要的立法委员会，它负责处理行政机构的预算案。在巴西，计划、公共预算和审计联合委员会（CMPOF）共有84位来自两院的议员（21名参议员和63名议员；数据来自世界银行报告，第202页）。在两院制下，联合立法预算委员会并不总是永久性的。在智利，其两院议会特别联合预算委员会只在2003年成为一个常设机构。除了预算和财政委员会以外，部门委员会经常正式或非正式地参与预算谈判，如在阿根廷或墨西哥。对事后监督负责的公共账目委员会普遍薄弱，特别是作为与预算和财政委员会分离的独立委员会。

委员会的内部组成倾向于减少有效监督政府的动机。在统一的政府条件下，执政党通常主持这些委员会并制定议程。在大多数情况下，预算委员会的组成是按比例的，反映了议会多数党的利益。这是民主的一个自然结果，一般不是问题，因为委员会倾向于以较少的党派方式采取行动。然而，这些安排可能会削弱对立法监督的激励，这对监督委员会如公共账目委员会尤其有害。这些特征在一党主导或单一政党的情况下进一步恶化，如1999年以来委内瑞拉的情况就是如此。[10]

### 咨询和研究能力

第二项制度约束涉及议会获取技术咨询和支持以充分评估政府政策建议以及这种建议的质量、及时性和公正性（这些建议往往有限制，也不均衡）的能力。这在某种程度上是议会服务质量差和不稳定的结果。在没有其他信息来源的情况下，议会委员会被迫依靠政府提供的信息，显著地限制了对预算提案和政府绩效进行独立审查的能力，从而限制了其有效进行监督的能力。

在拉丁美洲，预算和公共账目委员会只配备有限数量的常设技术顾问。预算和公共账目委员会的个别议员的政治顾问，尽管事实上不是预算专家，也不能全力以赴地处理预算问题，但仍然承担了大部分的咨询工作。在阿根廷和哥伦比亚，个别议员有专门从事预算事务的政治顾问。政党的顾问也可以通过政治基础直接或间接地向议员提供一些协助，如智利。

有两个值得注意的例外是巴西和墨西哥。在巴西，由 35 名专业人员组成的研究机构为计划、公共预算和审计联合委员会提供帮助。下议院有一个立法咨询机构，拥有 245 名员工，其中 190 人是各种公共政策领域的专家顾问。同样，上议院也拥有技术支持服务，有 308 名顾问。这些人是议会的全职员工，是通过竞争性考核挑选出来的，享受巴西公务员最好的待遇。

墨西哥众议院由公共财政研究中心（Centro de Estudios de las Finanzas Publicas）提供帮助，该中心成立于 1998 年，并配有 27 名顾问。公共财政研究中心向委员会、议会团体和个人代表提供预算信息，并为图书馆提供关于财政和公共债务的报告副本。阿根廷 2004 年提出了一项建立这样一个办公室的建议。此外，在巴西、智利、哥伦比亚和秘鲁等几个国家也存在立法机构办公室和议会图书馆。此外，议会的财政预算正在建立或加强，如智利、哥斯达黎加、墨西哥、尼加拉瓜和巴拿马。智利拥有一个小型的两院制预算办公室，其中包括 3 名专业分析师。

## 政治激励

第三个因素与议会议员的个人增强议会的机构能力并有效利用这些能力的政治激励有关。形成行政—立法关系的正式和非正式规则包括：（1）总统制的政治制度；（2）治理方式和对行政法令的依赖；（3）选举规则和政党制定的本质，一般而言决定了议会政治生态。

### 经济治理

258

在拉丁美洲，行政部门在经济政策制定中过度依赖于行政命令对立法预算监督和政府财政责任产生了不利影响（Santiso，2004b）。议会通常对在财政年度内修改预算或批准补充拨款的总统令不起任何监督作用。

对行政法令的过度依赖已经成为一种"法令上瘾"，反映了该地区财政治理的更广泛的功能障碍。阿根廷代表了这些病态的极端情况，但在大多数拉丁美洲国家可能会有不同程度的表现。例如，在秘鲁，1994 年 1 月至 2001 年 3 月，议会通过了 1152 项法律或立法决议，而总统颁布了 870 项法令，其中 86% 是紧急法令。在这 748 项紧急法令中，27% 直接修订了预算，另有 41% 的法令对公共财政有明显的影响（World Bank，2001）。

### 政治治理

拉美政治制度的总统制结构进一步加剧了这些趋势。政党制度和选举规则在宏观层面（政治制度）和微观层面（议会政治）对公共预算程序中的行政—立法关系具有决定性的影响。选举制度影响党派分裂程度（或凝聚力）和波动性（或稳定性）。它们在很大程度上决定了议员做出回应的激励，而这决定了议员在预算事务中的行为选择。

例如，在阿根廷，下议院成员通过封闭的政党名单比例代表制选择下议院的议员给予 4 年的授权（可连任）。在国家层面没有开放初选的情况下，政党领导层决定候选人提名。政党名单的顺序（决定了候选人当选的可能性）是省级层面政党内部微妙讨价还价的结果，有时由内部初选仲裁。因此，阿根廷的政治制度是以政党为中心，提供了较高程度的党纪纪律：政党对议员和其职业生涯的影响相当大。

然而，在巴西，选举规则为议员们提供了一套不同的政治动机。巴西下议院成员由国家层面的比例代表选举产生，任期四年（可连任），但使用开放式党派名单。除了工人党（Partido dos Trabalhadores，PT）之外，个体候选人通常比政党有更多的政治诉求和牵连力。政党的凝聚力和纪律比阿根廷低。这在预算程序中能够反映出来，类似于一场国际象棋比赛而不是一场足球比赛。总统在建立组合联盟和特别联盟时必须表现出很多的技巧，并经常与议员进行逐个谈判，使其各项改革方案获得通过。在这种情况下，政治分肥交易成为理解预算程序特别是预算拨款及其实施的关键因素（Pereira & Mueller，2004）。

选举政治的其他特点对议会预算和行政—立法预算关系具有至关重要的 259
影响，如限制议员任期。政党的波动性、任期限制（如墨西哥）和低选举
率（如阿根廷）减少了议员在议会制度能力和技术能力进行投入的激励。
由于他们的职业前景在很大程度上取决于他们与执政党的关系，所以他们监
督政府预算的动力就会有所降低。因此，议员是"专业政治家和业余立法
者"（Jones et al. ，2000）。

此外，预算和公共账目委员会的高轮换率可能会削弱委员会有效参与预
算程序的能力。虽然这些委员会往往比其他常务委员会更加稳定，但他们很
少有足够的稳定性使其积累的专门知识制度化。例如，在尼加拉瓜和秘鲁，
委员会成员每年轮换。由于这些委员会通常不具备常设顾问，技术专门知识
很少能够制度化。然而，在一些国家，如智利，预算和财政委员会的个别成
员往往在财政方面有丰富的专业知识，其中一些在政府中担任高级职务，包
括财政部部长。智利议会连任率很高，这也有助于将个人专业知识转化为机
构的专门知识（Montecinos，2003）。因此，改善政党一致性的选举规则可
能会增加议员有效监督预算程序的政治动机。

### 议会反对派

更根本的是，立法监督的有效性取决于政治体制的竞争程度和议会反对
派的相对实力。在总统制而不是立法监督的议会制度下，权力分立为立法监
督提供了更大的动力（Dubrow，2002），特别是在总统和议会多数派不和的
分治政府情况下。正如理查德·梅西克（Richard Messick）强调的那样，
"当立法多数派和行政部门的利益相符时，大多数人没有动力监督行政部
门"（Messick，2002：2）。当执政联盟在议会中拥有受到纪律约束的多数席
位时，例如议会制和统一政府的总统制，控制权可以被稀释或中和。

近年来出现的强大且自信的议会反对派往往会在一些国家重新启动立法
监督。例如，在墨西哥，1997 年出现的议会反对派和 2000 年的权力交替导致
了议会预算激进主义势不可挡（Weldon，2002；Gutiérrez，Lujambio & Valadés，
2001）。墨西哥的案例表明，可信的议会反对派的出现显著增加了议员监督预算
的激励，反过来又导致独立审查预算能力的强化过程（Santiso，2007b）。这表 260
明议会确实拥有重要的预算权力，但往往不能有效地行使这些权力，直到政

治激励被认为是正确的。议会的正式预算权力的行使最终取决于政治权力的确定。

墨西哥议会确实拥有广泛的法定预算权力，其批准、修改或拒绝预算收入和支出的权力比其他拉丁美洲国家的类似权力要大得多。然而，这些权力由于政治权力配置和总统的宪政权力而被削弱了几十年。

### 政府问责

如前所述，政治制度对议会在预算程序中的影响主要体现在公共账目认证和政府问责过程中出现的功能失调。议会往往缺乏执行政府问责制和有效利用其手段的动机。

议会公共账目委员会与总审计长办公室之间的联系十分关键。在拉丁美洲，由于各种原因（Santiso，2006c，2006d，2007a，2007b），它常常是功能失调的。从理论上讲，审计署是议会的辅助机构，应通过审计政府账目的事后监督，为议会提供宝贵的协助。然而，公众对审计报告关注有限，审计结果在很大程度上被忽视，议会委员会可能没有跟进审计建议。即使公共账目委员会或类似机构在报告中采纳了总审计长的建议，也可能不会跟进政府是否实施了这些建议。在承认这些缺点的情况下，拉丁美洲国家正在寻求加强总审计长办公室，并取得了不同程度的成功。

议会对政府预算案的审查大体上与前一年度的预算控制无关。例如，在秘鲁，议会将在 11 月 15 日之前收到上一年度公共账目的审计报告，并在 11 月 30 日前批准下一年的预算。在 15 天的短暂期间，预算将在全体会议上进行辩论，这将进一步限制技术投入。在巴西，公共账目认证在议会中遭受重大拖延，部分反映了议会对过去业绩的评估缺乏兴趣（World Bank，2002）。

在大多数拉丁美洲国家，政府问责大部分是无关紧要的检查。有一种"杜撰的控制"，通常比没有控制更糟（Santiso，2007b）。在设立正式的规则和制度用于监督政府财政管理的地方，现实情况是缺乏内部约束、缺乏立法监督、公众监督薄弱。通常，旨在约束行政自由裁量权的现有审查和平衡会被规避，甚至被颠覆。

## 结论：公共预算政治学

261

议会在预算程序中可以发挥关键作用，并拥有一系列预算权力，可以约束政府管理公共资金的方式。然而，议会的贡献受到其与行政部门在公共预算方面的优势对比和与自身缺陷有关的结构性因素的阻碍。对议会在预算编制方面的作用的评估必须在制度薄弱、松散的议会的更广泛背景下进行。

本章研究可以得出五个主要结论。

第一个问题涉及议会在预算程序中应有的作用。关于预算集中化的争论在很大程度上尚未得到解决，还需要更多的研究来比较和对比总统制与议会制对预算程序进行立法监督的有效性。在总统制中，这一争论仍然集中在预算程序初期的行政与立法关系的性质上，主要是在制定、审查和批准方面。本章强调，应更多地注意议会在预算周期的后期阶段的作用，特别是监督预算执行情况、审查预算重新分配情况以及事前对预算执行情况的控制。

第二，通过改革选举规则和政党政治来改变政治激励，可能比加强技术能力或财政资源更为有效。正如托马斯·卡罗瑟斯（Thomas Carothers）强调的那样，"建立有效的立法机构、动员政治权力比增加技术技能更重要"（Carothers，1999：181）。议会往往缺乏有效地、负责任地部署预算特权的政治激励和制度化能力。它们不一定缺乏权力或资源，但它们使用这些权力或资源的方式往往是无效的。正如赛伊（Saeigh，2005：36）指出的那样，如果我们没有为立法者提供正确的激励措施，我们将无法赋予立法机构权力。因此，议会应该加以改革。

第三，议会的（监督能力）不能单独加强。它们是更广泛的财政控制系统的一部分，其最终效率取决于机构间关系的质量和制度的不同组成部分之间的协同作用。例如，议会和财政审计之间的功能联系对于加强财政透明度和执行财政问责至关重要。提高公共财政的透明度和问责制一定要重点关注整体的财政控制过程，就像负责预算监督的具体方面的个别组织一样。

第四，立法预算的一个关键挑战是将立法监督与财政纪律充分结合。希克总结了需要应对的紧迫局势："由于立法机构不断加强其在预算中的作用，预算起草者面临的挑战之一就是平衡自主的冲动与必须负起的责任。立 262

法—行政关系的未来将受到维持这种平衡的方式的强烈影响"（Schick，2002：14）。

第五，议会可以通过要求提高公共财政管理的透明度，从而对预算的治理做出决定性的贡献。例如，在智利，议会已成功地迫使政府透露更多的财政和预算信息，要求定期的财政报告和绩效评估。还有几个国家，如巴西、智利、墨西哥和秘鲁，已经能够进行零星的改革，逐步加强预算制度的透明度和问责制。许多国家采纳了信息自由和财政责任立法，这就朝着正确的方向迈出了一步。

实现这些质的变化将需要改变对行政—立法预算关系由来已久的态度，从明显的对抗和敌对关系转变为更加合作和建设性的方式。这种模式转变应该建立在以下认识基础之上：建立立法能力不仅仅是限制政府、延长预算的执行或处罚财政管理不善，而是关乎改善财政责任、提高预算效率、促进财政问责。希克强调：立法机构在预算编制方面的新作用不能来自政府的弱点……立法机构应该在政策、问责制和绩效方面进行加强，而不是强调控制和制约（Schick，2002：17）。

## 注释

1. 横向问责的定义是："存在这样一些国家机构，这些机构在法律上得到授权，并且事实上愿意且有能力采取如下行动：从日常监督，到其他代理人或机构的行为或不作为被定为非法之后的刑事制裁或弹劾。"（O'Donnell，1999：38）。

2. 预算的治理可以定义为涵盖个人和机构对制定、批准、执行和监督预算的利益和激励。关于发达国家的预算政策，见魏达夫斯基和凯顿（Wildavsky & Caiden，2000）、希克（Schick，2002）。

3. 然而，预算机构的实证研究和跨国统计分析往往侧重于形成不同行为者互动的正式规则。但是，预算实践与正式预算规则有很大不同。

4. 分级预算安排是"限制立法机构在扩大预算和赤字规模方面的作用，并授权单一个人（通常是财政部部长）在政府内部进行的预算谈判、限制部门的特权方面发挥强有力的作用"（Alesina et al.，1999：255）。

5. 用于财政纪律的代理指标是 2000～2002 年度的政府主要财政收支平

衡。预算机构指标由三个子指标组成，分别衡量：（1）财政规则，包括限制总支出、赤字或借款的数字规则的存在和层次，中期财政框架的使用，地方政府借款的限制和稳定基金的存在；（2）程序规则，包括在准备阶段财政部对各执行部门的权力、在批准阶段行政机关对立法机构的权力，以及在执行阶段财政部进行现金管理的权力；（3）透明度规则，其中包括预算覆盖国家支出总量的程度以及这些信息的可用性，强调透明度法律的制定。一般指数通过所涵盖科目数量的子指数的加权平均值构建。

263

6. 分级预算机构的支持者承认透明流程在确保财政审慎方面的价值，尽管它们不一定将层次结构与加强立法监督联系起来。

7. 一些因素限制了议会在预算程序中的实际作用，包括是否在法律上有权干预预算程序，是否具备所需的机构能力和技术能力，成员是否拥有必要的个人激励和政治激励，以及更广泛的治理环境是否有利于其发挥作用，特别是政治竞争的性质和政治权力的平衡。

8. 例如，在秘鲁，行政机关必须在 8 月 30 日前提交预算草案，议会必须在 11 月 30 日前批准。在墨西哥，联邦政府必须在 11 月 15 日之前提交提案，议会将在 12 月 31 日前批准最终预算。在阿根廷，行政机关必须在 9 月 15 日之前提交预算案，议会将在财政年度开始之前批准预算。在尼加拉瓜，预算提案将于 10 月 15 日前提交，每年 12 月 15 日前通过。两院制（其中两个议院都需要批准预算）不一定能有更多的时间来考虑预算。

9. 关于巴西，参见萨缪尔斯（Samuels，2002）、菲格雷多（Figueiredo，2003）。关于墨西哥，请参见古铁雷斯、卢汉比奥和瓦拉迪斯（Gutiérrez，Lujambio & Valadés，2001）、绍尔、奥尔特加和塞巴斯蒂安（Sour，Ortega & Sebastián，2003，2004）。

10. 相反，约 2/3 的英联邦国家倾向于拥有威斯敏斯特式的议会制度，公共账目委员会的主席是资深反对派成员（McGee，2002）。

## 参考文献

Alesina, Alberto, Ricardo Hausmann, Rudolf Hommes, and Ernesto Stein. 1999. "Budget Institutions and Fiscal Performance in Latin America." OCE Working Paper 394, Office of the Chief Economist, Inter – American Development Bank, Washington, D. C.

　　Alesina, Alberto, and Roberto Perotti. 1996. "Budget Institutions and Budget Deficits." NBER Working Paper No. 5556, National Bureau of Economic Research, Cambridge, MA.

　　Baldez, Lisa, and John Carey. 1999. "Presidential Agenda Control and Spending Policy: Lessons from General Pinochet's Constitution." *American Journal of Political Science* 43 (1): 29 – 55.

　　Carothers, Thomas. 1999. *Aiding Democracy Abroad: The Learning Curve.* Washington, DC: Carnegie Endowment for International Peace.

　　Díaz Frers, Luciana. 2006. *El debate sobre los superpoderes.* Buenos Aires, Argentina: Centro de Implementación de Políticas Públicas para el Crecimiento y la Equidad, CIPPEC Documentos de Políticas Públicas.

　　Dorotinsky, William, and Yasuhiko Matsuda. 2002. "Reforma de la gestión financiera en América Latina: Una perspectiva institucional." *Reforma y Democracia* 23: 141 – 166.

　　Dubrow, Geoff. 2002. "Systems of Governance and Parliamentary Accountability" In *Parliamentary Accountability and Good Governance*, 23 – 30, Washington, D. C: Parliamentary Centre and World Bank Institute.

　　Eaton, Kent. 2002. "Fiscal Policy Making in the Argentine Legislature." In Morgenstern and Nacif 2002, 287 – 314.

　　Figueiredo, Argelina. 2003. "The Role of Congress as an Agency of Horizontal Accountability: Lessons from the Brazilian Experience." In Mainwaring and Welna 2003, 170 – 198.

　　Filc, Gabriel, and Carlos Scartascini. 2006. "Budgetary Institutions." In *The State of State Reform in Latin America*, ed. Eduardo Lora, Stanford, CA: Stanford University Press.

　　Gutiérrez, Gerónomo, Alonso Lujambio, and Diego Valadés. 2001. *El proceso presupuestario y las relaciones entre los órganos del poder.* Mexico, DF: Instituto de Investigaciones Jurídicas.

　　Jones, Mark, Sebastian Saiegh, Pablo Spiller, and Mariano Tommasi.

264

2000. "Professional Politicians, Amateur Legislators: The Argentine Congress in the 20th Century." CEDI Working Document 45, Centro Estudios para el Desarrollo, Buenos Aires, Argentina.

Lamberto, Oscar, ed. 2005. *La Cuenta de inversión.* Buenos Aires, Argentina: Comisión Parlamentaria Mixta Revisora de Cuentas de la Nación.

Lavielle, Briseida, Mariana Pérez, and Helena Hofbauer. 2003. *Latin America Index of Budget Transparency.* Washington, D. C: International Budget Project.

Mainwaring, Scott, and Christopher Welna, eds. 2003. *Democratic Accountability in Latin America.* Oxford, U. K. : Oxford University Press.

McGee, David. 2002. *The Overseers: Public Accounts Committees and Public Spending.* London: Commonwealth Parliamentary Association and Pluto Press.

Messick, Richard. 2002. "Strengthening Legislatures: Implications from Industrial Countries." PREM Note 63, World Bank, Washington, DC.

Montecinos, Verónica. 2003. "Economic Policy – Making and Parliamentary Accountability in Chile." Paper 11, United Nations Research Institute for Social Development, Geneva.

Morgenstern, Scott, and Luigi Manzetti. 2003. "Legislative Oversight: Interests and Institutions in the United States and Argentina." In Mainwaring and Welna 2003, 132 – 169.

Morgenstern, Scott, and Benito Nacif, eds. 2002. *Legislative Politics in Latin America.* Cambridge, U. K. : Cambridge University Press.

O'Donnell, Guillermo. 1999. "Horizontal Accountability and New Polyarchies." In *The Self – Restraining State*, ed. Schedler et al. , 29 – 52, Boulder and London: Lynne Rienner Publishers.

OECD. 2002. "OECD Best Practices for Budget Transparency." OECD Journal on Budgeting 1 (3): 7 –14.

Payne, Mark, Daniel Zovatto, Fernando Carillo Flórez, and Andrés Allamand Zavala. 2002. *Democracies in Development: Politics and Reform in Latin America.* Washington, DC: Inter – American Development Bank.

Pereira, Carlos, and Bernardo Mueller. 2004. "The Cost of Governing: Strategic Behavior of the President and Legislators in Brazil's Budgetary Process." *Comparative Political Studies* 37 (7): 701 –815.

Rodríguez, Jesús, and Alejandro Bonvecchi. 2004. "El papel del poder legislativo en el proceso presupuestario: La experiencia argentina." Macroeconomy of Development Working Paper Series 32, United Nations Economic Commission for Latin America and the Caribbean (ECLAC), Santiago, Chile.

Saeigh, Sebastian. 2005. "The Role of Legislatures in the Policymaking Process." Unpublished background paper for the Inter – American Development Bank's 2006 *Report on Economic and Social Progress in Latin America*.

Samuels, David. 2002. "Progressive Ambition, Federalism and Pork-barreling in Brazil." In Morgenstern and Nacif 2002, 315 –340.

Santiso, Carlos. 2004a. "Legislatures and Budget Oversight in Latin America: Strengthening Public Finance Accountability in Emerging Economies." *OECD Journal on Budgeting* 4 (2): 47 –77.

Santiso, Carlos. 2004b. "Re-forming the State: Governance Institutions and the Credibility of Economic Policy." *International Public Management Journal* 7 (2): 271 –298.

Santiso, Carlos. 2005. "Budget Institutions and Fiscal Responsibility: Parliaments and the Political Economy of the Budget Process." Working Paper No. 37253, World Bank Institute, Washington, D. C.

Santiso, Carlos. 2006a. "Banking on Accountability? Strengthening Budget Oversight and Public Sector Auditing in Emerging Economies." *Journal of Public Budgeting and Finance* 26 (2): 66 –100.

Santiso, Carlos. 2006b. "El día que me quiera: Parlamentos y presupuestos en América latina." In *Cada cual;¿atiende su juego? El rol del Congreso en el presupuesto nacional de Argentina*, ed. Miguel Braun, Luciana Frers, and Gerardo Uña. Buenos Aires, Argentina: Centro de Implementación de Políticas Públicas para el Crecimiento y la Equidad.

Santiso, Carlos. 2006c. "'Pour le meilleur ou pour le pire? Le rôle du parlement dans le processus budgétaire dans les pays en développement." *Revue française d'administration publique* 117: 149 – 185.

Santiso, Carlos. 2006d. "Combattre la corruption et améliorer la gouvernance financière: Les institutions financières internationales et le renforcement du contrôle budgétaire dans les pays en développement." *Revue française d'administration publique* 119: 459 – 492.

Santiso, Carlos. 2007a. "Auditing, Accountability and Anticorruption: How Relevant Are Autonomous Audit Agencies?" In *Global Corruption Report* 2007, 358 – 362. Berlin: Transparency International.

Santiso, Carlos. 2007b. "Eyes Wide Shut? The Politics of Autonomous Audit Agencies in Emerging Economies." CIPPEC Working Paper, Centro de Implementación de Políticas Públicas para el Crecimiento y la Equidad, Buenos Aires, Argentina.

Santiso, Carlos. 2007c. "Eyes Wide Shut? Reforming and Defusing Checks and Balances in Argentina." *Public Administration and Development* 28 (1): 67 – 84.

Scartascini, Carlos, and Ernesto Stein. 2004. The Bolivian Budget: A Year – Long Bargaining Process. Washington, D. C: IDB.

Scartascini, Carlos, Ernesto Stein, and Gabriel Filc. 2005. "El rol del legislativo en el proceso presupuestario: Un análisis comparativo." Presentation at the XVII Regional Seminar on Fiscal Policy of the ECLAC, Santiago, Chile, January 24 – 27.

Schick, Allen. 1998. *A Contemporary Approach to Public Expenditure Management.* Washington, D. C: World Bank Institute.

Schick, Allen. 2001. "The Changing Role of the Central Budget Office." *OECD Journal on Budgeting* 1 (1): 9 – 26.

Schick, Allen. 2002. "Can National Legislatures Regain an Effective Voice in Budget Policy?" *OECD Journal on Budgeting* 1 (3): 15 – 42.

Sour, Laura, Irma Ortega, and Sergio San Sebastián. 2003. *Política presupuestaria durante la transición a la democracia en México*: 1997 – 2003. Mexico,

DF: Centro de Investigación y Docencia Económica.

Sour, Laura, Irma Ortega, and Sergio San Sebastián. 2004 *¿Quién tiene la última palabra sobre el gasto público en Mexico?* Mexico, DF: Centro de Investigación y Docencia Económica.

Stein, Ernesto, Erneto Talvi, and Alejandro Grisanti. 1998. "Institutional Arrangements and Fiscal Performance: The Latin American Experience." OCE Working Paper 367, Office of the Chief Economist, Inter – American Development Bank, Washington, D. C..

Stein, Ernesto, Mariano Tommasi, Koldo Echebarría, Eduardo Lora, and Mark Payne, eds. 2005. *The Politics of Policies: Economic and Social Progress in Latin America.* Washington, D. C. : Inter – American Development Bank.

Uña, Gerardo, Gisell Cogliandro, Nicolás Bertello, and Juan Labaqui. 2005. *El Congreso y el Presupuesto Nacional: Desempeño y Condicionantes de su Rol en el Proceso Presupuestario.* Buenos Aires, Argentina: Fundación Konrad Adenauer.

Weldon, Jeffrey. 2002. "Legislative Delegation and the Budget Process in Mexico." In Morgenstern and Nacif 2002, 377 – 412.

Wildavsky, Aaron, and Noemi Caiden. 2000. *The New Politics of the Budgetary Process.* 4th ed. New York: Addison Wesley.

World Bank. 2001. "Peru: Institutional and Governance Review" Report 22637 – PE, World Bank, Washington, D. C.

World Bank. 2002. *Brazil Country Financial Accountability Assessment.* Washington, DC: World Bank.

# 第 19 章
# 议会有区别吗？意大利议会在财政政策中的作用

卡洛琳·弗利斯迪尔　里卡尔多·佩利佐
（Carolyn Forestiere & Riccardo Pelizzo）

如前几章所述，总统制国家的立法机构一般会比议会或半总统制国家的
立法机构更多地参与编制预算。然而，当观察立法机构对预算的监督时，情
况就非常不同了。与总统制和半总统制国家的立法机构相比，议会制国家的
立法机构通常更多地参与审查和最终核准预算提案。[1]鉴于这些考虑，不难
发现，与总统制相比，议会制下的行政部门在支出方面更有可能对立法机
构负责。

这似乎意味着议会制国家的立法机构具有相当大的权力来影响预算。然
而，在现实中，它们的权力往往远不如正式权力所表明的那样。每个议会审
查、修改、修正、确认和批准预算的能力受到制度和政治因素的制约。在制
度方面，在许多国家，议会改变政府预算的能力受到广泛的程序限制。[2]例
如，在英国，议会可以修改税收提案，但不能增加支出（OECD，1998：76）。
在德国，议员改变预算的能力受到预算法规以及现行立法所产生的费用的限
制。[3]另外，在比利时和加拿大等一些国家，对于议会修改预算的权力没有
制度上的限制。虽然这种情形可能意味着广泛的立法参与，但是对这种潜在
的干预有相当明显的政治限制。行政部门预算的重大修改，特别是在威斯敏
斯特式议会国家，可能意味着失去议会多数派的信任，很可能会引发或加剧
政府危机。

上述例子表明，预算的准备、选择和实施受制度和政治条件的影响。但
哪些因素更重要？对立法活动可能做出哪些预测？本章试图回答这些问题，

概述、解释议会预算制定权力的制度和党派体制理论，并通过意大利议会对国家预算变革的案例为这些理论提供验证。意大利议会是对这一理论的一个很好的初步案例研究，即制度和政治条件影响议会修改国家预算的能力有两个原因。在制度方面，意大利议会在立法机构内部有一系列程序性的机会，这可能会在修正案和预算的批准过程中鼓励广泛的议会活动。在政治方面，意大利经历了政党（和联盟）的无纪律和政府的不稳定（Pelizzo & Cooper，2002），这两者都导致了一般的立法无效率（Pelizzo & Babones，2001）。此外，最重要的是，意大利议会过去 20 年的制度设计和政治气候都发生了广泛的变化。因此，通过准实验设计，可以在体制或政治变革发生后，衡量立法活动是否发生变化。这种分析可以使用原始数据来进行，该数据每年衡量政府拟议预算与议会最终立法之间的差异。实证结果使我们初步得出结论，制度和政治条件对于议会修改国家预算的实际权力有重要作用。

## 制度理论

在几乎所有的议会制度中，行政部门完全控制预算政策。议会的作用有目的地受到限制。由于行政机关在制定国家预算方面至关重要，所以有关预算的比较文献反映了行政机构的重要性（Alesina & Perotti，1999）。这些文献强调了行政机关内部为了形成决议而采取集体行动的问题。

当前已有一些文献对立法机构在预算政策中的作用进行了调查。这些研究认为，议会制定预算的能力受到制度因素的深刻影响。在这种情况下，制度是指"博弈规则"，即行动者在影响政策结果中使用的程序和结构机制（North，1990）。

例如，克拉夫奇克和维纳（Krafchik & Wehner，1998）认为，立法机构对预算的影响取决于修正权力的正式设计、赋予权力的范围以及委员会的作用。[4]波特巴和哈根（Poterba & Hagen，1999）也考虑到各种各样的立法机构对财政政策的影响。机构越是允许更多的参与者影响预算政策，控制预算赤字就越难。例如，预算制度包括诸如投票时间安排或修正程序（Alesina & Perotti，1999）。这些程序创造了迭代的集体行动问题，政府和反对派的立法者不断发现激励措施背离紧缩协议，并将特定利益锁定在少数选区。这是以集体财政紧缩为代价的。

当程序允许时，立法机构可能会改变行政部门的原始预算提案。因此每个国家的制度机会影响到立法者可以操纵的激励结构。[5]这些程序的可用性赋予了立法机构以权力。虽然通常很小，但是这个影响应该被理解。议会不是普遍无能，特别是在有利于改变多数的特定类型政党制度的情况下。

## 政党体制理论

议会制定、改变和修改国家预算的能力也受到政治因素的影响。关于政党体制的大多数理论一般认为，立法机构自然会因为议会和政府"融合"而倾向于批准行政建议：由于政府必须在立法机构中保持多数支持才能生存，立法者多数倾向于支持政府提案，特别是重要的提案。[6]根据莱弗和夏普斯尔（Laver & Shepsle, 1996）的观点：

然而，在实际的政治方面，只要党纪严明，政府当局控制议会席位多数的内阁可以在有意这样做的情况下召集多数立法议员。因此，一旦立法机构构建完毕，拥有多数纪律严明党员的政府就可以全面统治立法机构。这反过来又意味着立法机构实际上不能通过限制政府的法律（第 57 页）。

尽管这个简明扼要的论点是有力量的，但是这个规则还是有很大的例外。莱弗和夏普斯尔确定了议会在哪些条件下将从事一些活动来挑战其政府："当政党纪律崩溃，政治党派持不同政见的成员与反对派联手通过某些具体问题的立法时，议会可能会将其意志强加给大多数行政机构"（Laver & Shepsle, 1996：40）。

因此，这种政治理论的推论表明，当议会政党体制高度分散、立法机构有严重的思想分歧时，政府总是特别控制立法主体，使其保持一致。所以人们期望，议会的影响力不仅受到议会制度的影响，也受到政党体制的影响。

## 意大利议会

意大利议会提供了一个完整的环境来检验制度和政党体制理论，因为在过去 20 年里意大利的制度设计和政党体制曾进行了重大修改。这些变化可　270

能会对议员影响财政立法的能力发挥作用。制度修订包括取消秘密投票（1988 年）、修改议会关于议程制定过程的权力下放（1990 年）以及减少选举制度中的偏好投票（1991 年）。此外，选举制度已经改变（1993 年），这可能造成了政党体制下政党的不同配置。

### 制度因素

本节介绍废除秘密投票、议会议程设置改革和选举改革如何改变了意大利议会在预算程序中的作用。

秘密投票。直到 1988 年之前，意大利议会的议事规则都允许秘密投票。议会中各位议员的投票情况没有官方记录，只记录和计算出席并表决的人数和姓名。虽然政府本应有足够的支持来通过其法案，但是在共和国的前 40 年里，政府经常在包括重要提案在内的许多法案投票中遭到挫败（这令人感到尴尬）。

但是，由于投票没有官方记录，党鞭无法发现谁应对政府的失败负责，所以以党内方式秘密投票的议员不可能因违背选举法则（franchi tiratori）而被制裁。这个问题经常使行政机关陷入僵局，造成许多政府崩溃。具有讽刺意味的是，这些僵局甚至在政府过于庞大的时期发生，而政府本应能从议会多数派获得足够的支持来通过法案。

由于这个问题威胁到意大利的政治稳定，1988 年通过的改革立法取消了秘密投票的规定，除非是非常特殊的情况，如不信任投票。现在大部分投票都需要公开（il voto palese）。在 1988 年之前，使用秘密投票对于增强议会权力至关重要，因为党员在没有得到政党领导制裁的情况下可以做出让步。政党议员特别可以提出修改并改良预算，为其支持者提供福利，而不是单方面支持政府的财政立法。

议会议程设置。1971 年，意大利议会进行了改革，实施了一种独特的议程制定方式，在决议立法议程和日程期间，向每个议会集团领导人提供更大的否决权（Leonardi，Nanetti & Pasquino，1978；della Sala，1988；1998；Cotta，1994）。制定议会议程是操纵公共政策的重要手段（Doering，2001；Tsebelis，2002）。例如，1986 年，在讨论财政条例草案的投票顺序时，政府

271　遭受了重大的挫折。财政部部长想首先对第一条第一款的总支出进行投票，

以便确定支出的上限，但反对派则认为应该先对其他条款进行投票，而对第一款的投票应放在最后。反对党显然不想限制议会可以承诺支出的金额，并且知道只要上限尚未确定，就可以通过后续修正来提高总额。关键的一点是，意大利议会的议程制定过程禁止政府强加一个对反对派没有吸引力的时间表。结果，政府被击败，财政法在两个多月之后才被批准。达拉·萨拉（Della Sala，1988）认为：

这个似乎是一个技术问题的讨论重点是它强调了这样一个事实，即当政府的项目送交议会后，政府几乎没有能力掌控其项目的命运……政府经常在一些对实现其目标至关重要的议题上被击败，主要是因为一旦议案提交议会，政府就无法动用一些手腕（第 121 页）。

由于议程上持续存在的问题，1990 年通过了其他改革措施，以加强议会议长的权力，这样目前议长就有能力在全体投票没有通过的情况下强行执行议程。

偏好投票。授权议会的另一个重要制度因素是意大利的选举制度。1993 年之前，在根据第 276/93 号和第 277/93 号法律进行改革时，意大利的选举制度是比例代表制（proportional representation，PR）。这个制度加上偏好投票，使选民能够表达自己对特定候选人的偏好。到 1991 年，选民表达最多三个或四个这样的偏好，1991 年后，作为全民公投的结果，选民可以表达的偏好数量减少到一个。单一偏好的比例代表制只在 1992 年的选举中采用，因为选举制度在 1993 年就从比例代表制转变为混合选举制。但在 1991 年之前，偏好投票制度影响了选民以及当选官员的政治行为。

各方之间的席位分配取决于各方的选举权。投票份额较大的政党将有权享有更大份额的议会席位。某一方候选人的席位分配取决于候选人比其他党员获得更多选票的能力。这是重要的，因为它给个别议员提供了强大的激励，以确保选民的利益，获得人气和名誉认可。议员为其潜在选民设法争取的利益越多，议员在下一次选举中可以期望得到的偏好票数就越多。由于存在偏好投票，反对党成员知道与其他政党的成员进行合作可能会导致所有议员的选区受益增加。

### 政党体制因素

272

除了为个别议员制定强有力的激励措施以确保选区的利益外，1993 年以前的比例代表选举制度也产生了高度分散和意识形态两极分化的制度。在20 世纪 90 年代，意大利议会的平均有效政党数为 7.3 个，在西欧民主国家中排名第二。在这段时间里，只有比利时的政党人数略有上升。[7]此外，意大利各方意识形态两极分化的程度是西欧最高的。[8]政党制度的广泛分化和两极分化产生了无纪律的议会（Farneti，1985；Sartori，1976）。由于分裂，议会内讨价还价的成本相当高。个人背离政党宗旨和另选联盟的现象并不罕见。

另外，出现极端的意识形态两极化导致了两个现象。首先，意大利的议员们学会了互投赞成票以通过一些特殊的政策，这些政策经常在未经审查的情况下花费政府资金。这些法律就是众所周知的所谓"小法律"（leggine）（di Palma，1977）。这个趋势的一个明显迹象是每年在议会中提出的个人开支建议的数量。支出项目数量大大超过收入项目数。由于包容性的集体决策难以达成，意大利议员学会了在议会中利用决策规则为各自的选区谋取政策利益。其次，分裂意味着议会多数派往往是由意识形态不同的政党形成的。在获得多数支持之前，投票必须反映各种利益。否则，他们会在议会中受到严格的审查。

随着制度改革和政治格局的变化，这些过程如何改变？首先，随着1988 年取消了秘密投票，1990 年通过改革以允许议会议长强行执行议会议程，并引入 1991 年的单一偏好选举，激励制度发生了巨大变化。此外，1993 年的选举制度改革也有可能改变政党体制。如果能够产生广泛政策影响的体制机制真的已经被消除，如果政党体制不再像以前那样分散或分化，那么从政府—政党联盟中分裂出去的收益就会下降。因此，从 1988 年起议会的影响力明显下降应该是显而易见的。

## 数据分析

我们利用普通最小二乘回归来检验制度和/或政党体制的变化是否影响到议会修改政府预算的能力。因变量是政府提出的关于预算中支出方面的法案和议会批准的预算中支出方面的法律之间的差额百分比。显然，这些数据非常清楚地表明，意大利议会并不总是关于财政政策的橡皮图章式议会。相反，意大利议会一直是确定支出优先事项的重要参与者（见表 19-1）。

表 19-1　　　　　　意大利预算法（1982~2001 年）

| 年份 | 政府建议（10 亿里拉） | 议会批准（10 亿里拉） | 百分比差异（%） |
|---|---|---|---|
| 1982 | 135460 | 164087 | 17 |
| 1983 | 172772 | 203510 | 15 |
| 1984 | 227077 | 242321 | 6 |
| 1985 | 274163 | 297597 | 8 |
| 1986 | 280900 | 334543 | 16 |
| 1987 | 311432 | 358997 | 13 |
| 1988 | 368360 | 414814 | 11 |
| 1989 | 388562 | 406271 | 4 |
| 1990 | 456202 | 445655 | -2 |
| 1991 | 498505 | 509594 | 2 |
| 1992 | 541967 | 559556 | 3 |
| 1993 | 612696 | 588981 | -4 |
| 1994 | 563208 | 549658 | -2 |
| 1995 | 611073 | 611390 | 0 |
| 1996 | 647486 | 637007 | -2 |
| 1997 | 633348 | 642245 | 1 |
| 1998 | 634393 | 653414 | 3 |
| 1999 | 658278 | 672500 | 2 |
| 2000 | 673282 | 679779 | 1 |
| 2001 | 700646 | 725944 | 3 |

资料来源：意大利众议院。

根据上面阐述的理论，我们使用了几个解释变量来说明议会干预意大利支出优先事项的不同程度。第一，立法制度指标跟踪了意大利议会过去 20 年的制度设计变化。[9] 第二，为了衡量政党体制属性，分析包括了立法两极分化和立法分裂。立法两极分化是衡量最左翼和最右翼各方所拥有议席的总和。在大多数年份，最为极端的两个党派是意大利共产党和新法西斯主义的意大利社会运动党，通常至少占据总席位的 30%。极端党派占有的席位份额越大，议会的两极分化就越严重。然而，在一些国际事件降低了极端党派的吸引力之后，席位份额发生了变化，国内的丑闻震撼了各方，选举制度从比例代表制转向了少数服从多数（mixed majoritarian）。这些变化也可能影响有效政党的数量（Taagepera，1989）。

274     回归分析的结果如表 19 - 2 所示。当利用政府提出的预算与议会批准的预算之间的百分比变化对两极分化进行回归时，可以预期议会修改预算的能力随着两极分化的增加而增加。两极分化本身就解释了议会改变预算能力的差异的 45% 以上。这是因为更加分散的观点需要协商才能达成议会的共识。但是，如果将拟议预算与批准预算之间的百分比变化对政党分散化进行回归，则与政党体制理论所声称的相反，议会改变政府预算的能力随着政党分散性的增加而下降。这个异常可以很好地被解释为：一个议会越分散，就越难以形成任何可以改变现状的多数派。

表 19 - 2                             回归分析

| 因变量 | 截距项 | 自变量（sig.） | | | |
|---|---|---|---|---|---|
| | | 两极化 | 分散化 | 制度变革 | $R^2$ |
| 建议预算与批准预算的百分比变化 | -8.593 (0.027) | 0.494 (0.001) | | | 0.464 |
| | 24.259 (0.000) | | -3.777 (0.001) | | 0.497 |
| | -0.187 (0.884) | | | 3.886 (0.000) | 0.640 |
| | -7.400 (0.623) | 0.027 (0.902) | 1.075 (0.615) | 4.629 (0.033) | 0.645 |

注：作者基于选举结果计算两极化和分散化；百分比数据来自表 19 - 1。
资料来源：作者计算。

    接下来，当利用政府预算与议会批准的预算之间的百分比变化对制度变迁进行回归时，制度变迁在很大程度上解释了意大利议会修改预算的能力。事实上，制度变迁可以解释国会改变政府预算权力差异的 64%。最后，当所有的自变量都被输入到模型中时，我们可以发现，制度变迁仍然是议会改变政府预算能力的一个显著的决定因素，两极分化和政党分散化的影响就不显著了。这表明制度变量胜过了政党体制的影响力。根据这一结果，我们可以初步得出结论，至少在意大利的情况下，在解释议会在决定支出优先事项方面的影响力时，议会制度比政党体制更为重要。

## 结论

275

显然，我们需要在意大利国家背景下进行更多的检验并进行更多比较分析，以确定制度和政党体制在解释议会如何以及何时会影响国家预算方面的能力。根据这一分析（该分析利用新的数据衡量了预算法第一个和最后一个草案之间的区别）的结果，制度变量更多地解释了议会影响力的变化。然而，这个试探性的结果可能是虚假的。制度变革发生在政党体制改革之前，所以效果可能不是绝对的。如果改革进程顺理成章，在改变程序机制之前改变选举制度是完全有可能的，政党体制变量就会比制度变革具有更强的解释力。其他情况下的更多检验将确定自变量的影响力。至少这个分析有助于证明这些变量确实部分解释了议会在预算中的影响。相反，人们不会指望议会是橡皮图章。议会中的具体规则以及各方的数量和意识形态结合起来，为各国议会提供了激励，使其偏离了所谓的标准议会行为，即在国家预算通过期间单方面支持其政府。

### 注释

1. 关于这些问题以及相关问题，参见佩利佐和斯塔彭赫斯特（Pelizzo & Stapenhurst, 2004a）；该文件的简短版本也可以在佩利佐、奥尔森和斯塔彭赫斯特（Pelizzo, Olson & Stapenhurst, 2004）中找到；另见佩利佐和斯塔彭赫斯特（Pelizzo & Stapenhurst, 2004b）。

2. 关于议会通过预算的比较数据，见赫尔曼（Herman, 1976），国际议会间联盟议会文件中心（International Centre for Parliamentary Documentation of the Inter-parliamentary Union, 1986: 1091 - 1122）。更新的信息来自 OECD（1998）. PUMA/ SBO（98）4, unclassified, 1 - 80.

3. 参见 OECD（1998: 37）。另见韦纳（Wehner, 2001: 57 - 78）。

4. 赋予权力有三种主要类型：无限制、有限制和均衡的预算。

5. 不过，这一点不应被夸大。在几乎所有的立法机构中，行政部门预算的变化往往很小。不过，关键是在一些国家，政府的预算可能并不总是原样通过。

6. 根据莱弗和夏普斯尔（Laver & Shepsle, 1996）的说法，"与直接执行政策相比，立法机构控制政府命运的作用要大得多"（第57页）。

7. 比利时较多的有效政党数量必须考虑以下事实：许多比利时政党成对运作，以反映区域和语言的差异。

8. 极化是用极右政党和极左政党的支持率衡量。在意大利，它们分别是意大利共产党（PCI）和奉行新法西斯主义的意大利民主社会运动党（MSI）。

9. 制度变量用下列方法进行衡量：1982～1988年的值为3，以衡量秘密投票的存在、包容性议程制定过程以及在选举制度中可以有3张或4张偏好票（取决于地区）。1988～1990年的值为2，以衡量在选举制度中是否存在包容性议程制定过程和可以有3张或4张偏好票。1991～1992年的值为1，以衡量在选举制度中只有1张偏好票。1993年以后，当选举制度从纯粹的比例代表制改变为无偏好投票的少数服从多数制度时，其值为0。

## 参考文献

Alesina, Alberto, and Roberto Perotti. 1999. "Budget Deficits and Budget Institutions." In *Fiscal Institutions and Fiscal Performance*, eds. James M. Poterba and Juergen von Hagen. Chicago: University of Chicago Press.

Cotta, Maurizio. 1994. "The Rise and Fall of the 'Centrality' of the Italian Parliament: Transformations of the Executive – Legislative Subsystem after the Second World War." In *Parliaments in the Modern World: Changing Institutions*, eds. G. W. Copeland and S. C. Patterson. Ann Arbor: University of Michigan Press.

Doering, Herbert. 2001. "Parliamentary Agenda Control and Legislative Outcomes in Western Europe." *Legislative Studies Quarterly* 26 (1): 145 – 165.

della Sala, Vincent. 1988. "The Italian Budgetary Process: Political and In-

276

stitutional Constraints. " *West European Politics* 11 (3): 110 – 125.

della Sala, Vincent. 1998. "The Italian Parliament: Chambers in a Crumbling House?" In *Parliaments and Governments in Western Europe*, ed. P. Norton. London: Frank Cass.

di Palma, Giuseppe. 1977. *Surviving Without Governing: The Italian Parties in Parliament.* Berkeley: University of California Press.

Farneti, Paolo. 1985. *The Italian Party System.* New York: St. Martin's Press.

Herman, Valentine (in collaboration with Françoise Mendel). 1976. Parliaments of the World. A Reference Compendium: New York: De Gruyter.

International Centre for Parliamentary Documentation of the Inter – Parliamentary Union. 1986. *Parliaments of the World.* A Reference Compendium: Aldershot: Gower.

Krafchik, Warren, and Joachim Wehner. 1998. "The Role of Parliament in the Budgetary Process. " *The South African Journal of Economics* 66 (4): 512 – 541.

Laver, Michael, and Kenneth Shepsle. 1996. *Making and Breaking Governments: Cabinets and Legislatures in Parliamentary Democracies.* Cambridge, U. K. : Cambridge University Press.

Leonardi, Robert, Raffaella Nanetti, and Gianfranco Pasquino. 1978. "Institutionalization of Parliament and Parliamentarization of Parties in Italy. " *Legislative Studies Quarterly* 3 (1): 161 – 186.

North, Douglass. 1990. *Institutions, Institutional Change and Economic Performance.* Cambridge, U. K. : Cambridge University Press.

OECD (Organisation for Economic Co – Operation and Development). 1998. Role of Legislature. 19th Meeting of Senior Budget Officials, Paris, May 25 – 26, PUMA/ SBO (98) 4, unclassified, 1 – 80.

Pelizzo, Riccardo, and Salvatore J. Babones. 2001. "Determinants of Legislative Effectiveness: The Italian Case. " *Quaderni di Scienza Politica* 8 (2): 301 – 323.

Pelizzo, Riccardo, and Joseph Cooper. 2002. "Stability in Parliamentary

Regimes: The Italian Case." *Legislative Studies Quarterly* 27 (2): 163 – 190.

277　　Pelizzo, Riccardo, David Olson, and Rick Stapenhurst, eds. 2004. "Trends in Legislative Oversight." Working Paper Series on Contemporary Issues in Parliamentary Development, World Bank Institute, Washington, D. C.

Pelizzo, Riccardo, and Rick Stapenhurst. 2004a. "Legislatures and Oversight: A Note." *Quaderni di Scienza Politica* 11 (1): 175 – 188.

Pelizzo, Riccardo, and Rick Stapenhurst. 2004b. "Tools for Legislative Oversight: An Empirical Investigation." Policy Research Working Paper No. 3388, World Bank, Washington, DC.

Poterba, James M. , and Juergen von Hagen, eds. 1999. *Fiscal Institutions and Fiscal Performance.* Chicago: University of Chicago Press.

Sartori, Giovanni. 1976. *Parties and Party Systems: A Framework for Analysis.* Cambridge, U. K. : Cambridge University Press.

Taagepera, Rein. 1989. *Seats and Votes: The Effects and Determinants of Electoral Systems.* New Haven: Yale University Press.

Tsebelis, George. 2002. Veto Players: *How Political Institutions Work.* New York: Russell Sage Foundation.

Wehner, Joachim. 2001. "Reconciling Accountability and Fiscal Prudence. A Case Study of the Budgetary Role and Impact of the German Parliament." *Journal of Legislative Studies* 7 (2): 57 – 78.

# 第 20 章
# 捷克共和国的立法预算

兹登卡·曼斯菲尔多娃　彼得拉·拉库沙诺娃
（Zdenka Mansfeldová & Petra Rakušanová）

在捷克共和国，批准国家预算的程序与一般立法程序不同。国家预算的 279
谈判由"众议院议事规则"管理。[1] 预算谈判过程按照下述"议事规则"
（第 13 部分）进行。根据财政部精心编制的预算，再考虑到负责各章节的
主体和政府内部的谈判，内阁至少在一个新的预算年度开始前 3 个月内
（最迟于上年的 9 月 30 日）向国会议长提交国家预算草案。对草案的修正
案可以在众议院第一次审阅草案的会议召开前 15 天提交。

## 批准国家预算的程序

议长将国家预算草案分配给预算委员会进行讨论。在将草案提交给预算
委员会之后，第一次审阅将在众议院的会议上进行。在那里，代表们就预算
的基本方面进行一般性的议会辩论，包括收入和支出、余额和余额结算、与
上级领导机关和市政府的预算总体关系、分配给行政机构的权力范围。如果
草案没有得到批准，众议院建议内阁重新起草法案，并为新的草案设定提交
日期。如果众议院批准了预算的基本方面，则在以后的谈判中不能改变。国
家预算草案需进行独立辩论，不能取决于其他方案的批准或修改（Kolář,
Pecháček & Syllová, 2002：188）。

如果众议院批准了国家预算草案中的基本信息，则各章将被分配给各个 280
委员会。各委员会都会被指定一个截止日期（最短期限为 30 天），并有义

务在截止日期前讨论关于国家预算草案的相关章节。委员会只能对由自己审阅的国家预算章节草案提出修改意见。

在起草人员在场的情况下，预算委员会就其对相关章节的解决方案和反对意见进行辩论，并采纳一种解决方案。第二次审阅时，提交方介绍国家预算草案。预算委员会的起草人员在提交方之后发言。在详细的议会辩论期间，提交修正案和其他提案。从政治角度来看，评论阶段是最重要的，因为在这个阶段，个别代表（如没有机会直接参与草案准备的人）会试图为其选区争取资金。

对国家预算草案的第三次审阅可能在第二次审阅结束 48 小时后开始。在议会辩论中，只能提出对立法错误或技术性错误的纠正、语法错误的纠正和重复第二次审阅时的建议。第三次审阅结束后，众议院对提交的修正案进行表决，决定是否能够对该草案达成共识。

### "议事规则"的变更

在 1995 年中期通过新的"议事规则"之前，预算委员会以及若干其他委员会对该草案（全部预算）进行了讨论，之后提交了一份联合报告。因为每个委员会只有一票，特别预算和经济委员会是少数（通常包括 4~5 个委员会），所以这个程序提供了更多的游说机会，而且外行意见打败专业意见比较容易。"议事规则"的修正案导致预算委员会获得了更多的权力。目前，代理人为自己的选区争取资金是非常困难的，因为一名代表需要说明拟议的支出如何使用，也就是要说明应该削减哪些支出以获得特定用途的资金。

### 谈判过程

谈判过程最重要的阶段是第一次审阅，其目的是明确规定强制性支出总额（即法律明确要求的支出）、总支出和收入、国家预算的平衡、市政府的预算。预算委员会必须设法保持收支平衡。扣除强制性支出后，供支出的金额仅剩下资金总额的 15%；有必要对强调哪些领域（如教育、科学或医疗保健）达成一致。鉴于政府正在进行的投资项目不能被放弃，加上欧盟和北约的义务（预算草案中某些章节指定的百分比，如教育、科学、防务等的章节），这一比例会进一步下降。这意味着，有关预算的所有媒体宣传活动实际上只涉及议员辩论的少数项目。

这里需要提到第一次对各部门发生的特定支出进行汇总。这就是为什么各部门在此时提出特定利益似乎处于有利的地位，因为与议会相比，这种环境的透明度更低。因此，众议院只是游说的第二步［对游说过程的进一步见解，请参阅卡布莱和林尼克（Kabele & Linek，2004）］。

已经启动的强制性和准强制性支出和支出项目的比例不断增加在短期内限制了公共预算支出的灵活性。[2]目前，强制性支出的增长速度显著超过了税收收入的增长速度，这是内阁财政政策的根本问题，也是受到反对派严厉批评的问题。

### 国家预算草案的政治协商

国家预算草案由众议院全体会议通过。谈判过程从一开始就在意识形态上存在分歧，所以对国家预算的辩论和投票一直是议会党派的关键问题。投票中要求有相当严格的党纪，不符合议会党决策的投票可能对个人代表产生非常不愉快的后果，特别是如果内阁在众议院只占有很少的席位时。这是1996 年以来的一个主要问题（见本章附表）。政党统一性相对较低［政党凝聚力的里斯（Rice）指数：约80 单位］的原因在于批准单个提案的投票联盟的规模：绝大多数意味着议会党组织不必以绝对团结的方式采取行动。这个制度降低了各政党的交易费用，否则它们将不得不花费大量资金来确保其法案得到微弱多数的批准，如1997 年初对国家预算的投票，当时议会只拥有微弱多数（Mansfeldová，1997，2002）。没有按照政党路线进行投票的两名捷克社会民主党（ČSSD）代表被驱逐出党。其中一人不久之后加入了右翼公民民主党。

### 代表：态度和投票

282

预算的批准通常是议会的关键任务之一，从表20 - 1 可以看出，根据代表们的观点，这是最重要的活动之一。除了明确形成对内阁的控制外，最重要的还是批准国家预算，这是内阁间接控制的手段之一（Reytt，2000；Soltéz，1995）。

表 20 - 1　　　　　　代表们对各种活动重要性的认识（1993～2003 年）

| 活动 | 1993 年 | 1996 年 | 1998 年 | 2000 年 | 2003 年 |
|---|---|---|---|---|---|
| 立法活动 | 4.78 | 4.50 | 4.67 | 4.97 | 4.72 |
| 控制政府 | 4.61 | 4.22 | 3.94 | 4.64 | 4.27 |
| 考虑和评估各社会团体提交的提案 | 3.22 | 2.83 | 3.00 | 3.74 | 3.17 |
| 批准国家预算 | 4.78 | 4.72 | 4.72 | 4.95 | 4.80 |
| 处理公民请愿书和意见 | 3.39 | 1.56 | 3.22 | 3.86 | 3.37 |
| 准备加入欧盟 | n/a | n/a | 4.22 | 4.61 | 4.06 |

　　如果对每项活动从时间和职能角度的得分进行比较，可以说批准国家预算的得分名列前茅。虽然其他活动的得分数往往会随着时间的推移而变化，但批准国家预算的得分比较稳定。这也符合文中稍后所述委员会的看法。

　　众议院投票分析（见表 20 - 2～表 20 - 5）也表明，严格按照政党路线对国家预算进行投票是关键的政治问题之一。我们可以得到 9 次国家预算投票的数据，这些数据开始于 1995 年，在五年内可以进行更详细的投票分析。更早的记录无法获取。

表 20 - 2　　　　　　　　在第一轮选举期间对国家预算进行投票　　　　　　单位：%

| 年份 | ČMSS（ČMUS） | ČSSD | KDS | KDU - ČSL | KSČM | LB | LSNS | LSU | ODA | ODS | SPR - RSČ |
|---|---|---|---|---|---|---|---|---|---|---|---|
| 1995 | 0 | 11 | 100 | 100 | 0 | 0 | 100 | 0 | 94 | 100 | 0 |
| 1996 | 31 | 0 | 100 | 100 | 0 | 0 | 100 | n/a | 100 | 98 | 0 |

　　注：在这一期间，执政联盟由下列政党组成：ODS、KDS、KDU - ČSL 和 ODA。n/a 表示该党没有出现在议会中。
　　资料来源：捷克共和国议会众议院档案馆。

283

表 20 – 3　　　　　　在第二轮选举期间对国家预算进行投票　　　　　单位：%

| 年份 | ČSSD | KDU – ČSL | KSČM | ODA | ODS | SPR – RSČ |
|------|------|-----------|------|-----|-----|-----------|
| 1997 | 3 | 100 | 0 | 100 | 99 | 0 |
| 1998 | 0 | 100 | 0 | 100 | 100 | 0 |

注：在这一期间，执政联盟由下列政党组成：ODS、KDU – ČSL 和 ODA。1997 年底内阁解散时，1998 年的预算已经获得批准。

资料来源：捷克共和国议会众议院档案馆。

表 20 – 4　　　　　　在第三轮选举期间对国家预算进行投票　　　　　单位：%

| 年份 | ČSSD | KDU – ČSL | KSČM | ODS | US |
|------|------|-----------|------|-----|-----|
| 1999 | 97 | 90 | 100 | 0 | 0 |
| 2000 | 100 | 0 | 0 | 88 | 0 |
| 2001 | 93 | 5 | 0 | 90 | 0 |
| 2002 | 96 | 0 | 0 | 98 | 0 |

注：在这一期间，捷克共和国拥有一个少数派社会民主党（ČSSD）内阁，它能够继续掌权得益于最大的反对党公民民主党（ODS）提出的《反对党协定》（Opposition Agreement）。

资料来源：捷克共和国议会众议院档案馆。

表 20 – 5　　　　　　在第四轮选举期间对国家预算进行表决　　　　　单位：%

| 年份 | ČSSD | KDU – ČSL | KSČM | ODS | US |
|------|------|-----------|------|-----|-----|
| 2003 | 100 | 100 | 0 | 0 | 90 |
| 2004 | 100 | 0 | 0 | 100 | 100 |

注：微弱少数联盟内阁执政，由 ČSSD、KDU – ČSL 和 US 组成。

资料来源：捷克共和国议会众议院档案馆。

　　表 20 – 2 ~ 表 20 – 5 中的数据说明了每个议会政党对提交的预算进行投票、弃权或不参加（通常允许通过预算）的百分比。数据证明了政党对国家财政预算投票的纪律。有时在第一次尝试中预算没有被采纳，就像 2000 年度的预算一样，当时只有社会民主党组成的少数派政府代表投票支持预算。右翼议员投了反对票，共产党人（KSČM）投了弃权票。结果，政府依靠临时预算运行。预算在 2000 年初必须重新谈判，这次反对党达成了一致，预算得到批准（见表 20 – 4）。

### 预算委员会

284　议会每届会议的立法和监督活动都由议会委员会进行。这些委员会制定关于大部分草案的决策。除立法委员会外，各委员会最重要的任务是评估内阁的运作。这个任务是政府制度的自然后果，政府直接并持续对议会负责。委员会是执行这些职责的主要工具。

预算委员会（在捷克民族议会于 1993 年 1 月 1 日改为捷克共和国议会众议院后称为预算和控制委员会）对于预算谈判至关重要。它也是众议院最负盛名和最繁忙的委员会之一（见表 20 – 6）。

表 20 – 6　　　　　　捷克共和国众议院各委员会的威望　　　　　单位：%

| 委员会 | 第一届 | | 第二届 | 第三届 | 第四届 |
|---|---|---|---|---|---|
| | 1993 年 | 1996 年 | 1998 年 | 2000 年 | 2003 年 |
| 宪法委员会 | 91.9 | 88.7 | 63.9 | 60.9 | 40.2 |
| 预算委员会 | 61.0 | 89.4 | 84.1 | 89.4 | 91.1 |
| 经济委员会 | 60.3 | 41.5 | 42.7 | 49.7 | 49.7 |
| 外事委员会 | 26.5 | 21.3 | 27.4 | 20.7 | 25.4 |
| 国防和安全委员会 | 11.8 | 16.3 | 28.0 | 25.1 | 17.2 |
| 社会政策和医疗保健委员会 | 8.1 | 12.0 | 22.3 | 15.1 | 10.1 |
| 科学、教育、文化、青年和体育委员会 | 5.1 | 7.0 | 4.5 | 2.8 | 5.9 |
| 申诉委员会 | 3.7 | 2.8 | 0.6 | 1.7 | 3.6 |
| 农业委员会 | 2.9 | 7.7 | 9.6 | 5.0 | 11.8 |
| 公共管理、区域发展与环境委员会 | 2.2 | 1.4 | 7.6 | 18.4 | 16.6 |
| 欧洲一体化委员会 | * | * | * | 5.0 | 4.1 |
| 授权和豁免委员会 | 1.5 | 4.2 | 2.5 | 3.4 | 2.4 |
| 选举委员会 | * | * | * | * | 1.2 |

注：* 表示在这几年中，委员会不存在。
资料来源：议会 DICe、社会学研究所、捷克共和国科学院。

委员会的声望往往与议会个人活动的声望相匹配。除了第一个任期外，预算委员会被认为具有最高的声望。这反映在被提名的委员会成员倾向于拥有高水平的专业技能。预算委员会的成员往往有很高的概率再次当选。此外，当他们再次当选时，他们通常会再次加入预算委员会。

值得注意的是，这个委员会的议题纯粹是男人的问题。在我们进行分析的期间，委员会内没有一名女性。预算委员会的职责远远超出了对国家预算 285 和个别预算草案章节的辩论。委员会定期收到捷克共和国管理报告（每季度一次，还有一份全年的总结报告），从国家预算中收回资金，收到关于货币政策和捷克国家银行管理层的报告、各年度关于活动的结果和预算资金使用情况的报告、财政部关于捷克共和国管理的报告。

预算委员会可以设立小组委员会履行其监督职责，这些小组委员会可以更集中地专注于具体问题。由预算委员会决定其将设立的小组委员会的数量和类型。例如，几乎所有任期都有审计小组委员会。

预算委员会需要审议由国家预算提供资金的项目、各部门中资金的转移等在一年中发生的任何变化。由于国家财政预算赤字不断增长，[3] 代表们努力在早期发挥积极作用，包括在预算编制阶段。其中一个例子是有一位代表提交了关于对预算纪律实施宪法干预的法案，然而，这项法案在第一次审阅中被否决。

## 最高审计办公室

根据捷克宪法第 97 条，独立机构——最高审计办公室（Supreme Audit Office，SAO）——需要对国家财政管理和国家财政预算进行审计。SAO 的审计长和副审计长由捷克共和国总统根据众议院的建议任命。众议院，特别是预算委员会，启动最高审计办公室的任务；到目前为止，合作一直很好，这些机构之间达成了互谅和一致。SAO 有责任向众议院提交活动摘要报告、经济活动报告及其预算。后者根据预算委员会的建议，经过与 SAO 的磋商，核准这些文件。财政部有义务根据议会的建议，通过众议院、参议院和 SAO 的预算。

预算委员会审计小组委员会有选择地处理了 SAO 的一些调查结果。它还拥有审计的详细记录，并有权召集各个部长。SAO 能够提供诸多发现，因此，审计小组委员会可以选择其认为特别重要的案件。审计小组委员会由于能够获得必要的文件，如审计记录，因而能够深入研究具体案件。然后，审计小组委员会根据自己的记录通知预算委员会，预算委员会则考虑如何处理这些问题。

286 议会众议院批准国家财产基金的预算和活动报告。该基金的活动由SAO进行审查，其报告提交给众议院。出口银行还向众议院提交其活动报告、经济活动报告和预算（出口银行由国家设立，获得国家补贴，但产生收入以支付其成本）。内阁还有义务向众议院提交国家决算账目。

如果审查议会拥有的不同选项，特别是经济委员会、预算委员会和审计小组委员会讨论的议程，我们可以看出控制主要在于获取信息。议会可以通过设立调查委员会来审查可疑案件进行事后监督。在1996年的选举之后，当右派和左派势力之间取得平衡时，反对党有可能获得更有效的控制，尽管这是一个不相干的对抗。[4]这可以被视为发展民主机制的一种进步，我们甚至可以看到议会为监督内阁而付出的巨大努力，例如设立议会调查委员会。

## 趋势、指标和解释因素

根据1990年以来预算委员会的活动（见表20-7），与国家预算有关的立法活动，特别是在立法阶段，似乎在增加。

表20-7 1990~2004年五届预算委员会的活动

| 时期 | 1990~1992年 | 1992~1996年 | 1996~1998年 | 1998~2002年 | 2002年选举 | 2002年选举之后 | 2003年 | 2004年 |
|---|---|---|---|---|---|---|---|---|
| 成员数量 | 17~18 | 17~20 | 20 | 21 | 21 | 21 | 21 | 21 |
| 会议数量 | 65 | 78 | 36 | 59 | 24 | 8 | 14 | 16 |
| 采纳措施的数量 | 398 | 627 | 318 | 560 | 324 | 116 | 196 | 176 |

注：选举发生在2002年7月17日。
资料来源：捷克共和国议会。

预算委员会以及其他委员会采纳了越来越多的有关国家预算的决议，不仅涉及预算的制定，而且涉及其控制。对于单个代表影响国家预算编制的机会，情况并没有多大变化：执政党的代表有更大的机会正式或非正式地影响

预算，而反对派代表更多地利用议会听证会。此外，游说者倾向于通过执政 287
党的代表影响这一进程，因为它被认为更有效。

内阁对众议院负责履行国家预算义务。6 个月后，内阁向众议院递交半年度报告，报告经济发展情况和《国家预算法》的执行情况。预算委员会再次发挥关键作用。众议院将批准国家账目；预算委员会对国家决算账目的各个章节进行辩论。

## 预算委员会的控制职能

如上所述，预算委员会可设立各种小组委员会履行其监督职能。第三届议会成立了资本金融市场小组委员会和审计小组委员会；第四届（2002 ~ 2006 年）议会除了成立审计小组委员会外，还成立了地区金融自主管理委员会和欧洲基金利用小组委员会。

在分权的过程中，作为欧洲一体化进程的一部分（2001 年从中央将大量的决策权转移到地方层面），议会加强了监督职能。如果将审计小组委员会理解为议会反对内阁的控制机制，那么地区金融自主管理委员会和欧洲基金利用小组委员会则试图部分控制超国家（欧盟基金）和国家以下各级（地区；Rakušanová，2003）之间的资金流动。

在捷克共和国巩固民主的进程中，议会已经在功能上嵌入宪法体系，代表权力变得更加专业化，专业的支持有所改善，议会的职能已经变得明朗而具体。表 20 - 8 显示了 1992 ~ 1996 年预算的大致平衡，但从 1997 年开始，国家预算赤字就有所增加。2000 年和 2001 年，预算赤字高于计划，分别约为 31% 和 36%。赤字的产生主要是因为实际收入低于计划收入。

表 20 - 8　　　　　　　1991 ~ 2003 年国家预算的完成情况　　　　　　　288

| 年份 | 1991 | 1992 | 1993 | 1994 | 1995 | 1996 | 1997 | 1998 | 1999 | 2000 | 2001 | 2002 | 2003 | 2004 |
|---|---|---|---|---|---|---|---|---|---|---|---|---|---|---|
| 总收入（10 亿捷克克朗） | | | | | | | | | | | | | | |
| 预算数 | 241.0 | 249.9 | 342.2 | 385.3 | 446.2 | 497.6 | 519.6 | 547.2 | 581.3 | 592.2 | 636.2 | 693.4 | 686.1 | 754.1 |
| 实际数 | 225.3 | 251.4 | 258 | 390.5 | 440 | 482.8 | 509 | 537.4 | 567.3 | 586.2 | 626.2 | 705.0 | 699.7 | 559.3 |
| | | | | | | | | | | | | | | 至 2004 年 9 月 30 日 |

续表

| 年份 | 1991 | 1992 | 1993 | 1994 | 1995 | 1996 | 1997 | 1998 | 1999 | 2000 | 2001 | 2002 | 2003 | 2004 |
|---|---|---|---|---|---|---|---|---|---|---|---|---|---|---|
| 总支出（10 亿捷克克朗） | | | | | | | | | | | | | | |
| 预算数 | 239.9 | 255.9 | 342.2 | 385.3 | 437.0 | 497.6 | 519.6 | 547.2 | 612.4 | 627.3 | 685.2 | 755.7 | 817.8 | 869.1 |
| 实际数 | 240.1 | 253.1 | 356.9 | 380.1 | 432.7 | 484.4 | 524.7 | 566.7 | 596.9 | 632.3 | 693.9 | 750.8 | 808.7 | 599.9 |
| | | | | | | | | | | | | | | 至 2004 年 9 月 30 日 |
| 盈余/赤字（10 亿捷克克朗） | | | | | | | | | | | | | | |
| 预算数 | 1.1 | -6 | 0 | 0 | 9.3 | 0 | 0 | 0 | -31 | -35.2 | -49.0 | -62.3 | -131.7 | -115.1 |
| 实际数 | -14.8 | -1.7 | 1.1 | 10.5 | 7.2 | -1.6 | -15.7 | -29.3 | -29.6 | -46.1 | -67.7 | -45.7 | -109.1 | -113.1 |
| | | | | | | | | | | | | | | 至 2004 年 9 月 30 日 |
| 议程持续时间 | 1 天 | 2 天 | 2 天 | 3 个月 | 1 个月 | 3 个月 | 3 个月 | 3 个月 | 4 个月 | 6 个月 | 3 个月 | 3 个月 | 3 个月 | 2 个月 |
| | | | | | | | | | | | | | | 至 2004 年 12 月 3 日 |

资料来源：捷克共和国财政部、议会文件和信息中心、社会学研究所、捷克共和国科学院。

287　　　　应该指出的是，在过去几年里，内阁已经开始使用预算外收入，特别是私有化基金（通过出售大型国有企业）来人为地减少国家预算拨款。在议会中，反对派特别强烈地批评了这些非系统性措施。内阁已承诺在 2004 年 5 月 1 日加入欧盟后，在更大程度上利用国家基金（欧盟基金）来支付一些预算支出；然而，这并非一蹴而就的事。2007 年，根据欧盟的要求，内阁无法拟定一个令人满意的转移欧盟资金的计划，导致教育部长达娜·库奇托娃（Dana Kuchtova）（绿党）被迫辞职。

289　　　　今天我们可以看到公共财政的结构性改革十分显著。这些改革不仅仅是一种改变，而应该导致国家预算的重组，特别是福利、养老金、税收和医疗保健支出的变化。改革的主要目标是将国家预算从政策工具转变为公共管理工具，即基于明确目标和基准、基于谈判以及基于合同与协议制度的绩效驱动模式。

## 结论

对捷克共和国在预算方面的议会活动分析表明，在转型和民主巩固的过程中，议会对国家预算的职能发生了重大变化。在这个过程中，代表们（特别是预算委员会成员）的普遍专业化尤为重要。20 世纪 90 年代初，像全国议会一样，预算委员会由没有高层政治经验的人组成，很少有代表拥有经济背景。委员会第一次会议提出委员会的任命应考虑专业背景。该提案被拒绝，并同意将预算委员会的职位平等分配给所有政党。然而，渐渐地，代表变得更加专业，已经学会了如何获取信息、如何使用信息，以及如何对其进行评估。今天，预算委员会被认为是最负盛名和最有潜力的议会机构。

议会在预算程序中的作用的问题主要在于需要大量的投票联盟以及与党内凝聚力相关联的大量交易成本，即主要在于政党的格局而不是议会的体制能力。一般来说，政党纪律在预算投票方面有所增强。此外，个人代表也提出了越来越多的变革建议。

议会知道，在欧洲一体化的背景下，其自身合法性可能会受到侵蚀；因此，为了应对这一威胁，议会正在加强其审计职能。这也涉及预算委员会，其中重点是在国家以下和超国家层面的地区金融自主管理委员会和欧洲基金利用小组委员会。

附表 20 - 1　　　　政府的构成及议会的支持　　　290

| 组建内阁 | 执政党或政党 | 议会席位（%） |
|---|---|---|
| 1990 年 6 月，联邦政府 | 9 OF，4 VPN，2 KDH，1 independent | 65.0 |
| 1990 年 6 月，捷克政府 | 10 OF，2 KDU – ČSL，1 HSD – SMS，8 independent | 84.0 |
| 1992 年 6 月，捷克政府 | 11 ODS，4 KDU – ČSL，2 ODA，2 KDS | 56.0 |
| 1992 年 7 月，临时联邦政府 | 4 ODS，4 HZDS，1 KDU – ČSL，1 without party affiliation | 52.7 |
| 1996 年 6 月，捷克政府 | 8 ODS，4 KDU – ČSL，4 ODA | 49.5 |
| 1998 年 1 月，半看守型政府 | 3 KDU – ČSL，4 US-former ODS，3 ODA，7 without party affiliation | 31.0 |

续表

| 组建内阁 | 执政党或政党 | 议会席位（%） |
|---|---|---|
| 1998 年 8 月，捷克政府 | 18 ČSSD, 1 without party affiliation | 37.0 |
| 2002 年 7 月，捷克政府 | 11 ČSSD, 3 KDU – ČSL, 3 DEU | 50.5 |

资料来源：议会文件和信息中心，社会学研究所。

**附表 20 – 2　　　政党的英文名称、捷克语名称及捷克语缩写**

| 缩写 | 政党的英文名称 | 政党的捷克语名称 | 政治取向 |
|---|---|---|---|
| ČMSS/ČMUS | Czech – Moravian Centre Party/Bohemian and Moravian Union of the Centre | Českomoravská strana středu/Českomoravská unie středu | 中间 |
| ČSSD | Czech Social Democratic Party | Česká strana sociálně demokratická | 左翼 |
| DEU | Democratic Union | Demokratická unie | 右翼 |
| KDU – ČSL | Christian Democratic Union/Czechoslovak People's Party | Křesťansko demokratická unie/Československá strana lidová | 中间 |
| KDS | Christian Democratic Party | Křesťansko demokratická strana | 右翼 |
| KŠCM | Communist Party of Bohemia and Moravia | Komunistická strana Čech a Moravy | 左翼 |
| LB | Left Block | Levý blok | 左翼 |
| LSNS | National Socialist Liberal Party | Liberální strana národně sociální | 左翼 |
| LSU | Liberal – Social Union | Liberal – Social Union | 左翼 |
| ODA | Civic Democratic Alliance | Občanská demokratická aliance | 右翼 |
| ODS | Civic Democratic Party | Občanská demokratická strana | 右翼 |
| SPR – RSČ | Association for the Republic – Republican Party of Czechoslovakia | Sdružení pro republiku – Republikánskástrana Československa | 右翼 |
| US | Freedom Union | Unie svobody | 右翼 |
| SZ | Green Party | Strana zelenych | 中间 |

## 注释

本文是为 2005 年 1 月 6 ~ 8 日于美国新奥尔良召开的南美政治学会年会的 K – 10/B – 9 圆桌会议准备的，标题为"议会在预算程序中的作用"。这项研究基于 GA AV CR 第 S7028003 号"中欧议会信息与文献中心"和第

1J 004/04 – DP1 号"在加入欧盟背景下捷克共和国政治和法律制度框架及其变化"的结果。

1. 捷克共和国议会有两个议院：众议院有 200 名议员，参议院有 81 名议员。

2. 根据 2004 年预算案，http：//www. psp. cz/。

3. 2003 年 12 月 3 日，众议院以联合代表 98 票通过了 2004 年度国家预算草案。预算预计赤字为 1150 亿捷克克朗，营业收入为 7540 亿捷克克朗，支出为 8690 亿捷克克朗。国家财政赤字继续增长。

**国家预算赤字的增长**　　　　单位：10 亿捷克克朗

| 年份 | 1996 | 1997 | 1998 | 1999 | 2000 | 2001 | 2002 | 2003 | 2004 |
|------|------|------|------|------|------|------|------|------|------|
| 赤字 | − 5. 4 | − 17. 4 | − 25. 6 | − 34. 8 | − 51. 8 | − 66. 7 | − 45. 9 | − 111. 3 | − 115. 1 |

资料来源：Minister of Finance, quoted in "The Cabinet Can Have a Breather, The Budget Passed." Právo, December 4, 2003, p. 1.

4. 除社会民主党外，它由共产党人和共和党人组成，可以界定为缺乏联盟潜力的党派，这削弱了反对派的影响力。

## 参考文献

Czech Republic. 1997. *Human Development Report*. United Nations Development Programme （UNDP） Project. Prague：Research Institute for Labour and Social Affairs.

Czech Republic. 1999. *Human Development Report*. UNDP Project. Prague：Research Institute for Labour and Social Affairs.

Czech Republic. 2000. *Regular report from the Commission on the Czech Republic's progress towards accession*, November 8 COM （2002） 700 final.

Kabele, J. , and L. Linek, 2004. *Decision-making of the Czech Cabinet, EU Accession and Legislative Planning between 1998 and 2004*. Paper prepared for the ECPR Joint Sessions of Workshops, Workshop No. 10：The Process of Decision – Making in Cabinets in Central – Eastern and Southern Europe. Uppsala, Sweden,

April 13 – 18, 2004.

Kolář, Petr, Štěpán Pecháček, and Jindřiška Syllová. 2002. Parlament České republiky 1993 – 2001 (*Parliament of the Czech Republic* 1993 – 2001). Praha: Linde.

Mansfeldová, Zdenka. 1997. "Sociální partnerství v České republice (*Social Partnership in the Czech Republic*)." In Reprezentace zájmů v politickém systému České republiky (*Interest Representation in the Political System of the Czech Republic*), ed. L. Brokl, 99 – 150. Praha: SLON.

Mansfeldová, Zdenka. 2002. *Economic Policy-Making and Parliamentary Accountability in Czech Republic*. Geneva: United Nations Research Institute for Social Development. http://www.unrisd.org.

Ost, David. 1993. "The Politics of Interests in Post-Communist Eastern Europe." *Theory and Society* 22: 453 – 486.

Rakušanová, P. 2003. "Role of Central European Parliaments in the Process of European Integration." Paper presented at the 19th IPSA World Congress, Durban, South Africa, June 29 – July 4, 2003, Research Committee of Legislative Specialists' panel Internationalization of Parliaments—Parliaments in the Process of Globalization.

Reytt, Tomáš, 2000. Role centrálních bank v demokratických systémech (The Role of Central Banks in Democratic Systems). *Politologická revue* 6 (2): 3 – 28.

Soltéz, I. 1995. *Controlling the Government by the Parliament. In Democratization and Europeanization in Hungary*: The First Parliament (1990 – 1994), ed. Attila Ágh and Sándor Kurtán, 43 – 64. Budapest: Hungarian Centre for Democracy Studies.

# 第 21 章

# 预算问责和转型期立法监督：后苏哈托时代的印度尼西亚

维什努·尤沃诺　塞巴斯蒂安·埃卡特

(Vishnu Juwono & Sebastian Eckardt)

自 20 世纪 90 年代末苏哈托总统垮台以后，印度尼西亚在政治制度民主化方面取得了显著进展。在这些改革之后，议会已经变得更加独立于以前十分强大的行政机关，并且已经获得了大量的权力来审查行政部门，并对行政部门提出的建议和政策做出反应。除其他改革外，议会在制定国家预算和监督执行方面拥有了更强大的权力。

这些改革对印度尼西亚制定国家预算的方式造成了前所未有的改变。理想情况下，预算的治理反映了行政权力与立法监督之间的微妙平衡。在预算程序中调整政府机构间的相互制衡是一个复杂的过程，与完整政治制度的其他方面相互交织：建立代表性结构、选举制度以及一个运作良好的多党制。这些制衡机制在实际中如何运行取决于当选代表与行政部门相关的有效权力，包括任命和撤销管理人员的权力（通过不信任投票、弹劾等）、强制行政部门提供信息的权力（如需要报告和审核）、钱袋子的权力、一个能够有效监督和评估行政部门行为的委员会制度、当选代表履行其任务的激励机制。

本章探讨了后苏哈托时代印度尼西亚的预算程序中议会特别是下议院（Dewan Perwakilan Rakyat，DPR）的制度框架及其不断演变的角色。本章重点是探索系统性问题，并了解制度框架如何影响预算程序中的一般政治动态及其结构，从而形成预算领域的行政和立法关系。

294 民主化和后苏哈托时代印度尼西亚议会政治作用的演变

在苏哈托总统统治的 30 年中，政治权力主要集中在行政部门。人民协商会议（Majelis Permusyawaratan Rakyat, MPR）[1]是最高的国家机构，负责提名和任命总统。但实际上，总统通过复杂的制度有效地控制了 MPR 的决策，将政治权力垄断在他的手中。

政治活动和政党受到限制——1973 年，苏哈托强迫 9 个反对党合并为联合发展党（PPP）和印度尼西亚民主党（PDI）两个组织。在精心策划的国家立法选举中，专业集团联合秘书处（Golkar）在恢复人们对新秩序的支持中被赋予了核心角色。[2]在一次竞选结束和下一次竞选开始的期间，联合发展党和印度尼西亚民主党被禁止在基层层面开展组织和动员活动，专业集团联合秘书处是唯一一个能够深入到乡村层面的组织，因为村级政府官员都是其成员。因此，专业集团联合秘书处在整个新秩序期间主导选举进程也就不足为奇了。[3]

在专业集团联合秘书处、官僚机构和军方的大力支持下，这些制度安排使政治权力向总统集中，有效地模糊了权力的分立，以支持行政部门对国家事务的控制。这也适用于预算决策。法定立法预算权力被写入 1945 年《宪法》第 23 条："在国家收支的确定方面，DPR 拥有比政府更高的地位。"但是，新秩序体系下 DPR 从来没有质疑或修改过政府的预算提案。苏哈托总统要求政治家和立法者遵守全国一致的决定。

新秩序体系因苏哈托 1998 年下台引发的特别事件和政治动荡环境而崩溃。政治制度的变化标志着印度尼西亚迅速向更加民主的制度过渡（Schneier, 2005：4），其中有几个与预算程序有关：

• 1999 年，第一次宪法修正案赋予 DPR "制定法律的权力"，在 MPR 中引入了一次年度会议，并成立了宪法修正特设委员会。

• 2000 年，MPR 通过了第二个宪法修正案，恢复了 DPR 在批准预算、立法监督和立法权力方面的作用。

• 2001 年，第三次宪法修正案正式规定了弹劾总统的条件，进一步加强了立法机构执行制衡措施的立法权力，有权选择大选委员会（KPU）、最高审计委员会（BPK）和司法委员会（KY）的成员。

• 2002 年，第四次宪法修正案阐明了与权力分立（司法、立法和行政 295
部门之间）有关的技术规定，取消了 MPR 中的军事、警察和其他行政人
员，并规定了总统选举的两轮制。

宪法修正案和随后的立法活动极大地增强了与行政机关有关的议会权力
（Sherlock，2007a：23）。例如，DPR 可以弹劾总统（经宪法法院和 MPR 同
意）。[4] DPR 有权颁布国家立法，包括将年度国家预算作为法律颁布。[5]

随着行政立法机构之间的横向问责制的加强，议会对选民的纵向责任也
得到加强。新授权的 DPR 通过的第一批法律是有关政党、大选和立法机构
的三项政治法。这些法律使得 DPR 的政治安排受到高度控制，选举竞争受
到限制，这种安排使得 DPR 从一种受到高度控制且禁止参与大选竞争的政
治安排转向另一种安排，即公共机关（包括议会席位）日益受到竞争和争
议的约束。这导致了立法机构组成的变化，打破了专业集团联合秘书处以前
的一党统治地位。然而，随着议会中的 15 个党派（2004 年以来）地位的上
升，选举结果也导致政治格局特别分散。1999 年和 2004 年，没有一个竞争
对手获得能够独自通过立法的足够多数。选举结果影响了制定立法决策的政
治动态及其与行政机关的关系。没有一个较大的政党（见表 21 - 1）能够控
制足够多数以通过立法这一事实[6] 使得通过政治操纵以确立对特别倡议的
支持变得十分必要。此外，大多数党派在宗教、意识形态或个人而不是政策
平台上进行竞争，难以形成稳定的联盟。[7]

表 21 - 1　　　　　　　　1999 年和 2004 年大选十大政党

| 1999 年 | | | 2004 年 | | |
|---|---|---|---|---|---|
| 党派 | 投票（%） | 席位（%） | 党派 | 投票（%） | 席位（%） |
| PDI - P | 33.74 | 33.12 | Golkar | 21.58 | 23.27 |
| Golkar | 22.44 | 25.97 | PDI - P | 18.53 | 19.82 |
| PKB | 12.61 | 11.04 | PKB | 10.57 | 9.45 |
| PPP | 10.71 | 12.55 | PPP | 8.15 | 10.55 |
| PAN | 7.12 | 7.36 | PD | 7.45 | 10.36 |
| PBB | 1.94 | 2.81 | PKS | 7.34 | 8.18 |

续表

| | 1999 年 | | | 2004 年 | |
|---|---|---|---|---|---|
| 党派 | 投票（%） | 席位（%） | 党派 | 投票（%） | 席位（%） |
| PK | 1.36 | 1.52 | PAN | 6.44 | 9.45 |
| PKP | 1.01 | 0.87 | PBB | 2.62 | 2.00 |
| PNU | 0.64 | 1.08 | PBR | 2.44 | 2.36 |
| PDI | 0.62 | 0.43 | PDS | 2.13 | 2.18 |

资料来源：Ananta, Arifin & Suryadinata, 2005：14, 22.

296　　　　DPR 持续面临结构和绩效上的弱点（包括内部能力薄弱、政治利益调解机构效能有限、党派制度不稳定等），这阻碍了它在民主治理方面充分发挥作用。新闻报道和分析经常指出，DPR 的立法业绩（包括立法的数量和质量）低下。2005 年仅通过了 12 项法律，国家立法计划（Prolegnas）预计将颁布 55 项新法律，但只通过了 4 项。[8]除了表现不佳外，对腐败、浪费和滥用的担忧也是 DPR 在维持公共关系和合法性方面所面临的另一个问题。这导致了议会作为一个机构未得到公众的广泛信任，这一点在透明国际 2006 年"全球腐败指数"中得到了证明，其排名与警察和司法机关一起垫底（其得分为 4.2 分，5 分为极度腐败，1 分为没有腐败）。[9]

## DPR 的内部组织

许多观察员和立法者确信，DPR 相对较差的表现主要是由于其机构能力水平低下。结构性弱点、管理和人力资源问题以及预算限制是这个立法机构面临的主要问题，长期以来人们并没有将其看成是一个自治的政府部门。可以说，DPR 还需要一段时间才能适应其新的角色，成为一个现代而有效的立法机构，准备面对民主政府的挑战——实现其宪法职能，进行有效立法，规划国家预算，提供有效的政府监督。

DPR 的内部组织包括议院领导层、党派重叠制度、部门委员会和跨部门委员会。所有这些都对 DPR 在预算程序中的作用和整体监督有一些影响。DPR 领导层代表 DPR 发挥代言人的角色，并担任 DPR 会议的协调人。但是，当 DPR 与其他国家机构或官僚机构相互作用时，领导层的作用在很大程度上是象征性的。在内部，领导层在立法决策的现行框架内至关重要。与大多数议会不同，DPR 的决策遵循一个复杂的共识制度而不是多数票原则（适用于出现僵局的情况）。DPR 领导层和委员会领导在确保达成共识方面发挥着重要作用。

此外，为了促进更顺畅地制定决策，各个政党被组织成不同派系。派系根据政党在 DPR 中的议席数目进行划分，DPR 成员必须与一个派别联系在一起。每个派别都必须拥有来自同一个政党的至少 13 名 DPR 成员。[10] 因此，在 DPR 中少于 13 名成员的政党必须加入另一个政党以组成一个达到 DPR 成员人数要求的派别。领导者是通过党内决策或各党之间达成的协议决定的。一个政党将通过受 DPR 议事规则支配的各个派别来提出其政治倡议。每个派系在各委员会、常务委员会、专门委员会和其他 DPR 权力工具中的代表数量都是按比例分配的。DPR 目前有 10 个派系。通常，在 DPR 各部门委员会和跨部门委员会中，代表的基础是派系而不是政党。虽然各派系正式代表了议会政党组织的关键结构，但各政党之间达成有效一致的激励依然薄弱。

DPR 被组织成一个部门委员会系统，以执行对各部门和行政机构的审查。每个 DPR 成员必须至少是一个委员会的成员。目前有 11 个委员会，与行政部门的数量保持一致。委员会是 DPR 内部的主要工作单元，其职能是详细讨论和修改法案草案。根据夏洛克的一项评估（Sherlock，2003）：

该委员会是强大的：它们有能力拒绝、延迟或促进提案并决定其内容；DPR 可以通过这一工具对总统、部长和政府机构行使正式的权威和实际的权力；它也经常通过听证会给政府出难题而成为一种塑造舆论的手段；通过对高管的委派产生影响进而影响政府政策的实际执行（第 12 页）。

每个委员会的领导层（一名主席和三名副主席）在委员会内以及在代表 DPR 其他机构的委员会时都发挥了重要作用（Sherlock，2007：16）。领导层可以安排会议和听证会，决定议程。此外，领导层可以决定小组委员会的组成和委员会在预算委员会中的代表性。委员会领导层定期会见议院领导层和协商委员会（Consensus Committee），介绍和安排新的法案。

此外，还有一些跨部门委员会旨在使决策过程更加顺畅，促进 DPR 派系之间达成共识。其中最强大的是协商委员会。协商委员会有几个职能：确定每个年度会议的议程（包括草案的优先次序和颁布的时间表）；向 DPR 领导层提供意见；在宪法的范围内与其他机构（政府、民主和民主力量）进行协商和协调。[11] 协商委员会在 DPR 的内部程序中起着至关重要的作用。据夏洛克（Sherlock, 2007a）介绍，"委员会的权力来自这样一个事实，即它是提案进入和调查请示的看门人"（第 14 页）。此外，在休会期间，领导层与各派领导层进行磋商后，可以派协商委员会代表 DPR 做出组织决定。另一个跨部门委员会是立法机构，旨在确保 DPR 履行其立法职责。[12] 起初立法机构仅限于处理立法的管理程序和技术方面，较少涉及法案的实质性方面。在 2001 年修订 DPR 议事规则之后，其权力变得更广泛，现在包括法案的主旨。该机构还负责起草立法计划，其中概述了每年的优先立法。因此，该机构对整个立法议程产生了重大影响。[13]

　　最后，预算委员会是预算决策过程的关键角色。委员会与政府对口人员共同对预算产生影响，通常是与经济事务协调部部长、财政部部长、国家发展规划部部长进行协调。2005 ~ 2006 年度，预算委员会由 83 名成员组成，代表约 10 个政党和 28 个选区。成员来自所有其他部门委员会。预算委员会的领导人由在 DPR 领导人领导的会议期间经委员选出的一名主席和三名副主席组成。下文将详细讨论预算委员会的具体作用。

## 议会和预算程序

　　适当的制衡制度，特别预算决策的制衡制度，是健全治理制度的重要支柱。如上所述，迅速的民主过渡过程使议会在曾经封闭的预算制度中占据了实质地位。此后，DPR 干预措施不断演变的性质一直是预算程序的一个显著特征。宪法和随后的立法确立了议会在预算程序中的重要作用。按照总统制的典型做法，DPR 有广泛的权力来修改预算，做出自己的收入和支出决定、监督和规范行政机关的自由裁量权。

　　印度尼西亚的一些观察家和大部分舆论认为，扩大立法权力可能已经走得过远，特别是与其他总统制国家不同，印度尼西亚总统对议会通过的立法没有正式否决权。事实上，一旦得到 DPR 核准并提交给总统，法案就必须在 30 天内由总统签字，或者自动成为法律。[14]但是，虽然行政机关没有正式的否决权，但宪法要求"每个法案将由 DPR 和总统讨论达成共同协议"。299因此，颁布法律的权力，包括年度预算法，由议会和总统分享（Sherlock，2007a）。

### 监管框架

预算程序的制度框架，包括 DPR 的作用、责任和权限，载于关于国家财政的第 17/2003 号法律中。立法权力涉及事前审议、批准执行预算，以及对预算执行情况的后期监督。在预算编制过程中，DPR 涉及三个阶段。

第一，在 5 月份，行政长官向议会提交政府工作计划（RKP）和财政框架。对这些文件进行审议并批准后，会对财政优先事项和预算的宏观经济框架达成一致。它们是预算主管人员为项目和部门制定预算时设定上限的基础。[15]

第二，在 6 月和 8 月期间，部门和机构的年度工作计划的初步讨论是直接在部门议会委员会和相应的支出部门之间进行的。[16]这项法律规定导致议会听证会和干预措施的次数和时间的增加。

第三，政府在 8 月份正式将议案草案提交议会进行辩论（第 17/2003 号"关于国家财政的法律"，第 15 条）。总统向全会提交国家预算案，然后在委员会一级审议详细的部长级工作计划和预算（提交给 DPR 作为国家预算法案草案的附件）。预算委员会的领导人向 DPR 全体会议通报第一轮审议的结果。然后各派提供其最终意见，预算法案将于 10 月（或在预算年度开始前至少两个月）颁布，以便为行政部门准备足够的预算执行文件的时间。

一旦通过预算，DPR 就有权力和责任对财政合规和成果进行监督。DPR 有许多手段可以从事事后监督。也许最重要的是 DPR 预算委员会监督和批准年中预算的修订。此外，关于国家财政的第 17/2003 号法律要求总统提交一份年度责任报告，概述政府的成就和表现，部门委员会有权召集部门报告执行方案的进展情况。最高审计委员会的审计报告也提交给 DPR 议会审议。然而，到目前为止，DPR 似乎主要关注预算编制，对事后监督的关注较少。尽管最高审计机关连续五年就行政机关的财政报告发表了否定声明，但议会方面却没有采取后续行动。因此，议会作为负责财政监督的公共机构的作用尚未得到有效的确立。

公共支出管理周期中各部门的责任见图21-1。

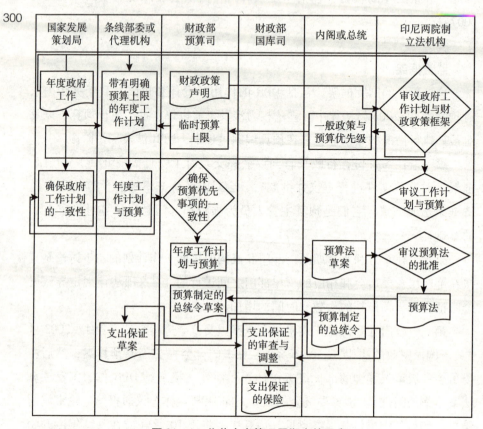

**图21-1 公共支出管理周期中的职责**

资料来源：Public Expenditure Review（2007），National Development Agency（Bappenas），World Bank staff，Government Regulation Number 21 on Budget Submission Documents（RKA-KL）.

### 专栏21-1 地方代表理事会在预算程序中的作用

2004年，印度尼西亚成立了地方代表理事会（Dewan Perwakilan Daerah，DPD）（上议院）。DPD的职能是在国家政治进程中代表地区的愿望，其成员是每个省直接选出的4名代表。虽然DPD的权力受到限制，但是宪法规定了DPD的如下权力：

1. 向DPR提出与区域自治有关的法案；中央和地区关系；地区的设

立、扩大和合并；管理自然资源和其他经济资源；与中央和地区之间的财政平衡相关的议案。

2. 参加有关上述事项议案的讨论，并向国民议会提供关于国家预算和税收、教育和宗教法案的咨询意见。

3. 监督执行上述第 1 段和第 2 段所述事项的法律，并将此类监督的结果以材料形式提交给 DPR 进行进一步审议。[17]　301

关于预算程序，DPD 的权力仅限于咨询。DPR 仅负责通过预算案和监督政府的执行情况。DPD 有权向 DPR 提供有关国家预算法案的建议，特别是对影响地区的事项，例如分配政府转移支付。此外，DPR 没有法定义务对 DPD 提出的问题采取行动。同样，DPD 有权监督预算执行，但由 DPR 对 DPD 调查的结果采取行动。

DPD 仍然表现出希望在预算程序中发挥强有力的作用，并寻求外部援助，以建立其有效的能力。[18] 例如，DPD 的预算委员会（第四委员会）审查了政府 2007 年的预算提案，在印度尼西亚西部、中部和东部举行了一系列公开听证会，并为财政部编写了一份书面报告。该报告载有 32 项建议，是在 40 多名国家媒体代表的一项特别的公共活动中发起的。印度尼西亚总统[19] 在与 DPD 的独立对话中认可了该报告的五条建议。

预算委员会报告的主要建议涉及宏观经济政策方向、财政政策（特别是中央和地区之间的财政平衡）、预算优先事项、预算执行方面的问题以及中央与地方政府之间的关系。在编写报告时，委员会利用了公开听证会、财政部、国家计划局、区域政府、领先的非政府组织及智库的数据和资料。此外，报告的最终（发布的）版本是一个分享过程的结果，其目的是使所有的 DPD 参与。两个较早的草案在特设委员会（PAH）IV 会议上进行了辩论，并得到了所有 32 名成员的意见。一旦批准，最终草案就分发给 DPD 的所有 128 名成员，他们有 5 个工作日的时间对其进行审查和提出修改意见，然后在全体会议上进行讨论，并达成一致（Datta, Handayani & Sirait, 2006）。

艾里斯（Ellis, 2007）指出："接受 DPD 建议……以及在 2006 年 DPD 战略计划中对监督赋予的责任表明，尽管受到限制，但 DPD 将能够为自己建立一个真正的角色。"

302　　**立法参与的演变——一些初步观察**

　　议会年度预算草案的审议和批准是在民主制度运作良好情况下预算审批和执行进程的基本特征。自 1999 年印度尼西亚举行第一次自由选举以来，行政—立法关系仍在不断发展，政府的两个分支部门都需要适应新的制度环境。虽然变革远没有完成，但是在政治环境和制度环境塑造这种关系的过程中，许多相互关联的特征脱颖而出。

　　首先，在目前的框架下，立法修正权力几乎是无限的。[20]第 17/2003 号法律规定，"DPR 可以就预算法案中规定的收入和支出数额做出修正"（第 15 条）。议会利用这一权力，多次提高行政机关提出的收入预测，以增加年度支出。例如，在审议 2007 年度预算草案期间，议会将总支出最高限额 230 万亿卢比修正为 256 万亿卢比。在 2006 年 8 月中旬，国家预算草案（ABPN）提交给议会之后，进一步向上修订了支出。在目前收入不断增加的财政环境中，这并没有影响行政人员对财政整合和减债的重视。然而，在财政紧缩的情况下，无限制的修正权力确实会加大风险。[21]在更加限制性的预算环境中，议员可能会选择增加赤字，以避免支出削减。许多国家选择实行对行政和立法机构具有约束力的规则，以减少这种风险。在印度尼西亚，第 17/2003 号法令第 12 条以及随后实施的条例加入了预防性条款，将最高赤字限定为 GDP（国内生产总值）的 3%，并将最高累积债务确定为 GDP 的 60%。

　　其次，目前的预算审议程序以及由此导致的体现在预算法和附件中的拨款结构允许在细节层面进行立法参与。向 DPR 提交全部部长级工作计划和预算以便进行审查的做法是专注于细节的原因之一。关于国家财政的第 17/2003 号法律第 15 条规定，DPR 的预算拨款应根据组织单位、职能、项目、活动和支出类别进行分类。目前约有 130 个项目，按地点详细划分为 19945 个支出单位（satker），每个支出单位都有详细的项目预算。据称，DPR 可以并且经常改变执行预算提案中提出的支出拨款的具体项目。

　　这种细致的拨款方式在总统制下并不罕见。约翰·胡伯和查尔斯·希潘（John Huber & Charles Shipan，2002）注意到立法机构与总统制下行政部门

303 之间更加明显的权力分立和政策冲突分歧，为制定更详细而不是灵活的一般

性立法方法创造了激励，尤其是对预算拨款。此外，细节层面的立法参与为议会成员遵循其政治倾向以利用预算决策为其选区（可能由地理区域或其他共同利益界定）服务创造了机会，如通过对特定地区的定向支出[22]。据称个别成员滥用了其对详细支出项目的权力，以获得租金（见专栏 21 - 2）。

### 专栏 21 - 2 预算出售：预算经纪人的角色

据称，预算程序的立法参与虽然旨在代表广泛的社会利益，但已经部分代表既得利益。受人尊敬的新闻杂志 *Tempo* 的报道揭露了 DPR 预算"经纪人"的做法。经纪人通常是为 DPR 工作的人员或与其关系密切的合伙人，甚至是 DPR 成员本人，在谈到由 DPR 预算委员会批准预算时，他们会协助达成特定的交易。通常，这些人根据合同价值获得佣金。

例如，2005 年预算年度的一起案例显示，如果有预算经纪人参与，地方政府用于住房和区域基础设施部的灾后恢复和重建项目的预算请求更容易获得批准。根据 *Tempo* 的调查，获得 DPR 核准方案的"费用"约占项目总价值的 4%。那些预算超过要求的原始数额的人将被收取更高的佣金。补充预算特别容易发生这种腐败活动，因为地方政府可以在没有经过竞争性招标程序的情况下授予合同。与地方政府勾结的潜在项目承包商是预算经纪人的忠实"客户"。然而，这种做法似乎并不局限于补充资金。其他报告也描述了 DPR 对政府间转移授权的类似做法，其中最突出的是特别拨款基金（DAK），这些拨款基金大部分由 DPR 预算委员会参与的相当随意的程序进行分配。据 *Tempo* 报道，特定 DAK 拨款的预算审批费用为 15%。

资料来源：*Tempo*（2005a，2005b）。

这些详细的审议工作不仅消耗了行政和立法机构相当多的时间和资源，而且也可能损害立法机构的参与质量。虽然议会作为一个机构有强烈的兴趣，以确保总体支出优先事项在预算中得到反映，并维持财政稳定，但个别成员对详细项目的关注可能会转移其对预算中综合变量的关注。鉴于目前的做法中存在的既得利益，改变目前的拨款结构在政治上具有挑战性。印度尼西亚正在实施一项雄心勃勃的计划，使其公共财务管理系统现代化，以支持更透明、更负责任、更有效的资源分配决策流程和可持续发展政策。这些改革包括迈向基于结果的预算制和中期视角的财政政策设计。在引入绩效导向的预算制度时，非常重要的第一步就是简化预算拨款结构。在其他国家，这通常是通过向议会提出一个预算，其中每个部门只有少数预算方案（或结果）。在政治上，这将要求 DPR 同意这种改变，并在详细控制和行政方面可能强化的结果和责任之间进行权衡取舍。

最后，议会的内部审议和批准程序不够集中。哈根（Jürgen von Hagen，2005）强调了在立法机构中加强预算决定集中化的重要性，以确保对预算审议采取有纪律的做法。例如，20 世纪 90 年代通过的《美国预算执行法》（U. S. Budget Enforcement Act）改革了国会程序，以执行国会预算批准的纪律。在印度尼西亚，一些观察家指出，议会内部程序仍在不断发展。例如，夏洛克（Sherlock，2003）指出，各委员会人数众多（平均为 60 多人），委员会由于缺席、成员忙于多个议程、目标不明确的委员会会议、难以制定决策，以及讨论、辩论和质疑的质量低下，都使得立法过程的效率很低。

至于预算的审议，预算委员会是重点委员会。预算委员会的主要作用是协调审查和核准预算草案与预算责任报告。它是财政部的主要对口单位，在为讨论全面预算的全体会议提供咨询方面发挥了关键作用。然而，目前每个部门的预算请求必须得到负责监督该部门的部门委员会的批准，部门委员会并不总是在 DPR 10 月份通过总体预算之前完成对详细预算的审查。在这种情况下，预算的相应部分将被阻止，预算不能实施，也就是在相关的议会委员会批准之前不能进行支出。例如，在 2007 年度的预算中，农业委员会2007 年 2 月中旬尚未批准农业部的详细预算。

而且，政党体系分裂和党纪薄弱，对个体成员服从集体利益只会产生微弱的激励。DPR 中有 24 个政党（2007 年），几个派系代表议会的 11 个委员会，达成具有约束力的共识往往十分困难。事实上，体现在 DPR 中的会员的分散、相互矛盾的利益，加上详细的拨款方法，使得 DPR 在与行政部门共同进行审议时难以达成一致。

305　　　　鉴于其责任重大和所涉问题的复杂性，议会需要培养足够的能力以做出合理判断和决策。一些国家成立了无党派的预算办公室，以便在筹备预算方案时向议会提供公正的协助。[23]虽然预算委员会招聘了几名技术人员来协助开展分析工作，但与其他总统制国家的政府相比，它对 DPR 的技术支持仍然相当有限。

## 结论

苏哈托总统 1998 年下台之后的政治改革引发了宪法改革，从而改变了印度尼西亚国家的运行方式。与所有现代民主国家一样，代议制政府得以确立：（1）为社会中个人和群体的偏好提供制度性渠道；（2）确保这些偏好在政策决策中得到反映。这就意味着将钱袋子的立法权力制度化，可以说是任何现代民主制度的主要特征之一。

在预算程序中调整民主制衡是一个复杂的过程，直接受到更广泛的宪法设计和政治制度的影响。DPR 在总统制下拥有广泛的权力范围来修改预算、做出自己的收入和支出决定、监督和规范行政机关的酌处权。可以说，立法权力的扩大并不是没有潜在的冲突，特别是因为与其他总统制不同，印度尼西亚总统没有对立法的正式否决权，包括利用议会通过的预算法案来对抗立法权。虽然这在过去几年没有导致与预算的重大政策冲突，但行政机构或立法机构似乎都对立法领域的行政—立法的相互作用不完全满意。

在当前预算的编制过程中，过度细化的立法参与，以及由此导致的体现在预算法律及其附件中的拨款结构，深刻地影响着立法干预的质量。这些详细的审议不仅在行政和立法方面消耗了相当多的时间和资源，而且成员对项目细节的关注可能会造成对预算中更多的总体支出优先事项注意不够。改变目前的拨款结构在政治上具有挑战性，且还要求 DPR 同意这种变化，并在详细控制和行政方面可能强化的结果和责任之间进行权衡取舍。

内部审议似乎不够集中。DPR 正在对自己的内部经营安排进行预算审查、决策和核准。操作程序应旨在确保所有议会委员会，包括部门委员会都集中精力，全面及时地进行与年度预算法有关的讨论。

DPR 需要开发其能力，以审查和批准行政建议。虽然预算委员会招聘了一些技术人员来协助开展分析工作，但对 DPR 的技术支持仍然有限。未来，DPR 不妨考虑建立一个独立的议会预算办公室。

附表 21 - 1　　　　　DPR 部门委员会及其在政府中的对口单位

| 委员会 | 负责的议题 | 政府部门和/或国家、政府机构 |
|---|---|---|
| I | 国防、外交、信息 | 外交部、国防部、信息与通信部，国防部研究院、国家情报局 |
| II | 国内事务、区域自治、国家机构、土地问题 | 内政部、行政改革部、国家土地局、国务秘书、议会秘书、国家公务员事务局 |
| III | 法律和立法、人权、安全 | 法律与人权部、监察部、国家警察署、腐败消除委员会、司法委员会 |
| IV | 农业、林业、渔业、海产品 | 农业部、林业部、海洋与渔业部、物流事务局、国家海洋局 |
| V | 交通、通信、公共工程、人民住房、农村发展、欠发达地区 | 公共工程部、交通部、人民住房部、国家落后地区部 |
| VI | 工业、贸易、合作社/中小企业、国有企业、投资、国家标准化 | 工业部、贸易部、国家合作与中小企业部、国有企业部、投资协调机构 |
| VII | 能源、矿产、研究与科技、环境 | 能源、自然资源和矿产部、国家研究与技术部、国家环境部 |
| VIII | 宗教、社会问题、女性赋权 | 宗教部、社会事务部、国家妇女权利部 |
| IX | 人口、健康、劳工、移民 | 卫生部、劳工部 |
| X | 教育、青年、体育、旅游、艺术与文化 | 教育部、国家青年和体育部、国家文化和旅游部 |
| XI | 财政、国家规划、非银行金融机构 | 财政部、国家发展规划部、印度尼西亚中央银行 |

资料来源：法律与政策研究中心（Center for Law and Policy Study，PSHK）在印度尼西亚议会网站（http://www.parlemenen.net）上的页面，以及 DPR 官方网站（http://www.dpr.go.id）。

## 注释

作者分别在世界银行雅加达办事处担任治理顾问和公共财务管理专家。本文所表达的观点仅仅是作者的观点，不代表世界银行。作者要感谢苏加诺·威罗卡托诺（Soekarno Wirokartono）、弗兰克·弗纳（Frank Feulner）、史蒂芬·夏洛克（Stephen Sherlock）、里克·斯塔彭赫斯特（Rick Stapenhurst）和丽萨·冯·特拉普（Lisa von Trapp）对本章早期版本的评论。

307　　　1. 在苏哈托统治期间（1968～1998 年），MPR 还制定了国家政策的大纲（GBHN），旨在使其成为指导下一阶段包括 DPR（下议院）在内的所有国家机关活动的一般原则。MPR 由 DPR 成员、地区和民间社会团体代表及活跃的军官组成。

2. 旨在将各种社会群体纳入基于"共识"的和谐组织，到 1969 年，代表公务员、工人、学生、妇女、知识分子和其他团体的 270 个协会加入专业集团联合秘书处。

3. 在 1971 年、1977 年和 1982 年的大选中，专业集团联合秘书处分别赢得了 62.8 分、62.1 分和 64.3% 的选票（King，2003）。

4. 正式地讲，必须有总统违反法律的证明，弹劾才是合法的。如果宪法法院规定了这种情况，DPR 可以向 MPR 提交动议 [由 128 个 DPD（上院）成员和 550 名 DPR 成员组成，必须有 2/3 的 MPR 批准该举措（Sherlock，2007a：7）]。实际上，总统唯一一次被弹劾发生在 2001 年，当时与 DPR 的政治分歧最终迫使瓦希德总统离职。那时弹劾权受到的限制比最近第三次宪法修正案要少。

5. 重要的是要注意到，20 世纪 90 年代后期的宪法修正案遵循前苏哈托时期的国家架构，最初建立了议会制，总统和副总统由议会间接选举产生。这只是随着监管框架的修订而发生变化，即根据关于政党的第 31/2002 号法律、关于大选的第 12/2003 号法律和第 22/2003 号法律，这些法律规定了直选总统。第一次直选总统选举于 2004 年举行。

6. 政治活动重要性的早期表现是 MPR 中的总统选举。虽然 PDI－P 党控制了议会席位的 1/3，但在总统选举方面却没有成功。梅加瓦蒂·苏卡诺普特丽（Megawati Sukarnoputri）在 MPR 的总统大选中输给了来自 PKB 党的阿卜杜勒拉赫曼·瓦希德（Abdurrahman Wahid），他们出色地操纵了所谓的中轴集团的支持。

7. 应该指出，印度尼西亚的党派制度是沿着伊斯兰和民族主义政党的广泛意识形态划分界定的。

8. 国家立法计划由 DPR 优先立法清单组成。

9. 透明国际 1996 年全球腐败指数反映了对 62 个低收入、中等收入和高收入国家中 59661 人的调查结果。http：//www.transparency.org/policy_research/survey_indices/gcb/2006。

10. 来自 DPR 的官方网站，新闻部的"Fraksi/Faction"。http：//www.dpr.go.id。

11. Pasaribu, Reny Rawasita. DPR's Instruments of Power. In Center for Law and Policy Study（PSHK）. 见印度尼西亚议会网站（http：//www. parlemen. net）上法律与政策研究中心（PSHK）的页面。

12. 有一个限制，立法机构的成员不能是国内委员会或议会间合作委员会的领导和成员。

13. 第 10/2004 号法令第 16 条，关于起草法律法规。

14. DPR 议事规则第 17 章第 123 条，关于颁布法律。

308

15. 关于国家财政的第 17/2003 号法律（第 13 条）、关于国家发展规划制度的第 25/2004 号法律（第 25 条）和关于国家财政的第 17/2003 号法律（第 12 条）规定，预算编制应以政府工作计划为依据。

16. 关于国家财政的第 17/2003 号法第 14 条。

17. 1945 年《印度尼西亚共和国宪法》（作者的翻译）第 22D 条。从夏洛克的论文（Sherlock，2005）中获得。

18. 国际民主和选举援助研究所（IDEA）、世界银行研究所和澳大利亚参议院也支持 DPD 能力建设。

19. 另一个迹象表明，DPD 可能在这方面会产生影响，《雅加达邮报》报道说："星期三的会议解决了 DPD 与众议院之间的争论。DPD 想要单独听取总统的年度预算演讲……议院想要举行联合会议。"SBY［Susilo Bambang Yudhuyono］Speech to Highlight Regions. Jakarta Post，August 23，2006.

20. 再次强调，这是总统制的典型特征。例如，美国国会有无限制的预算修正权力。然而，根据 1974 年《国会预算法案》，国会预算委员会在通过国会的联邦年度拨款法案之前，会先通过预算决议案，其中列出了需要特别注意的财政总体信息。

21. 例如，对于 2006 年预算来说，预算委员会的工作假设中央政府的赤字目标是 GDP 的 1.2%。

22. 对于美国的情况，人们已经从理论上和经验上对按地理划分的选区代表的政治拨款进行了广泛的讨论。温格拉、夏普斯尔和约翰逊（Weingle，Shepsle & Johnson，1981）提供了一篇全面的论文，证明了个体成员对国家出资、使目标地区获益的支出项目感兴趣。

23. 例如，在美国，国会预算局（CBO）通过编写报告和分析来协助国会，特别是众议院和参议院预算委员会。根据 CBO 提供客观公正分析的义务相一致，CBO 的报告不包含政策建议。

## 参考文献

Ananta, Aris, Evi Nurfidya Arifin, and Leo Suryadinata. 2005. *Emerging Democracy in Indonesia*. Singapore: Institute for Southeast Asian Studies (ISEAS).

Datta, Indraneel, Aprilliana Handayani, and Ningrum Sirait. 2006. "Design and Launch of Indonesia's DPD RI's Recommendations Report on the 2007 State Budget." Washington, DC: World Bank Institute.

Ellis, Andrew. 2007. "Indonesia's Constitutional Change Revisited." In *Indonesia: Democracy and the Promise of Good Governance*, ed. Ross H. McLeod and Andrew MacIntyre. Singapore: ISEAS.

Huber, John, and Charles Shipan. 2002. *Deliberative Discretion: The Institutional Foundations of Bureaucratic Autonomy*. Cambridge, UK: Cambridge University Press.

IFES (International Foundation for Electoral Systems). 2003. *Some Questions About the Electoral System for the 2004 Indonesian General Elections Answered*. Jakarta: IFES.

King, Dwight Y. 2003. *Half Hearted Reform—Electoral Institutions and the Struggle for Democracy in Indonesia*. Westport, CT and London: Praeger.

Schneier, Edward. 2005. *The Role of Constitution – Building Process in Democratization: Case Study Indonesia*. Stockholm: International IDEA (Institute for Democracy and Electoral Assistance).

Sherlock, Stephen. 2003. *Struggling to Change: The Indonesian Parliament in an Era of Reformasi: A Report in the Structure and Operation of Dewan Perwakilan Rakyat (DPR)*. Canberra: Center for Democratic Institutions.

———. 2005. "The Role and Future of the Indonesian House of Regional Representatives (DPD): The Experience of Other Second Chambers." Report prepared for the World Bank Institute, Washington, DC.

———. 2007a. *The Indonesia Parliament after Two Elections: What Has Re-*

*ally Changed*? Canberra: Center for Democratic Institutions.

————. 2007b. "Parliamentary Indicators Indonesia: DPR (House of Repre-
sentatives) and DPD (House of Regional Representatives)." Report prepared for
the World Bank Institute, Washington, DC.

Tempo. 2005a. "Budget Brokers Uncovered in Senayan." (English ed. ) 03/
VI/September 20 – 26.

Tempo. 2005b. "The House's Mercenary Middlemen." (English ed. ) 02/VI/
September 13 – 19.

von Hagen, Jürgen. 2005. "Budgeting Institutions and Public Spending," In
Fiscal Management. ed. A. A. Shah. Washington, DC: World Bank.

Weingast, Barry R. , Kenneth A. Shepsle, and Christopher Johnson. 1981.
"The Political Economy of Benefits and Costs: A Neo – Classical Approach to Dis-
tributive Politics." *Journal of Political Economy* 89 (41).

# 第 22 章
# 乌干达议会财政预算案和议会预算委员会的建立

比阿特丽斯·比让吉·基拉索
(Hon. Beatrice Birungi Kiraso)

乌干达议会预算办公室是根据 2001 年 2 月 27 日的议会法案设立的。它 <sup>311</sup> 于 2001 年 7 月 1 日生效，当时总统同意了这项法案。该法案的目标是"规定和规范有系统、有效的预算案的预算程序以及与之相关的其他事项"。

这项法案是由当时财政、规划和经济发展委员会与国民经济委员会主席比阿特丽斯·基拉索（Beatrice Kiraso）和伊萨克·穆苏姆巴（Isaac Musumba）分别发起的私人成员法案。该法案由财政、规划和经济发展委员会审查和修订，以便明确禁止各利益相关方参与预算制定和执行过程的责任和期限。

在《预算法》颁布之前，议会在预算编制过程中没有发挥积极作用；然而，议会将按照 1995 年《乌干达共和国宪法》第 155 条和第 156 条的规定批准预算。

正是通过参加议会能力建设研讨会和会议，主席们才开始认为议会需要在整个预算程序中发挥更积极的作用。显而易见的是，议会只是一个"橡皮图章"，向议会提交的有关预算相关事宜的资料不足。议员对于地方资源收入、外资以预算支持或项目融资的形式流入、国家支出优先领域和宏观经济统计等问题一直不了解。

议员原则上同意下面的观点：作为人民代表，只要他们更负责、更有效地履行监督职能，预算就是对国家经济和社会发展政策起到重要作用的最重要的手段之一。另外，行政部门抵制议会参与度的提高，并拒绝提供更多、<sup>312</sup>

更准确的信息。由于这个原因，法案面临强烈的反对。

而通常情况下，第一次到第二次审议通常需要三个星期的时间，预算案从第一次通过之时起，已经有 8 个月了。乌干达宪法第 93 条规定，议会不得对统一基金（consolidated fund）提出收费的动议（包括修正）。预算办公室和预算委员会的预算被列入预算案中，它们需要额外的资金，因而要对统一基金征收费用。政府以此为借口拒绝了这项法案。政府（由财政部部长领导）和议会（由两个委员会的主席领导）经过几个月的谈判，政府同意将该法案作为政府法案重新提交。然而，这并没有成为现实，因为政府显然不赞成议会审查预算。议会增加预算审查的要求被描述为干涉行政机关工作，以及滥用宪法规定的权力分立。

在对其他成员进行了大约两个月的游说并使他们意识到议会加强预算审计的必要性后，议会成员之间逐步达成一致。他们一致认为，尽管宪法第 93 条有规定，但普通议员的提案应该被重新提出，不管政府是否同意，议会都应该通过。毕竟宪法明确规定，如果由于某种原因，总统拒绝同意一项法案，而议会中的多数同意，则它应该自动成为法律。

这项法案是由国民经济委员会主席伊萨克·穆苏姆巴（Isaac Musumba），财政、规划和经济发展委员会主席比阿特丽斯·基拉索（Beatrice Kiraso）重新提出。这两个委员会共同合作完成了议案，并经议长同意进行了第二次审议，于 2001 年 2 月以绝对多数通过。

## 乌干达议会结构与新预算委员会

在 2005 年 9 月乌干达修改宪法从而转向政治多元主义之前，乌干达一直是由"运动型"制度统治的，即领导人凭借个人优点当选。所以议会没有政府或反对党，没有多数或少数。如果能够强化或使作为一个机构的议会从中获益，那么议员就很容易支持一种对议会有利的立场而反对行政机构的观点。政府处于弱势的地位，无法让议员站在自己这一边。与世界各地的大多数议会一样，乌干达议会从其成员中选出一名议长和副议长。他们都是无党派人士。因此可以推测，议长和副议长是根据他们的资格、胜任力以及为议会利益服务的能力选举出来的。

313

虽然议会中有少数人认为自己是反对派——主要是因为他们偏好多党制而不是"运动型"制度——但大多数议会成员以无党派、独立和客观的方式行事。这种情况使得议会能够客观地看待制定预算法案的必要性，并且使政府在预算编制和执行方面向议会负责。

此外，与大多数议会一样，为了有效履行其职能，议会通过各个委员会进行运作。这些委员会做了大部分的细节工作，起草报告供全体议员辩论和采纳。乌干达议会议事规则允许成立以下委员会：常务委员会（如公共账目委员会、议会规则和特权委员会、总统任用批准委员会），由它们处理跨领域问题；会议委员会，负责监督政府各部委和部门；特设委员会。常务委员会的会员资格在每届议会任期内持续有效，即五年；会议委员会是在每一届会议期间组成，时间为一年。预算法下的这些会议委员会负责审查各部委的预算，并向预算委员会报告（议员不能属于多个常务委员会或多个会议委员会，但可以同时在其中任何一个任职）。

预算法案允许成立预算委员会，这是一个常务委员会。与其他委员会的区别在于，其他委员会是由"议事规则"创建的，而预算委员会是由议会法案创建的。预算委员会的另一个重要方面是，其他委员会（常设委员会和会议委员会）的所有主席都是预算委员会的成员。这使得委员会成员更容易从其他委员会收到有关预算相关事宜的报告。理所当然的委员资格还使预算委员会能够更全面地了解国家预算以及在各个部门正在执行的政府项目和活动。预算法案第 19（1）~（2）条规定了预算委员会的主要职能。

## 议会预算办公室

议会预算办公室（PBO）是基于预算法案第 20 条和第 21 条设立的。该办公室由一名主任领导，成员包括在宏观经济学、数据分析、财政政策和税收政策方面具有专业知识的经济学家。最初的部门结构提供了 11 个职位，但由于对 PBO 服务的需求很大，后来增加到 20 多名专家。随着新的政治制度的建立，预计对 PBO 服务的需求将会进一步增加，有必要填补由于预算约束造成的任何职位空缺。PBO 的结构见本章附图 1。

政府对预算法案以及预算办公室和预算委员会的抵制即使在预算法通过 314

之后仍持续存在。此次，议会还通过了议会管理法案，允许它管理自己的预算，财政部根据核准的活动发放议会所需的资金。但是，预算约束的借口影响了 PBO 的建立和运行。2001 年大选后，第七届议会成立；在第六届议会中提出预算法案的基拉索（Kiraso）当选为预算委员会第一任主席。委员会迫切希望开展工作。主席向美国国际开发署（U. S. Agency for International Development，USAID）寻求协助，当时国际开发署正在为议会进行一个能力建设项目。协助建立 PBO 的特殊要求被分享给其他捐助机构。美国国际开发署、英国国际开发部（DFID）、德国技术合作署（GTZ）、欧盟（EU）、世界银行和北美航空航天防御司令部（NORAD）均以捐赠家具、计算机和软件、文件柜和其他设备以及启动资金的形式提供援助。在不到一年的时间里，议会委员会就开始大做宣传并为议会预算办公室招募员工。

后来，议会委员会坚持要把为议会服务部门提供的支持转移到一个篮子里，而预算官员需要在现有就业结构中进行安置。因此，他们不能从议会预算以外的资金中受益。由于工作量很大，有些人拒绝接受议会提供的薪水而选择离开。总而言之，PBO 吸引了其他组织的高素质人才，后者可以承担新毕业生的培训工作。初期被吸引的人员所在的组织包括财政部（预算部门）、乌干达税务局、中央银行和乌干达统计局。

PBO 一直是（并将继续是）无党派的、客观的，并高度致力于预算法第 21 节规定的职能。与议会委员会的互动程度、信息分析质量以及定期（通常为每季度一次）的预算执行情况报告每年都有所改善。PBO 进行的定期分析包括地方收入、外资流入、支出和经济指标，下面一一进行论述。

### 地方收入

乌干达税务局必须向预算委员会和预算办公室提交每月执行情况报告。预算办公室分析这些资料，并向预算委员会报告。这些报告会说明税收是否达标、目标是否正确或者可以做得更好、税收收入是不足还是过多，以及导致这些问题的可能的原因。

如果预算委员会确定有重要的事情需要进一步分析，那么它将要求财政、规划和经济发展委员会做出回应，这个机构主要监督财政部，乌干达税务局是其下属机构。预算办公室的税收政策专家随后将与会议委员会共同为议院编制一份报告和建议。

PBO 向议会提出了不同的扩大税基的方法，如引入财产税。乌干达税务局自 2004/2005 预算年度以来一直试图实施财产税。PBO 还找出了一些减税能够增加消费从而提高收入的领域。它还提出了税务教育方法以加强税收管理。

### 外资流入

预算法案第 13 节要求总统在提交年度预算时向国会提交有关国家总债务的资料。

预算办公室站在议会的立场上审查提交给预算委员会的报告，指出需要议会予以关注和讨论的问题。宪法第 159 条第（1）款允许政府从任何来源借款，但第 159 条第（2）款赋予国会批准任何贷款或担保的权力。直到最近，仍有高达约 50% 的国家预算是外部提供融资的，尽管在 2004/2005 财政年度这一百分比已经降至约 42%。任何偏离预算的外资支出都会扭曲预算。PBO 监测和报告多边和双边捐助方的这种支付情况，以指出可能出现的短缺，这将要求政府重新确定其支出的优先次序。

PBO 大大提高了相关委员会了解政府与捐助者之间贷款协议的能力，议会不再自动批准贷款。议会现在可以质疑甚至要求政府重新谈判被认定为不利的条款。

### 支出

预算法案第 6 节要求每个部长在每个财政年度的 6 月 30 日之前向议会提交政策声明。该声明应反映在该财政年度为该部门拨出的资金中，并说明实际发放的数量及用途。

然后，PBO 将缺口（在一些部委称为补充资金）与预算执行情况进行对照，如果存在差异，则通知预算委员会。PBO 也开发了一些模块——这些模块仍然很简单——供委员会用于监控其所监督部门的绩效。根据法律规定，各部门必须提交年度政策声明，PBO 根据从财政部门以及其他部门收集的信息，制定季度预算执行情况报告。这使得议会能够全年跟踪一般预算执行情况和特定部门业绩。

### 经济指标

PBO 可以随时提供一份关于经济表现的独立报告（独立于行政机构）。自从 PBO 成立以来，议会一直能够遵循宏观经济政策的指示，获取关于贫困趋势的独立信息，并核实政府提供的经济增长数据。议会现在可以在掌握大量信息的条件下讨论社会经济发展趋势，按照预算法案第 2 节的要求，分析影响国家预算和经济的计划与政策问题，并在必要时向政府提供其他可行的建议。

在与预算和经济相关的问题上，在每个财政年度结束时，PBO 将议会对政府的建议记录在案，政府需要做出回应，说明他们没有采纳的建议，并向议会做出解释。这一程序大大提高了议会监督的质量，并加强了政府的问责制，从而加强了议员对选民的责任。

## 预算周期

根据宪法第 155 条第（1）款，乌干达预算应在不晚于财政年度开始前的第 15 天准备好并提交给议会。财政年度从 7 月 1 日开始。宪法第 155 条还要求总统向议会提交下列事项的准备工作：

- 财政和货币计划、经济和社会发展计划，涵盖期限超过一年。
- 对超过一年的收支进行估计。

接下来，议会应对预算进行辩论和批准。在批准预算之前，宪法允许总统授权从统一基金账户中支出资金，以支付执行政府服务最多 4 个月所需的支出。该授权也得到了议会的认可，约占该财政年度总预算的 1/3。

317　　在通过预算法案之前，议会将在每个财政年度的 6 月 15 日左右收到提交的预算。各委员会随后将审查各自所管辖部委的政策声明，并向议会提交完整的报告，在 10 月底前通过预算。同时，政府花费的拨款是一种临时拨款。2001 年，预算法案生效后，议会通过制定下一财政年度和未来三年的支出优先顺序而更多地参与这一过程。三年的优先事项表明政府拥有中期支出框架方案，而这一方案来自长期的"消除贫困行动计划"。

能够证明在 PBO 的协助下议会进行更深入参与的最重要的变化如下：

1. 2001 年之前，议会在预算审阅时收到预算数据，预算法案第 4 条第（2）款现在要求总统（由财政部代表）编制具有指示性的下一财政年度政府的初步收入和支出框架，并在每个财政年度的 4 月 1 日之前提交给议会。然后，发言人就会将这些指示性数字发送给预算委员会和所有会议委员会。会议委员会审议、讨论和审查指示性的数字并编写报告，这些报告将在 4 月 25 日之前提交给预算委员会。会议委员会在审查指示性数字时，每个委员会都将配备 PBO 的经济学家，以指导和协助指出这些数字的重要性以及与以前批准的政策之间的差异。

随后，会议委员会能够选择同意或不同意在该年度预算中已经分配资金的活动和方案，或建议重新分配（在给予各部门的最高限额内）。

在其他委员会主席都参加的预算委员会层级，要审议 10 个会议委员会的报告，通常以协商一致的方式通过或拒绝建议。跨部门的重新分配建议是在这个层次上向政府提出的。所有这些关于政策问题的建议和意见都写入一份综合报告中，这份报告仍然是在 PBO 的协助下由预算委员会起草并提交给议长。议长必须在 5 月 15 日之前将其转交给总统。在提交后与最终批准预算之间的时期内（大约一个月），允许行政部门将议会的建议和愿望纳入预算。如果行政部门对一些建议持强烈的保留意见，这 1 个月的时间为政府的两个机构提供了讨论并最终达成一致的机会。

2. 宪法要求总统向议会提交财政和货币方案以及超过一年的收支估计。实际上，总统只提交一年的计划和预算。随着预算法案的生效，这一做法发生了变化，因为这一法案，特别是第 4 条第（1）款，强调了宪法中的这一要求。因此，议会现在不仅能够收到年度估计数，还能收到连续三年的估计数。预算委员会在 PBO 专家审查的协助下向议会报告，指出未来三年的不一致之处、政策的变化及其理由（或缺乏理由）以及收入和支出预测。议员们现在可以更具权威性地告知其选民政府规划何时开始实施。

3. 以前在预算通过之前的任何时间都可以提交的政策声明现在都要在 6 月 30 日前提交（预算法案第 1 节）。这使得会议委员会有足够的时间对其进行审查，并作为拨款工作的一部分向议会提出报告。同样，每个会议委员会在审议政策声明时都会配备 PBO 的专业人员。预算法案第 6 条第（2）款要求这些政策声明体现"物有所值"（value of money）和目标对象的实现程度。政策声明的标准化由 PBO 与财政部一起完成，并经预算委员会批准。

4. 人们认识到有一些立法规定在财政年度通过时会扭曲预算，如那些执行起来需要大量资金且以前没有制定预算的法案和动议。预算法案第 10 条现在要求在议会提交的每一项法案中都要附有指示性的财务影响（如果有的话）。财务影响的证明与第一次审查的法案一并提交给相关的会议委员会。委员会借助 PBO 的专业知识来验证这些证明材料的准确性，并就该财政年度对预算的影响提供建议。议会现在可以将提案推迟到另一个财政年度，然后将其影响纳入中期支出框架。

5. 预算法案第 11 节规定议会应该分析影响国家预算和经济的计划与政策问题，并在必要时向政府推荐替代方案。如果没有 PBO 每季度编制经济业绩报告的协助，议会将无法做到这一点。如上所述，这些包括与收支有关的问题。

6. 宪法规定可以在议会已经批准的资金之外进行支出。在预算法案生效之前，这些支出可能高达初始预算的 20%。预算法案第 12 节讨论了这种扭曲。PBO 可以协助预算委员会分析这些数字，以确保补充支出在法律允许的 3% 以内。同时 PBO 也与各部委保持联系，以确保预算执行得到议会的批准。议会现在可以收到有关部委内部和各部门之间重新分配的报告。这种及时的信息使议会能够了解预算纪律。

7. PBO 审查总统关于国家债务总额的报告。然后，它会为预算委员会编制一份更加简单明了和易于理解的分析报告，而预算委员会又会向议会提交一份报告。乌干达议会预算办公室在执行上述工作时要履行其重要职能，即：

- 提供经济预测。
- 形成基线估计。
- 协助分析国家预算。
- 帮助议会分析中期支出框架。

在发现可供选择的政策方法方面，PBO 一直是一个重要的参与者，它还向相关委员会提供一些模块，特别是关于税收的模块。该单位的无党派导向和专业性使其能够履行上述职能，使议会和行政部门感到满意。行政部门现在承认并欣赏议会能够平等对待预算问题。

### 成功之处

在 PBO 的协助下，预算程序已经不那样神秘。以前因专业、困难甚至无聊而被忽视的领域（因为它只与数字打交道），现在已经变得可以接近、有趣和易于理解。议会内外对预算的讨论变得更加活跃。

预算法案中关于如何处理预算的严格措施有助于使预算制定和执行更加透明化。由于所有议会委员会会议对新闻界和公众开放，所以大多数人都了解与预算有关的问题。

议员作为人民代表参与，提高了预算的可信度。人们的主人翁意识更强了。其他利益相关方，如公民社会组织和捐助共同体虽然在法案中没有被提及，但却能够在预算讨论阶段与委员会进行互动。事实上，受到税收措施影响的制造商、出口商、农民等利益集团由议会负责处理，因为议会更加理解它们面对的问题。

预算法案的最后期限加强了准备和执行预算的纪律。虽然起初有来自行政部门的阻力，但现在议员对他们自己和其他部门的角色和时间框架都感到满意。政府合规性有所改善，责任得到提升。

议会能够迅速对问题做出回应，因为信息流动更加顺畅、监管更加严格。为了防止出错，政府在执行预算方面变得更加警惕。捐助者在这个过程中似乎比以往任何时候都更加有信心，而当议会被纳入利益相关方之后，这种情况就体现在持续咨询的过程之中。

议会现在能够参与公共支出审查会议和制定减贫方案。总而言之，预算法案大大改善了行政部门与议会之间的权责。

### 面临的挑战

PBO 在履行上述职责时遇到了一些挑战。主要挑战如下：

1. 信息。在议会委员会坚持将所有资金作为一篮子资金纳入议会监督之前，预算委员会和 PBO 已经计算出将重要的中心用信息技术连接起来（PBO 可以更容易、快速地从这些中心获得与预算相关的信息）所需的成本。但这一目标没有实现，因为除了加强预算办公室之外，议会还有其他要求。PBO 因此依赖其他中心（如财政部、乌干达银行和乌干达统计局）提供的资料，但无法对收到的资料进行核查。有时提供给 PBO 的信息不足、不准确，甚至不及时。

2. 部门的结构。自从 PBO 改变结构以接收更多的办公人员以来，由于预算的限制，一些职位持续空缺。因此，现有的工作人员工作量很大，工作时间很长，特别是在预算审查期间。

3. 合作。虽然与政府部门的合作普遍得到改善，但有些部门或故意或无力向 PBO 提供协助议会制定全面报告所需的资料。总理（政府事务的负责人）在说服各部门提供信息方面特别合作，但仍有些部门不愿意提供。

4. 歧视和官僚主义。令人惊讶的是，PBO 在一定程度上受到了议会委员会的歧视。其他人的普遍感觉是，PBO 是一个"超级部门"，因为它具有更好的设施，包括办公室、办公设备和车辆。这些设施由捐助者提供，以支持建立 PBO。一些捐助机构在议会总预算之外继续直接资助 PBO，这一做法令议会委员会不满。

议会管理层的官僚主义有时会导致 PBO 工作的拖延。在购买办公用品（甚至是纸张、墨盒、燃料等用品）时，正式提出申请和发放资金之间所需的时间就会令 PBO 的工作陷入困境。

5. 议会议员的要求。大多数议员对审阅含有大量数字的报告没有兴趣。PBO 投入大量的工作，但只有少数议员利用它。同时，他们不断要求更多的信息，而这些信息通常已经提供给他们，有些议员甚至希望为个别项目收集信息。PBO 有时候会因个别议员的要求而不堪重负。虽然要求提供资料需要通过预算委员会或书记员，但一些议员并不遵守这一程序。

6. 来自其他议会的教训。不同国家的立法机构在参与预算编制过程方面处于不同的层次。不能过分强调尽可能多地参与，因为预算是影响经济和社会政策的唯一最重要的工具。在更多的参与下，议会将能够更好地发挥三个基本职能：代议、立法和监督。

大多数政府的行政部门不会支持议会增加对预算编制的参与。这意味着议会，特别是在非洲和其他转型经济国家的议会，应该发起能够确保自己以一种有意义的方式充分参与预算编制的立法。

通过分享经验并为提高其他议会的能力提供帮助，能够使议会变得更有效，并确保制定更好的公共政策、对公共资源进行更审慎的管理。议会可能需要资金、人员和初始设备的协助，以及利用私人提案和游说技能等机制来开展能力建设，以便获得更多的盟友和非政府机构的支持，包括支持预算透明化的民间社会组织。

乌干达的预算法案以及随后建立的议会预算办公室、其成功的经验以及面临的挑战为其他议会的立法监督提供了许多有益的经验教训。

## 附图　议会预算办公室（PBO）初始结构

322

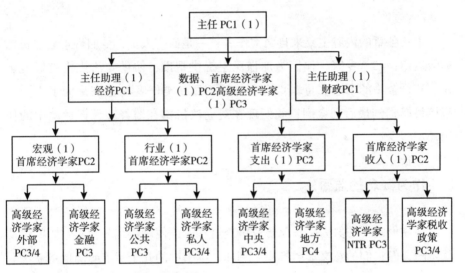

资料来源：乌干达国民大会议会委员会。

# 结论

# 监督和预算中的立法和管理：约束、手段和行政机构

戴维·M. 奥尔森

（David M. Olson）

本书各章的内容主要来自两类作者：一是研究人员，他们理解立法机构如何运作；二是专家，他们为加强民主提供帮助，协助立法机构更好地运作。知行合一的理念在每章均有所体现。每一类作者（也许是为了不同的直接目标）到最后都会问：我们现在对立法机构在监督和预算活动中的作用知道多少？

## 作为概念的监督

在建设民主的努力中，监督或审查这些术语使用得越多，对它们的热情就越高，但它们的意义却越模糊。例如，本书中的几个章节明确地将立法职能列入监督和审查的范围内，从而包括了立法机构的所有活动，而不仅仅是一些。

监督和审查与立法机构的其他活动之间的区别可能是基于政策周期的概念，区分政策制定的后续阶段，从政策问题的定义、可选方案的设计、辩论和颁布（主要是立法）及对政策的执行进行评估（主要是监督任务）开始。但这个周期是一个无休止的循环，所以在最初的政策制定过程中遇到的问题可能导致随后的政策和行政管理的修订（Olson & Mezey，1991：17–20）。

给立法监督下一个有限、可行的定义至少存在四个问题。

第一，监督的政策含义是非常重要的（值得进行更多的研究），但监督

的政策后果需要与监督职能本身有明确的区分。正是由于可能的政策后果，最初的监督制度明确规定了监督机制的任务，如在一个多世纪前建立的威斯 324 敏斯特体制下，公共账目委员会仅限于对行政管理中的诚实和效率进行考察，而不是政策本身的可取性甚至有效性（Bradshaw & Pring，1981：332，358）。

第二，定义监督概念的一个更困难的问题是将监督与任免政府首脑区分开来。对议会制度投不信任票和在总统制下的弹劾是立法机构对行政官员不利评估的最终后果或可能的动机。但大多数政策选择和实施问题都是更为乏味的实际问题，通常不会对那些掌握政治权力的人产生很大的吸引力和影响力（Oleszek，1996：300 - 304）。

第三，预算编制是一项跨越第一个问题中描述的差异的任务。对监督效率和诚实的强调利用财务分类账中狭义的数字分析了预算中的支出方面。"核查"是对公共账目委员会（PAC）责任的一个很好的描述。预算和监督的立法活动也引起了更广泛的问题，特别是问责制（本书第 4 章）。

预算本身在无休止的政策周期中有一系列分散的阶段（本书第 18 章），可以成为立法委员会和专业人员单位的专职工作，如本书的几个章节（第 9 章、第 10 章、第 21 章、第 3 章）所述。预算，包括收入和支出，都是监督的对象，也是任何其他政策部门的监督手段。

预算编制与大多数其他议会决策不同的一个重要方面是国家预算决策需要以日历为基础。如果议会到某一时间没有采取行动，特定的预算决策将被自动激活（本书第 7 章）。为了追求同样的目标，议会对拟议预算的改变受到严格限制（本书第 20 章、第 5 章）。

第四个问题是英语语言中 scrutiny（审查）和 oversight（监督）的用法。在威斯敏斯特体制下，审查（scrutiny）具有广泛的意义，涉及所有行政与立法关系，而由美国权力分立制度引起的监督（oversight）主要限于对政策执行情况的审查。这些英语表达的差异在本书的章节中有所说明。本书的许多章节都强调监督是一种日常和常规的行政—立法机构互动，以避免上面讨论的两个问题。然而，预算编制在第二部分的章节中以与监督相同的方式直接考虑。

以不同时期、不同数据、不同目的撰写的章节，不是单一研究设计的产

325  物。因此，这个总结性摘要来自所有章节，但并没有得到系统的检验。结论首先总结了立法机构存在的外部限制因素，并在审查和考核行政行为方面发挥作用。其次，它考虑了立法机构用于监督目的的手段。最后，它将时间、背景和行政人员视为在议会监督职能审查中的有利和限制性因素予以考虑。

## 宪法和权力分配

在稳定的政治制度中，宪法和政党制度随着时间的推移是相当稳定的，而在新兴政治制度中，宪法和选举制度本身都是不稳定的。在稳定的制度下，行政机构和立法机构都在这两个主要制约因素的范围内工作；相比之下，在新的制度中，它们被定义为更广泛的政治斗争的一部分。有几个章节讨论了跨国调查的结果，报告了任一时点宪法意义上、正式的行政与立法机构的特征分布，关于个别立法机构的章节显示了这些约束在具体情况中如何随着时间的推移发挥作用。

在47个国家中选出的几种监督工具的分布因宪法结构而异（与总统制相比，议会制更是如此），并且有一些迹象表明，预算方面的差异与更宽泛的宪法制度方面的差异有关（本书第1章、第6章）。

在考察43个国家的预算权力和做法时，探讨了更为具体的行政—立法关系（本书第5章）。在三个总结性指标中，有两个指标结合了行政和立法的特点——关于预算权力和预算信息。这三项指标中只有一项涉及立法机构内部的组织和程序。三个指标之间的低相关性表明，每个国家都制定了自己的权力、结构和程序配置。

虽然行政与立法关系的广泛宪政结构与三个预算指标无关，但一个正式的宪法特征即联邦制与三个指标都相关，也是以立法两院制的形式表达的（本书第6章）。此外，行政机构和议会的一党制控制程度与立法预算能力三项指标中的每一个都始终相关，这是研究议会的几个章节所强调的一个主题。

拉丁美洲的许多立法机构虽然具有广泛的宪法设计特征，但却说明了具体立法机构在实践中的多种方式。它们还说明了行政管理和政党制度的差异与预算程序中立法机构的作用方式的变化有关（本书第18章）。

在本书所列的每一个立法机构中，政党制度（党的数量和大小）和议会党派的内部统一是需要考虑的重要因素。如果一个行政部门是在议会中占 326 绝对多数政党的政府领导人，议会就不可能独立监督或对政策进行独立的判断。然而，在相反的极端情况下，由于政党制度高度分散，议会政党不配合，行政部门也可能在议会活动中占有主导地位。俄罗斯联邦说明了第一个情况（本书第 12 章），印度尼西亚（本书第 15 章、第 21 章）说明了相反的情况。在威斯敏斯特体制下常见的两党制中，单一多数党的政府拥有主导权力，至少十年左右（本书第 13 章、第 8 章）。

在多党制（3~7 个政党）下，由于少数党派或多党联合组建政府，议会通常在立法、监督和预算方面更有可能独立于政府思考和行事（Mezey，1991）。在本书中，意大利（本书第 19 章）、以色列（本书第 16 章）和捷克共和国（本书第 20 章）都是例子。墨西哥的例子说明，一党制和立法被动性如何可以缓慢地转变为一个使立法独立于行政部门的更具竞争力的选举制度（本书第 18 章）。

政府支持或反对的类似考虑也影响到更多立法机构的监督活动的程度和方向。例如，美国国会的一位成员说："我们与总统属于同一政党，当然，除非有一些绝对错误的事情，我们当然不想做任何事情来令其尴尬。"（Ogul，1977：216）。在政府控制议会的威斯敏斯特体制下，反对党成员担任公共账目委员会主席的做法是维护监督职能的议会自治权（Bradshaw & Pring，1981：331 – 334）。

尽管如此，威斯敏斯特式议会倾向于将其作为一个独特的集合。虽然它们在三个预算指标（本书第 5 章）上倾向于相似，但英联邦委员会的主席对于政党的重要性和自身努力的有效性有不同的看法（本书第 8 章）。当代英国下议院似乎也有同样的经验和评价（本书第 13 章）。

## 组织、程序和议会议员

即使是一个小议会，也要求有组织和程序来完成工作，更不用说数百名成员组成的议会。委员会是立法、预算和监督活动的主要组织机构，而议会政党组织更关心权力的组织和使用。这些规则描述了立法机构组织单位彼此之间及其与行政机构互动的程序（Olson，1994：31 - 32；Olson & Norton，2007：177 - 178）。

327　　　立法委员会、行政机关的功能，在本书的几乎所有章节都有所讨论。威斯敏斯特式议会的特色是公共账目委员会，一个致力于预算审查的独特委员会（Beetham，2006；McGee，2002；Pelizzo & Stapenhurst，本书第 8 章）。大多数其他立法机构都有一个由具体政策和相关行政机构管辖的委员会制度，这也是负责国家预算的委员会。也就是说，大多数立法机构的正式委员会结构更多地模仿了美国和欧洲大陆的模式，而不是英国模式。

　　　议会委员会的管辖权比政府部门的结构更加稳定。虽然各部门不仅在选举之后而且在选举期间进行了重组和重新分配，但议会委员会的结构从一个任期到下一个任期仍然相对稳定。委员会成员往往比政府部长服务期限长（Olson & Norton，2007）。

　　　但恰恰是委员会的组织方式、权力的范围以及其支持人员的范围差别很大（Crowther & Olson，200；Hazan，2001）。以色列委员会的职能显然只是偶尔能够发挥，而且不是非常有效（本书第 16 章）。相比之下，捷克共和国的预算委员会是积极和知情的，并已成为议会中最负盛名的委员会（本书第 20 章）。

　　　委员会成员也有很大差异。虽然捷克共和国预算委员会成员近 20 年来已经越来越胜任委员会的任务，但相比之下，以色列委员会成员不经常出席并被候补代替。在巴西联邦各州，立法机构成员在其他地方寻求更有吸引力的职位（本书第 14 章）。在印度尼西亚（本书第 15 章）和南非（本书第 17 章），一个强大的委员会的成员本身就是议会政党和国家以外的重要组成部分，正是他们的外部能力赋予他们在议会委员会中的权力和影响力，而不是相反。

　　　成员的任期是议会及其委员会的重要属性。在新议会中，高层成员流失的常见现象限制了个人学习或机构积累知识的机会。但对于议员或议会主席来说，其在议员的任期不能转化为在委员会的任期（本书第 18 章；Crowther & Olson，2002：178 - 180）。

　　　对于预算和监督，立法者依赖于工作人员。虽然本书中讨论的一些委员会正在发展一个小型的工作小组，一些议会正在制定预算，但外部的国家审计是一个比较常见的资源，如捷克共和国、波兰、南非、英国以及其他威斯敏斯特体制国家。然而，绝大多数立法机构没有对财政进行预算分析（本书第 6 章、第 10 章）。向新的预算委员会提供工作人员或创建新的预算办 328
公室在印度尼西亚和乌干达是一项缓慢而又困难的任务（本书第 21 章、第 22 章）。

所有上述结构和做法都符合立法机构的规则或常规定义。这些规则或程序反过来是通过互相谈判和随着时间的推移而发展的（Barker & Levine，1999；Olson & Norton，2007：174 - 175）。

规则和程序规定了将政府预算提案转交给议会的条件，以及委员会如何在授权和监督阶段就预算开展工作。虽然内部规则在一些前社会主义国家和拉丁美洲议会中可以由行政法令和宪法定义（本书第 11 章、第 18 章），但在捷克共和国和意大利，这些规则是议会的内部决定。

议会本身与其成员的能力和重要性以及其内部结构和程序可能会因为一个执政党的高官的命令而受到损害。虽然俄罗斯杜马有一个委员会制度，但是议会执行官和议员之间的非正式谈判也被替代，印度尼西亚也是如此。在这种情况下，缺乏监督是执政党和议会领导层之间更广泛模式的一部分。然而，在威斯敏斯特式议会制度中，结构和规则都偏向获得多数支持的总理偏好的限制。

## 情境、时间和行政机构

本书中讨论的每个议会都被描述为正在发生变化。其中有许多是在最近实现民主化政治制度的新机构，而且新兴主权国家经历的剧烈变化往往是必然的，但没有明确的选择，只有悖论（Olson，1997）。

在前华约国家中，捷克共和国（本书第 20 章）已经成为具有议会制度的国家，而俄罗斯杜马则越来越多地被俄罗斯联邦总统主导（本书第 12 章）。南非（本书第 17 章）的民主制发生在种族隔离制度之后，印度尼西亚的民主发生在军政府统治之后（本书第 15 章、第 21 章），巴西和拉丁美洲（本书第 14 章、第 18 章）一般分别在过去几十年中经历了几轮军事和民事统治。在这一组研究中，只有英国（本书第 13 章）、意大利（本书第

19 章）和以色列（本书第 16 章）是持续的民主国家。

作为一种混合型政治制度，总统对立法机构的支配提出了有能力且独立的立法机构是否具有可行性的疑问（Diamond，2002）。公共辩论的焦点既不是公共政策的内容也不是管理的内容，而是国家的权力斗争。议会和总统之间的权力斗争是通过选举和随后的政府组织谈判进行的。一旦发生争议，争议就集中在政府权力的正当性和合法性以及非法镇压反对派的指控。反对派本身往往是分散的，对政府的态度摇摆不定。通常在议会中无效的情况下，反对派会在街上的游行和示威中进行抵制。在混合体制下，立法机构的主要关注点在于政府的基本和一般性任务是在与国家宪政形式相比更广泛的斗争中形成的。监督超越了立法机构的关切和能力（Khmelko，Pigenko & Wise，2007）。

有限但详尽的监督措施（尽管在稳定的民主国家，这些措施常常不够充分）（本书第 13 章）可以鼓励立法机构在行政主导的一党国家开展独立的活动（Blondel，1973）。波兰的情况表明了以监督为中心的结构和程序如何能够在新的民主制度中成为有用的手段而生存下去（本书第 11 章）。也许英国议会长达 100 年的实践为更多的当代发展提供了一个模板：原来受到限制的公共账目委员会已经逐渐扩大了其职能，增加了活动范围。

本书所讨论的议会，在应对政府行政部门方面存在严重的不足之处。例如，乌干达的议员（本书第 22 章）和 PAC 主席（本书第 8 章）都不满意。议会希望拥有获取有关行政政策信息的手段，要求行政机构做出预期的改变，反映出他们对执政党控制下受制于执政权力的一般情况的不满。

本书所描述的后威权主义立法机构的经历表明，要了解积极民主制发展的条件，至少要考虑三个问题：时间、社会文化背景和行政机构。

虽然极权制度的崩溃——民主的"外部"转型——可能会很快发生，但民主自治的制度和做法——"内在"转型——发展缓慢。需要进行许多内在的转变来弥补政治制度"外部"转型的期望。"创始时刻"的类比必须在几十年内进行衡量。时间也可以作为极权政权中的发酵剂，如波兰（本书第 11 章）和巴西（Power，2004）。随着时间的推移，立法者可以学习，立法机构可以开发出结构和做法，增加其独立于行政机构的自主权（Baakli-ni & Pojo do Rego，1991；Olson，1995）。

作为社会背景的例子，捷克共和国和波兰提供了对议会能力快速变化的证据，而在国家和议会发展的较早阶段，印度尼西亚、乌干达和许多其他国 330家面临着太多的困难。这些例子说明了对于更广泛的社会、经济和文化因素的考虑，议会和行政人员不可能离开这些因素发挥作用。稳定的民主国家和正常运作的议会以及它们的对立面在不同的环境中可能是非常不同的。它们也以不同的方式和不同的速度发展。

对社会背景和发展时间的考虑，对试图帮助新民主国家和新兴立法机构实现其监督潜力，以及对此类机构辅助作用的回顾性评估，都提出了警告（Schultz，2004）。

行政权力是本书每一章都会涉及的内容。这些章节在专注立法机构的同时，也提到总理、总统以及其他类型的政府官员。监督和预算是更广泛和普遍的行政与立法关系的例子。两个实体需要等同的分析来评估它们之间的互动关系以及这种关系随着时间的变化。如果最近实现民主化的议会继续遵从极权体制的旧做法，也许行政机构及其行政职能也会这样做。如果本书的动力是理解议会，那么它的结论之一是：理解行政人员同样重要。

## 参考文献

Baaklini，Abdo I.，and Antonio Carlos Pojo do Rego. 1991. "Congress and the Development of a Computer Industry Policy in Brazil." In Olson and Mezey 1991，130 – 159.

Barker，Fiona，and Stephen Levine. 1999. "The Individual Parliamentary Member and Institutional Change：The Changing Role of the New Zealand Member of Parliament." *Journal of Legislative Studies* 5 （3/4）：105 – 130.

Beetham，David. 2006. *Parliament and Democracy in the Twenty – First Century：A Guide to Good Practice.* Geneva：Inter – Parliamentary Union.

Blondel，Jan. 1973. Comparative Legislatures. Englewood Cliffs，NJ：Prentice – Hall. Bradshaw，Kenneth，and David Pring. 1981. *Parliament and Congress.* Rev. ed. London：Quartet Books.

Crowther，William E.，and David M. Olson. 2002. "Committee Systems in New Democratic Parliaments：Comparative Institutionalization." In *Committees in Post Communist Democratic Parliaments：Comparative Institutionalization*, ed. David M. Olson and William E. Crowther, 171 -206. Columbus：Ohio State University Press.

Diamond, Larry. 2002. "Thinking About Hybrid Regimes." *Journal of Democracy* 13 (2)：21 -35.

Hazan, Reuven. 2001. *Reforming Parliamentary Committees.* Columbus：Ohio State University Press.

Khmelko, Irina S. , Vladimir A. Pigenko, and Charles R. Wise. 2007. "Assessing Committee Roles in a Developing Legislature：The Case of the Ukrainian Parliament." *Journal of Legislative Studies* 13 (2)：210 -234.

McGee, David G. 2002. *The Overseers：Public Accounts Committees and Public Spending.* London：Commonwealth Parliamentary Association, with Pluto Press.

331　Mezey, Michael L. 1991. "Parliaments and Public Policy：An Assessment." In Olson and Mezey 1991, 201 -214.

Ogul, Morris. 1977. "Congressional Oversight：Structures and Incentives." In *Congress Reconsidered*, ed. Lawrence C. Dodd and Bruce I. Oppenheimer, 207 -221. New York：Praeger.

Oleszek, Walter J. 1996. *Congressional Procedures and the Policy Process.* 4th ed. Washington, DC：CQ Press.

Olson, David M. 1994. *Democratic Legislative Institutions：A Comparative View.* Armonk, NY：M. E. Sharpe.

Olson, David M. 1995. "Organizational Dilemmas of Postcommunist Assemblies." *East European Constitutional Review* 4 (2)：56 -60.

Olson, David M. 1997. "The Paradoxes of Institutional Development：The New Democratic Parliaments of Central Europe." *International Political Science Review* 18 (4)：401 -416.

Olson, David M. , and Michael L. Mezey, eds. 1991. *Legislatures in the Policy Process：The Dilemmas of Economic Policy.* Cambridge, U. K. ：Cambridge University Press.

Olson, David M. , and Philip Norton. 2007. "Post – Communist and Post – Soviet Parliaments: Divergent Paths from Transition." *Journal of Legislative Studies* 13 (1): 164 – 196.

Power, Timothy J. 2004. "Time and Legislative Development in New Democracies: Is Executive Dominance Always Irreversible?" In *Trends in Parliamentary Oversight*, ed. Riccardo Pelizzo, Rick Stapenhurst, and David Olson, 47 – 54. Washington DC: World Bank Institute.

Schultz, Keith. 2004. "Measuring the Impact of Donor Funded Legislative Strengthening Programs on Legislative Oversight Performance." In *Trends in Parliamentary Oversight*, ed. Riccardo Pelizzo, Rick Stapenhurst, and David Olson, 55 – 58. Washington, DC: World Bank Institute.

# 索引

challenges to improving effective-
ness of Parliament, 183 – 184
committee system for oversight,
187 – 190
debate within government as over-
sight mechanism, 184 – 186
Opposition Day debates, 185
power of Parliament, 51 – 52,
84 – 85, 88
recent parliamentary reform efforts,
183
Scrutiny Unit, 189
tools of oversight, 184
use of questions in Parliament,
186 – 187
United States, budget process, 79,
88, 94 n. 3, 105, 112, 135,
137 – 138, 142 – 145, 155,
308 n. 20, 308 n. 23
Uruguay, budget process, 112

**V**
Venezuela, budget process, 112,
114 – 115 n. 2
Veto power, executive branch
in Brazil, 197

in Indonesia, 298 – 299
Latin American budget process,
254
line-item veto, 83 – 84
package veto, 83
Virement of budget funds, 82
von Hagen, J. , 54

**W**
Wahid, Abdurrahman, 206, 208, 213
Walters, Rhodri, 184 – 185, 190
Wehner, Joachim, 54, 55
Westminster-style parliaments, 4, 55,
71, 83, 326
Wildavsky, A. B. , 80
World Bank, 2, 54

**Y**
Yakovlev, Vladimir, 174
Yeltsin, Boris, 173, 176
Yodohono, Susilo Bambang, 204,
213

**Z**
Zambia, budget process, 56
Zuma, Jacob, 238